Adrian G. Gilbert und Maurice M. Cotterell

*Die Prophezeiungen der Maya*

ADRIAN G. GILBERT UND
MAURICE M. COTTERELL

# *Die Prophezeiungen der Maya*

## Das geheime Wissen einer untergegangenen Zivilisation

Aus dem Englischen
von Udo Wernige

Bechtermünz

*Die Originalausgabe erschien 1995 unter dem Titel* The Mayan Prophecies *bei Element Books Ltd, Dorset, Großbritannien.*

*Genehmigte Lizenzausgabe für*
*Verlagsgruppe Weltbild GmbH, Steinerne Furt, 86167 Augsburg*

*Der Econ Verlag ist ein Unternehmen der Econ Ullstein List Verlag*
*GmbH & Co. KG, München*
*Umschlaggestaltung: Büro Meyer & Schmidt, München – Jan Riemer,*
*unter Verwendung einer Illustration von Mark Topham*
*Gesamtherstellung: Clausen & Bosse GmbH,*
*Birkstraße 10, 25917 Leck*
*Printed in Germany*

*ISBN 3-8289-3418-8*

*2005 2004 2003 2002*

*Die letzte Jahreszahl gibt die aktuelle Lizenzausgabe an.*



*Einkaufen im Internet: www.weltbild.de*

# INHALT

# Vorwort

# Vorwort

Am Morgen des 12. September 1993 saß ich in der Küche meines Kollegen Robert Bauval und besprach mit ihm die letzten Änderungen an unserem Buch *The Orion Mystery (Das Geheimnis des Orion*, München 1994), das in Kürze erscheinen sollte. Fast ein Jahr lang hatten wir gemeinsam an diesem Projekt gearbeitet, und gerade lag eine Sitzung mit einigen Mitarbeitern unseres Verlages hinter uns. In aufgeräumter Stimmung durch die Anerkennung für unser Buch und zugleich von der nächtelangen Arbeit erschöpft, versuchten wir mehr schlecht als recht, uns über den Sonntagszeitungen zu entspannen. Mit einem Mal wurde mein Blick unwillkürlich von einem Artikel gefangen, den ein Michael Robotham geschrieben hatte. Über Abbildungen eines zerfallenen Palasts, einer Pyramide und der furchteinflößenden Skulptur eines Fledermausgottes stand in dicken Lettern: »JAHRHUNDERTEALTES RÄTSEL GELÖST«. Unter dem Foto des Palasts und über einem anderen Bild, auf dem ein Mann wie Indiana Jones aus dem Dschungel kommt und der Kamera eine Steinplatte entgegenhält, stand die Zeile: »DER MANN, DER DEN CODE DER MAYA-INSCHRIFTEN ENTSCHLÜSSELTE«. Nun wollte ich Genaueres wissen, und ich machte es mir in einem Sessel bequem, um den Artikel zu lesen.

Es stellte sich heraus, daß sich der abgebildete Palast und die Pyramide in einer abgelegenen Region Südwestmexikos an einem Ort namens Palenque befindet – einer der Städte, die von den Maya erbaut wurden, einem hochintelligenten Volk, dessen Kultur jedoch irgendwann im 9. Jahrhundert n. Chr. plötzlich zerstört wurde. Obwohl ihre Nachfahren bis heute in den Bergen weiter im Norden Landwirtschaft betreiben, wurden Palenque und die anderen Städte im Tal dem Dschungel überlassen und verschwanden mit der Zeit unter einem Baldachin aus schnell wachsenden Kletterpflanzen und Bäumen. Der Mann auf dem Foto, der offenbar den »Mayacode« geknackt hatte, war ein gewisser Maurice Cotterell, und die Steintafel, die er dem Fotografen entgegenhielt, war die Kopie einer Grabplatte, die man im Innern der Pyramide gefunden hatte. Ich hatte schon von dieser geheimnisvollen Sarkophagplatte gehört, zumeist in Verbindung mit Theorien über Götter aus dem Weltenraum. Deshalb war ich überrascht festzustellen, daß Cotterell keine derartigen verwegenen Spekulationen anstellte. Seine Entschlüsselung der Bilder und Symbole auf der Grabplatte beruhte auf einer wissenschaftlichen Analyse, die auf der Mayamythologie und bestimmten Vorstellungen über Sonnenflecken-Zyklen basierten. In dem Artikel bot er eine plausible Erklärung an, warum die Mayakultur innerhalb kürzester Zeit zerstört worden war. Die genauen Gründe kennen wir bis heute noch nicht, aber seine Hypothesen schienen zumindest neue Wege zu erschließen.

Bei der Lektüre des Artikels wurde mir klar, wie wenig ich über die Maya und über die präkolumbischen Kulturen Amerikas insgesamt wußte. Natürlich hatte ich wie viele andere auch im Fernsehen Dokumentarberichte über Rätsel wie die Nazca-Scharrbilder in Peru gesehen, aber ich hatte keine umfassende Vorstellung von der zeitlichen Abfolge der Kulturen Mittelamerikas, wie ich sie etwa für Europa, Ägypten und Mesopotamien besaß. Ich hatte auch nicht gewußt, welch architektonische Meisterwerke die Pyramiden und Tempel Mexikos sind. Da ich die Pyramiden von Gise in Ägypten kannte, hatte ich mir Pyramiden grundsätzlich entweder als große, geometrisch einfache Bauwerke oder als zusammengesunkene Schutthaufen vorgestellt. Die Pyramiden von Mexiko jedoch waren anders und hatten mehr Ähnlichkeit mit den babylonischen Zikkurats oder selbst mit chinesischen Pagoden als mit den Pyramiden Ägyptens. Andererseits standen sie ähnlich wie die ägyptischen mit einem Totenkult in Verbindung, und nun sah es außerdem so aus, als hätten sie eine gewisse symbolische Bedeutung im Zusammenhang mit einer Himmelsreligion gehabt. Dieser letztere Aspekt fesselte mein Interesse ganz besonders. Robert Bauval und ich hatten in unserem Buch *Das Geheimnis des Orion* eine neue Sternentheorie bezüglich der ägyptischen Pyramiden vorgelegt. Jetzt war ich neugierig, ob dieser Cotterell möglicherweise ähnliche Zusammenhänge für die mexikanischen Pyramiden nachweisen konnte. Der Zeitungsartikel gab darüber keine Auskunft, aber ich nahm mir fest vor, mich mit dieser Materie näher zu befassen, sobald ich die Zeit dazu hätte.

Einige Monate später, im Mai 1994, fuhr ich nach Cornwall, um Maurice Cotterell persönlich kennenzulernen. Im Februar war die englische Ausgabe des Orion-Buchs erschienen, und die BBC hatte einen Dokumentarfilm unter dem Titel *Die Große Pyramide – ein Tor zu den Sternen* gezeigt, in dem Robert Bauval und ich interviewt wurden. Über Nacht war das Buch zu einem Bestseller geworden und das trotz der starken Opposition einiger namhafter Ägyptologen, die anscheinend darüber verärgert waren, daß wir die Kriechspur der akademischen Welt erfolgreich überholt hatten. In der Aufregung um das Erscheinen des Buches und die Vorbereitungen zu dem Dokumentarfilm hatte ich die Grabplatte von Palenque fast schon wieder vergessen, als ein Bekannter mir eine Kurzfassung der Arbeit Cotterells zu lesen gab. Ich war verblüfft, wie breitgefächert und wie originell sein Ansatz war: Offenbar hatte er nicht nur über Mexiko und die Maya geforscht, sondern kannte sich auch auf zahlreichen weiteren Gebieten aus. Ich beschloß, ihn anzurufen. Am Telefon wollte er nicht viel sagen, aber wir vereinbarten, daß ich ihn am Wochenende besuchen sollte und wir uns die nötige Zeit nehmen wollten, über sein umfangreiches Werk zu sprechen.

Über einige baumbestandene, gewundene Straßen gelangte ich nach einer schmalen Toreinfahrt zu einem steil bergauf führenden Weg und hielt schließlich vor einem malerischen Bauernhaus aus dem 18. Jahrhundert mit Blick auf den Tamar. Cotterell hatte meinen Wagen bereits gehört und öffnete die Tür. Wir stellten uns einander vor und gingen hinein, wo schon eine Kanne Tee bereitstand.

Maurice M. Cotterell ist ein Mann um die Vierzig, er sieht allerdings etwas jünger aus. Seine Sprechweise und seine Bewegungen verraten ein lebhaftes Temperament. Mit unseren Teetassen gingen wir gleich nach oben in sein Arbeitszimmer, und unter Zuhilfenahme einer weißen Wandtafel und eines Filzschreibers begann er, mir seine Theorien zu erläutern. Etwa sechs Stunden dauerte sein Vortrag, den er gelegentlich unterbrach, um den Computerausdruck eines Diagramms auszubreiten oder anhand eines Spielzeugkreisels ein dreidimensionales Modell zu veranschaulichen. Doch die Stunden vergingen wie im Flug, so interessant und neuartig waren die Fakten, die er mir darlegte. Wie ein Zuschauer, der völlig im Bann eines faszinierenden Films steht, wollte ich immer noch mehr von ihm hören und wartete gleichzeitig ungeduldig auf das Ende. An manchen Punkten wurde unser Gespräch höchst theoretisch, und ich versuchte mir ins Gedächtnis zurückzurufen, was ich vor fünfundzwanzig Jahren über partielles Differenzieren und Wellenmechanik gelernt hatte. Zwischendurch schoben wir übereinandergelegte Transparentkopien der Grabplatte von Palenque hin und her und erzeugten damit bizarre Bilder von Göttern und Drachen. Seine Arbeit hatte zwei Seiten, eine rationale, »wissenschaftliche« und eine intuitive, »künstlerische«, doch beide vermischten sich und waren dabei klar aufeinander bezogen. Die Muster, die auf den Folien entstanden, waren nicht ohne eine eigene Logik, und auch die wissenschaftliche Seite hatte ihre eigene seltsame Schönheit. Diese beiden Aspekte von Cotterells Arbeit waren mit den zwei Seiten einer Münze oder den beiden menschlichen Gehirnhälften vergleichbar, sie waren zwei – und zugleich eins. Trotz ihrer scheinbaren Verschiedenartigkeit lag beiden Untersuchungsreihen dieselbe überwältigende und ein wenig beunruhigende Zentralaussage zugrunde: die völlige Abhängigkeit der Menschheit von den Sonnenflecken-Zyklen. Das überwältigende an dieser These: So, wie niemand längere Zeit direkt in die Sonne blicken kann, ohne zu erblinden, kann sich auch niemand länger mit Sonnenzyklen befassen, ohne zu erkennen, wie blind wir auf dem Planeten Erde den Realitäten, die unsere Existenz beherrschen, gegenüberstehen. Erschreckend hingegen ist die These einfach wegen unserer Unwissenheit.

Während sich in meinem Kopf noch alle Rädchen drehten, gingen wir zum Abendessen hinunter. Cotterells Frau Ann hatte einen wunderbaren fangfrischen Lachs zubereitet. Bei Wein und Dessert bekräftigten wir noch einmal, was wir bereits beschlossen hatten – gemeinsam ein Buch zu schreiben, in dem wir diese Ideen einem möglichst breiten Publikum nahebringen wollten. Als Mitautor von *Das Geheimnis des Orion* war mir durchaus bewußt, wie schwierig es ist, für Ideen, die den Auffassungen der etablierten Archäologen zuwiderlaufen, ein angemessenes Forum zu finden. Einem Professor fällt es relativ leicht, kraft seiner Autorität jede akademische Debatte über Theorien, mit denen er nicht übereinstimmt, zu unterdrücken. Ich war daher nicht überrascht, als ich hörte, daß Cotterell ähnlich wie Bauval in der gesamten Fachwelt auf erheblichen Widerstand stieß. Allein seine Hypothesen zu den Sonnenflecken-Zyklen hätten besonderes Interesse verdient, doch die einschlägigen wissenschaftlichen Fachzeitschriften weigerten sich, seine Beiträge abzudrucken, vermutlich weil er kein anerkannter »Experte« in ihrem Sinne war. Andererseits jedoch ist er als Urheber dieser Theorien und als einziger, der sich unseres Wissens nach bisher überhaupt mit dem Thema auf diese Weise beschäftigt hat, der Weltexperte.

Wer, so muß man fragen, ist der Wissenschaftler? Ist es der

Professor mit einer Reihe von Buchstaben hinter seinem Namen, der oft nichts anderes tut als an seinem Schreibtisch zu sitzen, oder ist es der Außenseiter, der wirklich neuartige Erklärungsmodelle anzubieten hat?

Cotterells Ideen sind radikal und werden höchstwahrscheinlich heftige Debatten auslösen. Dennoch haben sie ihren eigenen inneren Zusammenhang. Seine Untersuchungen über den Sarkophagdeckel von Palenque und die Sonnenflecken-Zyklen verweisen auf die Notwendigkeit eines radikalen Umdenkens, nicht nur was die Geschichte Mittelamerikas, sondern auch was unser eigenes mögliches Schicksal betrifft. Heute herrschen große Ängste vor der Ausdehnung des Ozonlochs, der globalen Aufheizung unseres Klimas, vor Umweltverschmutzung, Übervölkerung und der Erschöpfung der Ressourcen. Doch jenseits dieser Furcht gibt es noch immer einen starken Glauben an die Fähigkeit der modernen Zivilisation, den Sturm zu überstehen und alle kurzfristigen Rückschläge zu überwinden. Auch diejenigen, die der Meinung sind, daß ein solcher Glaube unbegründet sei und wir so schnell wie möglich zu einer einfacheren Lebensweise ohne das Drum und Dran der hochtechnisierten Gesellschaft zurückkehren müßten, stellen sich die Menschheit als etwas Selbstbestimmtes vor. All unsere utopischen Entwürfe unterstellen, daß es zumindest theoretisch möglich sei, in Frieden und Eintracht mit dem Planeten zu leben – auch wenn wir es in Wirklichkeit nicht tun. Doch was ist, wenn sich dies als eine Täuschung herausstellt? Was ist, wenn es kosmische Faktoren gibt, die unserer Kontrolle entzogen sind? Was, wenn der Aufstieg und Niedergang der menschlichen Zivilisation, wie Cotterell vermutet, grundsätzlich von der Sonne gesteuert wird? Sollten wir uns darüber mokieren, den Kopf in den Sand stecken – oder uns eher bemühen, mehr über diese Einflüsse herauszufinden?

Die Maya waren im Besitz eines komplizierten und äußerst genauen Kalenders. Wir sind heute in der Lage, zumindest einen Teil ihrer Hieroglyphen zu entziffern, die vielfach aus Datumsangaben bestehen. Das Hauptinteresse der Maya galt der Sonne und dem Glauben an eine apokalyptische Zukunft für die Menschheit. Es ist leicht, diese Vorstellungen als schlichten Aberglauben abzutun, aber wie aus Cotterells Arbeit hervorgeht, ist es auch durchaus möglich, daß die Maya auf diesem Gebiet mehr wußten als wir. Wir sind es uns und unseren Kindern schuldig, alles daranzusetzen, dieses Wissen wieder zugänglich zu machen. Zumindest werden wir dann auf globale Veränderungen vorbereitet sein, auch wenn wir sie nicht steuern können. Dies sollte jedenfalls die verantwortungsbewußte Einstellung aller wahren Wissenschaftler sein, und ich – der ich keinerlei Verdienst an Cotterells Entdeckungen habe – möchte mehr darüber wissen. Wir können lediglich darauf hoffen, daß unsere Leserinnen und Leser diese Meinung teilen.

Adrian G. Gilbert

1.

# Die geheimnisvollen Maya

In den Dschungeln Mittelamerikas verfallen die letzten Überreste eines geheimnisvollen Volkes, der Maya. Wer waren sie? Woher kamen sie? Welche Botschaft haben sie möglicherweise für unsere heutige Zeit hinterlassen? Das sind einige der Fragen, die Entdecker, Wissenschaftler und Schriftsteller seit mehr als zweihundert Jahren beschäftigen – seit die Ruinen ihrer berühmtesten Stadt, Palenque[1], 1773 wiederentdeckt wurden. Diese erstaunliche Stadt, die noch immer nicht vollständig ausgegraben ist und ständig vom wuchernden Dschungel verschlungen zu werden droht, ist eines der Wunder der Neuen Welt. Errichtet aus blendend weißem Kalkstein und mit einer Vollkommenheit, die den Steinmetzen der Renaissancezeit würdig gewesen wäre, erwecken ihre Pyramiden, Tempel und Paläste bei allen Besuchern bis heute staunende Bewunderung. Doch erst jetzt, in den letzten Jahrzehnten unseres Jahrhunderts, da wir allmählich die Inschriften auf den Wänden ihrer bedeutendsten Gebäude entschlüsselt haben, sind wir imstande, dieses Kleinod wirklich zu würdigen.

So zeichnet sich langsam das Bild einer Kultur ab, die völlig anders ist als unsere eigene. Im Gegensatz zu uns hatten die Maya außer dem Lebensnotwendigsten nur wenig persönliche Besitztümer. Sie bearbeiteten den Boden mit einfachsten Geräten und bauten Mais und einige weitere Grundnahrungsmittel an. Derweil vollzogen ihre prächtig gekleideten Herrscher seltsame und schmerzhafte Rituale an sich selbst, um die Fruchtbarkeit der Erde zu sichern. Es war eine hierarchisch gegliederte Gesellschaft, in der Herrscher und Bauern gleichermaßen ihren Platz kannten, doch in einer Hinsicht unterschied sie sich wesentlich von den zeitgleichen europäischen Gesellschaften des Mittelalters. Die Maya waren hervorragende Astronomen. Nach ihren Vorstellungen lebten sie im fünften Sonnenzeitalter, und vor der Erschaffung des Menschen, wie sie ihn kannten, hatte es vier weitere Menschengeschlechter und Zeitalter gegeben. Alle waren sie in furchtbaren Katastrophen zugrunde gegangen; nur wenige Menschen waren verschont geblieben, die davon Kunde geben konnten. Nach der Zeitrechnung der Maya begann unser gegenwärtiges Zeitalter am 12. August 3114 v. Chr. und sollte am 22. Dezember 2012 n. Chr. enden. Zu diesem Zeitpunkt würde das menschliche Leben auf der Erde erneut durch katastrophale Erdbeben vernichtet werden.

Über die Maya sind zahlreiche Bücher geschrieben worden, doch bis heute hat niemand erklären können, wie die Maya zu ihrem exakten Kalender oder zu den genannten Datumsangaben gelangten. Zwar hat man viel über den Aufbau ihres Kalenders in Erfahrung gebracht (mehr darüber in späteren Kapiteln), doch die Gründe, warum sie derart komplexe Systeme der Zeitmessung wie etwa den Tageskalender (»Long Count«) entwickelt haben, blieben bislang im dunkeln. Erst jetzt, da der von ihnen prophezeite Untergang des Zeitalters bevorsteht, können wir zumindest ahnen, was diese Menschen bewegt hat. Wir erkennen allmählich, daß sie über ein Wissen verfügten, das nicht nur für ihre eigene Zeit, sondern für das Überleben des gesamten Menschengeschlechts in unserer Gegenwart von entscheidender Bedeutung war und ist.

Die Kultur der Maya mag an unseren Maßstäben gemessen primitiv gewesen sein – sie hatten kein fließendes Wasser, keine Automobile oder Schnellstraßen und schon gar keine Computer. In anderer Hinsicht jedoch waren sie reich ausgestattet. Jüngere Forschungen zeigen, daß sie ihr übersinnliches Wahrnehmungsvermögen in einer Weise entwickelt hatten, die wir bislang nicht einmal für möglich hielten.[2] Ebenso wie die Aborigines in Australien machten sie aktiven Gebrauch von Träumen als einer Möglichkeit, die Zukunft vorherzusagen und die Gegenwart zu verstehen. Außerdem verfolgten sie mit unglaublicher Präzision den Gang der Planeten und Sterne, obwohl ihnen weder Ferngläser noch andere unserer modernen Instrumente zur Verfügung standen. Vor allem aber waren sie tiefreligiös und glaubten wie viele Christen des Mittelalters an eine Kasteiung des Fleisches und an das Selbstopfer als notwendige Mittel, Zugang zum Himmel zu erhalten.[3]

Seit ihren frühesten Anfängen über ein kurzes Goldenes Zeitalter etwa zwischen 600–800 n. Chr. bis zu einer nachklassischen Zeit, die noch einige Jahrhunderte währte, brachten sie etliche der großartigsten Kunstwerke der Welt hervor. Dann verschwanden sie auf eine ebenso geheimnisvolle Weise wieder von der Bühne der Geschichte wie sie sie betreten hatten. Aufgrund irgendeines bis heute unbekannten Ereignisses ging ihre Kultur unter. Sie verließen ihre Städte. Ein Großteil des Gebiets, in dem sie einmal gelebt, die Sterne beobachtet und grandiose Pyramiden gebaut hatten, fiel wieder dem Dschungel anheim. Als schließlich die Tolteken und nach ihnen die Azteken in den nördlicheren Provinzen in der Umgebung des heutigen Mexico City an die Macht kamen, zogen sich die letzten Maya in die Berge im Süden oder in die Ebenen der Halbinsel Yucatán im Norden zurück. Das zentrale Gebiet, in dem ihre Kultur zur höchsten Blüte gelangt war, wurde für immer aufgegeben.

Im Jahr 1511 landete die erste einer ganzen Reihe von spanischen Expeditionsflotten in Yucatán[4] und suchte ohne besonderen Erfolg nach einer Goldquelle. Doch zu jener Zeit war selbst diese Halbinsel, der letzte Vorposten einer vermischten Maya-Tolteken-Kultur, im Verfall begriffen. Zwar verzichteten die Spanier vorläufig auf die Eroberung Yucatáns, aber sie erfuhren von einer weitaus lohnenderen Beute weiter nordwestlich: dem blühenden Aztekenreich.

Es sollte eine lange Zeit vergehen, bis jemand sich wieder für das verlorene Wissen der Maya interessierte.

Die Azteken waren ein Volk von Kriegern, das im Laufe des 13. Jahrhunderts n. Chr. in das Tal von Mexiko vordrang (s. Abb. 1). Der Überlieferung nach kamen sie aus einer Gegend namens Aztlan, die vermutlich in Nordmexiko lag, woher der Name Azteken abgeleitet ist, während sie sich selbst als Mexica bezeichneten. Legenden zufolge, die sie späteren spanischen Chronisten erzählten, wurden die Mexica von

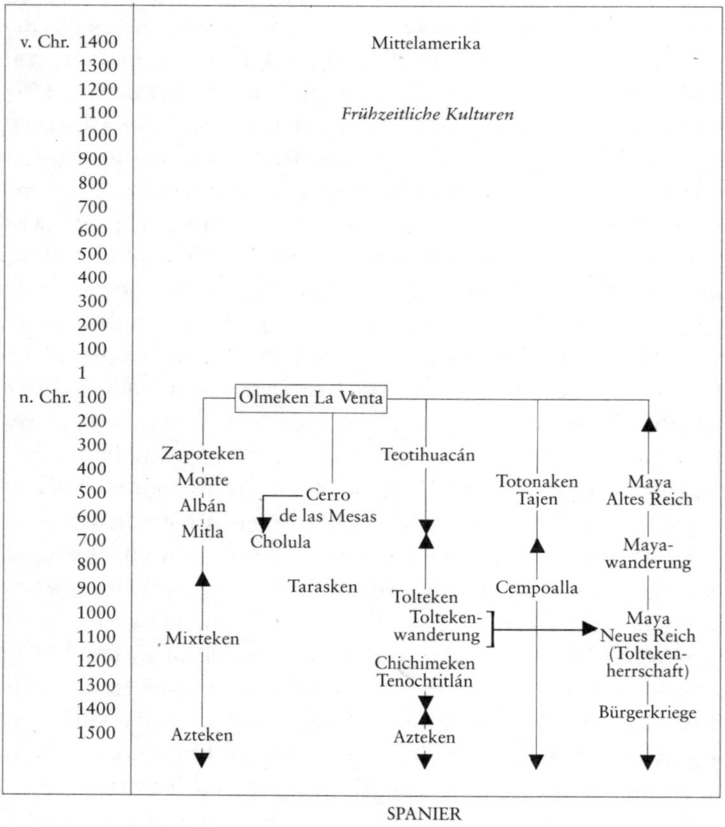


*Abb. 1: Offizielle Chronologie der Indianerreiche Mesoamerikas*

einem Seher namens Tenoch in das Tal von Mexiko geführt. Ihm hatte man in einem Traum gesagt, er und sein Volk müßten ihre Wanderung so lange fortsetzen, bis sie zu einem Ort kämen, an dem ein Adler mit einer Schlange kämpfte. Als sie schließlich das Tal von Mexiko erreichten, das damals noch weitgehend aus einem großen See bestand, entdeckten sie, daß das ihn umgebende Land von fünf anderen Völkern besiedelt war. Diese fürchteten sich verständlicherweise vor den Neuankömmlingen, wollten ihnen jedoch ihr Land keineswegs überlassen. In einer gemeinsamen Beratung gelangten sie schließlich zu einer Lösung des Problems: Sie beschlossen, den Azteken eine unbewohnte Insel in der Mitte des Sees anzubieten, auf der sie sich, wenn sie wollten, niederlassen konnten. Dies war ein heimtückisches Angebot, denn die Anwohner der Gegend wußten, daß es auf der Insel Giftschlangen gab, und sie hofften, diese würden das Problem für sie lösen. Es war eine trügerische Hoffnung. Als Tenoch und seine Leute zur Insel kamen, entdeckten sie dort das Zeichen, nach dem sie gesucht hatten: einen großen Adler auf einem Kaktus, der mit einer Schlange im Schnabel kämpfte. Erfreut verkündete Tenoch, dies sei der Ort, der ihm im Traum verheißen wurde. An den Giftschlangen störten sie sich wenig, weil sie diese aus ihrer früheren Heimat als wohlschmeckende Speise kannten. Sie dankten also den Anwohnern des Sees, daß sie ihnen nicht nur eine Heimat, sondern auch eine wohlgefüllte Speisekammer gegeben hatten, nahmen das Geschenk sogleich an und bauten eine neue Stadt, der sie nach ihrem Gründer den Namen Tenochtitlán gaben.

Innerhalb kurzer Zeit wurden die Azteken zum beherrschenden Stamm im Tal von Mexiko und vereinigten sich mit ihren Nachbarstämmen zu einem mächtigen Volk mit Tenochtitlán als Hauptstadt. Sie wurden ihrerseits von den Völkern im Tal von Mexiko assimiliert und lernten von ihnen viel über die lokalen Glaubensvorstellungen, Sitten und Gebräuche. In der Hauptsache gingen diese Ideen auf die früheren Tolteken zurück, ein anderes kriegerisches Volk, das Jahrhunderte zuvor über einen Großteil Mexikos und Teile Yucatáns geherrscht hatte.

Die Tolteken, deren Hauptstadt sich an einem Ort namens Tula befunden hatte, fünfundzwanzig Kilometer nordwestlich von Tenochtitlán, waren ein blutrünstiges Volk. Im Rahmen ihrer Sonnenreligion brachten sie regelmäßig Menschenopfer dar. Mit Obsidianklingen[5] öffneten sie die Brust ihrer Opfer und rissen ihnen das noch zuckende Herz heraus, um es dem Sonnengott darzubieten. Sie glaubten, ihn auf diese Weise mit seiner Lieblingsspeise zu versorgen, mit menschlicher Lebenskraft, die gewährleisten würde, daß die Sonne auch weiterhin des Morgens am Himmel aufging.

Die Azteken übernahmen diese abergläubischen Vorstellungen und Bräuche – die Tenoch wahrscheinlich ein Greuel gewesen wären – und radikalisierten sie noch. Menschenopfer und insbesondere das Herausreißen von Herzen entwickelten sich zum zentralen Mysterium ihrer Religion. Schätzungen zufolge wurden allein zur Einweihung des Haupttempels von Tenochtitlán etwa 20000 Menschen geopfert. Jahr für Jahr kamen auf diese Weise mindestens 50000 Unglückliche ums Leben. Um den Appetit der Sonne auf menschliche Herzen zu stillen, gab es eine eigene, in Regimentern organisierte Kriegerkaste, deren Aufgabe darin bestand, den Priestern immer neue Opfer zu liefern. Immer wieder hetzten die Azteken die Untertanen ihres ausgedehnten Reiches zu Aufständen auf, denn das bot ihnen einen Vorwand, ihr Heer auszuschicken und Gefangene zu machen.

So waren sie natürlich bei allen Nachbarvölkern Mexikos gefürchtet und verhaßt, die nur auf eine Gelegenheit zum Sturz der Azteken warteten. Ihre einzige Hoffnung lag in einer halbvergessenen Legende, daß eines Tages ein Gottkönig, ein weißer Mann mit einem Bart namens Quetzalcóatl, übers Meer zurückkehren würde, um sein Volk zu befreien und sein Reich zurückzufordern. Mit dem Schwert in der

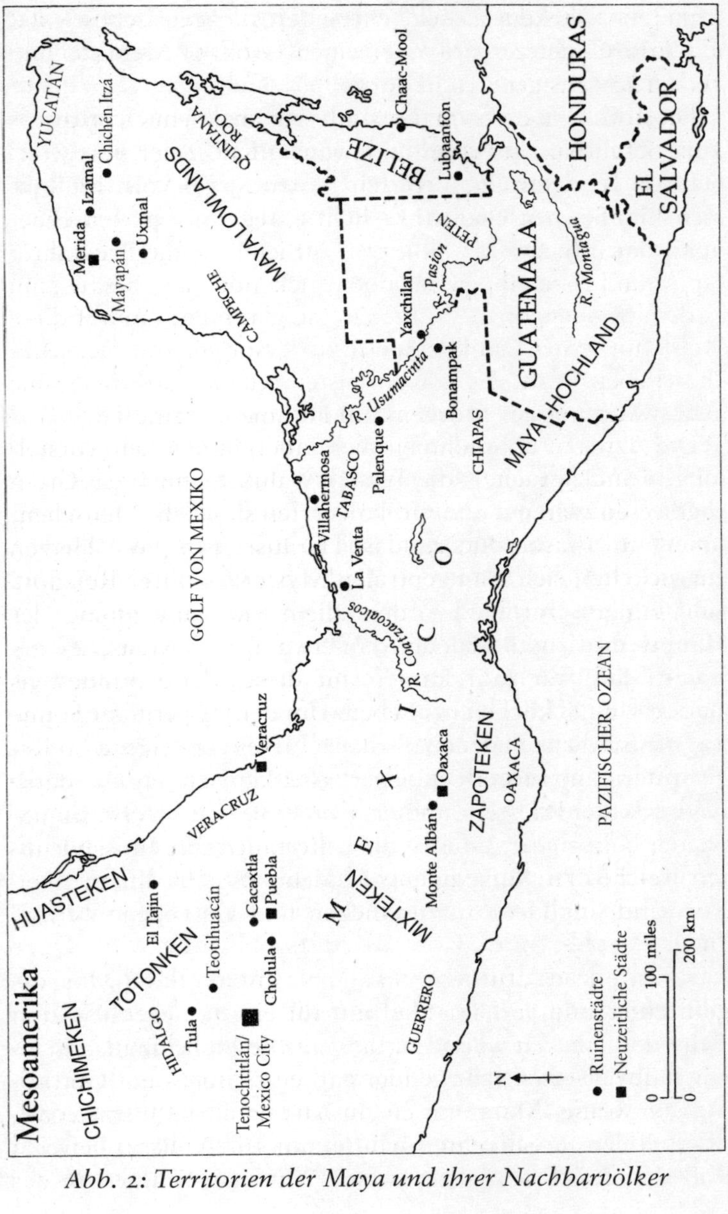


*Abb. 2: Territorien der Maya und ihrer Nachbarvölker*

Hand würde er der Aztekenherrschaft ein Ende bereiten und ein neues Zeitalter des Friedens, Wohlstands und der Gerechtigkeit begründen. Die Prophezeiung lautete zudem, Quetzalcóatl werde in einem Jahr namens »ein Schilfrohr« zurückkehren. So vernahm Montezuma II., der König der Azteken, in dem genannten Jahr mit einiger Beklommenheit, daß Männer mit weißem Gesicht und Bärten in sein Reich gekommen seien.

## Die Eroberung Mexikos

Am 4. März 1519 landete Hernando Cortez mit elf Schiffen, sechshundert Fußsoldaten, sechzehn Pferden und einigen Geschützen an der Küste Mexikos und nahm sogleich die Stadt Tabasco ein. Bevor er ins Landesinnere vordrang, gründete er eine neue spanische Kolonie namens Veracruz, beförderte sich selbst in den Rang eines Generalhauptmanns und ließ anschließend – um sich und seinen Leuten jeden Rückweg abzuschneiden – alle Schiffe verbrennen. Gierig nach Gold und mit neuen Verbündeten, die er in dem benachbarten Staat Tlaxcala angeworben hatte, machte er sich auf die Suche nach der aztekischen Hauptstadt Tenochtitlán. Damit begann eines der außergewöhnlichsten Abenteuer der Weltgeschichte: Die Conquistadores sollten ein Reich zerstören, von dessen Macht sie sich unmöglich auch nur die geringste Vorstellung gemacht haben konnten.

Anfangs nahmen sowohl die Azteken als auch ihre feindlichen Nachbarn an, Cortez sei tatsächlich der Gott Quetzalcóatl[6], dessen Rückkehr aus dem Osten seit langem prophezeit wurde. Ob Gott oder nicht, Cortez kam mit dem Schwert in der Hand und zerstörte in einem Feldzug, der wenig mehr als zwei Jahre dauerte, das gesamte Aztekenreich. Am 13. August 1521 war Tenochtitlán eingenommen, Montezuma II. tot und sein Nachfolger Cuahtemoc, der letzte Kaiser der Azteken, seine Geisel.[7] So kam es, daß eines der reichsten Länder der Welt, das den Europäern bis dahin völlig unbekannt gewesen war, zu einer spanischen Provinz gemacht wurde.

Als Cortez nach Tenochtitlán kam, reagierte er ebenso verblüfft wie entsetzt auf das, was er dort vorfand. Es war eine große und geschäftige Stadt mit einer ganz eigenen Kultur, auf der ursprünglichen Insel in der Mitte des Sees gelegen und von einem Netz von Kanälen umgeben, über die zahllose weitere Inseln mit Booten erreicht werden konnten. Auf ihnen wurden Feldfrüchte angebaut: hauptsächlich Mais, Chili und Bohnen, bis heute die Grundnahrungsmittel der mexikanischen Bevölkerung.

Tenochtitlán war riesig im Vergleich zu den Städten, die Cortez in Europa kannte, mit – nach manchen Schätzungen – einer Bevölkerung von 200 000 Einwohnern. Während die meisten Häuser aus Flechtwerk mit Lehmbewurf errichtet waren, lebten die Adligen und Priester in prächtigen Steinpalästen. Es gab offene Plätze, auf denen Märkte abgehalten wurden. Wie in jeder anderen zivilisierten Ansiedlung tauchten die Menschen Güter und Dienstleistungen gegen Nahrungsmittel. Im Zentrum der Stadt lag ein Tempelkomplex, zu dem auch Bauwerke gehörten, die wie eine Stufenpyramide angelegt waren.[8] Sie trugen einen hellen Putz und müssen schon von weitem einen überaus prächtigen Anblick geboten haben. Doch über diesen beeindruckenden Bauwerken hing ein entsetzlicher Gestank, denn hier vollzogen die Priester jene blutigen Rituale, die einen wesentlichen Bestandteil der aztekischen Religion ausmachten. Nachdem man den Opfern die noch zuckenden Herzen aus der Brust gerissen und der Sonne dargeboten hatte, wurden die Körper der Toten die Pyramidenstufen hinabgeworfen. Manchen Berichten der Spanier zufolge gingen die Azteken sogar auf kannibalische Art mit ihren Opfern um.

Ob solche Berichte nun der Wahrheit entsprachen oder nur eine Verleumdung waren – die Spanier empörten sich zutiefst darüber und entwickelten eine heftige Abneigung gegen die Stadt und ihre Menschen. In den Augen der Spanier waren alle Indianer Teufelsanbeter und mußten notfalls mit Gewalt zum Christentum bekehrt werden. So befahl Cortez, nachdem sie die Azteken besiegt und Cuahtemoc gefangengenommen hatten, die vollständige Zerstörung der Hauptstadt, um die Erinnerung an ihre teuflische Vergangenheit gänzlich zu tilgen. Tenochtitlán wurde bis auf die Grundmauern geschleift und seine Paläste und Tempel wurden gesprengt, so daß die Eroberer aus den Steinen Kirchen und neue Stadthäuser bauen konnten. Gleichzeitig machten sie die Ureinwohner zu Leibeigenen und zwangen sie, die mühselige Arbeit des Wiederaufbaus zu leisten. Innerhalb kurzer Zeit war die Bevölkerung durch die kräftezehrende Arbeit, Krankheiten und gelegentliche Massaker stark dezimiert. Unter Todesdrohungen wurden die Indianer in Mexiko gezwungen, zum Katholizismus überzutreten und ihren alten Göttern abzuschwören. Sie durften nicht mehr in ihrer eigenen Sprache schreiben und mußten Spanisch lernen. Alle schriftlichen Aufzeichnungen aus alter Zeit, die den Spaniern in die Hände fielen, wurden vernichtet. Götterbilder und andere große Kultgegenstände, die nicht so leicht zerschlagen, verbrannt oder eingeschmolzen werden konnten, wurden vergraben, um ihren bösen Einfluß zu unterdrücken, und unaussprechliche Akte der Grausamkeit wurden im Namen des Christentums von der Inquisition begangen. Zum Glück gab es unter den Spaniern einige aufgeklärtere Vertreter der Kirche, die ihr Bestes taten, um wenigstens einige der Überlieferungen der Ureinwohner aufzuzeichnen, bevor sie endgültig dem Vergessen anheimfielen.

Unter diesen Männern spielte der Franziskanermönch Bernardino de Sahagún eine besondere Rolle. 1529 segelte er in Begleitung mehrerer Indianer nach Mexiko, die in ihre Heimat zurückgebracht wurden, nachdem man sie in Spanien zur Ergötzung des Hofs wie Zirkuspferde vorgeführt hatte. Von ihnen lernte er ihre Eingeborenensprache Nahuatl.[9] Anschließend reiste er durch Mexiko und zeichnete während seines langen Lebens in zwölf Büchern eine Fülle von Volkslegenden auf. Er suchte die gebildetsten unter den überlebenden Indianern und bat sie, ihm die Legenden ihres Volkes zu erzählen. Auf diese Weise gelang es ihm, einen Großteil ihrer Geschichte vor ihrer Eroberung schriftlich festzuhalten.

Während der spanischen Besetzung bemühten sich sowohl die Kirche als auch der spanische Staat zu verhindern, daß Geistliche und Gelehrte Bücher veröffentlichten, aus denen hervorging, daß Mexiko vor der Eroberung durch Cortez eine Kultur oder eine Geschichte hatte, die eine solche Bezeichnung verdienten. Sahagún erfuhr jedoch von seinen indianischen Freunden, daß es vor den Azteken bereits ein früheres Volk gegeben hatte, das über das Becken von Mexiko geherrscht hatte und von ihnen einfach »Tolteken«[10] genannt wurde, was soviel bedeutete wie »Künstler« oder »Baumeister« und sich auf deren erstaunliche Leistungen auf diesen Gebieten bezog. Ihre Hauptstadt war die legendäre Stadt Tollan, wo sie unter der Leitung eines göttlich inspirierten Führers namens Quetzalcóatl[11] ihre künstlerischen und handwerklichen Fähigkeiten auf einem erstaunlich hohen Niveau ausbildeten. Quetzalcóatl war mehr als ein Volksheld: Er verkörperte das Ziel und die Absichten einer hochstehenden und friedlichen Religion, die früher einmal – lange vor der Ankunft der Spanier – Anhänger in fast ganz Mittelamerika gehabt hatte. Offenbar verfügten die Tolteken auch über astronomische Kenntnisse, hatten einen Kalender und verzeichneten sorgfältig die Bewegungen der Planeten. Dieses Goldene Zeitalter endete, als um 950 n. Chr. Quetzalcóatl im Verlauf einer Fehde gezwungen wurde, nach Osten in die Verbannung zu gehen. Danach erlebte das Land eine Reihe von Einfällen zivilisatorisch weniger hochstehender Stämme aus dem Norden, von denen die letzten dann die Azteken waren.[12] Die Azteken hatten einen Teil des Wissens der früheren Tolteken bewahrt, doch vieles davon war in Vergessenheit geraten, darunter wohl auch die Lage der Stadt Tollan selbst.

Sahagún war überzeugt, daß es vor den Azteken tatsächlich eine Hochkultur in Mexiko gegeben hatte und daß sie vor der Errichtung von Tollan ihr Zentrum an der Stelle der aufgegebenen Stadt Teotihuacán gehabt haben mußte. An dieser Stätte, etwa sechzig Kilometer nördlich der heutigen Stadt Mexiko, befinden sich die eindrucksvollen Sonnen- und Mondpyramiden, die damals unter Bergen von Erdreich verschüttet waren. Die Azteken hatten von den Tolteken die Glaubensvorstellung übernommen, daß der als Gott verehrte Quetzalcóatl eines Tages zurückkommen werde, um sein Volk wieder zu regieren. Auch glaubten sie, Quetzalcóatl habe in Teotihuacán bestimmten Göttern geopfert, um den Weg der Sonne über den Himmel zu gewährleisten. Die Seher und Propheten des Volkes sagten, er werde in diese Stadt seiner Vorfahren zurückkehren und das Reich der Azteken stürzen.

Seltsamerweise war es an der Stätte von Teotihuacán, wo Cortez und seine Leute eine Entscheidungsschlacht gegen die Männer von Montezuma II. führten. Wie im gesamten übrigen Amerika zeigte sich auch hier, daß die Waffen der Indianer gegen die Feuerwaffen und die Rüstungen der Europäer nichts ausrichten konnten. Andererseits waren die Spanier ihren Gegnern zahlenmäßig weit unterlegen, so daß diese eigentlich den Sieg hätten erringen müssen. Umringt von Tausenden mit Speeren bewaffneter Indianer unternahmen die Spanier einen verzweifelten Angriff und töteten den Feldherrn ihrer Gegner. Bei diesem bösen Vorzeichen gerieten viele Indianer in Panik und suchten ihr Heil in der Flucht, was Cortez und seinen übriggebliebenen Männern die Möglichkeit gab, zu entkommen und die Entscheidung zu verschieben. Ein Jahr darauf kehrte er mit einem wesentlich stärkeren Heer zurück und eroberte die Aztekenhauptstadt Tenochtitlán.

Aus den Trümmern dieser Zerstörung erstand die Stadt Mexiko, die Hauptstadt Neuspaniens, der reichsten aller Besitzungen des Königs von Spanien. Sehr bald zog sie Tausende von Einwanderern an, überwiegend Männer und zumeist Abenteurer, Missionare und Kaufleute. Die Stadt Mexiko wurde als glänzende Hauptstadt im europäischen Stil gebaut. Weitere Städte wie Guadalajara, Veracruz und Acapulco kamen hinzu, die Anfänge einer neuen Welt des materiellen Wohlstandes für die Einwanderer – nicht jedoch für die eingeborenen Indianer, die sehr schlecht behandelt wurden.

Sahagún war erschüttert von den Geschichten, die er über diese Periode der Vergangenheit vernahm. Zwar verharmloste er in seinen Schriften vieles von dem, was die Indianer ihm über die Greuel nach der Ankunft der Spanier berichteten, erhielt jedoch trotzdem nicht die Erlaubnis, sein Werk zu veröffentlichen. Schließlich stand es im Widerspruch zu den Bemühungen der Herrschenden, ein positives Bild von den Konquistadoren zu verbreiten. Sein Werk wurde verboten und ging schließlich zunächst gänzlich verloren. Doch während der Invasion Frankreichs in Spanien 1808 tauchte plötzlich eine unvollständige Abschrift des Manuskripts wieder auf, die schließlich 1840 publiziert wurde.[13]

## Reiseberichte

Nur wenigen Ausländern – das heißt Nichtspaniern – war es gestattet, vor der Unabhängigkeit nach Mexiko einzureisen, und selbst diese wenigen Besucher wurden genau beobachtet. Einer von ihnen war ein Neapolitaner namens Giovanni Careri. Er kam 1697 in Acapulco an der Westküste an, nachdem er eine zermürbende fünfmonatige Schiffsreise von Manila auf den Philippinen (damals ebenfalls ein Teil Neu-Spaniens) hinter sich gebracht hatte. Bei seinen ausgedehnten Reisen durch das Land stellte er zu seiner Bestürzung fest, wie hoch allein der Anteil der Kirche am Reichtum des Landes war. Dennoch freundete er sich mit einem Priester namens Don Carlos de Sigüenza y Gongora an, der aus dem

Jesuitenorden ausgeschlossen worden war. Dieser hatte freundschaftliche Beziehungen zu den Indianern unterhalten und war im Besitz einer unschätzbaren Sammlung von Handschriften und Bildern, die den Massenverbrennungen 150 Jahre zuvor entgangen waren. Einer seiner Freunde war Don Juan de Alva, der Sohn eines gewissen Fernando de Alva Cortez Ixtlilxochitl und ein direkter Nachkomme der Könige von Texcoco. Dieser Ixtlilxochitl war ein gebildeter Mann und hatte die erste Geschichte Mexikos in spanischer Sprache verfaßt. Sigüenza zeigte sie Careri, der ihr zu seiner Überraschung entnehmen konnte, daß es einen alten mexikanischen Kalender gegeben hatte, der während der Zeit der Eroberung verschwunden war. Mit Hilfe dieses Kalenders waren die Aztekenpriester angeblich in der Lage, über lange Perioden hinweg genaue Zeittafeln zu erstellen. Er beruhte offenbar auf Zyklen aus 52 und 104 Jahren und verzeichnete Sonnenwenden, Äquinoktien und die Bewegungen des Planeten Venus.

Sigüenza selbst hatte sich als Professor für Mathematik an der Universität Mexiko und als passionierter Astronom eingehend mit der Zeitrechnung des alten Mexiko beschäftigt. Mit Hilfe der alten Aufzeichnungen und aufgrund sorgfältiger Berechnungen von Sonnen- und Mondfinsternissen sowie der Bewegung von Kometen und anderer Himmelskörper konnte er nun eine indianische Zeittafel rekonstruieren. Diese war so genau, daß er sogar bestimmte Daten anzugeben vermochte, zum Beispiel das Datum der Gründung des Aztekenreichs und der Gründung von Tenochtitlán im Jahre 1325. Er fand ferner heraus, daß es vor der Herrschaft der sagenhaften Tolteken ein weiteres Volk gegeben hatte, die Olmeken[14] oder »Menschen des Kautschuklands«, die in einer Region Mexikos gelebt hatten, in der Kautschuk angebaut wurde. Sigüenza war überzeugt, daß sie von der mythischen Insel Atlantis gekommen und die tatsächlichen Erbauer der Pyramiden in Teotihuacán gewesen waren. Er weihte Careri in seine Erkenntnisse ein, und dieser übernahm die Atlantistheorie sowie das Material über den Kalender in sein eigenes Buch *Giro del mondo*, das er nach seiner Rückkehr nach Europa schrieb. Es war gut, daß Careri alles zu Papier brachte, denn nach Sigüenzas Tod im selben Jahr wurden Teile seines unschätzbaren Archivs zerstreut und der Rest von der Inquisition vernichtet. Seine Handschriften wurden zwar von den Jesuiten erworben, doch auch sie gingen verloren, als der Orden 1767 des Landes verwiesen wurde.

Da die meisten Europäer der Meinung waren, vor der Eroberung seien die mexikanischen Indianer naive Wilde gewesen, die nicht einmal mit den Fingern bis zehn zählen konnten, stieß Careris Bericht über den Aztekenkalender in *Giro del mondo* bei den Lesern auf ungläubigen Spott. Es machte die Sache nicht besser, daß er selbst von Mathematik wenig verstand und die Argumente Sigüenzas nicht sehr sachkundig vorgetragen hatte. Immerhin aber hatte er für die Nachwelt die Existenz eines aztekischen Kalendersteins festgehalten. Bald sollte ein weiterer Entdecker, der Careris Buch gelesen hatte, aus Europa nach Mexiko reisen und weitere Erkenntnisse über die Vergangenheit des Landes zutage fördern.

Friedrich Heinrich Alexander Freiherr von Humboldt war in literarischen und politischen Kreisen Europas eine bekannte Persönlichkeit, er verkehrte unter anderem mit Goethe, Schiller und Metternich. Er hatte vor, mit Napoleon und seinen *savants* nach Ägypten zu fahren, doch das Schiff, mit dem er hätte reisen sollen, war in einem Sturm untergegangen. So beschloß er, sich statt dessen nach Amerika zu begeben, auf der Suche nach Abenteuern und Erkenntnissen. 1803 trafen er und seine Begleiter von Ecuador aus in Acapulco ein, ausgerüstet mit zahlreichen neuen wissenschaftlichen Meßinstrumenten, darunter auch Vermessungsgeräte und Ferngläser. Sie begaben sich zur Stadt Mexiko und passierten unterwegs die Silberminenregion von Taxco. Obwohl er ein Protestant war, wurde Humboldt doch vom Vizekönig herzlich empfangen, der ihm unerwartet Zugang zu den nichtöffentlichen Archiven des Landes gewährte. Auch die noch erhaltenen Altertümer der Stadt interessierten Humboldt sehr. Zu diesen gehörte ein riesiges Sonnenrad aus Stein, das man erst zwölf Jahre zuvor ausgegraben hatte. Es war von einem Historiker namens Leon y Gama eingehend untersucht worden, der zeit seines Lebens altmexikanische Urkunden erforscht hatte und ebenso wie Sigüenza die Eingeborenensprache Nahuatl beherrschte. Er identifizierte den Stein als jenen legendären Aztekenkalender, den Ixtlilxochitl und Sigüenza erwähnt hatten. Nachdem er jedoch eine Broschüre über seine Entdeckung veröffentlicht hatte, wurde er von der spanischen Geistlichkeit verspottet, die darauf bestand, daß der Stein ein Opferaltar sei und sein kompliziertes Muster lediglich dekorativen Zwecken diene (s. Abb. 3).

Humboldt jedoch pflichtete Leon y Gama bei. Als Astronom erkannte er zweifelsfrei die kalendarische Bedeutung des Steins. Für sein geschultes Auge war er der Beweis, daß

*Abb. 3: Der aztekische Kalenderstein*

die Azteken tatsächlich hochentwickelte astronomische Kenntnisse besessen hatten und auch in der Entwicklung einer eigenen Mathematik sehr weit gediehen sein mußten. Er bestätigte nicht nur die Auffassung Leon y Gamas, daß die acht vom Mittelpunkt nach außen gerichteten Dreiecke Tageseinteilungen darstellten, sondern erkannte auch, daß viele der Symbole, mit denen die Azteken ihre achtzehntägigen Monate kennzeichneten, dieselben waren, wie sie in Ostasien verwendet wurden. Er gelangte folglich zu dem Schluß, daß die beiden Symbolkreise denselben Ursprung haben mußten.

Nach seiner Rückkehr aus Amerika verfaßte Humboldt mehr als dreißig Bücher über seine Reisen in Latein- und Nordamerika. Ihr Inhalt löste bei seinen europäischen Zeitgenossen großes Erstaunen aus. Zum ersten Mal hatte eine angesehene Persönlichkeit, ein Wissenschaftler von Rang und Namen, die herrschende Meinung in Zweifel gezogen, die Ureinwohner Mexikos seien zur Zeit der Eroberung völlig unzivilisierte Wilde gewesen.

Die Spanier beuteten nicht nur die Bodenschätze Mexikos aus, sondern begannen auch seine landwirtschaftliche Produktivität zu steigern. Da sich der größte Teil des Bodens nicht für den Feldbau eignete, nutzte man das Land zur Viehzucht. Das bedeutete jedoch, daß die Indianer von ihren traditionellen Kleinfarmen vertrieben wurden. Die neuen großen Ranchos trugen neben zahlreichen anderen Gründen zur wachsenden Unzufriedenheit der bereits verarmten Indios auf dem Land bei.

Die Französische Revolution von 1789 erwies sich mit ihrem Fanfarenruf nach Freiheit, Gleichheit und Brüderlichkeit indirekt auch als ein Katalysator für eine Veränderung in Mexiko. Als Napoleon den König von Spanien absetzte und seinen eigenen Bruder auf den Thron hob, stellte sich für viele Mexikaner die Frage nach der Legalität der Herrschaft Spaniens über Mexiko. Im Norden hatte ihnen das Beispiel der Vereinigten Staaten bereits gezeigt, daß eine Kolonie ihre europäischen Herren abschütteln konnte, und so dauerte es nicht lange, bis sie sich im offenen Aufruhr befanden. Die Spanier wurden vertrieben, und es begann eine hundertjährige Periode kriegerischer Auseinandersetzungen, die den Stoff zu zahlreichen Italo-Western liefern sollte.

Eine Nebenwirkung der mexikanischen Unabhängigkeit bestand darin, daß es jetzt für Nichtspanier wesentlich einfacher wurde, das Land zu besuchen. Unter den zahlreichen europäischen Forschern, die seit Beginn des 19. Jahrhunderts das Land bereisten, befand sich auch der Engländer William Bullock. Er segelte 1822 von Liverpool nach Veracruz und folgte von dort den Spuren Humboldts bis zur Stadt Mexiko. Ebenso wie Humboldt war auch er tief beeindruckt vom Kalenderstein der Azteken, der seiner Meinung nach ursprünglich einen Teil des Dachs über dem großen Tempel von Tenochtitlán gebildet hatte – ähnlich wie der berühmte ägyptische Tierkreis von Denderah, der gerade in die Bibliothèque Nationale in Paris geschafft worden war.[15] Nachdem er Gipsabdrücke von dem Stein genommen hatte, wandte er sein Interesse einer weiteren Besonderheit zu, die von Humboldt ausgegraben und anschließend von den Behörden sogleich wieder verscharrt worden war, weil sie ihnen allzu scheußlich erschien.

Es war eine massive, 2,50 Meter hohe und zwölf Tonnen schwere steinerne Statue von Coatlicue, der Göttermutter des Nahuatl-Pantheons (s. Abb. 4). Bullock schrieb darüber: »Ich hatte das Vergnügen, die Wiederauferstehung dieser gräßlichen Gottheit zu erleben, vor deren Angesicht Zehntausende menschlicher Wesen in der religiösen und blutrünstigen Inbrunst ihrer besessenen Anbeter zum Opfer gebracht wurden.« Aus einem einzigen großen Basaltblock herausgehauen und entfernt an eine menschliche Gestalt erinnernd, bot die Statue in der Tat einen äußerst furchteinflößenden Anblick. Das Haupt bestand aus zwei gegenüberliegenden Schlangenköpfen; auch die Arme waren aus Schlangen gebildet, ebenso der Rock, in den noch die Flügel

*Abb. 4: Die Erdgöttin Coatlicue*

eines Geiers eingeflochten waren. Die Füße waren die eines Jaguars, mit ausgefahrenen Krallen, als wollten sie sogleich ihre Beute ergreifen. Über ihren riesigen, unförmigen Brüsten hing ein Halsband aus Menschenschädeln, menschlichen Herzen und abgehackten Händen, die durch Därme zusammengehalten wurden. So entsetzlich sie auch anzusehen war: Diese Skulptur der Erdgöttin mit seltsamen Anklängen an die Hindugottheit Kali war von höchster Vollendung. Wer immer dieses außergewöhnliche Kunstwerk geschaffen hatte, konnte es mit den besten Bildhauern des alten Ägypten, Europas oder des Fernen Ostens aufnehmen. Bullock erkannte das Paradoxon sofort: Eine Gesellschaft, die ein so hohes kulturelles Niveau erreicht hatte, wie es für die Hervorbringung eines solchen Kunstwerks erforderlich war, konnte nicht aus lauter Wilden bestanden haben. Aber wie war es andererseits möglich, daß zivilisierte Menschen Tausende von Menschenopfern darbrachten, um die Blutgier eines leblosen Steinblocks zu stillen, auch wenn dieser wunderbar bearbeitet war? Die mexikanischen Behörden wußten zu Beginn des 19. Jahrhunderts darauf keine Antwort und zogen es vor, die Statue sofort wieder zu vergraben, statt sich durch ihre sichtbare Existenz an derart beunruhigende Widersprüche erinnern zu lassen.

Bullock stattete auch der Stadt Teotihuacán einen Besuch ab, bevor er nach London zurückkehrte – in seinem Reisegepäck eine exotische Sammlung der mexikanischen Flora und Fauna, Gipsabdrücke von Coatlicue und dem Kalenderstein sowie Modelle der Sonnen- und der Mondpyramide und andere Trophäen. Alle diese Gegenstände stellte er in seinem umgebauten »Ägyptischen Saal« in Piccadilly aus, und die britische Presse verlieh dem Kalenderstein den Beinamen »Montezumas Taschenuhr«. Abgesehen von einigen seltenen Handschriften und den teuren illustrierten Bänden Alexander von Humboldts wurden hier zum erstenmal mexikanische Altertümer von einem Europäer gewürdigt – nicht nur ihres Edelmetalls, sondern ihrer eigentlichen Bedeutung wegen. Bullock, von Beruf Juwelier und Kaufmann, hatte jedoch noch andere Motive, die nicht rein philanthropischer Natur waren. Von dem Geld, das er mit seiner Ausstellung in London verdiente, erwarb er in Mexiko ein Silberbergwerk.

Erstaunlicherweise schenkten nach Cortez' Conquista mehr als zweihundert Jahre lang weder Forscher noch Abenteurer dem Süden des Landes besondere Aufmerksamkeit. Möglicherweise lag es an dem feuchtheißen, fieberträchtigen Klima, eher aber an dem Mangel an sichtbaren mineralischen Rohstoffen, daß man lieber nach Norden reiste und nach Florida, Texas, New Mexico und Kalifornien vordrang – Länder, die allesamt kolonisiert wurden, bevor die Spanier sie schließlich an die Vereinigten Staaten abtraten. Infolgedessen ist Südmexiko bis auf den heutigen Tag in seiner Bevölkerung stärker indianisch geprägt als jeder andere Teil des Landes, hält beharrlicher an seinen Traditionen fest und zeigt separatistische Tendenzen. Noch 1994 gab es im Bundesstaat Chiapas einen Aufstand gegen die Zentralregierung. Die Stadt San Cristobal de las Casas wurde von »zapatistischen« Guerilleros besetzt, die sich nach dem mexikanischen Volkshelden und Freiheitskämpfer Emiliano Zapata nennen. Viele Menschen starben, und der Aufstand konnte von der Armee nur mit Mühe niedergeschlagen werden. Für die mexikanische Regierung waren diese Ereignisse äußerst peinlich, da sie der Weltbank und den Industrieländern gegenüber den Eindruck wahren wollte, Mexiko sei für Kapitalanleger ein sicheres Land.

Das Volk, von dem der Aufstand ausging, war das der Cholan-Maya[16], Abkömmlinge einer Nation, die einst die größte aller präkolumbianischen Kulturen in Amerika hervorgebracht hatte. Von seiner glorreichen Vergangenheit war kaum etwas bekannt, bis 1773 ein Chorherr der Domstadt Ciudad Real in Chiapas, Pater Ordoñez, von einem Gerücht hörte, im Dschungel versteckt liege eine vollständige verlassene Stadt von phantastischen Ausmaßen. In echtem Kolonialgeist ließ er sich von seinen Pfarrkindern gut hundert Kilometer in einer Sänfte zu einem Ort tragen, an dem er diese vergessene Stadt vermutete. Dort bot sich ihm ein höchst unerwarteter Anblick: die vom Dschungel völlig überwucherte Ruinenstadt Palenque.

Oberhalb des grünen Überschwemmungsgebiets des Usumacinta liegt diese verlassene Stadt mit ihren Pyramiden, Tempeln und Palästen aus weißem Kalkstein am Fuß einer flachen Hügelkette, die völlig vom Regenwald zugedeckt ist. Hier fliegen leuchtend bunte Aras und Papageien über die Baumwipfel, und in der Ferne hört man das Geschrei der Affen. In dieser herrlichen Umgebung errichteten die Maya ihre eindrucksvollste Stadt, die bis auf den heutigen Tag Archäologen und Historiker gleichermaßen vor zahlreiche ungelöste Rätsel stellt. Pater Ordoñez schrieb über seine Entdeckung eine Monographie mit dem Titel *Eine Geschichte der Erschaffung von Himmel und Erde.* Er versuchte, die Ruinen, denen er den Namen Große Schlangenstadt gab, unter Rückgriff auf lokale Mythen zu erklären, und behauptete, Palenque sei von Menschen gebaut worden, die vom Atlantik gekommen seien, angeführt von einem Mann namens Votan, dessen Symbol die Schlange gewesen sei.

Diese Geschichte von Votan war in einem Buch der Quiché-Maya enthalten, das der Bischof von Chiapas, Nuñes de la Vega, 1691 verbrennen ließ. Zum Glück hatte der Bischof einen Teil des Textes abschreiben lassen, bevor er das Buch den Flammen überantwortete, und durch diese Abschrift erhielt Pater Ordoñez Kenntnis von der Geschichte. Demnach war Votan mit einem Gefolge von Männern in langen Gewändern nach Amerika gekommen. Die Eingeborenen reagierten freundlich und unterwarfen sich seiner Herrschaft, und die Fremden heirateten ihre Töchter. Obwohl er angeordnet hatte, das Buch verbrennen zu lassen, war Bischof Nuñes doch insofern an der Geschichte interessiert gewesen, als diese einen Hinweis darauf enthielt, daß Votan einen geheimen Schatz in einem dunklen, unterirdischen Haus versteckt hatte. Er ließ in der ganzen Diözese nach diesem Schatz suchen und fand schließlich etwas, das er für das Gesuchte hielt: einige verschlossene Tonkrüge, einige grüne Steine (wahrscheinlich Jade) und einige Handschriften. Letztere ließ er sogleich zusammen mit Votans Buch auf dem Marktplatz verbrennen.

Der Abschrift nach unternahm Votan zwei Reisen über den Atlantik in seine alte Heimatstadt namens Valum Chivim. Für den Pater, der darüber Forschungen anstellte, handelte es sich dabei um die antike Stadt Tripoli in Phönikien. Demnach wäre Votan ein phönikischer Seefahrer gewesen, der den amerikanischen Kontinent ungefähr zweitausend Jahre vor Kolumbus entdeckt hatte. Der Legende zufolge besuchte Votan mindestens auf einer der beiden Reisen eine große Stadt, in der gerade ein Tempel errichtet wurde, der bis zum Himmel reichen, jedoch eine Verwirrung der Sprachen zur Folge haben sollte. Bischof Nuñes, der gerade ein Buch mit dem Titel *Constituciones Diocesianos de Chiapas* schrieb, war überzeugt, diese Stadt sei Babylon mit dem berühmten Turm gewesen. Wenn man bedenkt, daß der echte Turm von Babel eine Zikkurat (Hochtempel) war, und Babylon zur Zeit der seefahrenden Phöniker die größte Stadt auf der Erde, ist dies eine reizvolle Vorstellung. Die Zikkurats Mesopotamiens waren Stufenpyramiden mit Tempeln auf der oberen Plattform und zeigten in der Anlage eine starke Ähnlichkeit mit den Pyramiden in Palenque, so daß diese Vermutung gar nicht so weit hergeholt schien.

Nach der Entdeckung von Pater Ordoñez wurde eine offizielle Untersuchung der Ruinen in Auftrag gegeben, und ein Artilleriehauptmann namens Don Antonio del Rio sollte sie durchführen. Unter seinem Kommando mußten Trupps von Indianern mit Macheten das wuchernde Gestrüpp beseitigen und legten dabei ein außergewöhnliches Bauwerk nach dem anderen frei. Einer seiner Mitarbeiter fertigte von den Gebäuden Zeichnungen und von den herrlichen Stuckreliefs Gipsabdrücke an. Del Rio glaubte, die Stadt müsse das Werk von Römern gewesen sein, und berief sich auf andere Autoritäten, die behaupteten, im Altertum sei Amerika von Ägyptern, Griechen, Briten und anderen bereist worden.

Der Untersuchungsbericht wurde nach Madrid geschickt, wo er den Widerstand des hohen Klerus herausforderte und in aller Stille in den Archiven verschwand. Er geriet jedoch nicht völlig in Vergessenheit, denn man hatte eine Abschrift des Berichts angefertigt und in der Stadt Guatemala niedergelegt. Dort wurde sie von einem Italiener, Dr. Paul Felix Cabrera, veröffentlicht, der in seinem Vorwort zu dem Schluß gelangte, Karthager müßten noch vor dem Ersten Punischen Krieg (264 v. Chr.) nach Amerika gefahren sein und durch Heirat mit den Töchtern der ansässigen Bevölkerung das Geschlecht der Olmeken hervorgebracht haben. Diese erweiterte Version von Del Rios Bericht gelangte nach London und in die Hände eines Verlegers namens Henry Berthoud. Er ließ ihn übersetzen und veröffentlichte ihn unter dem Titel *Beschreibung der antiken Stadt, die bei Palenque entdeckt wurde*. Dies war der erste veröffentlichte Bericht über die Ruinenstadt Palenque.

In den folgenden Jahren fanden weitere europäische Abenteurer den Weg nach Palenque, um die legendäre Ruinenstadt selbst zu erforschen. Jean-Frédérick Waldeck, ein ehemaliger Schüler von Jacques David[17], fertigte hervorragende Stiche von den Gebäuden an. Ein US-Amerikaner namens John Stephens und sein englischer Freund Frederick Catherwood, die bislang Zeichnungen von seltenen Altertümern im Vorderen Orient gemacht hatten, vermaßen die Tempel und Pyramiden von Palenque. Sie arbeiteten unter den entsetzlichsten Bedingungen, fielen der Malaria, Zecken und Stechmücken zum Opfer und bewerkstelligten dennoch die erste zuverlässige Aufnahme des Geländes. Schließlich veröffentlichten sie ihre Ergebnisse zusammen mit zahlreichen Abbildungen in einem Werk, das zum Bestseller seiner Zeit werden sollte: *Incidents of Travel in Central America, Chiapas and Yucatan*.

Stephens und Catherwood hatten zwar viel dazu beigetragen, Palenque und andere Mayastädte wie Copan,

Quiché und Uxmal einer breiten Öffentlichkeit nahezubringen, doch mehr hatten sie nicht tun können, da sie keine Kenntnisse der gesprochenen Sprache oder der Schriftsprache der Maya besaßen. Das Problem, das jetzt anstand, konnte nur von einem Wissenschaftler gelöst werden, der imstande war, die Mayaschriftzeichen in derselben Weise zu entschlüsseln wie Champollion dies bei den ägyptischen Hieroglyphen gelungen war.

Ein solcher Mann fand sich in dem Abbé Brasseur de Bourbourg. Der Franzose schiffte sich 1845 nach Amerika ein, fuhr zunächst nach New York und dann nach Mexiko. Dort gelang es ihm mit Hilfe einflußreicher Freunde, Zugang zu den Archiven des Vizekönigs zu erhalten und die Geschichte der Azteken von Ixtlilxochitl selbst zu lesen. Er freundete sich mit einem Nachkommen eines der Brüder Montezumas an, von dem er Nahuatl lernte. Auf seinen Reisen auf der Suche nach alten Urkunden kreuz und quer durchs Land gelang es ihm, mehrere wertvolle Handschriften zu retten, die damals in Klöstern und Bibliotheken ein unbeachtetes Dasein fristeten. Darunter befand sich das *Popol Vuh*, das er übersetzte, nachdem er zuvor die lokalen Mayadialekte Cakchiquel und Quiché erlernt hatte. Dieses Werk erwies sich als eines der großen Weltepen, ein poetischer Schöpfungsmythos. Nach Paris zurückgekehrt, brachte Brasseur es heraus und nahm dann die Arbeit an einem weitaus größeren Werk auf, seiner *Histoire des Nations Civilisées du Mexique et de l'Amérique Centrale*. Er stand mit den spanischen Behörden auf so gutem Fuß, daß sie ihm Zutritt zu ihren Archiven in Madrid gewährten. Und hier fand er das Originalmanuskript von Bischof Diego de Landas *Rélacion de las Cosas de Yucatan*. Da es Zeichnungen der Mayahieroglyphen enthielt, die sich auf den Mayakalender bezogen, konnte er diese Schriftzeichen zumindest zum Teil entschlüsseln.

Noch in Madrid kam er mit einem Nachfahren des Hernando Cortez zusammen, einem Professor namens Jean de

Tro y Ortalano, in dessen Familie seit Generationen ein Dokument (der sogenannte *Codex Troanus*) aufbewahrt wurde. Diese siebzigseitige Urkunde, die später mit ihrer anderen Hälfte, dem zweiundvierzigseitigen *Codex Cortesianus* wiedervereinigt und in *Codex Madrid* (lat. *Codex Tro-Cortesianus*) umbenannt wurde, ist die umfangreichste der bislang bekannten erhaltenen Mayahandschriften auf der Welt. In diesem Mayadokument sah Brasseur vielleicht etwas naiv die Bestätigung bestimmter atlantischer Mythen, von denen die Eingeborenen Mittelamerikas erzählten. Er glaubte, ein großer Inselkontinent, Atlantis, habe sich einst vom Golf von Mexiko bis zu den Kanarischen Inseln erstreckt. Die Maya, so nahm er an, waren die Abkömmlinge der überlebenden einer oder mehrerer großer Katastrophen, in deren Verlauf dieser Erdteil untergegangen sei. Außerdem vertrat Brasseur die revolutionäre Hypothese, die Wiege der menschlichen Zivilisation habe sich in Atlantis befunden und nicht im Vorderen Orient, wie bislang allgemein angenommen, und die Überlebenden von Atlantis hätten die Kultur nach Ägypten und Mittelamerika gebracht. Diese Ideen wurden und werden von Wissenschaftlern bis heute nicht ernst genommen, doch boten sie zumindest eine gewisse Erklärung für verwirrende Ähnlichkeiten zwischen den Schriftzeichen der alten Ägypter und der Maya.

Auch andere kostbare mexikanische Urkunden wurden kopiert und ebenfalls von einem Engländer, Lord Kingsborough, in neun voluminöse und reich illustrierte Bände aufgenommen. Er war überzeugt, daß die Maya von den verlorenen Stämmen Israels[18] abstammten, und schrieb darüber in seinem Mammutwerk lange Kommentare. Interessanterweise nahm er auch eine Abbildung aus dem *Codex Borgia* auf, die zeigte, wie die zwanzig Tageszeichen des Mayakalenders (s. Abb. 3) ähnlich wie in mittelalterlichen Darstellungen der zwölf Tierkreiszeichen verschiedenen Teilen des menschlichen Körpers zugeordnet sind. In seinem Buch *Mysteries of the Mexican Pyramids* trägt Peter Tompkins[19] ohne erkennbaren Anlaß die Hypothese vor, dieses Bild hänge mit einer Theorie zusammen, nach der Lebenskraft von der Sonne über die verschiedenen Planeten zu den Keimdrüsen im menschlichen Körper gelange, der also der Macht der Planeten unterworfen sei.

Die ersten Fotografien der mexikanischen Pyramiden wurden schließlich von dem Franzosen Claude Charnay aufgenommen, der unter der Schirmherrschaft von Viollet-le-Duc, dem Minister der Schönen Künste unter Napoleon III., tätig war. Charnay führte später Ausgrabungen in Teotihuacán durch und fertigte aus Papiermaché Nachbildungen der Reliefs in Palenque an, die er nach Paris schickte. Er hatte auf diesem Gebiet einen Konkurrenten, einen Engländer namens Alfred Maudsley, der im Kolonialdienst angestellt war. Maudsleys peinlich genaue Erfassung der Mayaruinen und ihrer hieroglyphischen Texte wurde schließlich in zwanzig Bänden veröffentlicht, die zwischen 1889 und 1902 erschienen.[20] Unter großen Schwierigkeiten stellte er Gipsabdrücke von den Mayastelen her, die er nach England schickte, wo man sie in den Keller des Victoria and Albert Museum verbannte und nie wieder hervorholte.

## Die Grabplatte von Palenque

Im 20. Jahrhundert wurden die Abenteurer und Reisenden allmählich von einer neuen Generation ausgebildeter Archäologen verdrängt. Obwohl die Archäologie der Neuen Welt bis heute eine arme Verwandte ihrer Schwesterwissenschaft in Europa und im Vorderen Orient geblieben ist, wurde allmählich der Schleier über den Städten der Maya gelüftet. Ein großer Teil des Dschungels um Palenque wurde gerodet, so daß zum erstenmal seit über tausend Jahren ihre Monumente wieder vollständig zum Vorschein kamen. Die Entdeckung von Überresten, die einer älteren Kultur als der der Maya angehörten, und vor allem die Entdeckung von Kolossalköpfen aus Basalt untermauerten die Legende, daß die Olmeken tatsächlich das früheste zivilisierte Volk in Mittelamerika gewesen sind. Moderne Grabungstechniken und ein Durchbruch bei der Entschlüsselung des Mayakalenders ermöglichten eine exakte Datierung der Monumente, so daß es seit den fünfziger Jahren eine anerkannte Chronologie des Aufstiegs und Niedergangs mittelamerikanischer Hochkulturen gibt.

Bis zu diesem Zeitpunkt hatten Archäologen mehrere reich ausgestattete Gräber in Palenque gefunden, die zum Teil in Tempelplattformen oder sogar in den Boden von Palästen eingelassen waren. All dies verblaßte jedoch angesichts der Entdeckung, die der mexikanische Archäologe Alberto Ruz Lhuillier 1952 machte.

Unter den Ruinen Palenques befindet sich ein auffallendes Bauwerk, der sogenannte Tempel der Inschriften (s. Farbfoto 1 und 2). Der Fußboden dieses Bauwerks, das auf der Plattform einer 65 Meter hohen Stufenpyramide steht, besteht aus großen Steinplatten. Als Ruz diesen Boden näher in Augenschein nahm, bemerkte er, daß eine dieser Platten eine doppelte Reihe von Löchern aufwies, die mit Steinstöpseln verschlossen waren. Er vermutete, daß diese Löcher ursprünglich dazu gedient hatten, die Platte nachträglich an ihrem Platz einzufügen, und ließ sie entfernen. Darunter entdeckte er eine mit Schutt aufgefüllte Treppe (s. Farbfoto 8). Es brauchte vier Ausgrabungskampagnen, um die Treppe, die auf halber Strecke ihre Richtung änderte, freizulegen. Tief unten, etwa auf der Höhe des Pyramidenfußes, stieß Ruz auf eine Kammer. Auf deren Boden, unter dem Schutt vergraben, lagen die Skelette von vier jungen Erwachsenen – höchstwahrscheinlich Menschenopfer. An der gegenüberliegenden Wand befand sich ein Gang, der von einer großen dreieckigen Steinplatte versperrt war (s. Farbfoto 7). Nachdem sie auch diese entfernt hatten, entdeckten die Archäologen zu ihrer Verblüffung ein unberührtes Grab (s. Farbfoto 6).

Die Grabkammer erwies sich als ungewöhnlich geräumig: neun Meter lang und sieben Meter hoch. Die Wände waren mit Gipsreliefs verziert, die Männer in archaischer Kleidung zeigten, von denen man heute annimmt, daß sie die Neun Herren der Nacht der Mayatheologie darstellten. Auf dem Boden lagen verschiedene Gegenstände, die man offenbar absichtlich dorthin gelegt hatte: zwei Jadefiguren und zwei schön geformte Köpfe. Von ganz besonderem Interesse war jedoch das Grab selbst. Es wurde durch eine riesige rechteckige Platte verschlossen, die über und über mit stark stilisierten Reliefs bedeckt war. Nachdem die Forscher die Platte mit viel Mühe zur Seite geschoben hatten, fielen ihre staunenden Blicke auf einen regelrechten Schatz aus Mayaartefakten. Das Gesicht des Leichnams war mit einer herrlichen Maske aus Jadeplättchen bedeckt (s. Farbfoto 3). Ohrspulen aus Jade und Perlmutt, mehrere Halsketten aus länglichen Jadeperlen sowie Fingerringe aus Jade schmückten den längst Verstorbenen. Man hatte ihm jeweils ein großes Jadestück in die Hände und in den Mund gelegt – ein Brauch, der ebenso bei den Chinesen wie bei den Azteken und Maya bekannt war. So großartig dieser Schatz auch war – die Jademaske ist die schönste ihrer Art, die bislang auf der Welt gefunden wurde –, die verwirrendste Entdeckung war der Deckel zum Sarg (s. Farbfoto 20).

Die Grabplatte von Palenque ist 5,5 Tonnen schwer und läßt sich aufgrund ihrer Größe nicht aus der Grabkammer entfernen. Zahlreiche Wissenschaftler und Fachleute haben sich mit ihren geheimnisvollen Mustern beschäftigt und versucht, sie zu entschlüsseln. Der bekannteste unter ihnen war der Schweizer Schriftsteller Erich von Däniken. In seinem Buch *Die Wagen der Götter* vertrat er die Hypothese, die rätselhafte Gestalt in der Mitte des Deckels stelle einen Astronauten vor dem Steuerwerk seines Raumschiffs dar. Natürlich erntete er mit dieser Behauptung bei den Archäologen, die in Palenque arbeiteten, nur Hohn und Spott. Sie hatten den Toten inzwischen als einen hochstehenden Priesterkönig von Palenque namens Sonnenherr Pacal identifiziert, der 683 n. Chr. im Alter von achtzig Jahren gestorben war, und nichts sprach dafür, daß er oder irgend jemand sonst in Mexiko zu jener Zeit ein Raumschiff zu Gesicht bekommen, geschweige denn gesteuert hätte! Ebenso wie frühere Theorien, die einen Zusammenhang zwischen den Maya und Atlantis, Altägypten und den verlorenen Stämmen Israels unterstellten, wurden auch die Hypothesen Erich von Dänikens ins Reich der Spekulation verwiesen. Doch so wenig Resonanz seine Ideen in der akademischen Fachwelt auch fanden, sie entsprachen der Stimmung der sechziger Jahre, und sein Buch wurde ein internationaler Verkaufserfolg. Ob es ihnen paßte oder nicht, die mexikanischen Archäologen hatten es mit einem Publikum zu tun, das die Theorien des Schweizers nur allzu begierig akzeptierte. So wurde die Grabplatte von Palenque zu einem Symbol, das alles in sich vereinigte, wofür dieser Autor stand.

Angesichts dieser Tatsache nimmt es nicht wunder, daß die Wissenschaftler zurückhaltend reagierten, als Maurice Cotterell bei seinem Besuch in Mexiko 1992 eine weitere, nicht minder umstrittene Erklärung über die Bedeutung des Sargdeckels vortrug.

Die Maya sind von einem großen Geheimnis umgeben, das bis heute nicht gelüftet worden ist. Woher kamen sie? Warum bauten sie ihre Monumente? Wie kam es, daß sie plötzlich wieder verschwanden und ihre legendären Städte dem Dschungel überließen? Das sind die Fragen, die sich Generationen von Forschern und Besuchern in Palenque und anderen mexikanischen Ruinenstädten gestellt haben. Die Archäologie hat uns vor allem durch die Entschlüsselung des alten Mayakalenders einige Antworten gegeben, doch bislang ist es ihr nicht gelungen, hinter die wirklichen Motive der Maya zu kommen. Zur Beantwortung dieser Frage liefert jedoch die Grabplatte von Palenque einen wichtigen Hinweis – und es sieht so aus, als könnten wir ihre mysteriösen Symbole endlich entschlüsseln.

# 2.
# Die Zeitvorstellungen der Maya

## Die Rekonstruktion des Mayakalenders

Daß die rücksichtslose Vernichtung des antiken Mexiko einen nicht wiedergutzumachenden Schaden angerichtet hat, läßt sich nicht bezweifeln. So viele Archive, Monumente und selbst Sprachen gingen in den frühen Jahren der spanischen Herrschaft verloren, daß wir vieles über die Kultur der alten Maya niemals erfahren werden. Dennoch sind in den letzten Jahrhunderten große Fortschritte erzielt worden, und vieles konnte aus der Asche der Geschichte geborgen werden. Die Erforschung und Aufzeichnung der Ruinenstädte der Maya durch engagierte Amateure wie Stephens, Maudsley und Charnay trugen dazu ebenso bei wie die ständige Arbeit an der Entzifferung der Mayatexte durch andere Wissenschaftler. Der erste und in vieler Hinsicht bedeutendste unter ihnen war eine schillernde Persönlichkeit: Charles Etienne Brasseur de Bourbourg. Heute von den Fachgelehrten als eine Art wunderlicher Kauz geschmäht, weil er an die frühere Existenz von Atlantis glaubte, war er in Wirklichkeit ein äußerst intelligenter Mann. Er wurde zu seiner Zeit in den besten Kreisen der europäischen Gesellschaft hoch geachtet und sogar von der französischen Regierung unter Napoleon III. beauftragt, den Text für ein Buch über Yucatán zu schreiben. Die Kupferstiche zu Brasseurs Text stammten von Graf Jean-Frédérick Waldeck, der heute wegen seiner verschwommenen Vorstellungen ebenfalls sehr zurückhaltend beurteilt wird. Er vertrat die Ansicht, die Kultur der Maya sei nicht völlig autochthon gewesen, sondern habe manche ihrer

Kenntnisse von Chaldäern, Phönikern und Hindus übernommen, die das Land bereist hatten.

Waldeck brachte ein ganzes Jahr damit zu, die Ruinen von Palenque zu erforschen und zu zeichnen, wobei er vier Monate lang am Ort selbst in einem Gebäude lebte, das noch heute als »Grafenhaus« bezeichnet wird.

Seine veröffentlichten Lithographien ziehen allerdings wegen ihrer Ungenauigkeiten nur vernichtende Urteile auf sich. Seine ursprünglichen Arbeitszeichnungen, die sich heute in der Ayer Collection der Newberry-Bibliothek in Chicago befinden, sind jedoch von höchster Qualität, so daß er sehr wahrscheinlich die fertigen Lithographien nachträglich für ein Publikum ausschmückte, das so romantische Bilder schätzte, wie sie in der berühmten *Description d'Egypte*[1] enthalten waren. Er konnte nicht wissen, daß spätere Mayaforscher wissenschaftlich exakte Zeichnungen als Hilfsmittel bei ihren Versuchen benötigten, um Mayatexte zu entschlüsseln. Andererseits hätte er dieser Forderung vermutlich entgegengehalten, ihm als Künstler gehe es nicht um Wissenschaftlichkeit, sondern darum, den Geist dessen, was er sah, zu erfassen.

Brasseur selbst wurde 1814 in Frankreich geboren. Anfangs verdiente er sein Geld als Autor von Trivialromanen, bis er mit Ende Zwanzig erkannte, daß er gute Beziehungen brauchte, wenn er es im Leben zu etwas bringen wollte. Folgerichtig trat er in die katholische Kirche ein. Im Frankreich des 19. Jahrhunderts konnte ein intelligenter Mann mit guten Manieren ohne große Schwierigkeiten Abbé werden. Das war ein Titel, der in den meisten Fällen wenig damit zu tun hatte, daß sein Träger ein geistliches Amt ausübte. Er war jedoch von einem bestimmten religiösen Nimbus umgeben und eignete sich besonders für Männer, die als Hauslehrer die Kinder von Adligen unterrichten oder auch – wie Brasseur – in Kirchenarchiven stöbern wollten. Wie wir bereits wissen, entdeckte er dabei nicht nur das *Popol Vuh*, sondern förderte 1862 auch eine bearbeitete Ausgabe von

Bischof Landas *Rélacion de las Cosas de Yucatan* und die beiden bedeutenden Codices der Maya zutage, die heute als *Codex Madrid* in Madrid vereint sind. Der dritte große Mayacodex, der *Codex Dresden*, war ihm in der umfangreichen Kingsborough-Ausgabe zugänglich, die zwischen 1831 und 1839 erschien.

Gestützt auf die Informationen über die Maya in der *Rélacion* machte sich Brasseur daran, alle drei Codices zu entschlüsseln. Vor seiner Wiederentdeckung des Buches von Landa bestand das größte Hindernis für eine Übersetzung authentischer Mayaschriften darin, daß niemand einen Hinweis hatte, was ihre eigenartigen Hieroglyphen eigentlich bedeuteten. Man nahm an, die Maya und andere Indianerstämme seien »Primitive« gewesen und deshalb unfähig, komplexe Vorstellungen in einer Schrift auszudrücken. Das Werk Landas erwies sich jedoch als der Stein von Rosette[2] der Mayaarchäologie – und man kann sich die Erregung Brasseurs vorstellen, als er dies erkannte. Es war gerade erst 41 Jahre her, daß ein anderer Franzose, Jean François Champollion, seine erste Entschlüsselung der ägyptischen Hieroglyphen mit Hilfe des Steins von Rosette bekanntgegeben hatte, und Brasseur durfte darauf hoffen, daß ihm ein ähnliches Bravourstück glücken würde. Zu dieser Zeit war in Fachkreisen allgemein bekannt, daß die Azteken und Maya zwei Kalender in Gebrauch hatten, der erste mit einem sich wiederholenden Zyklus von 260 Tagen (ein Horoskop- oder Wahrsagekalender, der *Tzolkin* genannt wurde) und der zweite ein Jahreskalender mit 365 Tagen ohne Schalttage (*Haab*). Brasseur entdeckte nun, daß eine Tabelle in der *Rélacion* die Namen der Tage in einem *Tzolkin* enthielt, von denen es 20 gab, sowie die Namen der Monate eines Jahreskalenders. Die Tabelle enthielt jedoch noch weitere Informationen, denn neben jedem Namen, der auf Spanisch geschrieben war, stand die zugehörige Mayahieroglyphe. Brasseur erkannte, daß er ein kalendarisches Wörterbuch vor sich hatte, den Schlüssel zur Zeitmessung der Maya.

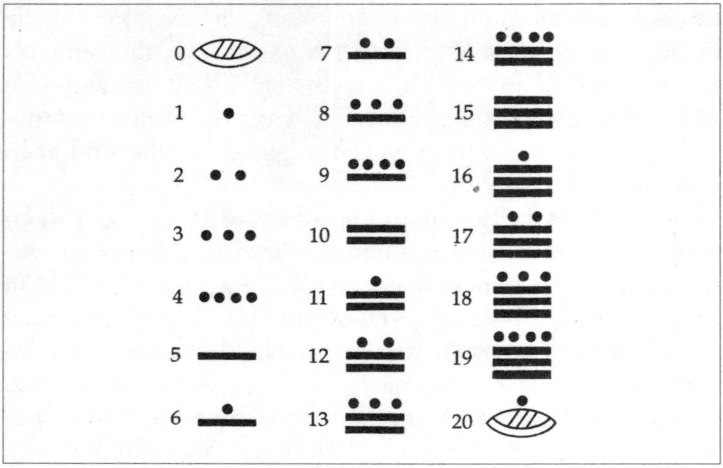


*Abb. 5: Symbole für die Mayazahlen*

Diesen konnte er jetzt auf die in den Codices festgehaltenen Texte anwenden.

Seine erste Entdeckung – die unabhängig von ihm und ohne sein Wissen bereits von einem anderen Forscher, Constantine Rafinesque, gemacht worden war – betraf ein System aus Punkten und Strichen, mit denen die Maya Zahlen darstellten. Die Zahlen von eins bis vier wurden durch einen, zwei, drei und vier Punkte, die fünf durch einen Strich wiedergegeben, die sechs wurde durch einen Strich und einen Punkt, die sieben durch einen Strich und zwei Punkte, die zehn durch zwei Striche dargestellt (s. Abb. 5).

Die Funktionsweise der beiden Kalender und die Zusammenhänge zwischen ihnen sind ganz einfach zu verstehen, sobald man sich einige Grundbegriffe eingeprägt hat. Die Benutzung des *Tzolkin* ist uralt und geht offenbar mindestens bis in die Zeit der Olmeken[3] zurück; er wird auch heute noch von einigen der abgelegeneren Mayastämme zu magischen Zwecken gebraucht. Die Berechnung auf der Grundlage des Zusammenzählens von zwanzig verschiedenen Tagesnamen und den Zahlen eins bis 13 erfolgt allerdings nicht in derselben Reihenfolge wie wir unseren Gregorianischen Kalender mit 30- oder 31-Tage-Monaten zählen. Eine einfache Möglichkeit, diese gänzlich andere Methode anschaulich zu machen, besteht darin, den Zahlenzyklus mit den Namen unserer eigenen Monate durchzuzählen. Wir beginnen wie üblich mit dem 1. Januar, doch dann folgt nicht der 2. Januar, sondern der 2. Februar, danach der 3. März usw. bis zum 12. Dezember, und dann kommt der 13. Januar. Der volle Zyklus würde aus 156 (12 × 13) Tagen bestehen, und danach käme wieder der 1. Januar (s. Abb. 6).

Die Namen der Tage wurden mit besonderen Hieroglyphen dargestellt (s. Abb. 7). Damit ergibt sich folgender Zyklus: 1. Imix, 2. Ik, 3. Akbal ... 13. Ben, 1. Ix, 2. Men ... etc. Der letzte Tag in der 260er Zählung ist der 13. Ahau, auf den dann wieder der 1. Imix folgt.

Der gesamte Zyklus läßt sich als Rad darstellen (s. Abb. 8).

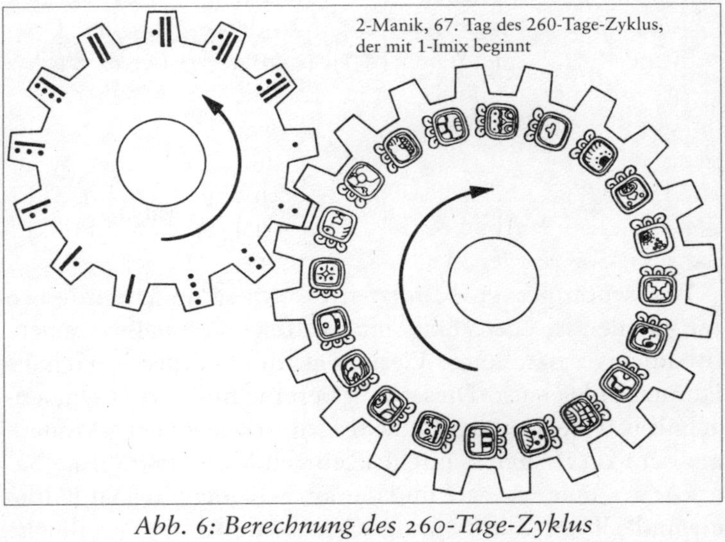


*Abb. 6: Berechnung des 260-Tage-Zyklus*

**Tagesnamen**

| Maya | Übersetzung |
|---|---|
| Imix | Meerdrachen |
| Ik | Luft/Leben |
| Akbal | Nacht |
| Kan | Mais |
| Chicchan | Schlange |
| Cimi | Tod |
| Manik | Hirsch/Macht |
| Lamat | Hase |
| Muluc | Regen |
| Oc | Hund |
| Chuen | Affe |
| Eb | Besen |
| Ben | Schilfrohr |
| Ix | Jaguar |
| Men | Vogel/Adler |
| Cib | Eule/Geier |
| Caban | Kraft/Erde |
| Eznab | Plint/Messer |
| Cauac | Sturm/Fuß |
| Ahau | Gott |

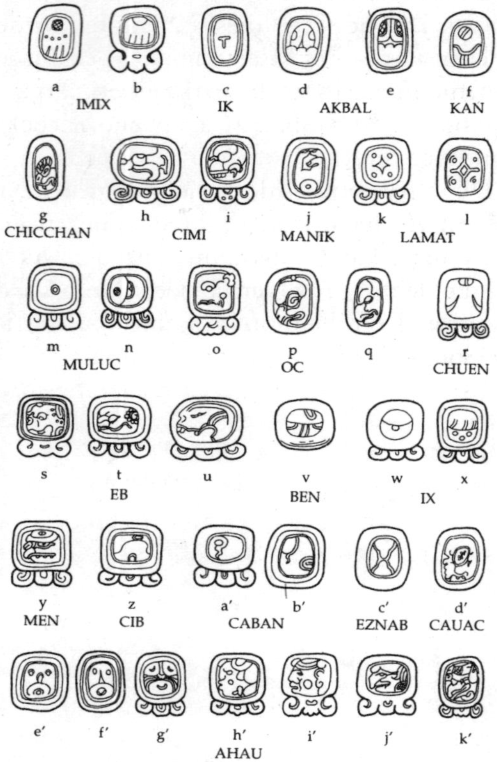


Die Tageszeichen der Inschriften

*Abb. 7: Tagesnamen und Symbole der Maya*

Wie schon gesagt, benutzten die Maya außerdem einen Jahreskalender oder *Haab* mit 365 Tagen (ohne Berücksichtigung des zusätzlichen Vierteltags, der bei uns das Schaltjahr zur Folge hat).[4] Dieses Jahr bestand aus 360 Tagen, eingeteilt in 18 Monate zu je 20 Tagen, sowie einem »Monat« aus fünf zusätzlichen, unglückbringenden Schalttagen.

Die 20-Tage-Monate und der kurze 5-Tage-Monat hatten ebenfalls ihre eigenen Namenszeichen (s. Abb. 9). Der letzte von ihnen, Uayeb, war der kurze Schaltmonat mit nur fünf Tagen. Die 20 Tage dieser Monate wurden von null (der »Platznahme« des Monats) bis 19 gezählt und waren durchgehend numeriert: Platznahme von Pop, 1. Pop, 2. Pop, 3. Pop ... 3. Uayeb, 4. Uayeb und zurück zur Platznahme von Pop.

Die Verwendung der beiden Kalender, des *Tzolkin* und des *Haab*, bedeutete, daß jeder Tag zwei Namen hatte – einen für jeden Zyklus, zum Beispiel 3. Akbal 4. Cumhu. Da die beiden Zyklen verschieden lang waren, trat eine bestimmte Kombination von zwei Tagesnamen erst nach 52 Sonnenjahren oder 73 *Tzolkins* (52 × 365 = 18980 =

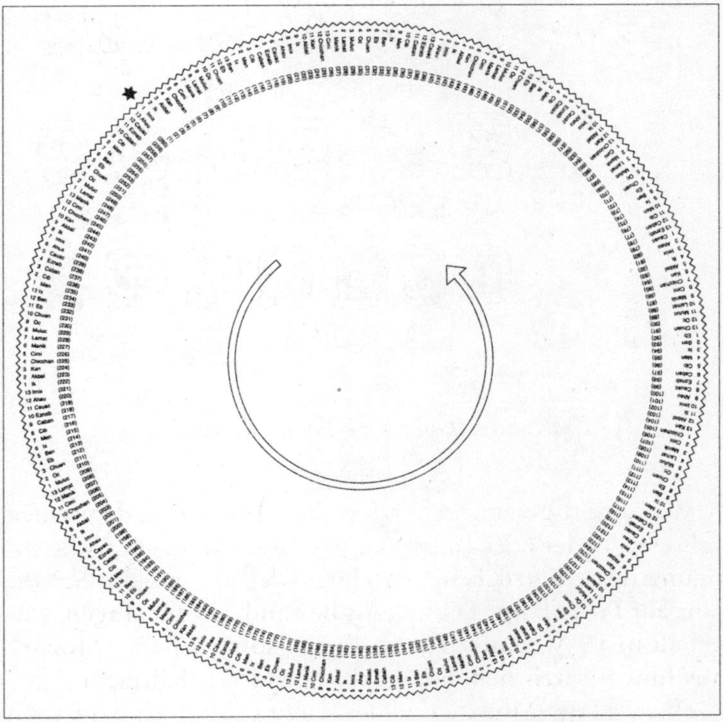

*Abb. 8: Der 260-Tage-Wahrsagerkalender* Tzolkin

**HAAB**

Das Sonnenjahr (Haab) bestand aus 18 Monaten (Kinal) aus jeweils 20 Tagen sowie 5 zusätzlichen »Unglückstagen«.

Die Namen der Monate:

| | | | |
|---|---|---|---|
| 1 | Pop | 11 | Zac |
| 2 | Uo | 12 | Ceh |
| 3 | Zip | 13 | Mac |
| 4 | Zotz | 14 | Kankin |
| 5 | Tzec | 15 | Muan |
| 6 | Xul | 16 | Pax |
| 7 | Yaxkin | 17 | Kayab |
| 8 | Mol | 18 | Cumhu |
| 9 | Chen | 19 | Uayeb (5 Tage) |
| 10 | Yax | | |

Jeder Monat hatte 20, nur der letzte hatte 5 Tage.

Die Monatszeichen der Inschriften

*Abb. 9: Der 365-Tage-Jahreskalender oder* Haab

73 × 260) wieder auf. Diese Periode wird oft als aztektisches Jahrhundert[5] oder Kalenderrunde bezeichnet.

Diese Methode der täglichen Zeitmessung war für die meisten Alltagszwecke offensichtlich ausreichend. Ohnehin ging es den Aztekenpriestern – die mit diesem Kalender bis zur Ankunft der Spanier arbeiteten – in der Hauptsache um Horoskope und Magie. Bestimmte Tage, vor allem die fünf Schalttage des Uayeb, galten als unglückbringend. Auch das Geburtsdatum eines Menschen war von großer Bedeutung: Es entschied über den weiteren Verlauf seines Lebens, seinen Namen und Werdegang. Doch während die Kalenderrunde zur Aufzeichnung von Daten in der jüngeren Vergangenheit durchaus zweckmäßig war, hatte sie offensichtlich ihre Grenzen, wenn es um Daten aus der weit zurückliegenden Vergangenheit ging. Die Maya umgingen dieses Problem, indem sie eine zweite Methode der Zeitmessung entwickelten, den sogenannten Long Count (»Lange Zählung«).[6]

## Der Long Count der Maya

Eine der einzigartigen Leistungen der Maya, die sie von den späteren Azteken unterschied, war ihre Fähigkeit, mit ihrem hochkomplizierten Kalender umzugehen. In Westeuropa und den USA verwenden wir den Gregorianischen Kalender (eine verbesserte Version des Julianischen Kalenders), und alle unsere Daten sind auf ein bestimmtes Ereignis bezogen, die Geburt Christi im Jahre Null unserer Zeitrechnung. Mit Hilfe unseres Kalenders können wir jedes Ereignis und jede Epoche in der historischen Vergangenheit wie in der Zukunft datieren. Der Gregorianische Kalender ist für uns eine solche Selbstverständlichkeit, daß wir leicht vergessen, daß er nicht der einzige ist, der heute auf der Welt gebraucht wird. Für die Indianer Mittelamerikas etwa war der Anfang der Zeitrechnung nicht die Geburt Christi, sondern ein anderes, weit zurückliegendes Ereignis: die Geburt der Venus.

Dies hatte nichts mit der schönen Göttin der europäischen Mythologie zu tun, sondern mit dem »ersten« Aufgang (der Geburt) des Planeten Venus. Die Maya waren hervorragende Astronomen, und wie wir noch sehen werden, verfolgten sie die Bewegungen der Venus genau und machten ihre Beobachtungen zur Grundlage eines komplexen Systems der Zeitrechnung, das sich über Tausende von Jahren erstreckte.

Die Entschlüsselung des Long Count der Maya ist zu einem Großteil das Verdienst des deutschen Germanisten Ernst Wilhelm Förstemann. Er war in Danzig geboren und bekleidete 1867 das Amt des Oberbibliothekars der Dresdner Bibliothek. Zufällig befand sich die bedeutendste aller Mayahandschriften im Besitz der Bibliothek – der *Codex Dresden*. 1880 begann Förstemann, sich in das Studium der Handschrift zu vertiefen, und fertigte zunächst ein äußerst genaues Faksimile von ihr an. Davon veröffentlichte er zwar nur sechzig Exemplare, aber sein Werk erwies sich später als besonders verdienstvoll, weil das Original im Zweiten Weltkrieg in einem Weinkeller aufbewahrt und durch Wassereinwirkung stark beschädigt wurde.

1882 schloß der US-Amerikaner Cyrus Thomas nach einer eingehenden Untersuchung der Fotografie einer Teilinschrift, daß die Zahlen der Maya von links nach rechts und von oben nach unten gelesen werden mußten. Förstemann konnte aufgrund des *Codex Dresden* und einer Abschrift von Landas *Rélacion* diese Analyse weiterführen und die Funktionsweise des Mayakalenders völlig aufklären. Er entdeckte, daß die Maya ein Vigesimalsystem (mit der Grundzahl 20) anstelle unseres Dezimalsystems verwendeten und Daten in Form einer »langen Zählung« aufzeichneten, die mit dem Kalenderrundendatum des 4. Ahau 8. Cumhu vor mehreren tausend Jahren anfing.

Um das zu verstehen – und dies ist wichtig für die späteren Kapitel dieses Buches –, müssen wir uns mit einigen weiteren einfachen Begriffen der Zeitmessung der Maya vertraut machen. Neben dem *Tzolkin* aus 260 Tagen, dem *Haab* aus 365 Tagen und der Kalenderrunde aus 52 Jahren zählten und addierten die Maya auch einzelne Tage. Hierzu benutzten sie wiederum ein leicht abgewandeltes Vigesimalsystem, und ihre Zähleinheiten hießen Uinal (sprich *Winal*). Tun, Baktun usw. Auf den ersten Blick erscheint dieses System sehr umständlich, wirkt jedoch weniger abschreckend, wenn man sich erst einmal an das Zählen in Zwanzigergruppen gewöhnt hat. Das ganze System funktionierte so:

| | | |
|---|---|---|
| 20 Kin (Tage) | = 1 Uinal | (20-Tage-»Monat«) |
| 18 Uinal | = 1 Tun | (360-Tage-»Jahr«) |
| 20 Tun | = 1 Katun | (7200 Tage) |
| 20 Katun | = 1 Baktun | (144 000 Tage) |

Auf Monumenten, beispielsweise Stelen, sind Mayadaten in Form einer doppelten Spalte aus Hieroglyphen dargestellt. Diese werden von links nach rechts und von oben nach unten gelesen. Die Sequenz beginnt mit einer einleitenden Hieroglyphe und endet häufig mit Daten, die sich auf Mondzyklen und jeweils auf einen der Neun Herren der Nacht beziehen, der zur betreffenden Zeit die Regierung innehatte. Dazwischen liegt das Datum, ausgedrückt als die Anzahl der Baktun, Katun, Tun etc. sowie das Datum nach dem *Tzolkin* (260-Tage-Zählung) und dem *Haab* (365-Tage-Zählung). Abbildung 10 zeigt ein typisches Long Count-Datum, das in die sogenannte Leidener Platte (ein in Guatemala aufgefundener Jadeanhänger) eingraviert ist. Das vollständige Datum lautet: einleitende Hieroglyphe, 8 Baktun, 14 Katun, 3 Tun, 1 Uinal, 12 Kin, 1 Eb, 0 Yaxkin.

Förstemann gelangen daneben noch weitere Entdeckungen am *Codex Dresden*. Er konnte beispielsweise zeigen, daß dieser eine Venustafel enthielt, mit der man die Bewegungen des Planeten in seinem Zyklus von rund 584 Tagen berechnen konnte, sowie Mondtafeln zur Berechnung möglicher Mondfinsternisse. Insgesamt erbrachte er den Nachweis, daß die Handschrift, die auf den ersten Blick nicht mehr zu sein schien als ein buntbemalter Überrest von al-

*Abb. 10: Beispiel eines Mayadatums von der Leidener Platte*

lenfalls historischem Interesse, in Wirklichkeit das Werk höchst intelligenter Menschen war. So nimmt es nicht mehr wunder, daß die Indianer in ein jammervolles Wehklagen ausbrachen, als unwissende Bischöfe ihre Schriften dem

Scheiterhaufen überantworteten. Damit vernichteten sie einige der großartigsten wissenschaftlichen Schöpfungen, die der menschliche Geist je hervorgebracht hat, und zudem die Aufzeichnungen einer jahrhundertelangen astronomischen Forschung.

In seiner Schreibstube der Dresdner Bibliothek, weitab vom Dschungel Mittelamerikas, hatte Förstemann zweifellos den wichtigsten Schlüssel zum Datierungssystem der Maya gefunden – doch selbst er hat den Code nicht völlig entschlüsselt. Er konnte zwar die Daten des Long Count in ihrem eigenen Kontext der Dresdner Handschrift lesen, war jedoch nicht in der Lage, sie zu bekannten Daten in unserem eigenen Gregorianischen Kalender in Beziehung zu setzen. Hierzu waren weitere Daten nötig, vor allem genauere Wiedergaben von Datumsinschriften, wie sie auf Mayamonumenten gefunden wurden. Diese abschließende Leistung, die es ermöglichen würde, alle Long-Count-Daten der Maya in Daten des Gregorianischen Kalenders umzurechnen, sollte von anderen Denkern erbracht werden. Im ausgehenden 19. Jahrhundert wurden sporadisch Versuche unternommen, beschriftete Mayamonumente zu fotografieren, doch das war nicht einfach, da sie über den ganzen Dschungel Mittelamerikas verstreut und häufig unzugänglich waren. Erst seit den detaillierten Bestandsaufnahmen von Alfred Maudsley stand anderen Forschern ein Kompendium vollständiger und exakter Inschriften zur Verfügung. Die zwischen 1889 und 1902 erfolgte Veröffentlichung seiner *Archaeology* als Anhang zu seiner fünfbändigen *Biologia Centrali-Americana* erwies sich als weiterer Meilenstein der Mayaforschung. Endlich bestand die Möglichkeit, eine Vielzahl von Inschriften mit Landas Text und den in den Codices enthaltenen Zeitdaten zu vergleichen.

Der nächste große Schritt in unserem Verständnis des Mayakalenders gelang – wiederum zum Kummer der modernen Mayaforschung – einem exzentrischen Außenseiter, Joseph T. Goodman. Er war ein Unternehmer in echter amerikanischer Tradition, der in jungen Jahren als Journalist gearbeitet hatte. Mit dreiundzwanzig gab er bereits eine eigene Zeitung heraus, die *Territorial Enterprise* von Virginia City. Hier, in der Nähe von Reno in Nevada, hatte man 1859 Gold gefunden, und der schnelle Reichtum, der damit einherging, machte Virginia City innerhalb kurzer Zeit zu einer typischen Stadt des »Wilden Westens«. Goodman ließ sich von der Welle mittragen und versuchte sich neben seiner Zeitung (in der übrigens Mark Twain seine ersten Sporen als Reporter verdiente) in Goldaktien. Bald war er ein reicher Mann und floh aus der hektischen Goldgräberatmosphäre von Virginia City in die relative Ruhe Kaliforniens. Hier gründete er eine weitere Zeitung, den *San Franciscan*, kaufte in Fresno einen Weinberg zur Rosinenherstellung und begann eine neue Liebhaberei: das Studium der Maya.

1897 veröffentlichte er die ersten Ergebnisse seiner Bemühungen, die in einen Anhang zu Maudsleys archäologischem Appendix der monumentalen *Biologia Centrali-Americana* Eingang fanden. Ohne die vorangegangenen Entdeckungen Förstemanns zu erwähnen, dessen frühe Arbeiten er zweifellos gekannt hat, behauptete er, den Long Count und das Datum des 4. Ahau 8. Cumhu als Beginn des Mayakalenders entdeckt zu haben. Moderne Mayaforscher wie Eric Thompson sind überzeugt, daß Goodman kein ausreichendes Material aus erster Hand zur Verfügung hatte, um diese Entdeckung selbständig zu machen, und somit Förstemann plagiiert habe.

Wie dem auch sei, Goodman leistete noch einige weitere erstaunliche und diesmal wirklich originelle Beiträge zur Mayaforschung. Der erste war die Entdeckung, daß die Maya eigene Hieroglyphen verwendeten, um Zahlen auch noch anders als durch Punkte und Striche darzustellen – ähnlich wie wir verschiedene Darstellungsformen von Zahlen kennen – römische Ziffern, arabische Ziffern oder selbst Kerbholzmarkierungen. Noch bedeutsamer war indessen ein Artikel, den Goodman 1905 in der Zeitschrift *American*

*Anthropologist* veröffentlichte. Hier legte er unter der Überschrift *Mayadaten* eine bahnbrechende Arbeit vor, die es schließlich ermöglichte, Mayadaten in Daten unseres Kalenders umzurechnen.

Nach einem gründlichen Studium der *Rélacion* Landas, der Mayahandschriften und verschiedener kolonialer Aufzeichnungen stellte Goodman den Zusammenhang her, der es anderen Wissenschaftlern ermöglichte, eine vollständige Chronologie der Mayazivilisation zu erstellen. Goodmans Arbeit über den Long Count wurde lange ignoriert, am Ende jedoch bestätigt, und seine Chronologie wurde schließlich von Eric Thompson[7], einem der maßgeblichsten Mayaforscher, mit einer geringfügigen Korrektur um drei Tage übernommen. Er legte ein für allemal fest, daß das Ende des letzten und der Beginn des gegenwärtigen Großzyklus auf dem 13. August 3114 v. Chr. nach unserer Zeitrechnung gefallen war. Da ein Großzyklus 13 Baktun = 1872000 Tage umfaßt, wird der gegenwärtige Zyklus am 22. Dezember 2012 beendet sein. Wir leben also in den letzten Jahrzehnten des gegenwärtigen Zyklus.

## Die Astronomie der Maya

Die Maya maßen die Zeit jedoch nicht nur rein theoretisch, indem sie die Tage zählten, wie sie vergingen, sie waren auch hervorragende Astronomen. Anhand ihrer Ruinenstädte im Dschungel hat man festgestellt, daß die Orientierung von Tempeln und anderen Bauwerken von ganz besonderer Bedeutung war. Die Maya verfolgten ebenso wie die anderen Völker Mittelamerikas den Sternenhimmel und die Bewegungen der Planeten. Häufig wurden Türöffnungen oder »Oberschwellen«[8], ein spezielles Merkmal klassischer Mayatempel, so angeordnet, daß sie den Aufgang, die Kulmination oder den Untergang bestimmter Sterne markierten. Die Maya waren vor allem an den Bewegungen der Plejaden sowie der Planeten Merkur, Venus und Mars interessiert, doch natürlich stellten sie auch genaue Beobachtungen von Sonne und Mond an, so daß sie in der Lage waren, Sonnen- und Mondfinsternisse vorherzusagen.

Förstemann erkannte als erster, daß der *Codex Dresden* Tafeln für die Vorhersage von Eklipsen enthielt. Heute würden wir hierzu mit algebraischen Formeln arbeiten, doch die Maya verwendeten eine Kombination aus astronomischen Beobachtungen und Datentafeln für ihre Prophezeiungen bedeutender Himmelsereignisse.[9] Die Tafeln in der Dresdner Handschrift lieferten den Priestern nicht nur Informationen über zu erwartende Sonnen- und Mondfinsternisse, sie mußten auch mit dem *Tzolkin* aus 260 Tagen übereinstimmen. Das erreichten die Maya-Astronomen, indem sie die Tafeln für eine Zeitdauer von 11958 Tagen anlegten, was ziemlich genau 46 *Tzolkins* (11960 Tagen) entspricht, bevor der Zyklus von neuem beginnt. Dieser Zeitraum ist das exakte Äquivalent von 405 Mondmonaten, die ebenfalls 11960 Tagen entsprechen. Diese Tafeln waren tatsächlich so genau, daß der Fehler bei einem Mondmonat lediglich sieben Minuten beträgt! Man hat außerdem inzwischen herausgefunden, daß es eine weitere Zahlentafel gibt, mit deren Hilfe die Werte der ersten Tafel korrigiert werden können, so daß der Fehler bei 4500 Jahren nur einen einzigen Tag beträgt. Das ist eine phantastische Leistung.

So wichtig die Vorhersage von Sonnen- und Mondfinsternissen zweifellos war, von mindestens ebenso großem Interesse war für die Maya das Verhalten des Planeten Venus. Förstemann erkannte, daß fünf Seiten der Dresdner Handschrift Berechnungen der Bewegungen der Venus gewidmet waren. Dabei befaßten sich die Maya offenbar weniger mit den alltäglichen Bewegungen dieses Planeten als mit seinem durchschnittlichen Zyklus über längere Perioden hinweg. Die Länge eines Venusjahrs kann zwischen 581 und 587 Tagen schwanken, die durchschnittliche Länge beträgt 584 Tage. Dieser Zahl und ihren ganzen Vielfachen galt das besonderes Interesse der Priester-Astronomen, welche die Tafeln erstellten. Noch wichtiger war jedoch der Umstand, daß sie zwei Daten in die Handschrift aufnahmen, aus denen sich die sogenannte »Superzahl« des *Codex Dresden* ergibt. Es ist die Zahl von 1 366 560 Tagen, die den Beginn des Codex zum Beginn des gegenwärtigen Zeitalters, der Geburt der Venus, in Beziehung setzt. Diese Zahl ist höchst bedeutsam, da sie zwischen mehreren wichtigen Zyklen eine Verbindung herstellt.

Die Zahl 1 366 560 läßt sich ausdrücken als

| | | |
|---|---|---|
| 260 × | 5256 | (Anzahl der *Tzolkins*) |
| 365 × | 3744 | (Anzahl der *Haabs*) |
| 584 × | 2340 | (Anzahl der durchschnittlichen Venusjahre) |
| 780 × | 1752 | (Anzahl der durchschnittlichen Marsjahre) |
| 18 980 × | 72 | (Anzahl der Kalenderrunden oder Aztekenjahrhunderte) |

Es war diese Superzahl aus dem *Codex Dresden*, die Maurice Cotterells Interesse an den Maya weckte, denn sie lag ziemlich dicht bei einer anderen bedeutsamen Zahl: einer Zeitspanne von 1 366 040 Tagen, zu der er auf einem völlig anderen Weg gelangt war, nämlich über das Studium von Sonnenflecken-Zyklen. Bestand zwischen den beiden Ziffern – die nur um genau zwei 260-Tage-Perioden voneinander abweichen – möglicherweise ein Zusammenhang? Diese Frage sollte ihn in den nächsten Tagen beschäftigen, und seine Entdeckungen auf diesem Gebiet sollten sich als sensationell erweisen. Bevor wir jedoch darauf eingehen, müssen wir einen Umweg machen und die Maya für eine Weile verlassen, um nachzuvollziehen, wie Cotterell zu seiner eigenen »Superzahl« von 1 366 040 Tagen gelangte.

# 3.
# Eine neue Solarastrologie

Die Astrologie ist ein Thema, an dem sich die Geister scheiden. Diese älteste aller Wissenschaften wird von manchen als Inbegriff all dessen angesehen, was einer menschlichen Beschäftigung würdig ist. Auf der anderen Seite sieht eine Mehrheit innerhalb der akademischen Welt in dem Studium möglicher Einflüsse der Gestirne auf das Leben der Menschen nichts als blinden Aberglauben. Wie dem auch sei, die Astrologie war in der Vergangenheit keine rein europäische oder eurasische Obsession. Alle kulturell hochstehenden Gesellschaften und so auch die Maya haben sich für die Bewegung der Sterne interessiert. Die überlieferten Mayahandschriften befassen sich hauptsächlich mit astrologischen Fragen; der *Codex Dresden* enthält zum Beispiel Berechnungen und Vorhersagen im Hinblick auf den 584-Tage-Zyklus der Venus sowie Tafeln zur Berechnung der Daten von Sonnen- und Mondfinsternissen. Wir wissen heute, daß einige Mayabauwerke, wie der *Caracol* in Chichén Itzá, als Sternwarten genutzt wurden, die den Priestern ermöglichten, den exakten Zeitpunkt des Auf- und Untergangs bestimmter Planeten zu verfolgen, wobei ihr Interesse ein vorwiegend astrologisches war.[1] Allein die Komplexität der Mayamethoden zur Berechnung der Zyklen von Venus, Mars und anderen Planeten ist eines der vielen überraschenden Kennzeichen dieser Hochkultur. Es sieht allerdings so aus, als habe das eigentliche Interesse der Maya den Auswirkungen der Astrologie auf die menschliche Fruchtbarkeit gegolten.

Daß die Astrologie als solche einer gewissen zurückhaltenden Skepsis begegnet, ist nicht überraschend, wenn man an die phantastischen Behauptungen denkt, die häufig in ihrem Namen aufgestellt werden. Sollen wir wirklich glauben, daß es Glück bringt, wenn Jupiter am Tag unserer Geburt unser Sternzeichen durchquert hat? Ist umgekehrt eine Konjunktion des Saturn mit einem der anderen Planeten in einem Geburtshoroskop tatsächlich für den Betroffenen so bedrohlich? In der Astrologie sind Wissenschaft und Spekulation schon seit so langer Zeit eng miteinander verflochten, daß es nicht leicht ist, hier zu einem endgültigen Urteil zu gelangen. Immerhin steht für jeden, der sich mit Menschen beschäftigt, außer Frage, daß man die Astrologie nicht ohne weiteres als Unfug abtun kann. »Irgend etwas ist dran«, heißt es oft.

Zu dieser Schlußfolgerung gelangte auch Maurice Cotterell, als er in jungen Jahren als Funker der Handelsmarine manchmal monatelang auf See unterwegs war. Innerhalb des engen Bewegungsspielraums eines Schiffs fiel ihm auf, wie sich das Verhalten zumindest einiger der Besatzungsmitglieder unterschied, je nachdem in welchem Sternbild sie geboren waren und welche Charakterzüge ihnen demnach von der Astrologie zugeschrieben wurden. So registrierte er beispielsweise, daß Männer, die unter den angeblich aggressiven »Feuerzeichen« geboren waren, tatsächlich aggressiver waren. Zudem trat ihre Aggression phasenweise auf, auch wenn es nicht unmittelbar einsichtig war, inwiefern hier die Astrologie eine Rolle spielte. Da ihn das Phänomen interessierte, beschloß er, in seiner Freizeit eigene Nachforschungen auf diesem Gebiet anzustellen. Im Urlaub besorgte er sich zu Hause alle Bücher aus der Bibliothek, die etwas mit seiner Frage zu tun hatten. Dazu gehörten nicht nur Sachbücher über Astronomie und Astrologie, sondern auch über scheinbar exotischere Themen wie die Bienenzucht – der Lebenszyklus und das Verhalten von Bienen hängt eng mit den Bewegungen der Sonne zusammen. Während er das Material durchforschte, fielen ihm die Ergebnisse einer äußerst interessanten Untersuchung in die

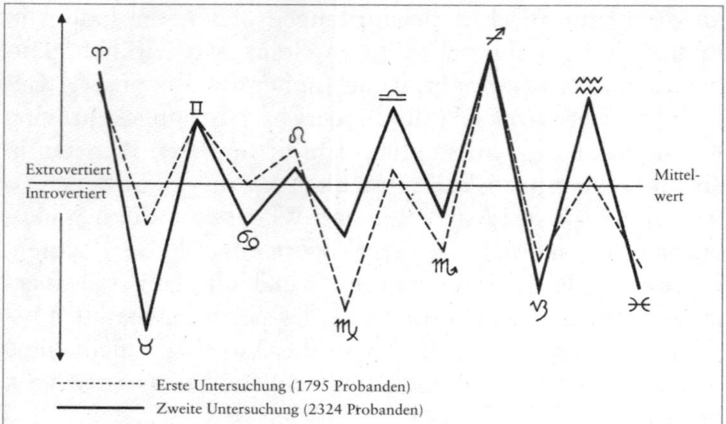


Die Graphik zeigt die Ergebnisse zweier Untersuchungen des Astrologen Jeff Mayo und des Institute of Psychiatry unter der Leitung von Prof. Hans-Jürgen Eysenck. Dabei ergab sich, daß Personen, die unter einem positiven Sternzeichen (Widder, Zwillinge, Löwe, Waage, Schütze, Wassermann) geboren waren, ein überwiegend extrovertiertes, alle übrigen dagegen ein introvertriertes Verhalten zeigten.

*Abb. 11: Korrelation zwischen Sternzeichen und introvertierten/extrovertierten Charaktermerkmalen*

Hand, die der Astrologe Jeff Mayo[2] in Zusammenarbeit mit dem renommierten Psychologen Hans Eysenck durchgeführt hatte.[3] Auf der Grundlage zweier wissenschaftlich abgesicherter Untersuchungen mit 1795 bzw. 2324 Versuchspersonen hatten sie eine Korrelation zwischen dem Tierkreiszeichen, unter dem die Personen geboren waren, und extrovertierten bzw. introvertierten Charaktermerkmalen nachgewiesen (s. Abb. 11).

Die Wahrscheinlichkeit, daß dieses Ergebnis rein zufällig zustande kam, lag bei 0,00001 Prozent und war somit äußerst gering. Wie jeder gute Astrologe vorhergesagt hätte, zeigten Probanden, die unter einem sogenannten Feuer- oder einem Luftzeichen geboren waren, ein stärker extrovertiertes Verhalten, während die übrigen, unter einem Wasser- oder einem Erdzeichen geborenen eher introvertiert waren.[4] Da sich die zwölf Tierkreiszeichen in der Reihenfolge Feuer, Erde, Luft und Wasser abwechseln, läßt sich also ein Jahr deutlich erkennbar in abwechselnd »extrovertierte« oder »introvertierte« Monate einteilen (s. Abb. 12).

Cotterell war die Tatsache bekannt, daß aufgrund der Erdpräzession (der langsamen Rückwärtsbewegung der Äquinoktialpunkte auf der scheinbaren Bahn der Sonne am Himmel, bedingt durch die Taumelbewegung der schrägstehenden Drehachse der Erde) die Tierkreiszeichen im Raum nicht mehr den Sternbildern, die ihre Namen tragen, entsprechen. Die präzessionsbedingten Änderungen bedeuten, daß beispielsweise im Griechenland der Antike die Sonne zum Zeitpunkt des Frühlingsäquinoktiums im Zeichen des Widders aufging, während sie heute zum selben Zeitpunkt von den Sternen des Sternbilds Fische umgeben ist. Der Umstand, daß die Astrologen auch heute noch als erstes Tierkreiszeichen im Frühling Widder[5] und nicht Fische angeben, trägt dazu bei, daß Wissenschaftler die Astrologie als Pseudowissenschaft abtun. Doch die von Mayo und Eysenck er-

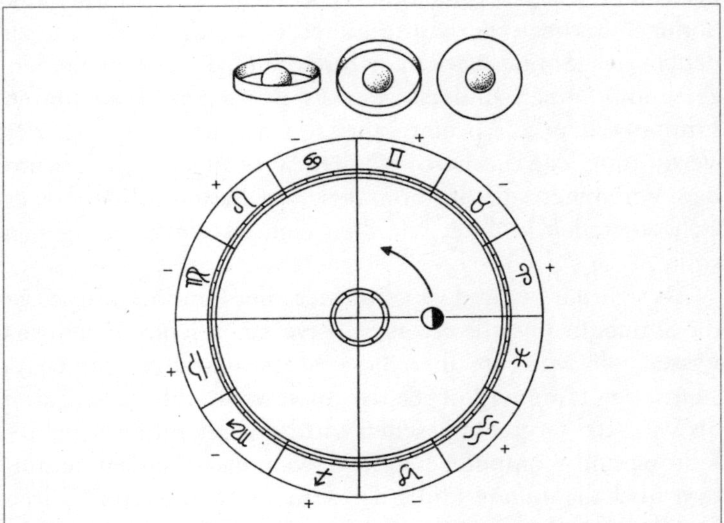

*Abb. 12: Alternierende astrologische Geburtsvorzeichen*

hobenen Befunde lassen erkennen, daß der scheinbar fehlplazierte astrologische Zyklus von Tierkreiszeichen dennoch funktioniert – Menschen, die im »Zeichen« des Widders geboren sind, zeigen deutlich ein extrovertiertes Verhalten, auch wenn die Sonne zum Frühlingsanfang gar nicht in diesem Sternbild aufgeht. Dafür konnte es nur eine Erklärung geben: Das Entscheidende an der Astrologie war nicht der Sternenhintergrund des Tierkreises, der tatsächlich nur die Funktion eines Zifferblatts hat, sondern irgendein Zyklus, der mit der Sonne selbst zusammenhängt. Mit anderen Worten: *Die Wurzel der Astrologie liegt in solaren Einflüssen und den Veränderungen im Laufe eines Sonnenjahrs.*

Damit stellte sich für Cotterell die Frage, auf welche Weise die Sonne bei verschiedenen Menschen je nach dem Zeitpunkt ihrer Geburt ein eher introvertiertes oder extrovertiertes Verhalten bewirken kann. Als Bordfunker wußte er, daß Radiowellen vom Zustand der oberen Erdatmosphäre beeinflußt werden und dieser wiederum dem Einfluß der Sonne unterliegt. Er wußte außerdem, daß zu Zeiten, zu denen viele Sonnenflecken sichtbar sind, Radiosignale verzerrt ankommen und ein starkes Rauschen einen klaren Empfang deutlich beeinträchtigt. Das führte ihn zu der Vermutung, daß die astrologischen Wirkungen vielleicht mit den Vorgängen auf der Sonne zu tun hatten, ohne daß er sich vorstellen konnte, wie dies konkret vonstatten gehen sollte.

Als sichtbarster und vertrautester aller Himmelskörper ist die Sonne für uns alle etwas Selbstverständliches. Doch was wissen wir wirklich über diese Mutter unseres Sonnensystems, den Himmelskörper, der für so viele frühere Kulturen als Vater der Götter angesehen wurde? Dank modernster Teleskope und Computer hat sich zwar unser Wissen zumindest über die äußere Hülle der Sonne in den letzten Jahren enorm erweitert. Trotzdem gibt es noch vieles, was wir nicht wissen und vielleicht niemals wissen werden. Nachdem Cotterell die Sonne – oder vielmehr einen Sonnenzyklus – als primären Faktor für die verschiedenen astrologischen Typen ausfindig gemacht hatte, wollte er herausfinden, worin die konkrete Ursache für die beobachteten Unterschiede bestand. Er vermutete einen Zusammenhang mit den Sonnenflecken, benötigte jedoch weitere Daten, um seine Hypothese erhärten zu können. Außerdem wollte er mehr darüber wissen, in welcher Weise die Sonnenflecken das Magnetfeld der Erde beeinflussen.

Sonnenflecken sind Regionen relativ niedriger Temperaturen auf der Sonnenoberfläche: Sie sehen nur deshalb dunkel aus, weil die übrigen Zonen noch heißer und deshalb heller sind. Sie wurden erstmals im Jahre 1610 von Galilei entdeckt, der sie mit einem der ersten Fernrohre beobachtete. Er erkannte, daß es Verfärbungen auf der Oberfläche der Sonne selbst waren und nicht etwa Satelliten, die sich an ihr vorbeibewegten. Denn im Gegensatz zu den Planeten Merkur und Venus, die zu bestimmten Zeiten die Sonnenoberfläche passieren, sind sie keine dauerhaften Erscheinungen, sondern ändern ständig ihre Zahl und Lage. Manche Flecken sind nur einige Stunden sichtbar, andere monatelang, aber alle verschwinden am Ende wieder. Außerdem sind sie unterschiedlich groß.

Mittlerweile ist bekannt, daß Sonnenflecken keine reinen Zufallserscheinungen sind. 1843 stellte R. Woolf fest, daß das Auftreten und Verschwinden dieser Flecken bestimmten Rhythmen unterliegt, die einen Zyklus von rund 11,1 Jahren bilden. Zu Beginn des Zyklus erscheinen die Flecken in der Nähe der Pole der Sonne und nähern sich zunehmend dem Äquator. Kurz bevor der Zyklus ausklingt, erscheinen in der Regel wieder neue Flecken an den Polen. Der Zyklus ist jedoch nicht völlig regelmäßig, und die Maxima der Sonnenfleckentätigkeit weisen nicht alle dieselbe Intensität auf. Man hat außerdem extreme Minima beobachtet, beispielsweise zwischen 1645 und 1715, als es überhaupt keine Sonnenflecken gab.[6]

Für lange Zeit hatten Astronomen und Physiker keine Erklärung für das Auftreten der Sonnenflecken. Auf der einen Seite vermittelte ihr spontanes Auftreten und Verschwinden den Eindruck atmosphärischer Erscheinungen wie etwa Orkane, während ihr periodischer Charakter tieferliegende und unerklärte Mechanismen im Innern der Sonne vermuten ließ.

Ebenso wie die Erde dreht sich die Sonne um eine eigene Nord-Süd-Achse. Es gibt jedoch einen wesentlichen Unterschied zwischen den beiden Körpern: Während die Erde eine feste Gesteinskruste aufweist und sich deshalb wie eine massive Kugel dreht, besteht die Sonne aus überhitztem Plasmagas und rotiert nicht gleichförmig. Sie dreht sich an ihren Polen sogar langsamer als am Äquator, so daß ein Sonnen-»Tag« an den Polen aus 37 und am Äquator aus nur 26 Erdtagen besteht.[7] Außerdem hat die Sonne wie die Erde und die meisten anderen Planeten im Sonnensystem ein Magnetfeld. Dies ist jedoch kein einfaches Feld wie das der Erde, sondern wesentlich komplizierter. Das Magnetfeld der Sonne birgt für uns noch manche Rätsel, doch gegenwärtig nimmt man an, daß es aus zwei Komponenten besteht: einem Nord-Süd-Dipol und einem äquatorialen Quadripol. Das Feld des Nord-Süd-Dipols gleicht in seiner Orientierung

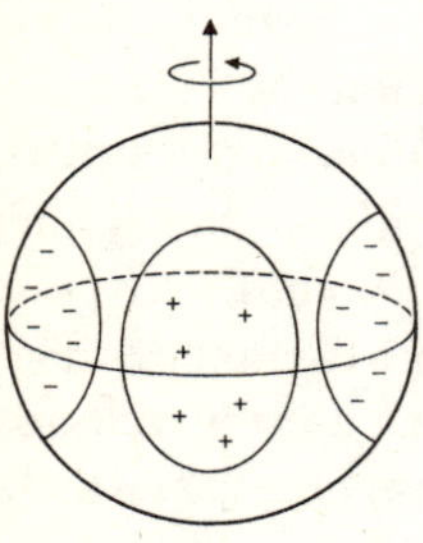

**Modell der magnetischen Struktur**
In diesen schematischen Diagrammen wird die Magnetstruktur der Sonne an der Basis der Korona als aus zwei Komponenten bestehend dargestellt: ein Muster aus alternierenden positiven und negativen Polaritäten in der Nähe des Äquators (links) und schräggeneigten Dipolfeldern an den beiden Polen (rechts). Die beiden rotieren mit unterschiedlicher Geschwindigkeit, und ihre Summe hängt von ihrer relativen Phase ab.

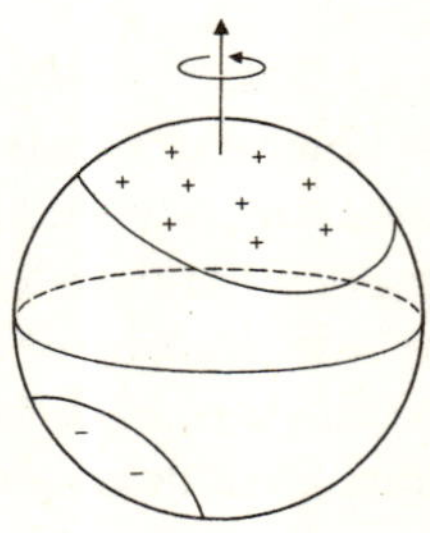

*Abb. 13: Solare Magnetfelder*

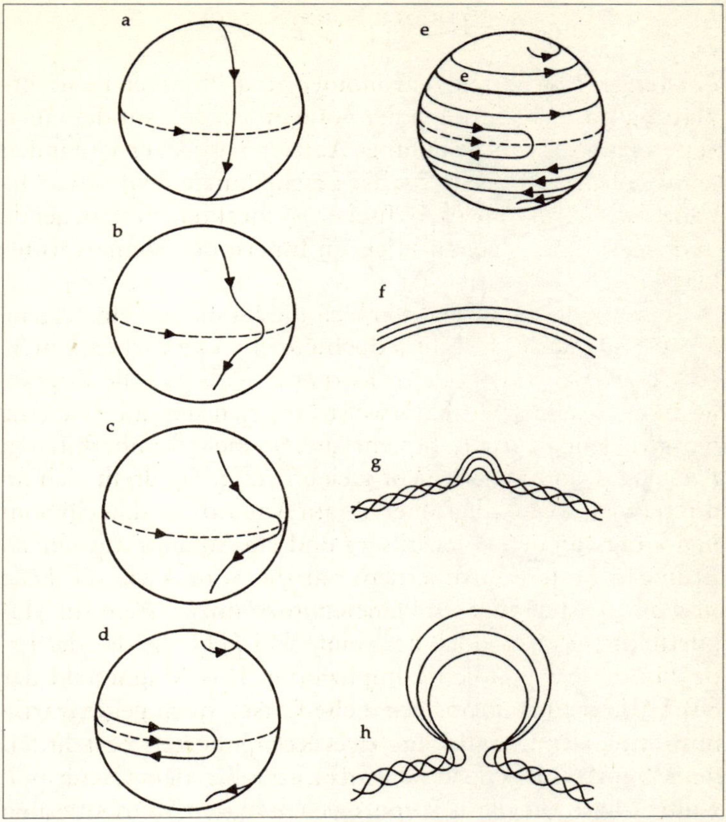


*Abb. 14: Verschleifungen der solaren Magnetfeldlinien*

in gewisser Weise dem Erdmagnetfeld. Das Quadripolfeld sieht aus wie vier Magnetismus-»Blasen«, die gleichmäßig um den Sonnenäquator verteilt sind. Diese Blasen weisen eine alternierende Polarität auf, sie sind das Äquivalent zum Nord- und Südpol eines Magneten – nur daß es hier vier statt zwei Pole gibt (s. Abb. 13). Weil nun der Äquator der Sonne schneller rotiert als ihre Pole, verwinden sich dort die Feldlinien ähnlich wie Spaghetti auf einer Gabel (s. Abb. 14).

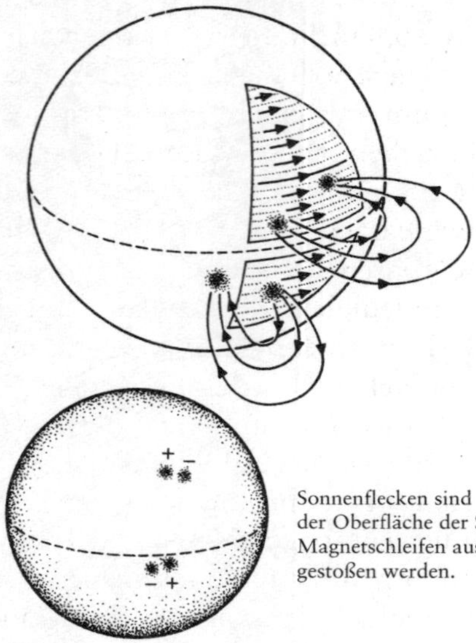

Sonnenflecken sind offenbar Regionen auf der Oberfläche der Sonne, die von Magnetschleifen aus dem Sonneninneren gestoßen werden.

*Abb. 15: Sonnenfleckenschleifen*

Die Folge davon sind kleine Zonen eines starken Magnetismus unter der Oberfläche der Sonne. Man nimmt an, daß die Magnetschleifen sich schließlich an der Oberfläche auswölben und auf diese Weise die bekannten Sonnenflecken erzeugen (s. Abb. 15).[8]

Cotterell vermutete, daß diese Schwankungen des Sonnenmagnetismus für die unterschiedlichen Charaktereigenschaften der Menschen verantwortlich sind, und widmete ihnen bei seinen weiteren Forschungen seine ganze Aufmerksamkeit.

Unsere Kenntnisse vom Sonnensystem haben sich deutlich erhöht, seit wir in der Lage sind, Raumschiffe in Regionen jenseits der Erdatmosphäre fliegen zu lassen. Doch man vergißt leicht, daß wir erst seit den sechziger Jahren die Möglichkeit haben, das Sonnensystem aus einem anderen Blickwinkel als dem von der Erdoberfläche aus zu beobachten. Erst jetzt, am Ende des 20. Jahrhunderts, können wir den Weltraum wirklich erforschen. So haben wir entdeckt, daß er kein vollkommenes Vakuum ist, sondern angefüllt mit Strahlung, Gasen und Staubteilchen. Diese Materie ist zwar weit verstreut, doch heute weiß man, daß die Gesamtmasse der unsichtbaren oder »schwarzen« Materie im Weltraum größer ist als die aller sichtbaren Sterne und Planeten. Es sieht sogar so aus, daß letztere lediglich Körper einer stark verdichteten Materie sind, die in einem Ozean aus verdünntem Gas schweben. Das kommt eher der Vorstellung der antiken Philosophen nahe, die den Kosmos mit einem Meer verglichen hatten, in dem die Erde wie eine Schildkröte schwimmt, als den Vakuumtheorien des 19. Jahrhunderts.

Unsere Planetenfamilie lebt buchstäblich innerhalb der Strahlung der Sonne. Unser Mutterstern gibt nicht nur sichtbares Licht ab, sondern auch elektromagnetische Strahlung in Form von infrarotem und ultraviolettem Licht, Röntgen- und Gammastrahlen und elektrischen Wellen. Außerdem schleudert die Sonne Materie aus, den sogenannten Sonnenwind. Dies ist ein ständiger Strom aus geladenen Teilchen, Elektronen und Ionen, die insbesondere von Protuberanzen und sogenannten »Flares« ausgehen. Obwohl dieser »Wind« sehr dünn ist im Vergleich zu den Bewegungen unserer wesentlich dichteren Erdatmosphäre, ist er äußerst bedeutsam. So ist er beispielsweise die Ursache, daß der Schweif von Kometen stets von der Sonne weg orientiert ist, ähnlich wie ein aufgeblähter Windsack. Jedoch nicht nur die Kometen, auch unsere Planeten sind den Einflüssen des Sonnenwinds ausgesetzt. Rund um unseren Globus wird die Erdatmosphäre von einer sogenannten Magnetosphäre eingehüllt. Diese erstreckt sich in den Weltraum und enthält zwei Zonen, die nach ihrem Entdecker Van-Allen-Gürtel heißen (s. Abb. 16).[9] Wo der Sonnenwind auf die Magnetosphäre trifft, verformt er diese, und es bildet sich eine gekrümmte Stoßwelle.

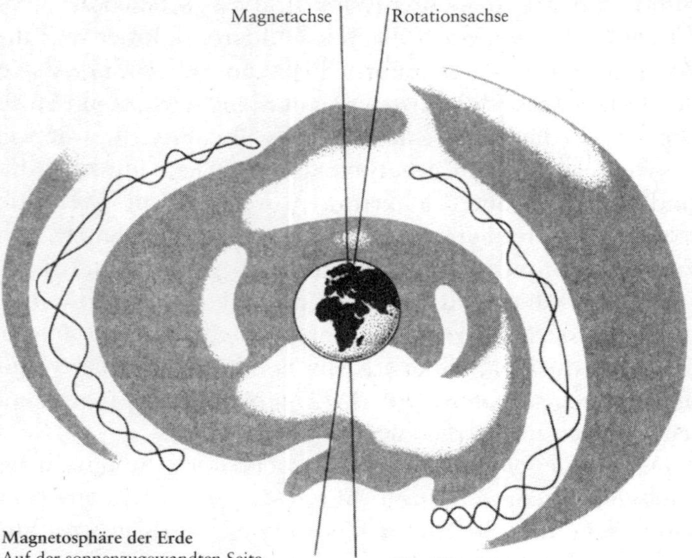


**Magnetosphäre der Erde**
Auf der sonnenzugewandten Seite wird die Magnetosphäre der Erde durch die hochenergetischen Teilchen des Sonnenwinds komprimiert, die auf das irdische Magnetfeld treffen. Auf der gegenüberliegenden Seite erstreckt sich der »Magnetschweif« weit in den Weltraum hinaus.

**Van-Allen-Gürtel**
Die Erde ist von einem Strahlungsgürtel umgeben, der nach seinem Entdecker auch Van-Allen-Gürtel genannt wird, und in dem sich geladene Teilchen spiralenförmig hin und her bewegen und vom Magnetfeld der Erde festgehalten werden. Die Magnetachse ist gegenüber der Rotationsachse der Erde in einem bestimmten Winkel geneigt.

*Abb. 16: Irdische Magnetosphäre und Van-Allen-Gürtel*

Typus und Ladung der von der Sonne mit dem Sonnenwind ausgestoßenen Teilchen schwanken, doch in der Hauptsache sind es Elektronen, ähnlich den Kathodenstrahlen in einer Fernsehbildröhre, und Protonen, positiv geladene Wasserstoffatomkerne.[10] Wenn wir uns einen Querschnitt der Sonne in der Äquatorebene vorstellen, sehen wir die vier Blasen ihres Quadripolfelds (s. Abb. 17). Während sie sich um ihre Achse dreht, schleudert sie geladene Teilchen in den Weltraum, doch die Natur dieser Teilchen und ihre Polarität in einem bestimmten Punkt im Raum in der Nähe des Sonnenäquators werden von der magnetischen Polarität der Blase in dieser Zone determiniert. Teilchen, die vom Sonnenwind aus Zonen negativer Polarität befördert werden, sind negativ geladen (Elektronen), während die aus Zonen positiver Polarität stammenden positiv geladen sind (hauptsächlich Protonen). Das Gesamtergebnis besteht darin, daß die Sonne wie ein Rasensprenger Partikel nach allen Richtungen ausschleudert, deren unterschiedlicher Typ von der Emissionsquelle abhängt (s. Abb. 18). Die von einem interplanetarischen Raumschiff (IMP1 1963) zur Erde übermittelten Daten haben diesen Sachverhalt bestätigt.

Der Sonnenwind erzeugt aber nicht nur eine gekrümmte Stoßwelle, wenn er auf die Magnetosphäre der Erde trifft, sondern verursacht auch noch andere, folgenreichere Phänomene. Viele der geladenen Teilchen stoßen in die Erdmagnetosphäre vor, werden im Van-Allen-Gürtel festgehalten und dort vom eigenen Magnetfeld der Erde in Richtung der

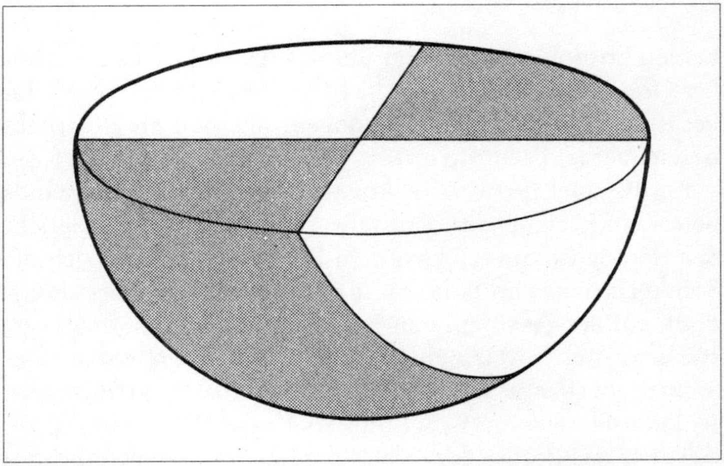

*Abb. 17: Querschnitt durch das äquatoriale Magnetfeld der Sonne*

**Sonnenwind**
Während die Sonne sich dreht, werden die Partikel, aus denen der Sonnenwind besteht, ähnlich den Wassertropfen eines Rasensprengers aufgefächert. In Sonnennähe (innerhalb der in der Abbildung umschriebenen Zone) ist das Magnetfeld der Sonne jedoch so stark, daß die Partikel mit derselben Geschwindigkeit wie die Sonne rotieren, als wären sie mit dieser fest verbunden.

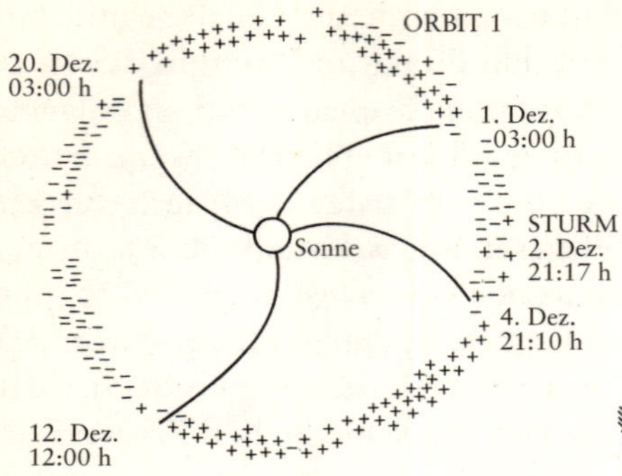


Die sektorale Struktur des Sonnenwinds nach den 1963 von einem Raumschiff erhobenen Daten

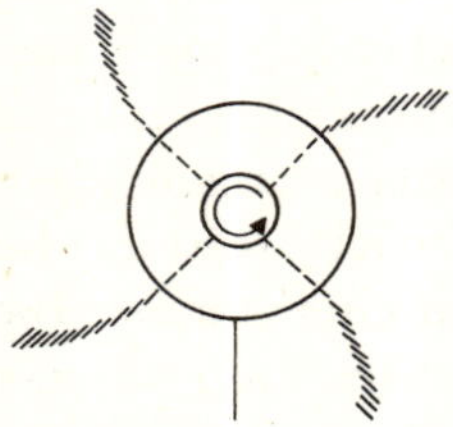

Region der gleichschnellen Rotation von Sonne und Partikeln

*Abb. 18: Die Sonne schleudert wie ein Rasensprenger Partikel in den Weltraum*

beiden Erdpole beschleunigt. Infolgedessen rasen sie mit hoher Geschwindigkeit durch die Ionosphäre und erzeugen dabei die hellen Leuchterscheinungen, die man als Polarlicht bezeichnet (s. Farbfoto 25).

Ein Beispiel für weitere Auswirkungen des Sonnenwinds liefert ein Ereignis aus dem Jahr 1989. Nach einem Bericht der Geological Survey Group in Edinburgh begann sich die Sonnenaktivität im Januar und Februar dieses Jahres sporadisch auf der gesamten sichtbaren Sonnenoberfläche zu verstärken. Am 5. März um 13:54 Uhr GMT kam es auf der Sonnenoberfläche zur Eruption eines massiven Röntgenstrahlen-Flares von 137 Minuten Dauer. Man nimmt an, daß dies das größte derartige Ereignis in unserem Jahrhundert war. Die Sensoren der von den Wissenschaftlern benutzten Meßinstrumente reichten für die Messung nicht mehr aus. In der Zone, in der sich die Eruption ereignet hatte, ließ sich deutlich eine Häufung von Sonnenflecken erkennen – ein Hinweis auf einen Zusammenhang zwischen dem Ereignis und dem magnetischen Verhalten der Sonne. Am 8. März setzte dann ein solares Protonenereignis ein, und eine große Menge dieser Ionen begann mit dem Sonnenwind zur Erde zu strömen – ein Vorgang, der bis zum 13. März anhielt. Das Auftreffen dieses Stroms von geladenen Teilchen, den Kernen von Wasserstoffatomen, hatte weitreichende Auswirkungen auf das Magnetfeld der Erde. Die Veränderung der Feldlinien war die größte seit 1952 und hatte einen heftigen Magnetsturm zur Folge. Die Monitoren des Lerwick-Laboratoriums auf den Shetland-Inseln registrierten eine starke Abweichung des Erdmagnetismus um 8 Grad innerhalb weniger Stunden, während normalerweise die Abweichungen etwa 0,2 Grad pro Stunde betragen. Der Sturm war so heftig, daß in Südengland deutlich ein Nordlicht beobachtet werden konnte. Berichte über ähnliche Beobachtungen kamen sogar aus so südlich gelegenen Ländern wie Italien und Jamaika. Die abrupten Veränderungen des Magnetfelds der Erde hatten auch eine gewaltige Beeinflussung von Stromnetzen, Telefonverbindungen und Kabelnetzen zur Folge. In Kanada hatten plötzlich über eine Million Menschen keinen Strom mehr, weil Teile des Stromnetzes nach Überlastung einer Transformatorstation ausgefallen waren. Die Ionosphäre der Erde, eine Zone, die selbst aus geladenen Teilchen zusammengesetzt ist und an der Radiowellen normalerweise abprallen, war völlig gestört, so daß jegliche Funkverbindung unterbrochen wurde. Das hierdurch verursachte Hintergrundrauschen bedeutete, daß auch der Satellitenverkehr stark beeinträchtigt war. Die Strahlung war so stark, daß die Astronauten an Bord der Raumfähre *Discovery* nicht außerhalb ihrer Kapsel arbeiten konnten. Schließlich wurde ihre Mission einen Tag früher als geplant beendet, da ein Computer vermutlich durch den

Sturm ausgefallen war. Selbst in der untersten Schicht der Erdatmosphäre lauerten Gefahren. Ein Concorde-Flugzeug mußte nach Süden umgeleitet werden, um die Mannschaft und die Passagiere keinem unnötigen Strahlungsrisiko auszusetzen. Alles in allem hatte also dieser einzige Flare – ein keineswegs spektakuläres Ereignis auf der Sonnenoberfläche – der Erde ziemlich übel mitgespielt.

## Astrogenetik

Damals, im Jahr 1986, lag das Ereignis noch in der Zukunft, doch Cotterell arbeitete bereits an einer neuen Theorie, die einen Zusammenhang zwischen Astrologie und den Vorgängen auf der Sonnenoberfläche herstellen würde. Er war überzeugt, daß Unterschiede des astrologischen Typs der Menschen durch Schwankungen des Sonnenwinds verursacht werden, die sich auf das Magnetfeld der Erde auswirken, das seinerseits die zukünftige Entwicklung eines Fötus zum Zeitpunkt der Empfängnis beeinflußt. Mit anderen Worten, dem gerade erst befruchteten menschlichen Ei werde bei der Empfängnis das Muster der zu diesem Zeitpunkt vorherrschenden magnetischen Atmosphäre aufgeprägt, und dieses bestimme seinen astrologischen Typ zum Zeitpunkt der Geburt. Diese »Empfängnis-Theorie« war grundsätzlich anders als die Theorie der meisten Astrologen, die überzeugt sind, daß okkulte planetarische und stellare Einflüsse bei der *Geburt* das Entscheidende seien. Wie auch immer, Cotterell war überzeugt, den richtigen Weg gefunden zu haben. (Seine Ergebnisse, die er ausführlich in seinem Buch *Astrogenetics* dargelegt hat, sind in Anhang 1 und 2 zusammenfassend wiedergegeben.)

Im Frühsommer 1986 hatte er den ersten Entwurf zu diesem Buch beendet und schickte das Manuskript verschiedenen führenden Autoritäten auf den Gebieten der Astronomie und Astrologie. Er hoffte, ermutigende Kommentare oder zumindest die eine oder andere positive Resonanz auf seine Theorie zu erfahren. Leider erhielt er von den meisten Personen, denen er seine Arbeit geschickt hatte, keine Antwort und konnte nur vermuten, daß sie entweder völlig anderer Meinung waren als er oder seine Hypothese nicht interessant fanden. Etwa zu dieser Zeit erfuhr er von einer bevorstehenden Internationalen Konferenz über Astrologie, die von der Britischen Astrologischen Gesellschaft im Royal Free Hospital in London ausgerichtet werden sollte. Nachdem er die Veranstalter über seine jahrelange Forschung informiert hatte, erklärten sie sich damit einverstanden, daß er vor den Delegierten einen kurzen Vortrag über seine Entdeckungen hielt. Zwar räumten sie ihm lediglich zehn Minuten vor dem Mittagessen ein, in denen er über die Ergebnisse einer zweijährigen Forschung referieren konnte, aber es würde ihm zumindest die Gelegenheit bieten, seine Thesen öffentlich vorzutragen.

Wie zu erwarten, konnten sich die meisten anwesenden Astrologen mit seiner Theorie, nicht der Zeitpunkt der Geburt, sondern der Zeitpunkt der *Empfängnis* sei ausschlaggebend, nicht anfreunden. Damit wurde schließlich das ganze Fundament ihrer Wissenschaft in Frage gestellt. Hinzu kam, daß viele ihrer potentiellen Klienten nicht einmal den exakten Zeitpunkt und den Ort, sondern nur den Tag ihrer Geburt kennen. Wie sollte es da um den exakten Zeitpunkt der Empfängnis gehen? Angesichts dieser praktischen Probleme war mit einer starken Zurückhaltung des Publikums zu rechnen gewesen. Zum Glück jedoch befanden sich unter den Zuhörern nicht nur Astrologen, sondern auch Journalisten. Und in den Presseberichten über die Veranstaltung der Astrologen nahm Cotterells Theorie einen breiten Raum ein. In einem langen Artikel bezeichnete ihn Diana Hutchinson von der *Daily Mail* als den »Zauberer, der die Astrologen dazu bringt, Sternchen zu sehen«, und schrieb, er führe »anscheinend den Beweis, daß es eine wissenschaftliche Grundlage für die Astrologie gibt«.[11] Dem folgten Rundfunkinterviews im BBC World Service, BFPO[12] und eine einstündige Rundfunksprechstunde auf LBC.[13] Endlich fand das Thema Sonnenflecken, Sonnenwind und ihre Einflüsse auf die Humangenetik das Ohr der Öffentlichkeit.

Wie sich zeigte, war das jedoch erst der Anfang. Zwei Jahre später faßte Cotterell seine ganze Theorie in dem Buch *Astrogenetics – The New Theory* zusammen. Obwohl wissenschaftliche Zeitschriften wie *Nature* es ablehnten, das Buch zu besprechen, fand die Theorie Anerkennung bei manchen weniger voreingenommenen Wissenschaftlern.[14] Inzwischen arbeitete Cotterell am Cranfield Institute of Technology (heute Cranfield University). Das war ein glücklicher Zufall, denn die neue Stelle bot ihm die seltene Möglichkeit, einen der leistungsstärksten Computer des Landes zu benutzen. Mit einem Algorithmus-Programm ermittelte er das Verhalten und die Wechselwirkungen der drei magnetischen Variablen, die bei der Rotation der Erde um die Sonne eine Rolle spielen:

das Polarfeld der Sonne (37 Tage),
ihr Äquatorialfeld (26 Tage)
und die Umlaufgeschwindigkeit der Erde um die Sonne (365,25 Tage).

Bislang hatte das noch niemand unternommen, da die hierzu erforderlichen Gleichungssysteme zu komplex waren. Cotterell benutzte eine Gleichung auf der Grundlage von Momentaufnahmen des gemeinsamen Magnetfelds von Sonne und Erde, die in einem Abstand von jeweils 87,4545 Tagen gemacht wurden. Nach dieser Periode vollenden das Polar- und das Äquatorialfeld der Sonne einen Zyklus und kehren quasi an ihren Ausgangspunkt zurück. Der Rechner benötigte mehrere Stunden, bis er schließlich die gewünschten Daten in Form einer Kurve auswarf. Das Ergebnis war sensationell. In einem langen Ausdruck von gezackten Bergen und Tälern, ähnlich einem unregelmäßigen Kardiogramm, ließ sich deutlich ein periodischer Zyklus ausmachen. Dieses Diagramm der Wechselwirkungen verriet die Spuren eines bislang noch unbekannten Faktors, der für die Sonnenflecken verantwortlich ist, denn es ergab sich eindeutig ein Zyklus von 11,49 Jahren, der Perioden einer besonders starken Sonnenfleckentätigkeit markierte. Das war aber noch nicht alles. Dem Diagramm ließen sich deutlich noch weitere Zyklen entnehmen, die sich über wesentlich längere Perioden erstreckten.

## Lange Tage der Sonne

Cotterell brütete monatelang über dem Computerausdruck, bis ihm seine bis heute bedeutsamste Entdeckung gelang. Die Daten repräsentierten in ihrem Rohzustand die relativen Winkel der beiden Magnetfelder von Erde und Sonne in Form von Momentaufnahmen in einem periodischen Abstand von 87,4545 Tagen. Es war jedoch zunächst keineswegs klar, was das zu bedeuten hatte.

Die bisherigen Beobachtungen der Sonnenflecken-Tätigkeit durch Astronomen deuten – wie bereits gesagt – auf einen Zyklus von 11,1 Jahren. Cotterell konnte in seinen computergenerierten Daten einen weiteren Beleg für die Richtigkeit dieser Zahl finden. Die Periode von 87,4545 Tagen nannte er der Einfachheit halber ein *bit*. Eine Periode von acht *bits* (8 × 87,4545 = 6 996 360 Tage), die anscheinend von besonderer Bedeutung war, nannte er einen *Mikrozyklus*. Sechs dieser Mikrozyklen (48 *bits*) ergaben einen längeren Zyklus von 11,49299 Jahren. Das kam dem beobachteten durchschnittlichen Sonnenflecken-Zyklus von 11,1 Jahren schon erstaunlich nahe. Endlich schien er der Korrelation auf der Spur zu sein, nach der er so lange gesucht hatte.

Eine nähere Prüfung der Daten ergab, daß sich das Diagramm nach einem Zyklus von 781 *bits* wiederholte. Diese Periode von 68 302 Tagen (oder 197 Jahren) war das Äquivalent von 97 Mikrozyklen, doch eine sorgfältige Analyse

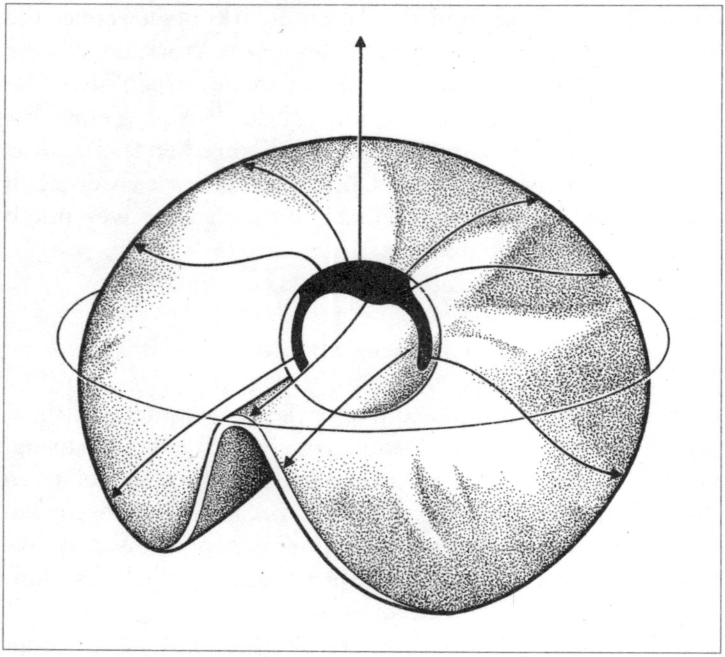

*Abb. 19: Die gekrümmte neutrale Schicht des solaren Magnetfelds*

der Daten zeigte, daß 92 von ihnen tatsächlich eine Dauer von 8 *bits* aufwiesen, 5 dagegen eine Periode von 9 *bits*; sie enthielten anscheinend einen zusätzlichen Schalt-*bit*. Das legte die Vermutung nahe, daß der eigentliche Zyklus theoretisch nur 776 *bits* dauern müßte, der Sonnenflecken-Zyklus in der Praxis dagegen um 5 *bits* verschoben war. Welche Ursache konnte dieses anormale Verhalten haben? Nachdem Cotterell erneut die Lehrbücher zu Rate gezogen und das Bild des Magnetfelds der Sonne studiert hatte, wurde deutlich, daß die sogenannte *gekrümmte neutrale Schicht* des Sonnenmagnetismus eine Rolle spielt. Wie jeder andere Magnet hat auch die Sonne eine Zone um ihren Äquator, in der die beiden Magnetfelder exakt gegeneinander ausgeglichen sind, so daß keiner der beiden Pole ein Übergewicht hat. Das Ergebnis ist eine dünne, neutrale Schicht oder Grenzfläche zwischen den beiden magnetischen Zonen, die in den Raum hinausstrahlen. In den Lehrbüchern stand jedoch übereinstimmend, daß diese Fläche wegen der komplexen Natur des solaren Magnetfelds nicht glatt, sondern eingedrückt ist (s. Abb. 19). Es sieht so aus, als verschiebe sich die neutrale Schicht alle 187 Jahre um ein *bit* und als werde ein bestimmter Schalt-*bit* durch die gesamte Sequenz von 97 Mikrozyklen in einer Periode von 97 × 187 oder 18 139 Jahren mitgeschleppt. Diese lange Periode einer magnetischen Wechselwirkung zwischen Sonne und Erde schien das Wichtigste von allem zu sein. Sie ist jedoch ungleichmäßig in drei Perioden von 19 und zwei Perioden von 20 Sonnenflecken-Zyklen aufgeteilt, was zusammen 97 ergibt. Anscheinend kommt es jedesmal, wenn eine dieser Perioden beendet ist, zu einer Umkehrung des solaren Magnetfelds. Endlich schien Cotterell auf etwas gestoßen zu sein, von dem er später erfahren sollte, daß es Gegenstand eines sehr alten Wissens ist.

Noch einmal versuchte er, das Interesse der akademischen Welt auf seine Ideen zu lenken, doch wieder wies man ihn zurück. Die Zeitschrift *Nature* lehnte es ab, seinen Aufsatz zu veröffentlichen, in dem er seine neuen Hypothesen über Sonnenflecken darlegte. Dieselbe Reaktion erfuhr er von der Royal Astronomical Society. Die Redakteure begründeten ihre Absage damit, über die wahre Form des Magnetfelds der Sonne wisse man noch zu wenig, um ein Arbeitsmodell konstruieren zu können, und deshalb seien Cotterells Theorien nicht stichhaltig. Da jedoch die Daten, mit denen er gearbeitet und die er seinen Argumenten zugrunde gelegt hatte, von Wissenschaftlern erhoben worden waren, wirkte diese Begründung fadenscheinig. Natürlich sind das Magnetfeld der Sonne und die Form der neutralen Schicht komplexer als die idealisierten Formen in den Lehrbüchern, doch irgendwo muß Forschung schließlich anfangen. Die Wissenschaft steckt voller Annahmen und Vereinfachungen, ohne die keine Erkenntnisfortschritte möglich wären. Die Zeitschriften sollten deshalb als offene Organe der modernen Forschung ein Interesse daran haben, neue Ideen einem breiten Publikum zugänglich zu machen und dadurch eine Debatte anzuregen, die weiteren Erkenntnissen förderlich wäre.

## Sonnenflecken und die Maya

Cotterell hatte mittlerweile seit seiner ersten Beschäftigung mit Astrologie und dem Sonnenwind einen weiten Weg zurückgelegt. Was als eine relativ einfache Theorie über die Ursprünge des menschlichen Verhaltens begonnen hatte, hatte sich zu einer wesentlich umfangreicheren Untersuchung der Mechanismen hinter dem Sonnenflecken-Zyklus ausgeweitet. Inzwischen schien er auf etwas wesentlich Aufregenderes, wenngleich auch ziemlich Beunruhigendes gestoßen zu sein.

Um dies zu erläutern, werden im folgenden nochmals die Zyklen der Sonne, die anscheinend von Bedeutung sind, zusammengestellt:

a) 87,4545 Tage (1 *bit*) = die Zeitspanne, die von den beiden Magnetfeldern der Sonne benötigt wird, um wieder eine gemeinsame Startposition einzunehmen.
b) 8 *bits* = 699,64 Tage (ein Mikrozyklus)
c) 48 *bits* = 4197,81 Tage = 11,49299 Jahre
d) 781 *bits* = 68 302 Tage oder 187 Jahre (ein Sonnenflecken-Zyklus)
e) 97 × 68 302 Tage = 18 139 Jahre (ein vollständiger Zyklus der gekrümmten neutralen Schicht).

Diese letztgenannte Periode und die Faktoren, aus denen sie sich zusammensetzt, weckten mehr und mehr das Interesse Cotterells. Nachdem er sie in ihre Faktoren zerlegt hatte, konnte er sehen, daß sie fünf zeitliche Perioden enthielt, die den Änderungen der Polarität und der Verschiebung der neutralen Schicht des solaren Magnetfelds entsprachen. Sie ließen sich durch folgende Gleichungen darstellen:

1) 19 × 187 Jahre = 1 297 738 Tage
2) 20 × 187 Jahre = 1 366 040 Tage
3) 19 × 187 Jahre = 1 297 738 Tage
4) 19 × 187 Jahre = 1 297 738 Tage
5) 20 × 187 Jahre = 1 366 040 Tage

An diese letzte Periode von 1 366 040 Tagen mußte Cotterell denken, als er zum erstenmal im *Codex Dresden* von der Superzahl 1 366 560 der Maya las. Die beiden Zahlen lagen so nahe beieinander, daß es kein Zufall sein konnte. Mehr noch, seine Einteilung der größeren Periode von Umkehrungen des solaren Magnetfelds in fünf Langzeitperioden schien der Vorstellung der Maya von vier früheren Zeitaltern zu entsprechen. Es sah so aus, als wäre das, wovon die Maya tatsächlich gesprochen hatten, die Verschiebung oder Umkehrung des Magnetfelds der Sonne gewesen. War diese möglicherweise der »Mechanismus« hinter dem Untergang eines Zeitalters und dem Beginn eines neuen?

In dem Buch *Early Man and the Cosmos* von Evan Hadingham[15] stieß Cotterell merkwürdigerweise auf eine weitere ähnliche Zahl: 1 359 540. Diese »Glückszahl«, die der im *Codex Dresden* erwähnten Zahl ebenfalls ziemlich nahekommt, bezeichnet das Einweihungsdatum des Tempels des Kreuzes in Palenque.[16] Ebenso wie die »Superzahl« der Dresdner Handschrift läßt sie sich als das Produkt von nicht weniger als sieben kalendarischen oder planetarischen Zyklen darstellen, was dafür spricht, daß sie eher eine rituelle als eine kalendarische Bedeutung hatte. Da dies möglicherweise ein wichtiger Hinweis auf den Zusammenhang zwischen Cotterells eigenen Sonnenflecken-Zyklen und dem Mayakalender war, beschloß er, der Sache nachzugehen, und buchte eine Reise nach Mexiko. Es sollte ein Unternehmen werden, das sein ganzes Leben veränderte.

# 4.
# Maurice M. Cotterell in Mexiko

## Ein mexikanisches Abenteuer

Die Stadt Mexiko von heute ist eine wirtschaftlich blühende, geschäftige Metropole mit über 25 Millionen Einwohnern. Damit ist sie die größte Stadt der Welt, mehr als doppelt so groß wie London oder New York, aber nur mit einem Bruchteil von deren Infrastruktur. Es ist noch immer eine Stadt der Gegensätze, denn während sich das Zentrum innerhalb weniger Jahre immer wieder durch neue glitzernde Bürohochhäuser verändert, bestehen die Außenbezirke zu einem großen Teil aus Slums. Der niemals endende Zustrom verarmter Landbewohner in die Stadt ist nicht aufzuhalten. Kaum ist eines dieser wie Pilze aus dem Boden schießenden Viertel mit Wasser und elektrischem Strom versorgt, entsteht in der Nähe auf dem Buschland das nächste. Infolgedessen erstreckt sich die Stadt in alle Richtungen soweit das Auge reicht.

Da Cotterell in der kurzen Zeit, die ihm zur Verfügung stand, möglichst viel sehen wollte, machte er sich sogleich auf den Weg in das alte Stadtviertel, das auf der ursprünglichen Insel der Azteken errichtet ist. Hier befinden sich rund um den Hauptplatz oder *Zocalo*[1] zahlreiche spanische Gebäude, darunter der Präsidentenpalast und die Kathedrale. Letztere bot einen traurigen Anblick, denn wie die meisten alten Kirchen in der Stadt versinkt sie immer tiefer im Boden.[2] Der völlige Einsturz wird durch ein Balkengerüst in ihrem Innern verhindert, das dem Bauwerk auch den letzten Hauch der Schönheit und Anmut nimmt, die es einst besessen hat. Der Präsidentenpalast mit seinen berühmten Wandmalereien von Diego Rivera[3], auf denen die Geschichte Mexikos dargestellt ist (s. Farbfotos 9–11), befand sich in wesentlich besserem Zustand. Er wurde aus den Steinen zerstörter Aztekenpyramiden errichtet und ist eines der ältesten Gebäude der ganzen Stadt. In der Nähe befanden sich die letzten Überreste von Tenochtitlán, der Sockel des Templo Mayor, einst die größte der Aztekenpyramiden. Cotterell erfuhr, daß die Stätte erst 1978 gänzlich freigelegt wurde, nachdem ein Stromversorgungsunternehmen, das einen Kabelkanal ausbaggern wollte, auf einen riesigen Altarstein gestoßen war.[4] Die mit der Grabung beauftragten Archäologen entdeckten zu ihrer Überraschung, daß die Azteken den Tempel mehrfach umgebaut hatten, wobei sie jede Pyramide auf die vorhergehende aufsetzten. Das geschah, weil am Ende einer Kalenderrunde von 52 Jahren alles erneuert werden mußte. Anscheinend brauchten selbst die Pyramiden eine neue Verkleidung, wenn der Kalender es verlangte.

Als nächstes besichtigte Cotterell das *Museo de Antropologia*, das bedeutendste Museum des Landes. Es liegt südwestlich des *Zocalo* am Ende der großen *Avenida Paseo de la Reforma*, der Hauptverkehrsstraße der Stadt. Es ist eines der großen archäologischen Museen der Welt und liegt inmitten des Chapultepec-Parks. Das erst 1964 fertiggestellte prachtvolle, moderne Gebäude beherbergt eine riesige Sammlung präkolumbischer Artefakte, darunter den aztekischen Kalenderstein und die Statue der Göttin Coatlicue, von der Bullock so beeindruckt war. Mehrere, um einen offenen, luftigen Innenhof angeordnete Säle enthalten Sammlungen aus den verschiedenen präkolumbischen Kulturen. Neben umfangreichen Sammlungen olmekischer, zapotekischer, toltekischer und Mayaartefakte gibt es einen Saal, der allein der alten Stadt Teotihuacán gewidmet ist. Hier befindet sich unter anderem die Reproduktion eines Teils von einem ihrer berühmtesten Gebäude, der Pyramide des Quetzalcóatl – in natürlicher Größe.

Am folgenden Tag besuchte Cotterell Teotihuacán selbst.

Diese Ruinenstadt liegt etwa 40 Kilometer nordöstlich von Mexiko und ist ein beliebtes Touristenziel. Erstmals ausgegraben um 1889 von dem einzelgängerischen Archäologen und führenden *científico* Leopaldo Batres[5], ist die Ruinenstadt Teotihuacán die größte und in vieler Hinsicht rätselhafteste aller archäologischen Fundstätten Mexikos. Die Stadt hatte während der gesamten Klassischen Periode, als die Maya Palenque erbauten, eine Blütezeit und wurde aus unbekannten Gründen um 750 n. Chr. aufgegeben. Bei seinen Grabungen war Batres auf Anzeichen gestoßen, daß die Stadt durch eine Brandkatastrophe zerstört wurde. Auf den ersten Blick schien es so, als habe sie ihr Ende durch fremde Eindringlinge gefunden, denn wer sonst hätte die Brandfackel legen sollen? Es gab jedoch eine weitere merkwürdige Anomalie: Viele der Gebäude ließen erkennen, daß man sie bewußt mit Schutt aufgefüllt und unter Schutt begraben hatte, so daß selbst ihre Dachbalken unversehrt geblieben waren. Es gab jedoch keine klare Antwort auf die Frage, warum die Teotihuacános selbst oder die vermuteten Eindringlinge eine solch gewaltige Anstrengung auf sich genommen haben sollten. Batres konnte nur vermuten, daß man auf diese Weise die Heiligtümer vor den Blicken Uneingeweihter verbergen wollte.

Teotihuacán bietet auch heute noch einen beeindruckenden Anblick. In regelmäßigen Abständen entlang der 42 Meter breiten und vier Kilometer langen Straße der Toten liegen 23 Paläste und Pyramidentempel. Doch sie alle werden von der kolossalen Mondpyramide in den Schatten gestellt, die am nördlichen Ende der Straße steht, und von der noch größeren Sonnenpyramide[6], die genau östlich von ihr etwa auf halber Strecke der Straße der Toten liegt. An deren südlichem Ende und auf derselben Seite wie die Sonnenpyramide liegt ein Platz, auf dem sich die kleinere Quetzalcóatl-Pyramide befindet. Dieses Bauwerk ist bemerkenswert, denn ebenso wie der Templo Mayor von Tenochtitlán ist es offensichtlich mehrmals umgebaut worden und weist wie die Schalen einer Zwiebel mehrere Schichten auf. Das allein läßt schon vermuten, daß die Idee einer periodischen Erneuerung nicht erst die Erfindung der Azteken war, sondern auf wesentlich frühere Zeiten zurückgeht.

## Der Tod der Götter

Leider haben uns die Teotihuacános im Gegensatz zu den Maya keine schriftlichen Texte hinterlassen, aus denen der wesentliche Inhalt ihrer Glaubensvorstellungen hervorginge. Dennoch können wir aus den künstlerischen Darstellungen ihrer Götter einige Anhaltspunkte gewinnen. Die Quetzalcóatl-Pyramide ist in dieser Hinsicht besonders hilfreich, da sie einen Fries aufweist, auf dem alternierende Reihen von Skulpturen des Federschlangengotts Quetzalcóatl[7] und des Regengottes Tlaloc dargestellt sind. Diese beiden wurden demnach im Tiefland von Mexiko bereits lange vor der Zeit der Tolteken verehrt.

Die ursprüngliche Bedeutung der Sonnen- und der Mondpyramide ist ebenfalls unbekannt. Wir kennen sie nur deshalb mit diesen Namen, weil die Azteken sie so genannt haben. Sie waren es auch, die der Stadt ihren heutigen Namen Teotihuacán gaben – was soviel bedeutet wie »der Ort, an dem die Götter geboren wurden« –, denn sie hatten ihre eigene Mythologie, die mit dieser Stätte verknüpft war. Die Azteken glaubten, am Ende des gegenwärtigen Zeitalters würden die Götter in der Dunkelheit in Teotihuacán zusammenkommen, um zu beschließen, wer von ihnen die neue Sonne sein sollte, um die Welt zu erleuchten. Nach einem ihrer Mythen bot sich ein ziemlich hochfahrender Gott namens Tecuciztecatl für dieses Privileg an, doch die übrigen Götter entschieden sich für den bescheideneren und älteren Nanahuatzin. Sie entzündeten einen großen Scheiterhaufen, und Tecuciztecatl wurde aufgefordert hineinzuspringen. Als er nicht den Mut aufbrachte, sich auf diese Weise zu opfern, erging dieselbe Aufforderung an Nanahuatzin, der ihr ohne zu zögern nachkam.

Bei diesem Anblick faßte sich auch Tecuciztecatl ein Herz, weil er sich schämte, daß sein bescheidener Rivale ihn überboten hatte, und sprang hinterher. Das war jedoch noch nicht das Ende, denn beide wurden wie ein Phönix wiedergeboren: Nanahuatzin wurde der neue Sonnengott Tonatiuh, und Tecuciztecatl wurde der Mond.[8] Leider wollte die Sonne zunächst nicht ihre Himmelsbahn entlangziehen, sondern blieb unbeweglich am östlichen Horizont hängen. Tonatiuh forderte erst die Treue und das Blut der übrigen Götter, bevor er sich in Bewegung setzte. Nach längerer Beratung willigten die anderen Götter ein und opferten sich einer nach dem anderen, so daß Quetzalcóatl ihnen das Herz aus der Brust riß. Gestärkt durch dieses Blutopfer wurde Tonatiuh zu Nahui Ollin, der Sonne der Bewegung.

Die Azteken rechtfertigten mit dieser höchstwahrscheinlich von den früheren Tolteken übernommenen Geschichte von den Göttern, die sich selbst opferten, ihre eigene blutige Religion. Sie argumentierten, wenn die Götter selbst sterben mußten, damit die Sonne weiterhin ihre Bahn zog, dann hätten die Menschen die Pflicht, ihrem Beispiel zu folgen und dafür zu sorgen, daß der Sonnengott stets genug zu essen bekam.[9] Die Verknüpfung zwischen diesem Mythos und der Stätte von Teotihuacán ist nie geklärt worden, doch möglicherweise ist dort etwas geschehen, bei dem ein grandioses Feuerritual eine Rolle gespielt hat. Vieles spricht dafür, daß die Stadt verlassen wurde, nachdem man sie in Brand gesteckt hatte. Für die Azteken wurde sie mit Sicherheit zu einer heiligen Begräbnisstätte.

## Berg des Fledermausgottes

Von der Stadt Mexiko aus flog Cotterell nach Oaxaca (sprich *Wachaca*). Das Oaxacahochtal hat eine lange Siedlungsgeschichte und wurde von den Azteken nur 40 Jahre vor der Ankunft Cortez' erobert. Die spanische Kolonialstadt, die auf den ehemaligen Aztekenruinen errichtet wurde, ist in vieler Hinsicht die attraktivste in ganz Mexiko. In einer Höhe von 1600 Metern gelegen, hat sie ein angenehmes Klima, und als Cortez die Stadt sah, verliebte er sich sogleich in sie und beabsichtigte, dorthin zurückzukehren.[10] Doch was Oaxaca besonders interessant macht, ist nicht so sehr ihr Zauber der Alten Welt, es sind vielmehr die nahegelegenen Ruinen von Monte Albán, der atemberaubendsten archäologischen Fundstätte in ganz Mexiko. Hier lag auf einem Berggipfel, der das gesamte Oaxacatal überblickte, ein rituelles Zentrum, wie geschaffen für die Götter selbst.

Von olmekischen Einwanderern ungefähr um 800 v. Chr. gegründet, ist Monte Albán ein architektonisches Wunder. Zunächst wurde die Bergspitze künstlich abgeflacht – an sich schon eine gigantische Leistung –, und anschließend legte man auf einer ausgedehnten Fläche einen Ballspielplatz[11] an, dazu Gräber und andere Bauwerke.

Um 300 v. Chr. siedelte sich ein anderes Volk, das der Zapoteken, im Oaxacatal an. Sie eroberten Monte Albán und errichteten ihre eigenen Pyramiden, Tempel und Gräber. Ebenso wie die Maya hatten die Zapoteken eine Schriftsprache, von der jedoch nur einige wenige Inschriften erhalten sind, die vermutlich niemals entschlüsselt werden. Wie Teotihuacán war die Stadt erst verlassen worden, nachdem die Zapoteken ihre Tempel und Pyramiden mit Schutt zugedeckt hatten. Später wurde sie jedoch von deren Rivalen, den kriegerischeren Mixteken benutzt. Sie leerten die zapotekischen Gräber und bestatteten darin ihre eigenen Toten. Zu der Zeit, als die Azteken dorthin kamen, war Monte Albán nur noch als Hügel zu erkennen, der seine Geheimnisse verborgen hielt, bis Batres seinen Spaten ansetzte.

Die jahrelange Arbeit an dieser Fundstelle hat reiche Früchte getragen. Ein unversehrtes Mixtekengrab enthielt eine ungeheure Menge Goldschmuck sowie zahlreiche gravierte Knochen. Im mexikanischen Museum für Anthropologie hatte Cotterell einen der wichtigsten Funde von Monte Albán gesehen, die eigenartige Maske eines Fledermausgottes. Hier bekam er viele Tonfiguren derselben Gottheit zu sehen, die offenbar der Todesbote gewesen war.

Eine berühmte Skulpturengruppe, »die Tänzer«, erregte ebenfalls Cotterells Aufmerksamkeit. Sie besteht aus mehreren Reliefs, die Figuren in verschiedenen Körperhaltungen zeigen, in denen man ursprünglich Tänzer gesehen hatte (s. Farbfotos 31–32). Heute nimmt man an, daß sie eine medizinische Bedeutung hatten. Das Gebäude, in dem sie aufgefunden wurden, ist eines der ältesten von Monte Albán und hat möglicherweise als Krankenhaus gedient. Einige Figuren stellen wohl Patienten mit offensichtlichen Körpermißbildungen dar, andere erwecken den Eindruck, als hingen sie mit Aspekten der Fruchtbarkeit zusammen.

Von Monte Albán aus besuchte Cotterell die 40 Kilometer entfernt gelegene zapotekische Ruinenstätte Mitla. Diese Stadt lag im Gegensatz zu Monte Albán relativ niedrig. Hier errichteten die Zapoteken ein rituelles Zentrum, das ebenfalls als Begräbnisstätte diente; die Bauwerke waren jedoch auf eine ganz ungewöhnliche Weise verziert. Während die Tempel in Monte Albán aus behauenen Steinen und auf Stufenpyramiden errichtet waren, hatte man die Gebäude in Mitla kastenförmig gebaut und an den Wänden mit Mosaikornamenten verziert – ohne Bindemittel zusammengefügte Steinmosaiken mit höchst komplexen Mustern. Alles in allem fand man 15 verschiedene Muster, die scheinbar die Elemente und die Jahreszeiten symbolisch darstellten. Einmal mehr hatte es den Anschein, daß dem Regengott eine besondere Bedeutung zukam, denn am häufigsten begegnete man einer Gruppe aus drei miteinander kombinierten Mustern, die man als Symbole von Wolken, Regen und Blitzen gedeutet hat.

Das Oaxacatal hinter sich lassend, flog Cotterell ostwärts nach Villahermosa. Von hier aus gelangte er mit dem Bus zu seinem wichtigsten Ziel: Pacals Dschungelstadt Palenque.

## Die vergessene Stadt

Seit der Entdeckung Palenques 1773 durch Pater Ordoñez und der Veröffentlichung des Klassikers *Incidents of Travel in Central America, Chiapas and Yucatan* 1843 durch Stephens und Catherwood hat sich diese Ruinenstadt in vieler Hinsicht verändert. Doch zwei Dinge blieben gleich – die tropische Hitze und die Stechmücken. Am Rande des dampfenden Dschungels ist das tropisch-feuchte Klima für alle Besucher eine schwere Belastung. Vielleicht war dies einer der Gründe, warum die Stadt von ihren Erbauern aufgegeben wurde, denn darüber hinaus ist sie die eindrucksvollste prähispanische Stadt auf dem gesamten amerikanischen Kontinent. Doch das Gebiet, auf dem sie steht, war nicht immer vom Dschungel bewachsen. In den Jahren zwischen 600 und 800 n. Chr., der heute sogenannten Spätklassik, war es dicht bevölkert. Tatsächlich war Palenque nur eine von mehreren rivalisierenden Städten in der Zentralregion des Mayagebiets, und ihre Ursprünge liegen ebenso im dunkeln wie die Gründe dafür, daß sie aufgegeben wurde. Zwar ist sie nicht einmal besonders groß – sogar beträchtlich kleiner als das berühmte Chichén Itzá in Yucatán, das im 10. Jahrhundert eine führende Stellung einnehmen sollte –, doch ihre Bauwerke sind einmalig. Die meisten Archäologen und Besucher sind sich darin einig, daß Palenque die schönste aller Mayastädte ist, in der sich gelungene Proportionen mit herrlichen Verzierungen verbinden. Was man heute zu sehen bekommt, ist allerdings nur noch ein matter Abglanz des ursprünglichen Erscheinungsbilds, denn die meisten Gebäude trugen früher buntgefärbte Stuckfriese.[12]

Bislang wurde erst ein kleiner Teil Palenques ausgegraben, und etliche weiter vom Zentrum entfernt gelegene Gebäude sind entweder vom Dschungel überwuchert oder unter Schutthügeln begraben. Die Vielzahl öffentlicher Gebäude, auf die man gestoßen ist, spricht dafür, daß die Stadt früher ein bedeutendes rituelles Zentrum war. Über die bunten Ze-

*Abb. 20: Pacal mit einer Schlange in der Hand*

remonien, die damals hier abgehalten wurden, können wir nur Vermutungen anstellen, doch nach dem Äußeren der Bauwerke zu urteilen müssen sie sehr prachtvoll gewesen sein. Der Mann, der den größten Anteil am Bau dieser herrlichen Stadt hatte, war natürlich Pacal[13], der mit zwölf Jahren den Thron bestieg und bei seinem Tod im Jahr 683 n. Chr. 80 Jahre alt war.[14] Die Archäologen sind sich im allgemeinen einig, daß er es war, der den Bau seiner Gruft unter dem Tempel der Inschriften in Auftrag gegeben hat, auch wenn das Bauwerk erst unter seinem Sohn Chan Bahlum fertiggestellt wurde. In diesem Fall war Pacal auch der Auftraggeber für die Inschriften, die dem Tempel seinen heutigen Namen gaben. Daß die Pyramide von Anfang an als Begräbnistempel gedacht war, erhellt aus der Tatsache, daß sowohl der Sarkophag als auch der Deckel zu groß waren, um in die Gruft befördert zu werden. Sie müssen gleich nach der Errichtung der Pyramide dorthin geschafft worden sein. Das ergibt natürlich einen Sinn, denn selbst wenn der Sarkophag durch den Eingang zur Gruft gepaßt hätte, wer hätte sich wohl die Mühe machen sollen, ihn zunächst von außen auf die oberste Plattform der Pyramide zu hieven und anschließend im Innern über eine schmale Treppe wieder hinunterzutragen? Das ist zwar nur ein praktisches Argument, aber eines, das sich nicht so leicht von der Hand weisen läßt.

Fürst Pacal war fraglos ein hochintelligenter Mann, und er muß in das gesamte Geheimwissen eingeweiht gewesen sein, über das die Maya verfügten. Alle Hinweise in seinem Grab wie auf anderen Inschriften in Palenque deuten darauf hin, daß er zu Lebzeiten fast wie ein Gott angesehen wurde. Nach seinem Tod war seine Pyramide zumindest eine Zeitlang das Ziel zahlreicher Pilger und das Zentrum eines wie auch immer gearteten Ahnenkults.

Cotterell besichtigte in Palenque zunächst den prächtigen Pyramidentempel der Inschriften. Auf den Spuren von Alberto Ruz stieg er die innere Treppe der Pyramide hinab. Es ist ein langer und feuchter Weg, von den Kalksteinwänden tropft das Wasser, das Tausende von Besuchern hier ausgeschwitzt haben. Auf halber Strecke wendet sich die Treppe abrupt nach rechts und führt zu einem Vorraum, in dem man sechs menschliche Opfer beerdigt hatte, damit sie ihren Herrn auf der Reise in die jenseitige Welt begleiten und beschützen konnten.

Cotterell hatte schon viele andere präkolumbische Artefakte in Monte Albán und im Nationalmuseum der Anthropologie in der Stadt Mexiko gesehen, aber nichts hatte ihn auf die unheimliche Zeitlosigkeit dieses Grabs vorbereitet. Die große Grabplatte mit ihren eindringlichen Reliefs schien einer anderen Welt anzugehören – einem Ort, wo Logik und Vernunft auf den Kopf gestellt waren. Ein Kunstwerk, zweifellos, aber noch mehr als das: ein Rätsel. Jetzt verstand er, warum Erich von Däniken und andere von diesem Artefakt so besessen waren, denn ebenso wie Pacals Jademaske mit ihrem halbgeöffneten Mund und ihrem rätselhaften Gesichtsausdruck forderte es den Betrachter einerseits auf, in seine Geheimnisse einzudringen, während es andererseits eine klare Antwort verweigerte. Auch Cotterell verspürte den übermächtigen Wunsch, diesen Geheimnissen nachzugehen. Draußen, rings um die Pyramide, lagen die Überreste von anderen einstmals vornehmen Gebäuden. Doch nichts von alledem schien mehr eine Rolle zu spielen. Eine besondere Tür hatte sich aufgetan, die ihn lockte, mehr über Pacal und seine geheimnisvolle Welt der Kalender in Erfahrung zu bringen.

Abseits der Monumente, im Dorf Palenque, befinden sich die üblichen Souvenirstände für Touristen, wo alles mögliche verkauft wird, von Lederwaren bis zu verkleinerten Wiedergaben des Sarkophagdeckels. Cotterell erstand eine davon und kaufte anschließend alle Bücher über die Maya, die dort angeboten wurden. Dann kehrte er auf dem Umweg über die nachklassischen Mayastädte Uxmat und Chichén Itzá in Nordyucatán nach England zurück. Damals wußte er noch nicht, welch außerordentliche Entdeckung ihm nun bevorstand.

## Die Entschlüsselung des Codes

Daheim in England machte sich Cotterell auf die Suche nach Hinweisen auf die zentralen Rätsel der Grabplatte und die heilige Zahl 1 366 560 der Maya. Als erstes mußte er sich jedoch mit den Kalendern der Maya vertraut machen. Wie wir gesehen haben, wurde der einfachste davon auch von den Azteken, Zapoteken, Tolteken und anderen benutzt. Zur Erinnerung: Er beruhte auf der Verbindung von zwei Zyklen: einem Sonnenjahr aus 365 Tagen und einem »heiligen Jahr« aus 260 Tagen. Die Verwendung eines *Tzolkin* aus 260 Tagen ist sehr alt. Anscheinend geht er mindestens auf die Olmeken zurück und wird von einigen der abgelegeneren Mayastämme auch heute noch zu magischen Zwecken gebraucht. Auch wenn die Ursprünge dieses Zyklus nicht bekannt waren, so glaubte Cotterell doch, daß er – unabhängig von den magischen Bedeutungen einzelner Tagesnamen – von großer Wichtigkeit war, denn die Zahl 260 war als Faktor sowohl in seiner eigenen Zahl 1 366 040 als auch in der Superzahl 1 366 560 der Maya enthalten, im ersteren Fall 5254mal und im letzteren 5256mal.

Zudem hatte Cotterell während seiner Arbeit im Cranfield Institute eine wichtige Entdeckung gemacht. Bei seiner Untersuchung der Wechselwirkungen zwischen dem polaren und dem äquatorialen Magnetfeld der Sonne stellte er fest, daß beide sich alle 260 Tage ziemlich nahekamen. Das schien seine Vermutung zu bestätigen, daß der Kalender der Maya mit Zyklen des solaren Magnetfelds zusammenhing.

Für Cotterell sollte sich diese Zahl 260 als entscheidend für die Entschlüsselung des Ziffernsystems der Maya erweisen. Anderen Forschern war es zwar gelungen, eine Konkordanz zwischen dem Mayakalender und unserem Gregorianischen Kalender zu erstellen, doch noch gab es keine befriedigende Erklärung, *warum* die Maya Zyklen mit einer Dauer von 144000, 7200, 360 und 20 Tagen verwendet hatten. Außerdem stellte sich die Frage, warum nirgendwo in den Mayainschriften die wichtige Periode von 260 Tagen auftauchte. Und schließlich, warum war auch die Zahl 9 für die Maya so wichtig gewesen, wie Cotterell herausgefunden hatte?

Er beschloß nun, die »fehlende« Zahl 260 in die Sequenz der Kalenderzyklen einzufügen. Anschließend multiplizierte er jeden Zyklus mit 9, addierte die Produkte und gelangte zu einem erstaunlichen Ergebnis – der magischen Zahl der

Maya, die mit seiner eigenen Sonnenfleckenzahl weitgehend identischen Zahl 1 366 040.

| | | | | |
|---|---|---|---|---|
| 144 000 | 720 | 360 | 260 | 20 |
| x9 | x9 | x9 | x9 | x9 |

1 296 000 + 64 800 + 3240 + 2340 + 180 = 1 366 560.

Cotterell hatte keine Zweifel mehr, einer großen Entdeckung auf der Spur zu sein, denn jetzt sah es für ihn so aus, als hätten die Maya sämtliche Zyklen ihres Zählsystems dazu benutzt, die Aufmerksamkeit auf die Bedeutung des 1 366 560-Tage-Zyklus zu lenken. Außerdem war er überzeugt, daß seine Theorien über das Verhalten der solaren Magnetfelder ihm zur Entschlüsselung der astronomischen Bedeutung des 260-Tage-Zyklus verhelfen würde – die notwendige Voraussetzung wiederum für eine Entschlüsselung des Zahlencodes der Maya.

Nachdem er sich mit der Funktionsweise des Alltagskalenders vertraut gemacht hatte, befaßte sich Cotterell mit dem berühmten Kalenderstein der Azteken, den er ebenfalls in der Stadt Mexiko besichtigt hatte. Mittlerweile wußte er, daß in diesem Stein der Glaube der Azteken an frühere Zeitalter zum Ausdruck kam. In der Mitte des Rundsteins befindet sich das Bild Tonatiuhs, des Sonnengottes. Die Zunge, die ihm aus dem Mund hängt, ist das symbolische Zeichen, daß er Atem oder Leben spendet. Für die Azteken, Tolteken und andere war die Sonne mit ihrer täglichen Bahn am Himmel weder etwas Ewiges, noch wirkte sie sich ausschließlich segensreich aus. Wie wir bereits wissen, bedurfte es nach ihrem Glauben immer neuer Menschenopfer, um sicherzustellen, daß sie nicht auf ewig unterging und das fünfte und letzte Zeitalter beendete.

Rings um das Gesicht des Sonnengottes stellten Symbole die vier vorangegangenen Zeitalter dar. Jedes Zeitalter stand unter der Herrschaft eines bestimmten Gottes, und jedes war anscheinend nach einer Katastrophe irgendwelcher Art untergegangen. Um mehr darüber zu erfahren, las Cotterell die

Berichte von Nachfahren der Überlebenden nach Cortez' Invasion, so wie spanische Mönche sie aufgezeichnet hatten. Es stand außer Zweifel, daß ein Großteil des Wissens über die vorkolumbischen Glaubensvorstellungen verlorengegangen war, doch die Berichte enthielten genügend Hinweise darauf, um was es bei diesem Wissen überhaupt ging. In einer anonymen Handschrift aus dem Jahr 1558 mit dem Titel *Leyenda de los soles*, die wohl auf eine oder zwei frühere Urkunden zurückging, den *Codex Chimalpopoca* und die *Cuauhtitlan-Chronik*, fand er zum Beispiel Hinweise auf 52 Jahre währende Zeitzyklen, sogenannte Aztekenjahrhunderte. Dieser Bericht enthielt genaue Angaben über bestimmte zeitliche Perioden, die offenbar eine symbolische Bedeutung hatten:

| | | |
|---|---|---|
| Erste Sonne | Nahui Ocelotl | Dauer: 676 Jahre (52 × 13) |
| Zweite Sonne | Nahui Ehecatl | Dauer: 364 Jahre (52 × 7) |
| Dritte Sonne | Nahui Quihahuitl | Dauer: 312 Jahre (52 × 6) |
| Vierte Sonne | Nahui Atl | Dauer: 676 Jahre (52 × 13) |

Diesem Bericht zufolge waren das zweite und das dritte Zeitalter – die zweite und dritte »Sonne« – wesentlich kürzer als das erste und das letzte. Zusammen ergaben sie jedoch wiederum eine Periode von 676 Jahren, so lange also wie die erste und die vierte. Das legte die Vermutung nahe, daß diese vier Sonnen nur drei Viertel eines vollen Zyklus ausmachten und daß sich durch die Ergänzung eines fünften Zeitalters aus 676 Jahren ein voller Großzyklus von 52 × 52 Jahren ergab. Dieser Bericht war unter zahlenmystischem Aspekt von großem Interesse, beruhte jedoch anscheinend nicht auf wirklichen Zeitperioden und hatte auch nichts mit der magischen Zahl der 1 366 560 Tage zu tun. Statt dessen betonte er offenbar die Beschränkungen des Aztekenkalenders, der über eine Periodisierung von 52 Jahren nicht hinausgelangte.

Im *Codex Vatico Latinus* stieß Cotterell dagegen auf einen wesentlich vollständigeren und zunächst geheimnisvolleren aztekischen Bericht über die vergangenen Zeitalter:

• Erste Sonne

Matlactili. Dauer 4008 Jahre. Die damals Lebenden ernährten sich von Mais und waren Riesen. Die Sonne wurde durch Wasser vernichtet. Dieser Vorgang wurde als *Apachiohualiztli* (Sintflut) bezeichnet. Menschen wurden in Fische verwandelt. Manche sagen, daß nur ein Paar, Nene und Tata, sich retten konnte, beschützt von einem alten Baum in der Nähe des Wassers. Nach einer anderen Überlieferung gab es sieben Paare, die sich in einer Höhle verbargen, bis das Wasser wieder zurückging. Sie bevölkerten die Erde erneut und waren Götter ihrer eigenen Völker. Die Göttin, die in dieser Zeit die Herrschaft innehatte, war Chalchiuhtlicue (Die mit dem Jaderock), die Gemahlin von Tlaloc.

• Zweite Sonne

Ehecatl. Dauer 4010 Jahre. Die Menschen jener Zeit ernährten sich von einer wilden Frucht, die *Acotzintli* genannt wurde. Die Sonne wurde von Ehecatl (dem Gott des Windes) vernichtet, und der Mensch wurde in einen Affen verwandelt, damit er sich zum Überleben an die Zweige von Bäumen klammern konnte. Das geschah im Jahr Ce Itzcuintli (Ein Hund). Ein Mann und eine Frau, die auf einem Felsen standen, wurden vor dieser Katastrophe gerettet. Diese Zeit hieß das Goldene Zeitalter und wurde vom Gott des Windes beherrscht.

• Dritte Sonne

Tleyquiyahuillo. Dauer 4081 Jahre. Die Abkömmlinge des Paars, das unter der zweiten Sonne gerettet wurde, ernährten sich von einer Frucht namens *Tzincoacoc*. Die Welt wurde am Tag Chicunahui durch ein Feuer vernichtet. Dieses Zeitalter erhielt den Namen Tzonchichiltic (Rotes Haupt) und wurde vom Gott des Feuers beherrscht.

• Vierte Sonne

Dieses Zeitalter, das vor 5026 Jahren begann und in dem Tula gegründet wurde, erhielt den Namen Tzontlilac (Schwarzes Haar). Nach einem Regen aus Blut und Feuer starben die Menschen den Hungertod.

Dieser Bericht nannte die Zeitalter in einer anderen Reihenfolge, woraus wir schließen können, daß die späteren Azteken sich über die richtige Reihenfolge unsicher waren. Da diese Überlieferung jedoch zuverlässiger zu sein schien, beschloß Cotterell, sie seinen künftigen Forschungen zugrunde zu legen. In Zusammenhang mit diesem Bericht und vor allem mit der Rolle der Göttin Chalchiuhtlicue (Die mit dem Jaderock) fiel ihm die Grabplatte von Palenque ein. War möglicherweise die Göttin Chalchiuhtlicue oder ihr Mayaäquivalent[15] die in der Mitte des Deckels abgebildete Figur? Niemand war bislang auf die Idee gekommen, in dieser Figur eine Frau zu sehen, doch es schien zu passen. In Beschreibungen dieser Göttin hieß es, sie trage nicht nur einen Jaderock, sondern auch ein Halsband aus Jade mit einem goldenen Medaillon als Anhänger. Außerdem hielt sie in den Schilderungen ein rundes Lilienblatt in der linken Hand, und ihren Füßen entströmte Wasser. Auf der Platte waren alle diese Merkmale vorhanden (s. Abb. 21). Dort war eine sehr weiblich aussehende Gestalt zu sehen, die mit ihren angezo-

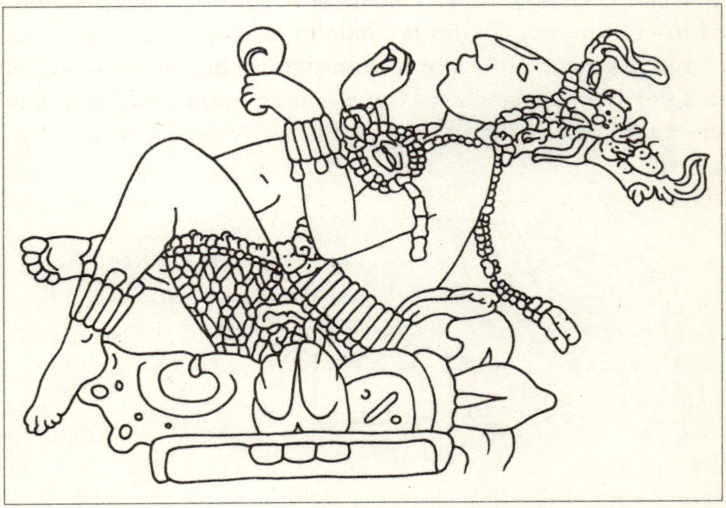

*Abb. 21: Chalchiuhtlicue, die Wassergöttin*

*Abb. 22: Ehecatl, der Gott des Windes*

genen Beinen eine Gebärhaltung einnahm. In der linken Hand hielt sie einen Gegenstand, der wie ein Blatt aussah, und die Linien an ihren Füßen konnte man als Wasser deuten. Um den Hals trug sie Perlen und etwas, das möglicherweise ein Medaillon war. Für Cotterell bestand kein Zweifel mehr: Das war weder das Bildnis eines Raumfahrers noch das eines Mannes, der rückwärts in ein Leben im Jenseits fällt – es mußte die Göttin Chalchiuhtlicue sein!

Nachdem er diese Entdeckung gemacht hatte, suchte er auf der Grabplatte nach Hinweisen auf weitere Götter. Der erste und offensichtlichste war Ehecatl – der Gott des Win-

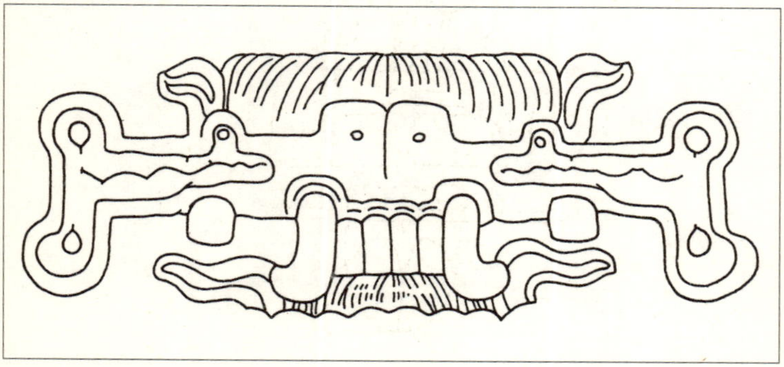

*Abb. 23: Tlaloc, der Gott des himmlischen Feuers und des Regens*

des und der Erstgeborene der Götter. Als ein Aspekt von Quetzalcóatl (gefiederte Schlange) – bei den Maya bekannt als Kukulcan – wurde Ehecatl gewöhnlich als Vogel mit langem Schnabel dargestellt. Tatsächlich stellte die Figur am oberen Rand der Platte einen solchen Vogel dar, einen Quetzal, dessen grüne Federn bei den Maya wie bei den Azteken sehr begehrt waren (s. Abb. 22).

Die beiden anderen Götter der vier Zeitalter waren zunächst schwerer zu entdecken. Schließlich kam Cotterell auf die Idee, den Deckel auf den Kopf zu stellen, und jetzt sah er die Gesuchten sofort. Der eine ist Chaac, der Regengott der Maya, der bei den Azteken Tlaloc hieß. Sein Abbild befindet sich am unteren Ende des Deckels, mit sechs langen, hauerartigen Zähnen (s. Abb. 23).

Unter oder über ihm (je nachdem, wie man den Deckel dreht) ist der Gott Tonatiuh, in derselben Gestalt wie auf dem aztekischen Kalenderstein, mit heraushängender Zunge, die ihn als Lebenspender kenntlich macht. Doch im Unterschied zum aztekischen Tonatiuh, der mit vollständigem Gebiß dargestellt wurde, fehlen diesem Gott die meisten seiner Zähne, was darauf hindeutet, daß sein Zeitalter abgelaufen ist (s. Abb. 24).

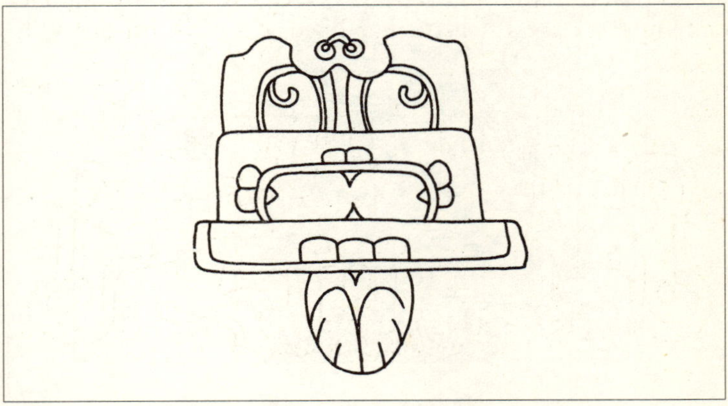

*Abb. 24: Tonatiuh, der Sonnengott*

*Abb. 25: Das Sonnenkreuz zwischen Ehecatl und Chalchiuhtlicue*

Zwischen den Darstellungen von Chalchiuhtlicue und Ehecatl befindet sich eine Zeichnung, die offenbar den Weltenbaum oder Lebensquell darstellt. In dessen Mitte ist jedoch ein Kreuz, und für Cotterell konnte es nichts anderes als die Sonne bedeuten – ein in vielen Kulturen auf der ganzen Welt geläufiges Symbol (s. Abb. 25).

Auf der Sarkophagplatte von Palenque, die das persönliche Grab des Fürsten Pacal bedeckte, war also eine überpersönliche, universelle Bilderschrift eingemeißelt – *ein Buch voller Symbole, das gelesen werden sollte und vielleicht sogar gelesen wurde.*

Aber nicht nur das, die Platte war zugleich eine kulturelle Ikone, die das Vergehen der Zeitalter aufzeichnete und deshalb für die Maya eine ähnliche Bedeutung gehabt hatte wie der Kalenderstein für die Azteken. Sie verzeichnete bedeutende Ereignisse der Weltgeschichte, die einen Bezug zur Mythologie der Maya hatten und in gewissem Sinne ihre heilige Schöpfungsgeschichte, das *Popol Vuh*, illustrierten. Cotterell wußte seit langem von der Existenz dieses heiligen Buches der Quiché-Maya, das, wie wir gesehen haben, erstmals 1861 in französischer Übersetzung von Brasseur de Bourbourg veröffentlicht wurde. Wieder einmal nahm Cotterell seine englische Ausgabe zur Hand und las den ersten Satz:

»Das Popol Vuh ward unsichtbar ... Noch gibt es das Erste Buch, wie es einst geschrieben, aber verborgen ist es dem Suchenden, dem Forschenden ...«[16]

Während er über diesen Satz nachgrübelte, kam ihm der Gedanke, daß man ihn möglicherweise ganz wörtlich auffassen müsse. Vielleicht gab es eine versteckte Version des Buches an einer Stelle, wo niemand sie finden oder zumindest nicht als das erkennen konnte, was sie war. *Popol Vuh* bedeutet »Buch des Rates«, und seine märchenartigen Geschichten von der Geburt der Menschheit und den Taten von Helden wie den Zwillingen Xbalanque und Hunahpu haben einen ernsthaften Hintergrund. Was wir heute aus diesem Buch lesen, vor allem in seinen Übersetzungen, ist nur eine oberflächliche Interpretation eines in Wirklichkeit höchst esoterischen Kunstwerks. Unter dem Firnis der Dichtung liegt eine tiefere Bedeutung verborgen, ein in mythische Erzählungen eingekleideter Subtext fortwährender Katastrophen.

Cotterell fragte sich, ob die Sarkophagplatte von Palenque möglicherweise jenes Erste Buch war, das verschwunden und »verborgen ist dem Suchenden, dem Forschenden«. Er zweifelte keinen Augenblick daran, daß die Platte noch tiefere Geheimnisse barg, die sich ihr entlocken ließen, wenn man nur den Schlüssel dazu fand.

## Die Bilderrätsel des Fürsten Pacal

Es waren die Zyklen der Sonnenflecken-Tätigkeit, vor allem die Periode von 1336040 Tagen, die Cotterell nach Palenque geführt hatten, doch der Besuch dieser alten Ruinenstätte hatte seine Aufmerksamkeit, wie wir gesehen haben, in eine völlig andere Richtung gelenkt. So widmete er sich als nächstes dem umlaufenden Randfries der Platte, der ebenfalls eine Art Code zu enthalten schien.

Es handelt sich um eine Art Band, das bestimmte Bilder enthält, von denen man heute weiß, daß sie Sonne, Mond, Planeten und Sternbilder darstellen. Zudem sind menschliche Gesichter zu erkennen, ähnlich den Hauptpersonen in einer allgemein bekannten Geschichte. Besonders auffällig war der Umstand, daß an dem Fries zwei Ecken fehlten (s. Abb. 26). Nun findet sich nirgendwo ein Hinweis darauf, daß die Platte seit ihrer Entdeckung 1952 durch Alberto Ruz beschädigt worden wäre, oder daß man die Ecken nach dem Fund gar absichtlich abgeschrägt hätte. Also wurden sie entweder bereits abgeschlagen, als man die Platte dem Sarkophag auflegte, oder die Abschrägungen waren von vornherein geplant. Äußerst merkwürdig, denn alles andere an der Platte war absolut unbeschädigt.

Hätten die Maya den Sarkophag ihres bedeutendsten Priesterkönigs wirklich mit einer beschädigten Platte abgedeckt? Genauer gesagt, konnte die Abschrägung *beider* Ecken noch ein Zufall sein? Cotterell fand es wahrscheinlicher, daß man die Ecken in einer bestimmten Absicht abgebrochen hatte, aber in welcher?

Immer mehr drängte sich ihm der Eindruck auf, daß der

*Abb. 26: Randfries der Grabplatte von Palenque*

Mann, der die Platte entworfen hatte (wahrscheinlich Pacal selbst), ein Vergnügen darin gefunden hatte, Rätsel aufzugeben und die Symbolelemente auf der Platte so anzuordnen, daß sie aufeinander bezogen waren. Hatte er vielleicht auch die Muster des umlaufenden Frieses nach diesem Prinzip angeordnet? War die Abschrägung der beiden Ecken vielleicht erfolgt, um die Aufmerksamkeit auf etwas Bestimmtes zu lenken? Lag darin eine Botschaft versteckt? Für die Maya war jeder Teil des Mikrokosmos nur ein Bruchteil des makrokosmischen Universums. Diese Vorstellung erstreckte sich auch auf das Selbst, so daß jedes Individuum als winziger Bruchteil einer Einheit aufgefaßt werden konnte, was wiederum zu der dualistischen Vorstellung führte: »Ich bin du, und du bist ich.« Dieses Prinzip ließ sich auch im Mayapantheon beobachten, dessen Götter die entgegengesetzten Kräfte der Natur verkörperten. Sowohl die Natur der physischen Erde als auch die der Menschheit waren in komplementäre Dualitäten aufgespalten, wie Tag und Nacht, Tod und Geburt. Diese anscheinend dualen Wesen hatten nun die Angewohnheit, in ihr Gegenteil umzuschlagen, so daß die Nacht unweigerlich zum Tag und der Tag zur Nacht wurde. In ähnlicher Weise führte die Geburt zum Tod und der Tod zur Geburt. Das Gute würde nach einiger Zeit (durch Übertreibung) zum Bösen, und dieses würde (als Folge der Abneigung gegen Schmerz und Leiden) wiederum zum Guten werden.

Diese weitere Einsicht in das Denken der Maya erwies sich als der nächste Schlüssel zur Enträtselung der Grabplatte. Denn wenn jedes Ding sich in sein Gegenteil verkehrte, dann fehlten die abgeschlagenen Ecken womöglich gar nicht. Vielleicht waren sie nur so lange unsichtbar, solange man sie nicht unter dem richtigen Blickwinkel betrachtete, so daß »fehlend« in »vorhanden« umschlagen konnte. Vielleicht gab es tatsächlich eine Botschaft: »Vervollständige die Ecken, und du wirst etwas anderes finden.«

Wenn man sich die Platte senkrecht stehend und mit den

abgeschrägten Ecken an der Oberseite vorstellte und auf die rechte obere Ecke blickte, dann hätte das unbeschädigte Feld aus fünf großen, durch kleinere Punkte kreuzweise miteinander verbundenen Punkten bestehen müssen (s. Abb. 27). Daß diese Annahme zutrifft, erkennt man daran, daß das betref-

*Abb. 27: Spiegelung und Überlappung einer beschädigten Ecke*

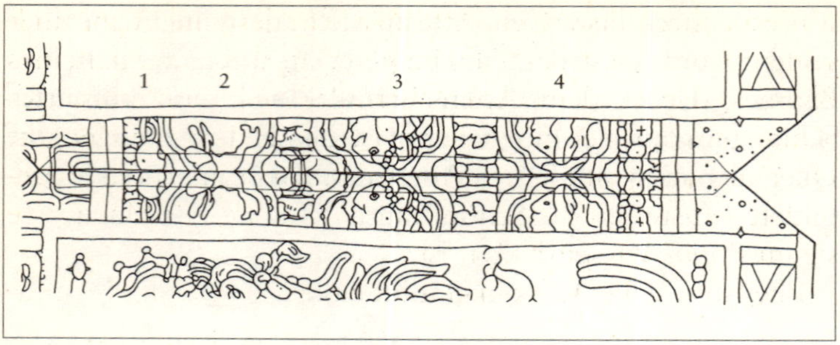


*Abb. 28: Entschlüsselung der Glyphen im Randfries*

fende Feld am rechten Rand in der Mitte noch einmal erscheint. Wenn das unvollständige Feld also ergänzt werden sollte, dann stellte sich nur noch die Frage, wie. Cotterell verfiel auf die Idee, das Feld in der Weise zu ergänzen, daß er eine Transparentkopie der Zeichnung spiegelverkehrt über diese legte und so lange verschob, bis die beiden Randstreifen des Plattenornaments zur Deckung gebracht waren (s. Abb. 27). Anschließend verschob er die obere Kopie so, daß die beiden Randfriese der Längsseite der Platte genau aneinandergrenzten (s. Abb. 28). Dabei ergab sich zu Cotterells Überraschung, daß die scheinbar sinnlosen Muster durch ihre spiegelbildlichen Hälften auf sinnvolle Weise ergänzt wurden.

Cotterell machte denselben Versuch mit dem gegenüberliegenden Fries, und wiederum nahmen die bislang unverständlichen Hieroglyphen Leben an. Anstelle von halbierten Figuren, denen man nur schwer eine Bedeutung abgewinnen konnte, hatte er plötzlich erkennbare, symbolische Muster vor sich, die im Rahmen der religiösen Mayamythologie einen Sinn ergaben. Die offensichtlichste von ihnen ist eine Drachengestalt, die sichtbar wurde, nachdem er seinen Versuch auch mit dem oberen Querfries angestellt hatte (s. Abb. 28). Der Drache enthält aber auch noch das Gesicht eines Jaguars, wobei die beiden Bilder anscheinend miteinander verschmelzen. Weiter nach rechts, zur Ecke hin, kann man etwas erkennen, das wie ein Affe aussieht, der seine Arme über seinem Kopf ausstreckt, als hinge er an den Zweigen eines Baumes. Unter dem Affen befindet sich ein stilisierter Schlangenkopf, der möglicherweise den Federschlangengott Quetzalcóatl symbolisiert. Alles in allem erinnert das so gebildete Muster an die Schöpfungsgeschichte der Maya, wie sie im *Popol Vuh* enthalten ist.

Ebenso wie die Azteken glaubten die Maya, daß es vor ih-

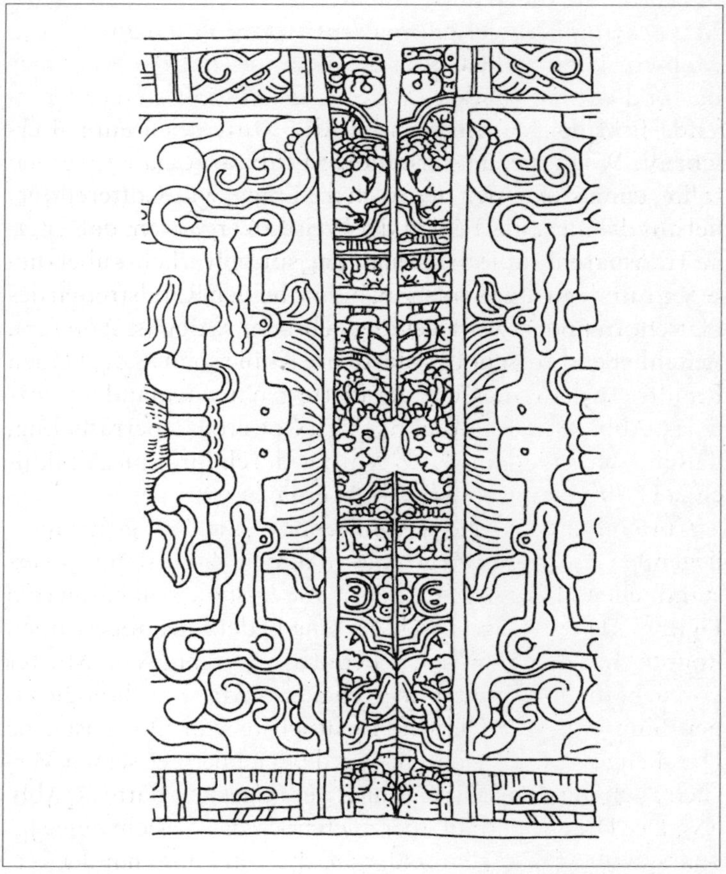

*Abb. 29: Kopf mit »Bananennase« auf der Randleiste*

rer eigenen noch vier andere Schöpfungen gegeben hatte. Jedesmal erschufen die Götter ein neues Menschengeschlecht, zunächst aus Ton und später aus Holz. Diese frühen Geschlechter waren jedoch unfähig, den Hauptzweck der Menschheit zu erfüllen, der darin bestand, die Erde zu bebauen und den Göttern mit Gebeten und Opfern zu dienen. Im Lauf der letzten Katastrophe wurden die Menschen in Affen verwandelt, die der völligen Vernichtung entgingen, indem sie in die Bäume flüchteten. Deshalb glaubten die Maya – ähnlich wie die modernen Darwinisten –, vor den Menschen hätten die Götter die Affen geschaffen. Bezog sich das Bild des hängenden Affen auf der Randleiste der Grabplatte möglicherweise auf diese Episode des *Popol Vuh*? Cotterell hielt dies für durchaus wahrscheinlich.

Er wandte sein Verfahren nun auch auf die untere, quer verlaufende Randleiste an und entdeckte wieder etwas. In der Mitte des Frieses sieht man ein menschliches Gesicht mit einer merkwürdigen »Banane« auf der Nase. Um die Banane verschwinden zu lassen, mußte man Original und Spiegelbild enger aneinanderrücken (s. Abb. 29 und 30).

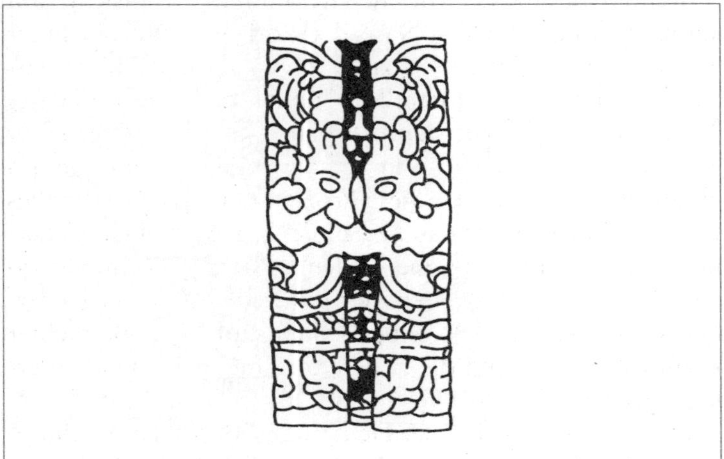

*Abb. 30: Überlagern der »Bananennasen«*

*Abb. 31: Figur in der Mitte der Platte mit »Bananennase«*

Wenn man sich den Mittelteil der Grabplatte ansieht, fällt sofort auf, daß auf der Nase der dort abgebildeten Figur ebenfalls eine »Banane« sitzt (s. Abb. 31). Was würde passieren, fragte sich Cotterell, wenn er die seitenverkehrte Transparentkopie auf dem Original so verschob, daß er auch hier die »Banane« zum Verschwinden brachte? So unglaublich es klingt, auch diese Prozedur ergab ein sinnvolles Bild! Plötzlich sah er das bedrohliche Abbild einer Fledermaus an der Stelle, wo die beiden Gesichter zusammenkamen (s. Farbfoto 23). Genauer gesagt waren zwei Fledermäuse zu sehen: Die eine schien auf den Betrachter zuzufliegen, während die andere im Flug von hinten zu erkennen war.

Cotterell wußte, daß der Fledermausgott in der Mythologie zahlreicher Kulturen Mexikos, auch der von Monte Albán, eine herausragende Rolle gespielt hatte. Bei seinem

Besuch des Museums für Anthropologie in der Stadt Mexiko war ihm das Bildnis dieser Gottheit aus 25 Jadestücken besonders aufgefallen. Offenbar symbolisierte die Fledermaus wegen ihrer Affinität zur Nacht und wegen ihres lautlosen Flugs den Tod.

Zu den Hauptpersonen des *Popol Vuh* gehören die Zwillingsheroen Hunahpu und Xbalanque, deren Aufgabe es ist, die bösen Fürsten der Unterwelt zu stürzen. Im Verlauf der Geschichte reißt eine mörderische Fledermaus namens Camazotz dem Hunahpu seinen Kopf ab, der anschließend durch einen Kürbis ersetzt werden muß. Später, nach verschiedenen magischen Manövern der Brüder, wird der Kopf wiedergefunden und seinem Körper wieder aufgesetzt.

In Kenntnis all dieser Geschichten scheint es kaum noch überraschend, daß Cotterell auf der Sarkophagplatte das – wenngleich versteckte – Bild einer Fledermaus entdeckt.

Eine weitere Darstellung ergab sich aus den Bildern auf der Platte: die eines Jaguars. Dieser symbolisierte nach dem Glauben der Maya das fünfte Zeitalter der Schöpfung und spielte in der Kunst der Maya und der Olmeken eine große Rolle (s. Farbfoto 24).

Nun wußte Cotterell auch, warum auf dem Sarkophagdeckel nur vier, auf dem aztekischen Kalenderstein jedoch fünf Götter abgebildet waren: Die geschickten Maya hatten das Bild vor den neugierigen Blicken zufälliger Betrachter verborgen.

Er richtete seine Aufmerksamkeit jetzt noch einmal auf die Sarkophagplatte als Ganzes. Das Motiv des Kreuzes oberhalb der zurückgelehnten Gestalt in der Mitte stellte zweifellos die Sonne dar, es hat jedoch noch eine zweite Bedeutung, die des Ceibabaums. Bei den Maya trug diese Version des universellen Lebensbaums 400 000 Saugwarzen anstelle von Früchten. Das Kreuz steht mit anderen Worten für den Baum der Schöpfung, von dem alles Leben seine Nahrung bezieht. Auf der Platte waren einige dieser Saugwarzen auf dem Querast des Baums scheinbar als Pflöcke dargestellt.

Noch interessanter war jedoch, daß auf dem Sonnenkreuz Schleifen gemalt waren. Sollten dies möglicherweise Symbole der magnetischen Schleifen auf der Sonne sein, durch die die Sonnenflecken ausgelöst werden? Wenn ja, woher konnten dann die Maya von diesen Phänomenen wissen?

Mit der Methode der Überlagerung seiner Transparentkopien fand Cotterell auf der Platte über hundert weitere Bilder und Geschichten, die einen Bezug zur Mayamythologie aufwiesen. Er selbst zweifelte zwar keinen Augenblick an ihrer tatsächlichen Existenz, doch nun wollte er auch Experten um ihre Meinung bitten.

## Ein akademischer Verriss

Das Museum of Mankind ist ein Gebäude, von dessen Existenz nicht einmal viele Londoner eine Ahnung haben. Versteckt in einer Seitenstraße hinter dem Piccadilly, hat es mehr Ähnlichkeit mit dem altmodischen Gebäude eines Polytechnikums oder eines Colleges als mit einer Abteilung des British Museum. Im Innern ist es sehr geräumig. Gegenüber dem Haupteingang liegt eine große Treppe, flankiert von zwei schweren Gipsabgüssen von Mayaskulpturen.[17] Sie locken den Besucher nach oben, wo die Hauptsammlungen untergebracht sind. Zu ihnen gehören die unterschiedlichsten ethnographischen Artefakte, von einem *Maui* von der Osterinsel mit geschürzten Lippen und blicklosen Augen bis zu polynesischen Speeren und afrikanischen Masken. Obwohl das Bemühen des Museums um multikulturelle Objekte nicht zu übersehen ist, läßt sich bei manchen nur mit Mühe ausmachen, warum man sie gerade hier und nicht im Hauptgebäude des British Museum untergebracht hat. Bis vor kurzem, genauer gesagt bis zum Oktober 1994 gab es dort nämlich so gut wie keine Exponate aus den beiden Amerikas, außer einem mächtigen Totempfahl. Diesem Mangel hat man inzwischen mit der Eröffnung einer mexikanischen Galerie abgeholfen, doch bis dahin mußte man zur Besichtigung lateinamerikanischer Altertümer das Museum of Mankind aufsuchen.

Alle großen Museen Londons haben eine doppelte Funktion: Sie sind öffentliche Ausstellungsräume der Sammlungen und zugleich Forschungsstätten der akademischen Mitarbeiter. Diesen stehen Bibliotheken und Forschungsgeräte zur Verfügung, die dem allgemeinen Publikum unzugänglich sind, aber sie sind nach der Satzung des Museums gehalten, ihren Rat und ihre Unterstützung anzubieten, wenn sie darum gebeten werden.

Während meiner Arbeit an dem Buch *Das Geheimnis des Orion* hatte ich gelegentlich mit den Ägyptologen des British Museum zu tun, und stets zeigten sie sich zuvorkommend und hilfsbereit. Das heißt nicht, daß sie mit allem einverstanden gewesen wären, was wir zu sagen hatten, aber sie waren zumindest entgegenkommend. Maurice Cotterell jedoch hatte größte Schwierigkeiten, im Museum of Mankind jemanden zu finden, der bereit gewesen wäre, ihn auch nur anzuhören.

Im Oktober 1992 bat er um einen Gesprächstermin mit einem der Kustoden des Museums. Seine Bitte wurde kurzerhand abgeschlagen. Darauf setzte er sich mit der mexikanischen Botschaft in London in Verbindung und sprach mit dem dortigen Kulturattaché, Herrn Ortez. Dieser zeigte starkes Interesse an der Arbeit und hielt sie auch für wertvoll, doch auch ihm gelang es nicht, für Cotterell einen Termin mit einem der Museumsmitarbeiter zu vereinbaren. Zwei Monate später traf Cotterell mit Herrn Ortez persönlich zusammen, und diesmal hatten sie mehr Glück. Eine Assistentin des Museums erklärte sich bereit, Cotterell zehn Minuten ihrer Zeit zu opfern. Wie sich herausstellte, war es verschwendete Zeit, denn sie hörte ihm kaum zu und riet ihm statt dessen, er solle erst einmal einige Bücher von anerkannten Fachleuten über dieses Thema lesen.

Soweit er es verstanden hatte, lautete ihr Haupteinwand

gegen seine Theorien, daß die Maya noch keine Transparentkopien kannten und daß eine Theorie, die sich auf solche Methoden stützte, folglich nicht stichhaltig sei. Natürlich hatten die Maya nicht die Möglichkeit gehabt, transparente Kopien der Zeichnungen auf der Grabplatte von Palenque übereinanderzulegen und zu verschieben, aber brauchten sie diese überhaupt? Möglicherweise gab es eine andere Erklärung. Hätte man ihm die Gelegenheit geboten, so hätte Cotterell auf eine Stelle des *Popol Vuh* verweisen können, wo es hieß:

»... Die [Herrscher] wußten Kriege voraus, offenbart wurde es ihnen, alles wußten sie. Ob Krieg, Hunger, Zerwürfnis bevorstand – sie wußten es gewiß.«[18]

Für Cotterell war das *Popol Vuh* das Buch der Vergangenheit, Gegenwart und Zukunft. Es enthielt außerdem einen aufschlußreichen Hinweis auf die überlegene Intelligenz der Gründungsväter:

»... Sie schauten, und sogleich sahen sie in die Ferne; sie vermochten alles zu sehen, alles zu kennen, was es in der Welt gibt. Wenn sie schauten, sahen sie sogleich alles im Umkreis, und ringsherum sahen sie die Kuppel des Himmels und das Innere der Erde. Alle fernverborgenen Dinge sahen sie, ohne sich zu bewegen. Sofort sahen sie die ganze Welt ... Groß war ihre Weisheit.«[19]

Nach Cotterells Ansicht waren die Maya nicht auf Transparentkopien angewiesen. Ihre Schriften und ihre überlegenen Kenntnisse in der Astronomie, Baukunst und der Naturwissenschaft waren dafür Beweis genug. Obwohl er noch nicht genau wußte, wie sie ihre hochentwickelten speziellen Fähigkeiten erworben hatten, war er überzeugt, den Beweis dafür in den Bildern vor sich zu haben, die er auf der Grabplatte entschlüsselt hatte. Die Maya standen zivilisatorisch zweifellos weit höher als ihre Nachbarn und besaßen fast als einziges Volk unter den Indianerstämmen Nord- und Mittelamerikas eine Schriftsprache. Sie verwendeten als einzige einen Kalender mit langer Zählung, der in seiner Komplexität die Kalender der Azteken, Tolteken oder jeder anderen präkolumbischen Zivilisation weit übertraf. Sie errichteten ihre Städte und Tempel mit jener künstlerischen Veranlagung, die man mit Hochkulturen in Verbindung bringt, und sie – oder ihre Vorfahren – gelten allgemein als die ersten, die Mais als Grundnahrungsmittel anbauten. All diese bemerkenswerten Errungenschaften verweisen auf eine außergewöhnliche Intelligenz, zumindest innerhalb der herrschenden Schicht.

Deshalb schien es für Cotterell durchaus nachvollziehbar, daß die Maya die komplexen Bilder auf der Grabplatte auch ohne Transparentkopien zuwege bringen konnten. Die westliche Bildung hat viele Stärken, aber auch beträchtliche Schwächen. Während sich gebildete Menschen in der Vergangenheit nichts dabei dachten, lange Verserzählungen auswendig zu lernen und aufzusagen, tun sich heute die meisten schon schwer damit, auch nur einige wenige Gedichtzeilen im Kopf zu behalten. Doch in vielen Entwicklungsländern wird das Wissen noch immer mündlich weitergegeben und im Kopf gespeichert. So gilt es beispielsweise in islamischen Ländern bis heute als normal, daß die Kinder den ganzen Koran auswendig lernen. Die alten Römer schulten ihr Gedächtnis, indem sie ihr inneres Anschauungsvermögen zu Hilfe nahmen. Wenn ein Redner eine lange Rede halten wollte, versuchte er sich in Gedanken einen vertrauten Ort, etwa ein Theater vorzustellen. Anschließend ordnete er bestimmten Passagen seiner Rede Symbole zu, die er in Gedanken an verschiedenen Stellen des Theaters plazierte. War der Zeitpunkt für seine Rede gekommen, beschwor er das Bild des Theaters aus seiner Erinnerung, und die Reihenfolge der Symbole erinnerte ihn an den Aufbau und den Inhalt seiner Rede.

Diese Methode des Gedächtnistrainings war auch in der Renaissance sehr beliebt und wird heute noch beispielsweise von Gedächtniskünstlern, die in Varietés auftreten, angewandt. Dazu muß man jedoch das Vorstellungsvermögen schulen, die Fähigkeit, in Bildern zu denken. Das ist nicht so schwer, wie man vielleicht glaubt, denn es ist eine natürliche Fähigkeit menschlicher Wesen. Somit ist es durchaus möglich, daß der Künstler, der die in den Mustern auf der Grabplatte von Palenque versteckten Bilder entwarf, zunächst eine innere Vorstellung von ihnen hatte.

Cotterell fand nicht mehr die Zeit, solche Erklärungen im Museum vorzubringen, da man ihn sehr schnell wieder hinauskomplimentierte. Er war verblüfft über diese Behandlung und noch mehr über die kategorische Weigerung der Assistentin, ihm irgendwelche Empfehlungsschreiben für mexikanische Archäologen auszustellen, da er beabsichtigte, noch einmal nach Mexiko zu fliegen. Und schon bald mußte er feststellen, daß andere Archäologen noch abweisender reagierten. So beschloß er, sich lieber auf sich selbst zu verlassen und zu versuchen, vor Ort in Mexiko mit einigen Fachleuten zu sprechen. Er war entschlossen, seine Entdeckungen an der Grabplatte von Palenque in ihrem eigenen Land bekanntzumachen. Das sollte sich als eine faszinierende Erfahrung erweisen.

### Ein mexikanisches Frühstück

Es begann an einem gewöhnlichen Februartag in Mexiko City. Der Verkehr brauste in den belebten Hauptstraßen, die üblichen Scharen von Straßenverkäufern, Bettlern und Pendlern drängten sich auf den Gehwegen. Die dünne Luft war stark verschmutzt und machte das Atmen schwer. Kurzum, alles ging seinen gewohnten Gang in dieser größten Metropole der Erde, der Stadt, die auf den Ruinen der aztekischen Hauptstadt Tenochtitlán errichtet wurde. In einem der nobleren Vororte der Hauptstadt schaltete eine enge Freundin der Frau des Präsidenten ihr Fernsehgerät ein. In einem Studio auf der anderen Seite der Stadt warteten zwei Moderatorinnen auf das Signal, daß sie auf Sendung gingen. Die

Ältere war zweifellos spanischer Abstammung. Zu ihrer Rechten saß ihre Assistentin und Dolmetscherin mit den unverkennbaren Gesichtszügen einer Maya. Ihr Gast war an diesem Tag Maurice Cotterell, und er stand im Begriff, ihnen seine Entdeckungen zu enthüllen.

Cotterell hatte seine Aufzeichnungen sowie Zeichnungen von der Grabplatte von Palenque auf Transparentfolie mitgebracht. Er begann mit seiner Darlegung, daß diese Platte in konzentrierter Form eine Enzyklopädie alten Mayawissens enthielt. Indem er die beiden Transparentkopien – die eine spiegelverkehrt – nebeneinanderlegte, demonstrierte er die verborgenen Bilder der Randleisten, etwa das des Tigers, die Mayabezeichnung für das Sternbild des Großen Bären, und einen stilisierten Hund, den Planeten Venus als Abendstern. Danach legte er die beiden Kopien übereinander und enthüllte durch Hin- und Herschieben weitere versteckte Bilder wie den Fledermausgott des Todes und Quetzalcóatl, die gefiederte Schlange. Er beendete seine Vorführung mit der Erklärung, die Maya seien ein hochintelligentes Volk gewesen und hätten offenbar durch die Muster auf der Platte ihr Wissen für die Nachwelt aufbewahren wollen. Er gab seiner Hoffnung Ausdruck, mexikanische Archäologen könnten seine Arbeit fortsetzen, denn er glaubte, den Schlüssel zum Geheimnis der Maya und ihres plötzlichen Verschwindens gefunden zu haben.

Innerhalb weniger Minuten nach Beginn der Sendung waren alle Telefonleitungen zum Fernsehsender blockiert. Man hätte meinen können, die Hälfte der Einwohner Mexikos klebten an ihren Bildschirmen. Sie erfuhren zum erstenmal von einer Theorie, deren Veröffentlichung von britischen Archäologen am liebsten verhindert worden wäre. Unter den Anruferinnen war auch die Freundin der First Lady, die mit einem Minister verheiratet war. Sowohl sie als auch die Frau des Präsidenten gehörten der angesehenen Unabhängigen Kulturellen Gesellschaft von Mexiko City an, und eine ihrer alle zwei Jahre stattfindenden Konferenzen stand kurz bevor. Sie fragten an, ob Cotterell bereit sei, vor der Gesellschaft über seine Entdeckungen zu sprechen. So kam es, daß er sich zwei Tage darauf in einem Regierungsgebäude vor einem Publikum wiederfand, das aus etwa 40 Damen, darunter die Ehefrauen weiterer Staatsminister, bestand. Da es keinen Overheadprojektor gab, mußte er die Transparentkopien gegen einen weißen Hintergrund halten, während er seine Theorien erläuterte. Der Raum war bis auf den letzten Platz gefüllt, und die hinten Sitzenden bekamen nicht viel mit, doch das schien ihnen nichts auszumachen, denn die meisten Anwesenden hatten bereits das Interview im Fernsehen verfolgt. Allein schon die Idee einer solchen Entdeckung – im Hinblick auf einen der wertvollsten Überreste aus der Vergangenheit ihrer Nation – versetzte sie in Hochstimmung. Sie boten Cotterell jede erdenkliche Hilfe an, die seiner Arbeit förderlich sein würde. Die Präsidentengattin verlieh ihm einen Orden am gelben Band, die höchste Auszeichnung der Gesellschaft. Sie versprach außerdem, für ihn Gesprächstermine mit einigen führenden mexikanischen Archäologen zu vereinbaren. Da dies einer der Hauptgründe für seine erneute Reise nach Mexiko gewesen war, dankte er ihr sehr herzlich. Würde jetzt alles anders werden? Er hoffte es, doch wenn er an die Ereignisse in der Vergangenheit dachte, mußte er zugeben, daß die Vorzeichen nicht gut standen.

## Begegnungen mit der Inquisition

Nach seiner verheerenden Erfahrung im Museum of Mankind wußte Cotterell, daß er bei der Publizierung seiner Ideen von akademischen Archäologen so gut wie keine Hilfe zu erwarten hatte. Trotzdem war es wichtig, daß er seine Ergebnisse mit ihnen diskutieren konnte. Außerdem benötigte er eine Rückmeldung darüber, wie sich seine Vorstellungen mit dem herrschenden Konsens über die Maya vertrugen. Nach dem TV-Interview und der Veröffentlichung von Zeitungsartikeln über Cotterells Arbeit hatte er prompt einen Termin beim Direktor des Templo-Mayor-Museums. Der Direktor stellte sich als stämmiger Mann in den Fünfzigern heraus, dessen spanisches Äußeres ihm das Aussehen eines Konquistadors verlieh. Sein Englisch war nicht sehr gut, aber man brauchte ihm auch gar nicht erst viel zu erzählen: Er hatte bereits entschieden, daß Cotterells Theorien über die Grabplatte von Palenque Ketzerei waren. Mit gerötetem Gesicht ergriff er eine der Transparentkopien und begann daran zu zerren, als wolle er sie zerreißen. Schließlich warf er Cotterell förmlich hinaus. Dieser Akt zeigte die ganze Verachtung des Establishments für einen Außenseiter, der es gewagt hatte, die Experten auf ihrem eigenen Terrain herauszufordern. Einmal mehr hatte Cotterell den Eindruck, unwissentlich verbotenes Gebiet betreten zu haben, und jetzt konnte er plötzlich nachfühlen, was die alten Maya empfunden haben mußten, als Bischof Landa ihre heiligen Bücher nahm und ins Feuer warf.

Bei seiner Ankunft in Mexiko-Stadt hatte Cotterell eine Führerin engagiert, die ihn durch die Stadt geleitete und sich bemühte, ihn mit Fachleuten zusammenzubringen. Sie schaffte es, für ihn einen Termin mit zwei Mitarbeitern des Anthropologischen Museums zu arrangieren. Er wurde mit zwei Archäologen bekanntgemacht, einem Mann und einer Frau. Die beiden waren sehr zuvorkommend und hörten ihm drei Stunden lang aufmerksam zu, während er Stück für Stück die Geheimnisse der Grabplatte von Palenque aufdeckte und erläuterte, in welcher Weise sie mit den Zyklen der Sonnenflecken zusammenhingen. Dennoch wurde er die ganze Zeit das Gefühl nicht los, daß ihre positive Reaktion möglicherweise auf eine direkte Intervention der Präsidentengattin zurückging.

An diesem Abend wurde in seinem Hotelzimmer etwas unter der Tür hindurchgeschoben. Es stellte sich als die Visitenkarte eines Mannes mit Vornamen Miguel heraus, der

der Direktor eines Maya-Colleges für Landwirtschaft war. Die Karte kam Cotterell merkwürdig vor. Erstens waren die aufgedruckten Telefonnummern durchgestrichen, und eine neue Nummer war von Hand auf die Rückseite geschrieben worden. Und zweitens, warum sollte ihm jemand seine Visitenkarte auf eine so merkwürdige Art und Weise zukommen lassen? Die handschriftliche Notiz auf der Karte besagte, daß Miguel das TV-Interview gesehen hatte und Cotterell unbedingt persönlich kennenlernen wollte, um mit ihm über seine Ideen zu sprechen. Sie verabredeten ein Treffen für den folgenden Vormittag, einen Samstag.

Miguel entpuppte sich als ein Mann in den Sechzigern, lebhaft und mit durchdringenden Augen. Begleitet wurde er von einem jungen Mann, den er als seinen Sohn vorstellte, obwohl er sein Enkel sein konnte. Wiederum hatte Cotterell das unbehagliche Gefühl, daß irgend etwas an der Sache nicht stimmte – daß der Mann ein Betrüger oder sogar ein Spitzel war. Doch das Gespräch verlief sehr liebenswürdig. Erneut legte Cotterell seine Theorien dar, doch dieser Zuhörer interessierte sich weit mehr für die Details. Endlich schien Cotterell einem Menschen gegenüberzusitzen, der wußte und verstand, um was es ging, als von Zeitzyklen die Rede war, und der auch mehr über den Einfluß der Sonnenflecken wissen wollte. Er stellte sachbezogene Fragen und fand auch nichts an der Methode der übereinandergelegten Transparentkopien auszusetzen. Statt dessen wollte er wissen, ob Cotterell glaube, die Sonnenflecken-Zyklen könnten mit den Vorstellungen der Maya über den Fruchtwechsel zusammenhängen.[20] Warum rechneten sie für ihren Feldbau mit Zyklen von 144 000, 7200 und 360 Tagen? Damals war Cotterell noch nicht in der Lage, diese Fragen konkret zu beantworten, versprach jedoch, der Sache nachzugehen und Miguel zum gegebenen Zeitpunkt zu informieren. Am folgenden Tag wählte er die auf der Karte vermerkten Telefonnummern an, doch niemand kannte seinen Besucher vom Maya-College für Landwirtschaft. Später schrieb er ihm an die angegebene Adresse – ohne Erfolg. Offenbar war Miguel ebenso geheimnisvoll wieder verschwunden wie er gekommen war.

Am Tag seiner Verabredung mit Miguel begab sich Cotterell zum Museum del Carmen und traf dort mit Frau Dr. Yolotos Gonzales zusammen. Anders als der abweisende Mitarbeiter im Templo Mayor zeigte sie Interesse an seinem Material und teilte seine Meinung, daß er mit der Entschlüsselung der Symbole auf der Sarkophagplatte auf etwas Wichtiges gestoßen war. Sie war überzeugt, daß weitere Untersuchungen in dieser Richtung lohnend seien, warnte ihn jedoch, er müsse sich auf Hindernisse gefaßt machen. Nicht jeder werde seine Theorien positiv aufnehmen, und sei es auch nur wegen ihrer Neuartigkeit. Er müsse mit Gegnern aus dem archäologischen Establishment rechnen, einer Lobby, die seit der Zeit des Diktators Porfirio Diaz in Mexiko einen starken Einfluß gewonnen habe. Ohne genau zu wissen, was diese Warnung konkret zu bedeuten hatte, setzte Cotterell sein Programm fort und suchte zwei große mexikanische Banken sowie mehrere Verleger auf, die Interesse an seiner Arbeit bekundeten, nachdem sie in der Presse darüber gelesen hatten. In beiden Fällen waren seine Gesprächspartner äußerst entgegenkommend und versicherten ihm, einer Veröffentlichung seiner Ergebnisse – ob als Werbegeschenke an bevorzugte Kunden der Bank oder als Publikation auf dem Büchermarkt – stehe nichts im Wege. Vor einem Vertragsabschluß müsse er nur noch ein formelles Exposé einreichen.

Vor seinem Rückflug nach England unternahm Cotterell einen zweiten Ausflug zu den Pyramiden von Palenque. Diesmal machte er eine neue und sehr beunruhigende Entdeckung. Bei seinem ersten Besuch hatten ihn die allgemeinen Eindrücke und das Geheimnisvolle der Ruinenstätte so überwältigt, daß er dem Zustand der Monumente selbst wenig Beachtung geschenkt hatte. Jetzt, da er sich alles in einer distanzierteren Gemütsverfassung ansehen konnte, fielen ihm die zerstörerischen Wirkungen nicht nur des Massentourismus, sondern auch der mexikanischen Ölindustrie an den Bauwerken auf. Die einst reinweißen Kalksteine der Pyramiden und Paläste waren jetzt durch den Ölruß dunkelgrau gefärbt, der von den nur wenige Kilometer entfernten Ölraffinerien im Norden der Sumpfgebiete am Golf von Mexiko herübergeweht wurde.

Der Ölboom der siebziger Jahre im Gefolge des OPEC-Embargos wirkte sich nicht nur auf den Pflanzenwuchs in der Region von Tabasco, sondern auch auf ihr archäologisches Erbe zerstörerisch aus. Viele olmekische Funde wie Kolossalköpfe am Basalt und andere Skulpturen und sogar ein komplettes Mosaik wurden von ihrem ursprünglichen Fundort auf der Insel La Venta in einen Park gleichen Namens in der Provinzhauptstadt Villahermosa gebracht. Hier sind sie in einer Art archäologischem Freilichtmuseum aufgestellt und können in einer dschungelähnlichen Umgebung besichtigt werden. Auf den Ruinenstätten, von denen diese kostbaren Artefakte stammen, wird inzwischen Öl gefördert, und alle weiteren archäologischen Überreste sind dadurch zerstört worden.

Die Auswirkungen der Ölindustrie können gar nicht groß genug eingeschätzt werden. Während diese zweifellos einer Region, die früher aus reinen Fiebersümpfen bestand, Wohlstand eingebracht hat, sind ihre Nebenwirkungen katastrophal. Der von Villahermosa und anderen größeren Städten produzierte saure Regen frißt an den Kalksteinen von Palenque, und schon jetzt sind viele Inschriften kaum noch zu entziffern. Die Ölförderung greift jedoch immer weiter um sich. Vor kurzem wurden die ersten Bohrungen in Palenque niedergebracht, nur wenige hundert Meter vom Tempel der Inschriften entfernt. Doch bleibt der mexikanischen Regierung wirtschaftlich kaum etwas anderes übrig, als der Ölindustrie höchste Priorität einzuräumen. Die Einnahmen aus dem Tourismus schlagen zwar ebenfalls zu Buche, nehmen sich jedoch vor dem Reichtum, der aus dem schwarzen Gold kommt, klein aus. Solange dieser Prozeß fortschreitet, sind die antiken Ruinenstädte von der Zerstörung bedroht – und auch durch den Zusammenbruch des mexikanischen Pesos und der zunehmenden Korruption in Regierung und Verwaltung.

Mit neuer Entschlossenheit, die Aufmerksamkeit der Welt auf die gefährdeten Mayamonumente zu richten, flog Cotterell zurück nach England. Seine Ideen über die versteckten Bilder auf der Grabplatte von Palenque hielt er in einem zweibändigen Buch mit dem Titel *The Amazing Lid of Palenque* fest, das er im Selbstverlag herausbrachte, wobei ein Exemplar vorschriftsmäßig an die British Library ging. Auch wenn die akademischen Experten für seine Theorien nichts übrig hatten, diese würden von nun an zumindest für künftige Forscher zugänglich sein. Außerdem wandte er sich direkt an die *Daily Mail*. Ähnlich wie die Redakteure des mexikanischen Fernsehens reagierten die Mitarbeiter dieser Tageszeitung begeistert auf seine Ideen und brachten einen langen Artikel unter der Überschrift »Der Mann, der den Code der Maya entschlüsselte«. Dieser Artikel war es, der mich auf Cotterell aufmerksam machte und indirekt zu unserer Zusammenarbeit am vorliegenden Buch führte. Es war jedoch nicht nur Cotterells Entdeckung versteckter Bilder auf der Grabplatte von Palenque, die mich anzog, sondern vor allem seine bemerkenswerte Arbeit, in der er einen Zusammenhang herstellte zwischen Sonnenflecken-Zyklen, Mayakalender und der Humanbiologie. Seine Forschungen waren inzwischen über das Anfangsstadium, dessen Ergebnisse er in seinem Buch *Astrogenetics* festgehalten hatte, weit hinaus gediehen, und meiner Meinung nach hatten sie es endlich verdient, der Öffentlichkeit vorgetragen zu werden. Mit seiner solargenetischen Theorie schien er etwas wiederentdeckt zu haben, das, wenn es sich bestätigen sollte, für alle Lebewesen auf dem Planeten Erde von grundlegender Bedeutung ist.

# 5. Das Land der Klapperschlange

## Auf der Suche nach den Maya

Die Theorien Cotterells über die Sonnenflecken-Zyklen und die Maya verblüfften mich durch ihre gleichzeitige Einfachheit und Universalität. War es wirklich möglich, daß die Maya, die unter Bedingungen lebten, die wir heute steinzeitlich nennen würden, über solch präzise Kenntnisse der Sonnenflecken verfügten? Haben sie in ihren Mythen tatsächlich eine vernichtende Katastrophe festgehalten, der fast die gesamte Menschheit zum Opfer gefallen war? Beherrschten sie wirklich die Fähigkeit – durch Astrologie, Zahlenmystik, Träume oder was auch immer –, Prognosen über die Zukunft zu treffen? All diese Fragen beschäftigten mich jetzt, und mir wurde klar, daß ich die Antworten nur finden würde, wenn ich selbst nach Mexiko ging. Was ich mir anschauen wollte, waren nicht nur die sichtbareren und faßbareren Überreste dieser untergegangenen Zivilisation, sondern die kulturelle Atmosphäre ringsum. Und nach Möglichkeit wollte ich einige Hinweise auf die esoterische Seite ihrer Religion finden. Wie ich allmählich erkannte, stand diese in enger Verbindung mit den Lehren des großen Gottmenschen oder Avatara, den die Azteken Quetzalcóatl und die Maya Kukulcan genannt hatten. Möglicherweise war er es, dem sie das Wissen von den Sonnenflecken oder zumindest ihre astronomischen Kenntnisse zu verdanken hatten. Ich war überzeugt, daß hinter den Mythen und abergläubischen Vorstellungen ein reales menschliches Wesen stand, ein weiser Lehrer, der einst eine auf Selbstverwandlung beruhende Religion gestiftet hatte. Ich wollte jetzt wissen, worin der Inhalt dieser Religion bestanden hatte, und herausfinden, wer dieser Lehrer gewesen war und wo er gelebt hatte.

Im Dezember 1994 fand ich endlich Gelegenheit, in Cotterells Fußstapfen zu treten. Inzwischen hatte ich viel über die Maya, Azteken, Tolteken und ihre Kultur gelesen und freute mich nun darauf, ihre Ruinenstädte zu besichtigen. Meine Frau Dee, die Fotografin der Familie, kam ebenfalls mit. Sie hatte bereits Robert Bauval und mich auf unserer ersten Reise zu den Pyramiden von Gizeh begleitet und wollte jetzt auch deren mexikanische Gegenstücke kennenlernen. Als wir in Mexíko-Stadt eintrafen, waren wir angenehm überrascht, wie viele Kolonialgebäude dem Zahn der Zeit bisher widerstanden haben. Obgleich in diesem Teil der Welt immer wieder Erdbeben vorkommen, geht die größere Gefahr für die Gebäude von dem nachgiebigen Untergrund aus. Viele der alten Kirchen sind im Laufe der Jahrhunderte über zwei Meter tief in den Boden eingesunken und nur noch über Stege und Treppen zu erreichen. Andere Gebäude weisen breite Risse in den Mauern auf, da sie auf dem Grund des früheren Texcocosees errichtet wurden und ebenfalls starken Setzungsprozessen unterliegen. Mit Geldern der UNESCO sollen die architektonischen Schätze der Altstadt von Mexiko erhalten werden, doch die Hilfe reicht offenbar nicht aus und kommt im übrigen zu spät.

Auf dem *Zocalo* fand eine Demonstration von Mayaindianern statt, die über die Ernennung eines neuen Gouverneurs für die Region Chiapas aufgebracht waren. Anscheinend hielt das Grollen des Zapatista-Aufstands vom Frühjahr zuvor noch an, ohne daß die Forderungen der Maya erfüllt worden wären.[1] An der Stirnseite des Platzes steht die große Kathedrale, zu deren Errichtung man fast 500 Jahre gebraucht hatte und die jetzt einsturzgefährdet ist. Sie trägt – höchst ungewöhnlich für ein christliches Monument – an der Vorderseite eine Platte mit dem alten aztekischen Symbol von Tenochtitlán: ein auf einem Kaktus hockender Adler, der in seinem Schnabel und einer seiner Klauen eine Schlange hält. Ich sollte bald entdecken, daß dieses Symbol das »Wappenschild« für die gesamte mexikanische Nation und überall zu sehen ist, auf öffentlichen Gebäuden ebenso wie auf T-Shirts und Münzen (s. Abb. 32). Mit gemischten Gefühlen – denn die katholische Kirche genießt in allen Schichten der Gesellschaft noch immer ein hohes Ansehen – nehmen die Mexikaner ihre Vergangenheit wieder für sich in Anspruch, und dieses Aztekenemblem scheint für sie alles zu repräsentieren, was die Größe ihres Landes ausmachte, bevor die Spanier kamen.

Auf der Rückseite der baufälligen Kathedrale befinden sich die Ruinen des Templo Mayor, dessen übereinanderliegende Bauschichten an die Jahresringe eines Baumes erinnern. Ich mußte schon meine ganze Phantasie aufbieten, um in den geschwärzten vulkanischen Steinen vor mir den

*Abb. 32: Adler, der eine Schlange gepackt hält, auf der Vorderseite des mexikanischen Museums für Anthropologie*

Sockel der glänzenden, hellbemalten, doppeltürmigen Pyramide zu erkennen, die in meinem Reiseführer abgebildet war. Sie sahen eher aus wie die Fundamente einer düsteren Baumwollspinnerei in Lancashire. Dann erinnerte ich mich an die Schriften von Pater Bernardino Sahagún, dem ersten Missionar, der die Freundschaft der Indianer gesucht und ernsthaft ihre Überlieferungen aufgezeichnet hatte. Er schrieb, daß die Indianer jedesmal am Ende einer Periode von 52 Jahren von tödlicher Furcht befallen wurden. Erfüllt von der schreckenerregenden Vorstellung, das Weltende stehe bevor und die Sonne werde nie wieder aufgehen, zogen sie am letzten Abend des alten Zyklus in die Berge. Dort blickten sie zum Himmel und warteten darauf, daß der Sternhaufen der Plejaden seinen südlichen Meridian erreichte.[2] Wenn diese Sterne sich weiterbewegten (wie sie es natürlich seit jeher taten), herrschte große Freude, denn dann wußten sie, daß die Welt schließlich doch nicht untergehen würde. Ein neues Feuer wurde entzündet, gleich einer olympischen Flamme, und Männer mit brennenden Fackeln wurden zur Feier des neuen Zyklus, den der Sonnengott Tonatiuh gewährt hatte, in alle Richtungen des Reiches ausgeschickt. Altes Geschirr wurde zerschlagen, und der Templo Mayor erhielt eine neue Verkleidung. Offenbar machten die Azteken immer wieder mit Freude einen Neuanfang, auch wenn er für sie mit einem hohen Aufwand an Zeit und Material verbunden war.

Am Templo Mayor fielen mir sofort die vielen Schlangenköpfe auf, die wie Wasserspeier aus dem Sockel hervorragen. Der Anblick überraschte mich, da ich bislang angenommen hatte, die mexikanischen Pyramiden seien trotz ihrer Stufen mit einer glatten Außenverkleidung versehen. Wie ich am nächsten Tag sehen sollte, gab es hierfür in der frühen Ruinenstätte Teotihuacán einen Präzedenzfall. Im mexikanischen Museum für Anthropologie konnte ich zahlreiche aztekische Skulpturen besichtigen, die vielfach Schlangen darstellen. Einige von ihnen sind so naturgetreu ausgeführt, daß man meinen könnte, sie würden sich jeden Augenblick davonschlängeln. Die Verbindung zwischen den Azteken und Teotihuacán wurde offenbar, als ich den Saal betrat, in dem Cotterell wenige Jahre zuvor eine Nachbildung der Quetzalcóatl-Pyramide untersucht hatte. An einer Wand hing eine Darstellung des Sonnengotts, wie sie bei den Teotihuacános üblich war. Ebenso wie bei der späteren Darstellung Tonatiuhs auf dem aztekischen Kalenderstein hängt ihm die Zunge aus dem Mund. Doch dieser Gott hat nicht das runde, fleischige Gesicht Tonatiuhs: er ist als Totenschädel dargestellt. Offenbar bestand auch für die Teotihuacános ein Zusammenhang zwischen Sonne und Tod.

Am folgenden Tag besuchten wir Teotihuacán und erstiegen die oberste Plattform der Sonnenpyramide. Sie bietet einen prächtigen Rundblick über die Umgebung, und ich konnte durchaus die Ehrfurcht verstehen, mit der die Azteken diese alte Stätte betrachteten. Auch konnte ich mir vorstellen, wie es gewesen sein mußte, als Cortez dort seine Männer gegen die indianischen Krieger ins Feld führte. Damals waren die Pyramiden und Tempel völlig von Gras und Gestrüpp überwuchert, aber dennoch – oder vielleicht gerade deshalb – boten sie den belagerten Spaniern Deckung und eine erhöhte Position. Der Tod des Anführers und die Flucht der übrigen Azteken bezeichneten den Tag, an dem die beiden Amerikas für die Indianer verlorengingen.[3] Danach war es nur noch eine Frage der Zeit, bis die nächsten Europäer hier eintrafen, um das von Cortez begonnene Geschäft zu Ende zu bringen. Auf der Sonnenpyramide stehend, die Straße der Toten zu meinen Füßen, fragte ich mich, was er vom Mythos Quetzalcóatls gewußt haben mochte. Wußte er, daß die Azteken glaubten, dieser Gottmensch werde nicht nur an denen, die ihn aus seinem Reich vertrieben hatten, Rache nehmen, sondern eines Tages auch nach Teotihuacán zurückkommen?

Nachdem ich die Pyramide wieder hinuntergestiegen war, machte ich mich auf den Weg zur Zitadelle und zur Quetzalcóatl-Pyramide. Im Unterschied zu der Kopie des Frieses, die ich aus dem Museum für Anthropologie kannte, hatte dieser all seine Farbe verloren. Dennoch war der Anblick atemberaubend. Unter einer ziemlich schlicht wirkenden Pyramide hatten Archäologen die Überreste eines älteren Bauwerks entdeckt. Dieses war wesentlich lebendiger und abwechselnd mit Köpfen der beiden Hauptgötter des Pantheons von Teotihuacán, Quetzalcóatl und Tlaloc, geschmückt (s. Farbfoto 16). Die Skulpturen Quetzalcóatls, die in Stufen übereinander angeordnet sind, schienen die Merkmale einer Schlange mit denen eines großzahnigen Raubtiers, möglicherweise eines Jaguars, zu verbinden, und jede trug eine Art Kragen um den Hals wie die Strahlen der Sonne. Diese Köpfe hatten eine auffallende Ähnlichkeit mit denen, die ich tags zuvor an den Seitenwänden des Templo Mayor gesehen hatte. Obwohl die spätere Pyramide sie verdeckte, waren sie von den Azteken offenbar nicht vergessen worden. Ich war allerdings nicht ganz überzeugt, daß diese Köpfe tatsächlich Quetzalcóatl darstellten, wie es in den Reiseführern stand: Sie wirkten zu dämonisch und elementar, um den weisen Lehrer, nach dem ich suchte, zu symbolisieren. Die Gesichter der Tlaloc-Figuren waren insgesamt abstrakter, mit runden Glotzaugen und einem Schlangenkinn. Wenn die »Quetzalcóatls« Darstellungen eines Himmelsgottes in Verbindung mit der Sonne waren, dann war Tlaloc unverkennbar erdverbunden. Ich hatte den Eindruck, daß das Paar ähnlich wie der chinesische *yang*-Tiger und der *yin*-Drache eine Dualität bildete. War es möglich, daß es hier eine Verbindung zum Osten gab? In dem Umstand, daß Quetzalcóatl unter anderem als Gott mit dem Wind verknüpft wurde und Tlaloc der Regengott war, lag eine merkwürdige Parallelität.[4] Da ich dieser Frage im Moment nicht weiter nachgehen konnte, mußte ich es vorerst dabei belassen.

Wir verließen das Stadtgebiet von Mexiko und fuhren nach Oaxaca und Monte Albán, bevor wir schließlich in Palenque ankamen. Hier entsprach alles weitgehend meinen Erwartungen, da ich die Ruinenstadt bereits von zahlreichen Fotoaufnahmen kannte. Dennoch war der persönliche Besuch dieser Stätte für mich ein Erlebnis. Besonders beeindruckend war die Vorstellung, daß die Stadt in diesem feuchtheißen Klima überhaupt gebaut werden konnte. Die riesige Anlage erstreckt sich weit in den umgebenden Dschungel, der sich von allen Seiten auftürmt und voller Leben ist. Hier gibt es Bäume von 30 bis 35 Metern Höhe, die in Europa als Zimmerpflanzen gehalten werden. Dicke Luftwurzeln gleichen den Fangarmen von Meeresungeheuern, und ein Bach, dessen Bett vermutlich unter der Regierung Pacals oder seines Sohnes Chan Bahlum angelegt worden war, rauscht vom Berg herunter und mündet in einen alten, von den Maya angelegten Wasserlauf.

Bei unserem Gang durch die Ruinen entdeckten wir immer wieder Anzeichen für das Interesse, das die Maya der Sonne und den Sternen entgegengebracht hatten. Wenn man vor Chan Bahlums Tempel des Kreuzes stand, konnte man sehen, daß er wie der Tempel der Inschriften seines Vaters auf den Sonnenuntergang am Tag der Sommersonnenwende ausgerichtet war. Die damit verbundene Vorstellung lag auf der Hand: Der tote Pacal glich der untergehenden Sonne und übergab gewissermaßen die Verantwortung und Macht seinem Sohn, dem neuen Herrscher.[5] Der Eindruck einer dynastischen Kontinuität wurde durch einen Zyklus von mittlerweile stark verwitterten Basreliefs verstärkt, welche die inneren Heiligtümer der zur Kreuzgruppe gehörenden Tempel schmücken. Offenbar genoß die Pacal-Dynastie eine Art göttliches Recht der Könige, das, wie wir gesehen haben, mit der heiligen Zahlenmystik der Maya verknüpft war.[6]

Im Innern des größten Gebäudes der Ruinenstadt, des sogenannten Palastes, befindet sich interessanterweise ein Raum, von dem man heute annimmt, daß er als eine Art Sternwarte diente, da er in der Nähe der Decke einen Fries mit Darstellungen bestimmter Planeten und Sterne aufweist.

*Abb. 33: Stuckrelief am »Palast« von Palenque mit Darstellung des Jaguarthrons*

Auf einer der Außenwände desselben Gebäudes sieht man noch die Überreste einiger jener Stuckreliefs, die von Graf Waldeck gezeichnet wurden.[7] Eines davon zeigt einen jungen König auf einem doppelköpfigen Jaguarthron, der von einer knienden Gestalt eine Krone entgegennimmt (s. Abb. 33). Das erinnerte mich an den ganz ähnlichen Thron Tutenchamuns, den ich erst wenige Jahre zuvor in Ägypten gesehen hatte. Was hatte es nur mit diesen gefleckten Großkatzen auf sich, fragte ich mich, daß Könige das Bedürfnis verspürten, sich einen Thron mit ihrem Bildnis bauen zu lassen? Wie kam es, daß ein Entwurf, der dem Thron Tutenchamuns so ähnlich war, Jahrhunderte später auf der anderen Seite des Atlantiks erneut verwirklicht wurde?

Nach dem Besuch des Palastes gelangten wir zu einem Gebäude, das »Grafenhaus« genannt wird, vermutlich, weil Waldeck es einst als sein Quartier genutzt hatte. Hier befand sich ein ungewöhnliches Gesicht aus Stuck, das durch ein kleines Dach vor den Unbilden der Witterung geschützt war (s. Abb. 34). Es war in einem ganz anderen Stil ausgeführt als die übrigen Stuckarbeiten in der Umgebung und wurde als der mexikanische Regengott Tlaloc identifiziert. Dies hat jedoch in den letzten Jahren die Archäologen in beträchtliche Verwirrung gestürzt, weil es dem Teotihuacán-Stil zugeschrieben wird. Aufgrund von Tonscherben und Obsidiangeräten wissen wir, daß die Teotihuacános mit den Maya

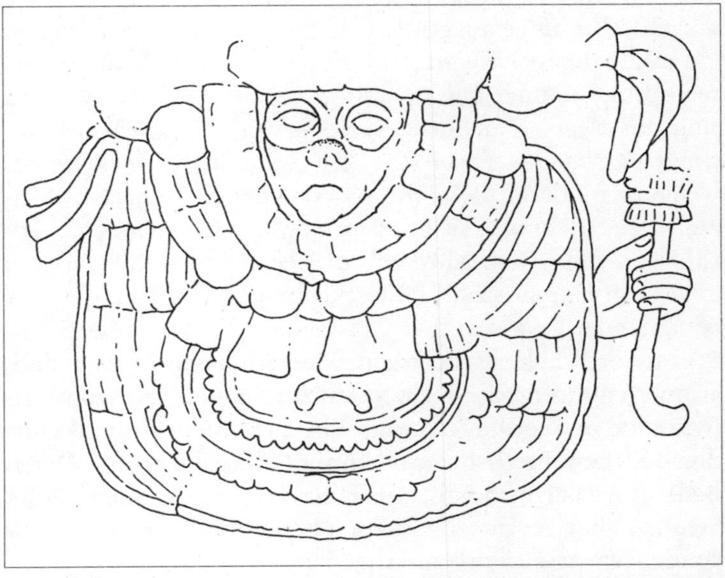

*Abb. 34: Bildnis des Tlaloc in Palenque im Teotihuacán-Stil*

Handel trieben, doch diese Maske verweist außerdem auf enge kulturelle und religiöse Verbindungen zwischen diesen ganz verschiedenen Indianerstämmen.

Von Palenque aus zog es uns in den Norden auf die Halbinsel Yucatán, wo die Maya die große Katastrophe überlebten, von der im 8. Jahrhundert n. Chr. wohl ein Großteil von Mittelamerika heimgesucht wurde. Hier hatte damals die Mayakunst ihren Höhepunkt erreicht. Auf den Spuren Cotterells besuchten wir als erstes Uxmal (sprich *Uschmal*), künstlerisch die schönste der yucatekischen Städte. Am auffälligsten ist hier die sogenannte Wahrsagerpyramide (s. Farbfoto 17), ein hochaufragendes Bauwerk mit abgerundeten Kanten und sehr schmalen Treppen. Der Aufstieg und mehr noch der Abstieg waren eine Nervenprobe, von der allen Besuchern, die nicht schwindelfrei sind, nur abgeraten werden kann. Zu ihren Füßen befindet sich ein kleiner Hof, von dem aus sich ein außergewöhnlicher Blick auf die Pyramide bietet. Was oben auf der Pyramidenplattform wie eine normale Kammer ausgesehen hatte, wie man sie in einem Pyramidentempel erwartet, war von unten eine beinahe surreale Erscheinung: Die gesamte Kammer und die Mauern ringsum ergeben ein einziges, riesiges Gesicht – das des Regengotts Chaac (s. Farbfoto 18). Man kann nur spekulieren, welche Rituale in dieser Kammer vollzogen wurden, doch auf jeden Fall hingen sie mit dem Regen zusammen. Die Vielzahl von steinernen Masken des Regengottes, auf die man überall in Uxmal stößt, läßt erkennen, daß Chaac ein sehr bedeutender Gott war. Die Masken, die zumeist übereinander an den Ecken wichtiger Bauwerke angebracht sind, erinnerten uns an die Tlaloc-Gesichter an der Quetzalcóatl-Pyramide in Teotihuacán, nur daß diese hier mit merkwürdigen Elefantenrüsseln versehen sind (s. Farbfoto 19). Deren Bedeutung lag mehr als 150 Jahre lang im dunkeln. John Stephens hat sie in seinem Reisebericht von 1843 mit folgenden Worten kommentiert:

»... Der Leser muß sich einen Begriff von diesem Stein-

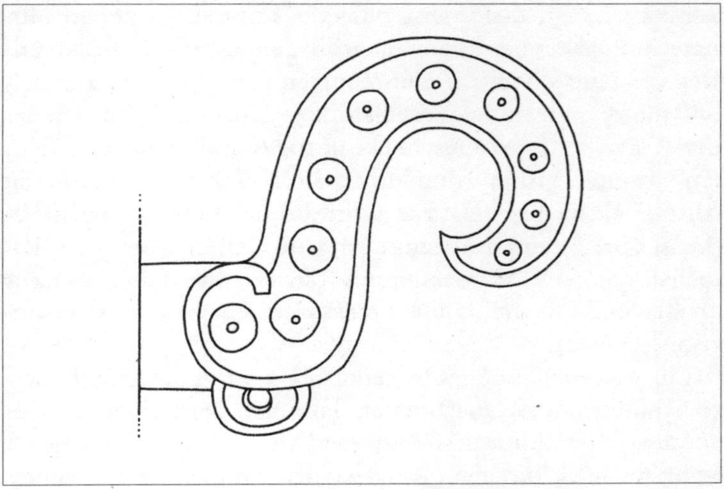

*Abb. 35: Waldecks »Elefantenrüssel«*

vorsprung machen, um ein klares Verständnis von der Eigenart des zuletzt beschriebenen Ornaments zu gewinnen. Es mißt von seinem Ansatz an der Mauer bis zum Ende der Krümmung 38 Zentimeter und zeigt eine gewisse Ähnlichkeit mit einem Elefantenrüssel. Eine vielleicht nicht einmal unpassende Bezeichnung, die Waldeck ihm gegeben hat, obwohl es höchst unwahrscheinlich ist, daß der Bildhauer einen solchen im Sinn hatte, denn der Elefant war auf dem amerikanischen Kontinent unbekannt.«[8]

Anschließend zeigte er eine Abbildung des betreffenden Ornaments, einem merkwürdigen, mit zehn kleinen Medaillons besetzten Haken (s. Abb. 35). Das Ganze erinnerte mich spontan an ein Sternbild, möglicherweise das des Großen oder des Kleinen Bären.

Der Regen war für die Einwohner von Uxmal von zentraler Bedeutung, denn es gibt in dieser Region keine Flüsse und nicht einmal *cenotes*, die für Yucatán so charakteristischen natürlichen Brunnen. Die Menschen waren völlig von künstlich angelegten Zisternen abhängig, um die trockenen Monate des Jahres zu überstehen, in denen sie möglichst viel Regenwasser speichern mußten. Den Fußböden der Tempelhöfe hatte man ein leichtes Gefälle gegeben, damit auch hier der Regen in die vorgesehenen Kanäle und Speicher ablaufen konnte. Etwas Ähnliches hatten wir zuvor schon in Monte Albán gesehen, wo aufgrund der Berglage ebenfalls Wasserknappheit herrschte. Hier in Uxmal waren die Dimensionen des Wassersammelsystems allerdings weitaus größer und zweifellos für die Wassermengen von Monsunregen gedacht.

Ein weiteres häufiges Symbol in Uxmal war der gefiederte Schlangengott Quetzalcóatl in vielen verschiedenen Gestalten. Überall auf den Tempeln gab es – zum Teil doppelköpfige – Schlangen (s. Abb. 36 und 37). Gefiederte Schlangen zierten die frühere Balustrade des Ballspielplatzes ebenso wie die Friese einer Ansammlung von Gebäuden, denen man die phantasievolle Bezeichnung »Nonnenviereck« gegeben hat. Aus alldem ging hervor, daß die Doppelkulte von Quetzalcóatl-Kukulcan und Tlaloc-Chaac hier ebenso im Vordergrund gestanden hatten wie früher in Teotihuacán. Ich fragte mich, ob es möglicherweise einen Zusammenhang zwischen den beiden Ruinenstätten gab und wie dieser aussah. In der archäologischen Fachliteratur ist lediglich von unbestimmten Handelsbeziehungen zwischen Teotihuacán und den Maya die Rede, doch ich vermutete, daß mehr dahinter steckte. Wenn man die Kunstwerke in Uxmal mit denen von Teotihuacán, Tenochtitlán und Monte Albán verglich, konnte kein Zweifel daran bestehen, daß hier auf der Halbinsel Yucatán die »Quetzalcóatl-Schule« – ein geeigneterer Begriff steht uns nicht zur Verfügung – ihren höchsten Ausdruck fand. Aus der Feinheit des Details in den Reliefs an den Mauern und aus der Komplexität der künstlerischen Symbolik sprach keine nachklassische Dekadenz, sondern eine Renaissance. Wir blickten offenbar auf die Schöpfungen eines Volkes, dessen Angehörige, weit davon

*Abb. 36 und 37: Schlangenfriese in Uxmal*

entfernt, in Vergessenheit zu sinken, von schöpferischer Kraft, Lebensfreude und starken Überzeugungen erfüllt waren. Und wir hatten den Eindruck, daß wir uns hier endlich den Ursprüngen dieser fremdartigen Religion näherten.

Am nächsten Tag fuhren wir nach Chichén Itzá, der berühmtesten aller Ruinenstädte in Yucatán. Im älteren Teil der Stadt begegneten wir auf Schritt und Tritt denselben Bildern von Schlangen und Regengöttern wie in Uxmal, und auch der Stil der Bauwerke ist ganz ähnlich. Die Hauptzonen der Stadt dagegen zeigen aufgrund ihrer Geschichte ein ganz anderes, stark militärisches Gesicht. Denn im Unterschied zu Uxmal, das bis zu seiner Aufgabe mehr oder weniger sein reines Mayagepräge beibehielt, wurde Chichén Itzá von Eindringlingen aus dem Westen, den Tolteken, kolonisiert. Sie brachten militärische Disziplin mit, aber zugleich auch ein ähnlich großes Verlangen nach Menschenopfern wie die Azteken. Das läßt sich den vielen Reliefs von Jaguaren und Adlern, die sich von den Herzen der Menschen ernähren, ebenso entnehmen wie den Mauern, die in ihrer ganzen Länge mit Totenköpfen aus Stein verziert sind. Bei ihrem Anblick fiel es schwer, irgendeine Zuneigung oder Sympathie für die Eroberer aufzubringen oder sich gar vorzustellen, ihr Anführer sei ein guter und ehrbarer Mensch gewesen. Doch nach den Überlieferungen war auch er ein Quetzalcóatl. Diesem Zusammenhang wollte ich weiter nachgehen.

## Chichén Itzá und die Legende von Quetzalcóatl

Die Mayastadt Chichén Itzá wurde etwa zur selben Zeit erbaut wie Uxmal, in der spätklassischen Periode.[9] Irgendwann im 10. Jahrhundert wurde Yucatán jedoch vom Meer her von toltekischen Kriegern erobert. Legenden zufolge, die den Spaniern im 16. Jahrhundert erzählt wurden, war ihr Anführer ein Gottkönig namens Topilzin-Ce-Acatl, der den Titel Quetzalcóatl oder Kukulcan annahm. Anscheinend war dies derselbe König, der in den Legenden der Azteken genannt wird und einst über die Tolteken von Tula herrschte, bevor er von seinem Rivalen Tezcatlipoca (Rauchender

Spiegel) verjagt wurde. Die Legenden schildern ihn als einen friedliebenden Führer, der nach dem Verlassen seiner Heimat in Yucatán eintraf und mit Chichén Itzá eine neue Hauptstadt gründete. Pater Diego de Landa schrieb darüber:

»Die Indianer glauben, daß unter den Itzá, die Chichén Itzá besiedelten, ein großer Fürst namens Cuculcan [*sic*] herrschte, weshalb das Hauptbauwerk Cuculcan genannt wird.

Sie sagen, daß er aus dem Westen kam, sind sich jedoch nicht einig, ob er vor oder nach den Itzá[10] oder mit ihnen kam. Sie sagen, daß er wohlgesinnt war, weder Frau noch Kinder hatte und nach seiner Rückkehr in Mexiko als einer ihrer Götter betrachtet und Cezalcohuati [Quetzalcóatl] genannt wurde. In Yucatán wurde er wegen seiner großen Verdienste um den Staat ebenfalls als Gott verehrt; er hatte in Yucatán nach dem Tod der alten Häuptlinge eine Ordnung errichtet, um die durch ihren Tod ausgelösten Zwistigkeiten zu schlichten.«[11]

Nach einem Bericht darüber, wie Kukulcan eine weitere Stadt namens Mayapán (»im Gebiet der Maya«) gründete, lesen wir weiter bei Landa: »Cuculcan lebte einige Jahre lang mit den Häuptlingen in dieser Stadt [Mayapán], und nachdem er sie in völligem Frieden und in Freundschaft verlassen hatte, kehrte er auf dem selbem Weg nach Mexiko zurück.«[12]

Heutige Mayaforscher behaupten, Landas Bericht sei an vielen Stellen mehrdeutig und verworren, was auf den Umstand zurückzuführen sei, daß es mehr als eine Einwanderung nach Yucatán gegeben habe. Der Quetzalcóatl oder Kukulcan, von dem bei ihm die Rede ist, muß ein toltekischer Führer gewesen sein. Die Itzá waren jedoch ein später sehr verachtetes Volk, das irgendwann im 13. Jahrhundert nach Chichén Itzá kam und der ehemals toltekischen Stadt Chichén ihren Namen gab. Jedenfalls kann die Ankunft des ersten Quetzalcóatl nicht solch ein friedliches Ereignis gewesen sein, wie Historiker berichten. Die Inschriften in Chichén Itzá sprechen von einer gewaltsamen Invasion und dem Sturz der ansässigen Mayadynastie. Die Wandbilder im Tempel der Krieger zeigen in lebendigen Details, wie die Tolteken sich des Landes bemächtigten, indem sie zunächst eine Seeschlacht gegen die einheimischen Maya gewannen, die sie von Flößen aus zu vertreiben versuchten, und dann eine weitere große Schlacht in einer Stadt schlugen, die möglicherweise Chichén selbst war. Nach ihrem Sieg machten sie ihre Feinde zu Sklaven und opferten deren Führer dem Sonnengott.

Während ich diese kriegerischen Szenen betrachtete, fiel es mir schwer, sie mit dem Bild des angeblich friedlichen Quetzalcóatl in Einklang zu bringen, das Landa gezeichnet hatte. Aus anderen Bauwerken wie dem Tempel der Jaguare ging hervor, daß Menschenopfer ebenso ein fester Bestandteil der toltekischen Kultur waren wie der Kultur der späteren Azteken. Auch die Ballspiele der Tolteken hatten tödliche Folgen: Dem Führer der siegreichen (oder auch der unterlegenen) Mannschaft wurde der Kopf abgeschlagen, um mit seinem sprudelnden Blut den Sonnengott gnädig zu stimmen. Blutopfer von Menschenherzen gehörten als regelmäßige Rituale ebenfalls zu ihrer Religion. Am Tempel der Krieger findet man dafür zahlreiche Belege in Form von Jaguaren und Adlern, die menschliche Herzen verzehren (s. Abb. 38).

Trotzdem wurde ich das Gefühl nicht los, daß dies noch nicht alles war. Etwas schien zu fehlen – etwas, das von Landa nur angedeutet wurde, als er sagte, es gebe widersprüchliche Äußerungen darüber, ob Cuculcan vor oder nach den Itzá oder mit ihnen gemeinsam gekommen war.

Für mich stand spätestens jetzt fest, daß der Kult um Quetzalcóatl-Kukulcan eine weitaus größere Bedeutung hatte, als bisher angenommen und höchstwahrscheinlich auch wesentlich älter war. Wie in Uxmal, so gab es auch hier zahlreiche Hinweise auf den Kult in Gestalt der gefiederten

*Abb. 38: Adler, der ein menschliches Herz verzehrt; Tempel der Krieger, Chichén Itzá*

Schlangen, mit denen zahlreiche Bauwerke verziert waren. Diese Form der Verzierung erreichte ihren Höhepunkt an der außergewöhnlichen Pyramide Kukulcans, die von Landa als das »Hauptgebäude« der Stadt bezeichnet wird. Er besuchte sie persönlich und schrieb darüber:

»Das Bauwerk hat vier Treppen, die in die vier Himmelsrichtungen weisen; sie sind 33 Fuß breit und haben jeweils 91 Stufen, die sehr schwer zu ersteigen sind. Die Stufen haben dieselbe Höhe und Breite wie bei uns ... Am Fuß der Treppe befand sich auf jeder Seite das grimmige Maul einer Schlange, das aus einem einzigen Stein gehauen war.«[13]

Diese prächtigen Köpfe sind heute noch zu sehen, und ich hatte Gelegenheit, sie genauer in Augenschein zu nehmen. Sie sind jedoch keineswegs einzigartig und finden sich in Chichén Itzá am Fuß nahezu jeder Treppe der Bauwerke von einiger Bedeutung. Meistens handelt es sich um zwei auf

*Abb. 39: Gefiederte Schlangen mit Menschenkopf im Maul*

dem Kopf stehende Schlangen mit ziemlich kurzem Leib, die die Eingangspfeiler zu einem Tempel bildeten. Gekrönt sind sie stets mit einem L-förmigen Schwanz, der stilisierten Klapper einer Klapperschlange. Auf den Wänden von Tempeln gibt es auch Masken von gefiederten Schlangenköpfen, aus denen Menschenköpfe kommen (s. Abb. 39). Ich fragte mich, ob das bedeutete, daß die Schlangen diese Menschen, möglicherweise initiierte Priester, zur Welt brachten. Ich hatte ähnliche Masken in Uxmal gesehen, sie schienen etwas mit dem Quetzalcóatl-Kult zu tun zu haben. Doch damals wußte ich noch nichts darüber.

Was die Pyramide des Kukulcan angeht, so gilt heute als gesichert, daß sie, wie schon Landa behauptete, eine kosmologische Bedeutung hatte. Die 91 Stufen auf jeder ihrer Seiten sowie eine zusätzliche Stufe vor dem Eingang des

Tempels auf der Plattform symbolisieren die 365 Tage des Sonnenjahrs. Auch die Orientierung der Pyramide in die vier Himmelsrichtungen war bewußt gewählt. Bei Landa erfahren wir, daß die Maya der Halbinsel Yucatán bestimmte Neujahrsfeste begingen, die sich von Jahr zu Jahr unterschieden. Die 20 Namen für die Tage ihrer Monate wurden in vier Fünfergruppen eingeteilt. Anhand des Anfangsbuchstabens jeder Gruppe wurden der von Landa so bezeichnete »Sonntagsbuchstabe« des Jahres und der maßgebliche Gott ermittelt, mit dem er verknüpft war. Landa schreibt:

»Unter den zahlreichen Göttern, die von diesen Menschen verehrt wurden, waren vier, die sie mit Namen Bacab nannten. Dies waren, wie sie sagen, vier Brüder, die Gott bei der Erschaffung der Erde an deren vier Enden aufstellte, um den Himmel zu stützen, damit dieser nicht einstürzte. Es heißt auch, daß diese Bacabs entflohen, als die Welt von der Sintflut vernichtet wurde. Jedem von ihnen gaben sie einen anderen Namen, bezeichneten die vier Punkte der Welt, an die Gott sie gestellt hatte, und ordneten jedem von ihnen eingenommenem Platz einen der vier Sonntagsbuchstaben zu; außerdem kennzeichnen sie die Mißgeschicke oder die Glücksfälle, die sich in dem Jahr ereignen sollten, das zu einem der vier gehört, sowie die zugehörigen Buchstaben.«[14]

Des weiteren erfahren wir bei Landa, daß es in allen yucatekischen Städten Brauch gewesen sei, an jedem ihrer vier Stadttore, die ebenfalls nach den vier Himmelsrichtungen ausgerichtet waren, zwei Steinhaufen aufzuschichten. Dort wurden Zeremonien abgehalten, um die Dämonen zu vertreiben, bevor das Neue Jahr eingeläutet wurde. Wenn man die kalendarische Bedeutung der Stufen der Quetzalcóatl-Pyramide und ihre Orientierung bedenkt, sollte dieses Gebäude offenbar die Weltachse oder den Weltenbaum symbolisieren, um den das Universum kreist. Sie hat jedoch ein weiteres erstaunliches Merkmal, das Landa nicht erwähnen konnte, weil man es erst entdeckte, als das Bauwerk im 20. Jahrhundert restauriert wurde. Zweimal im Jahr, an den Äquinoktialtagen, kann man ein Schattenspiel beobachten, das jedem, der nicht in das Geheimnis eingeweiht ist, wie ein Wunder erscheinen muß. An diesen beiden Tagen werden nachmittags auf die Balustraden Schatten in Gestalt von Schlangen geworfen, die an der Seite der Pyramide nach unten gleiten. Wir können nur Vermutungen darüber anstellen, was damit symbolisiert werden sollte. Als Zuschauer kann man zumindest den Eindruck gewinnen, als ob ein magischer, geisterhafter Quetzalcóatl ins Leben zurückgerufen würde.

Die Schlange hat das Bauwerk jedoch nicht ganz allein in Besitz. Ebenso wie die Pyramide Quetzalcóatls in Teotihuacán ein inneres Bauwerk enthält, das mit den Köpfen der beiden Hauptgottheiten verziert ist, so läßt auch diese Pyramide erkennen, daß sie mehr als einmal umgebaut wurde. Die Archäologen haben eine verborgene Treppe in ihrem Innern entdeckt, die nach oben zu einer inneren Kammer führt. In dieser befindet sich ein bemerkenswerter Thron in Form eines rotbemalten Jaguars mit grünen Jadeplättchen als Körperflecken. Mit seinen weißen Augen aus Muschelschalen erinnerte auch er mich an die Platte, die ich in Palenque gesehen hatte, und auf der König Pacal auf dem Jaguarthron sitzend dargestellt ist. Anscheinend hatten die Tolteken, die die spätere Pyramide errichteten, dieses Symbol der Macht von den Maya übernommen – aber woher mochten die Maya es haben?

In Chichén Itzá besuchte ich ein weiteres interessantes Bauwerk, den sogenannten *Caracol*, das spanische Wort für »Schnecke« (s. Farbfoto 26). Es ist ein Rundbau mit einer Wendeltreppe, die in eine obere Kammer führt – daher der Name. Hier gehen kleine Fensteröffnungen in verschiedene Richtungen, und heute nimmt man an, daß das Bauwerk als Sternwarte zur Beobachtung der Planeten, insbesondere der Venus, genutzt wurde. Die Priester von Chichén Itzá waren offensichtlich nicht nur an der Sonne und ihren Äquinoktien, sondern auch an den Bewegungen anderer Himmelskörper interessiert.

Schließlich machten wir uns auf den Weg nach Merida, der Provinzhauptstadt Yucatáns. Hier errichtete Don Francisco de Montejo, ein ehemaliger Offizier Cortez', 1542 einen Militärstützpunkt. Nach bescheidenen Anfängen entwickelte Merida sich zu einer blühenden spanischen Stadt mit freundlichen Plätzen und Häusern im Kolonialstil. Die Quelle ihres Reichtums war eine unscheinbare Agave mit der Bezeichnung *henequin*, die unter der tropischen Sonne überall gedeiht. Aus ihren Blättern gewinnt man Sisalhanf, der zur Herstellung von Seiler- und Teppichwaren dient. Heute ist dieses Naturprodukt weitgehend durch synthetische Erzeugnisse verdrängt worden, es wird jedoch noch zur Herstellung von Garn, Körben, Schuhen, Hängematten und der Panamahüte, die überall in Mexiko von Straßenhändlern feilgeboten werden, verwendet.

Bei einem Gang durch Merida spürt man zwar noch etwas vom alten Zauber der Kolonialzeit, doch in den letzten 20 Jahren ist die Stadt Montejos durch Zuwanderung auf über eine Million Einwohner angewachsen, und alle scheinen ständig unterwegs zu sein. Zwar sind die Straßen der Stadt wie ein Gitter angelegt und durchgehend numeriert – ein Segen für den Reisenden, der sich nicht auskennt –, doch der Straßenlärm, die verschmutzte Luft und das Gedränge der Passanten machen das Einkaufen zu einer beschwerlichen Beschäftigung.

In einer Buchhandlung suchte ich nach Literatur über die historischen Stätten. Vor einem Regal mit Büchern in englischer Sprache über die Ruinenstädte und die Kultur der Maya fiel mein Blick auf eine Reihe höchst eigenartiger Broschüren. Sie stammten offenbar alle von demselben Autor, einem José Diaz Bolio, und trugen Titel wie *Why the Rattlesnake in Mayan Civilisation?* (»Was hat die Klapperschlange mit der Mayakultur zu tun?«), *The Geometry of the Maya and their Rattlesnake Art* (»Die Geometrie der Maya und ihre Klapperschlangenkunst«) und *The Rattlesnake School* (»Die Klapperschlangenschule«). In der Hoffnung, unvermutet auf etwas Besonderes gestoßen zu sein, erwarb ich einige dieser schmalen Bändchen, um mich im Hotel sogleich in deren Lektüre zu vertiefen. Ich sollte bald entdecken, daß sie nicht nur eine Kuriosität darstellten, sondern unter anderem auch eine Erklärung dafür lieferten, warum in allen präkolumbischen Kulturen, nicht nur bei den Maya, die Schlange eine solch besondere Rolle gespielt hat. Ich las bis in die frühen Morgenstunden, und nachdem ich erfahren hatte, daß der Autor in Merida lebte, beschloß ich, ihn am nächsten Tag aufzusuchen.

## Begegnung mit einem bemerkenswerten Mann

Ein Taxi brachte mich kurz nach Sonnenuntergang in die Vororte. An der Tür wurde ich von José Diaz Bolio persönlich begrüßt, der schon über 80 Jahre alt war (s. Abb. 40). Er zeigte sich nur allzu bereit, mit mir über seine Theorien über den Ursprung der Mayakultur zu sprechen. Anscheinend hatte er sich rund 50 Jahre lang mit der Kunst und Architektur der Maya beschäftigt, wenngleich auf eine unorthodoxe Weise. Im Lauf seines langen Lebens war er Soldat, Dichter, Musiker und schließlich auch Archäologe gewesen, und es ging eine besondere Ausstrahlung von ihm aus. Er war ein weiser Mann, der die Welt gesehen und keine Angst davor hatte, der Ewigkeit entgegenzutreten.

Vor uns auf dem Tisch lagen über 20 Bücher und Broschüren, die er selbst geschrieben und auf eigene Kosten verlegt hatte. Gegen alle Widerstände seitens des Establishments und auch seitens seiner Freunde hatte er seine Ideen unters Volk gebracht. Jetzt konzentrierte er sich auf den Versuch, mir etwas vom Geist seiner Ideen zu vermitteln. Seine Schlüsselbegriffe ließen sich leicht verstehen, doch ihre Folgerungen waren äußerst verzweigt.

Nach Diaz Bolio huldigten die Maya und überhaupt alle Kulturen Mittelamerikas, die den Namen einer Zivilisation

*Abb. 40: José Diaz Bolio*

verdienten, einem für sie sehr bedeutsamen Klapperschlangenkult. Diese Tatsache hatte er in seinen Arbeiten während der letzten 50 Jahre immer und immer wieder bewiesen. Sie war für die Experten schockierend, nicht etwa, weil sie nicht erkannt hatten, welch zentrale Rolle die Schlange in der Mayakunst spielte, sondern weil die Maya nach Bolio ihre Kenntnis der Welt buchstäblich »aus dem Mund einer Klapperschlange« empfangen hatten.

Gebannt hörte ich ihm zu, während er seine These entfaltete, die er die »kulturelle Vertreibung der Klapperschlange« genannt hat. Er erklärte, daß er in den frühen Jahren seiner Forschungen Klapperschlangen in seinem Haus gehalten und ihr Verhalten studiert hatte. Neben dem Tisch lag eine Plastiktüte mit zwei Klapperschlangenhäuten, und ich begann mich unbehaglich zu fühlen und fragte mich, ob sich möglicherweise eine lebendige Klapperschlange unter dem Sofa versteckt hielt. Er versicherte mir, daß er heute keine Schlangen mehr halte, doch früher sei es vorgekommen, daß seine Haustiere entwichen seien und in der Nachbarschaft einen Aufruhr verursacht hätten. Jetzt herrsche jedoch Ruhe, und er beschränke sich darauf, zu schreiben, zu veröffentlichen und vor interessierten Studenten Vorträge zu halten.

Ich nahm seine Ausführungen auf Tonband auf, damit nichts Wichtiges verlorenging. Schließlich drehten sie sich um ein Thema, das mich sehr interessierte, denn ich war überzeugt, daß seine Klapperschlangentheorie das fehlende Bindeglied in unserem Verständnis der Mayazeitrechnung lieferte.

Nachdem er Stunden später geendet hatte, versprach ich ihm, ihn am nächsten Morgen vor meiner Abfahrt zum Flughafen noch einmal aufzusuchen, um mit ihm über einen möglichen Vertrieb seiner Bücher in England zu sprechen. Damit kehrte ich in unser Hotel zurück, und machte mich daran, diese neuen Ideen in eine Ordnung zu bringen und über ihre Bedeutung für Cotterells Arbeit über Sonnenflecken nachzudenken.

## Die Lehren des Don José

Zu Beginn unseres Gesprächs erklärte Don José, wie ich ihn im folgenden nennen werde, den Anfang der Mayareligion bilde die Verehrung der Klapperschlange. Daß dies zumindest zu einem Teil zutraf, ließ sich an den zahlreichen Skulpturen von Schlangen mit Klappern an den Schwänzen erkennen, die an den Vorderseiten ihrer Tempel und Pyramiden angebracht sind. Die Sache reichte jedoch noch tiefer, und es ging auch nicht um *irgendwelche* Klapperschlangen, sondern um eine ganz bestimmte Art, die *Crotalus durissus durissus*, und ihre Unterart, die bei den Maya *Ahau Can* hieß, »Große, fürstliche Schlange« (s. Abb. 41). Diese Schlangenart kommt nur auf der Halbinsel Yucatán und in benachbarten Regionen vor, doch ihre kulturelle Bedeutung

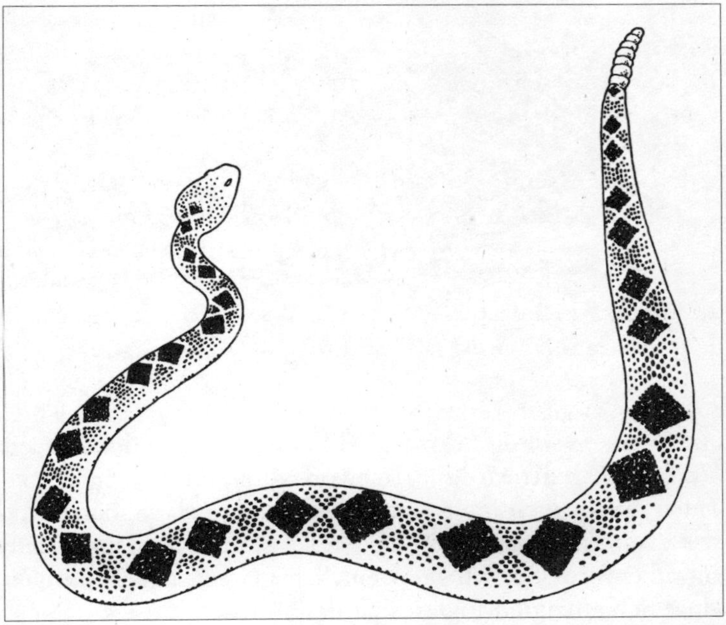

*Abb. 41: Die Ahau Can, Crotalus durissus durissus*

erstreckte sich offenbar von den Vereinigten Staaten bis hinunter nach Argentinien. Don Josés Meinung nach hatte die große Bedeutung von *Crotalus* für die Maya viele Gründe, doch am wichtigsten war wohl das Muster ihrer Rückenzeichnung.

Viele Schlangen haben ein Muster auf ihrer Haut. Bei *Crotalus durissus durissus* besteht es aus ineinandergeschachtelten Rechtecken und Kreuzen (s. Abb. 42). Nach Don José findet sich dieses Muster überall in der Kunst und Architektur Mittel- und Südamerikas wieder und zwar so häufig, daß man es als die zentrale Inspiration aller indianischen Kunst bezeichnen könne. Er zeigte mir ein Bild von einem Tempel in El Tajin, Veracruz, das exakt dem Muster von *Crotalus* entsprach, und alles deutete darauf hin, daß hier kein Zufall

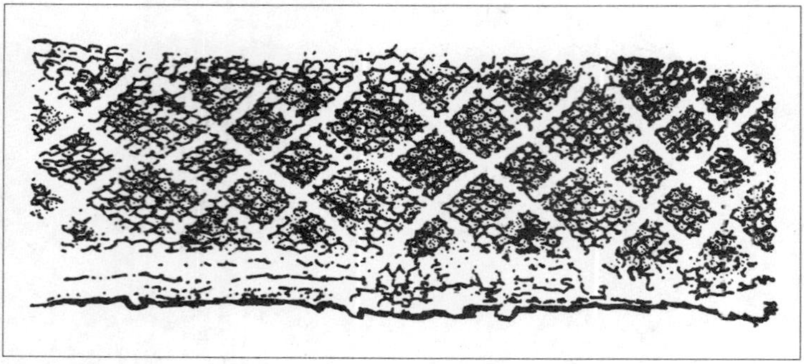

*Abb. 42: Der Rücken einer Crotalus-Klapperschlange*

am Werk gewesen war (s. Abb. 43). Ich erinnerte mich außerdem an die Mosaikfriese von Mitla, die aus Zickzacklinien aus kleinen Steinchen bestanden. Auch sie beruhten, wie ich jetzt erkannte, auf der Schlangenhautzeichnung. Die rhombenförmigen Mosaiksteinchen glichen den Schuppen einer Schlange und fügten sich in ähnlicher Weise zu einem Bildmuster wie diese. Der Hauptunterschied zwischen den Mustern der Zapoteken und dem des Tempels von El Tajin bestand darin, daß letzterer die Rückenzeichnung einer Klapperschlange naturgetreu wiedergab, während die Muster von Mitla eine Abstraktion darstellten. Die Zapoteken

*Abb. 43: Ornament in El Tajin mit Klapperschlangenmuster*

*Abb. 44: Zapotekisches Mosaik aus Mitla: Wolken, Regen und Blitze*

hatten das Schlangenmuster als Grundmotiv in ähnlicher Weise variiert wie ein Komponist eine Symphonie auf der Basis eines Leitmotivs komponiert (s. Abb. 44). Don José bestätigte mir, daß es sich tatsächlich so verhielt, und zwar nicht nur in der Architektur, sondern auch in allen anderen Künsten bis hin zu den einfachen Stickereien auf den Kleidern der Bauern. Diese Erklärung schien mir einleuchtend, denn die auffallend häufigen Zickzacklinien in der indianischen Ornamentik mußten einen wichtigen Grund haben, und ihr Ursprung war zweifellos in der Natur zu suchen, warum also nicht in der Rückenzeichnung von Klapperschlangen?

Das war jedoch erst der Anfang. Don José zeigte mir, daß das Muster von *Crotalus* aus ineinander verzahnten einzelnen Quadraten besteht und jedes von ihnen ein Kreuz enthält. Und genau dieses einfache Muster eines Kreuzes in einem Quadrat – dem er die Bezeichnung *canamayte*-Muster gab (s. Abb. 43) –, machte die Klapperschlange für die Maya zu einem solch heiligen Tier. Es war zugleich die Basis ihrer Wissenschaft, denn es lehrte sie die Geometrie.

Je länger ich mir dieses *canamayte*-Muster ansah, desto überzeugter wurde ich, daß es tatsächlich einen enormen Einfluß auf die Entwicklung der Architektur nicht nur der Maya, sondern aller Indianer Amerikas ausgeübt haben konnte. Wenn man das Muster flach auf dem Boden ausbreitete, lag es nahe, das Quadrat so zu drehen, daß seine vier Seiten auf die vier Himmelsrichtungen ausgerichtet waren. Das bedeutete, daß das Kreuz dieselbe Orientierung hatte. Die natürliche Art, diesen Sachverhalt in drei Dimensionen zum Ausdruck zu bringen, wäre die einer vierseitigen Pyramide, deren Seiten in die vier Himmelsrichtungen weisen, und vier Treppen, die von der Spitze aus nach unten in diese vier Richtungen verlaufen.

Genauso sind tatsächlich viele Pyramiden der Maya und anderer Indianerstämme errichtet. Das offensichtlichste Beispiel ist der Quetzalcóatl-Tempel in Chichén Itzá, den ich noch tags zuvor besichtigt hatte. Auch kompliziertere Anlagen wie auf dem Gipfel von Monte Albán waren nach diesem Prinzip erbaut, nur daß hier mehrfache Quadrate verwendet wurden. Die Bücher Don Josés, vor allem *The Geometry of the Maya*, enthalten mehrere Zeichnungen, aus denen hervorgeht, daß mit dem *canamayte*-Muster wahrscheinlich nicht nur der Grundriß von Bauwerken, sondern auch ihre Höhe festgelegt wurde. Wenn man dieses Muster aus den Schuppen der Klapperschlangenhaut auf eine seiner vier Seiten stellt, dann weist sein Profil eine starke Ähnlichkeit mit den Treppen einer Pyramide auf. Andere architektonische Merkmale wie die Querschnitte von Eingängen und die Lage von Tempeldächern sind möglicherweise ebenfalls vom *canamayte*-Muster abgeleitet.

Doch nach Don José waren es nicht nur die Gesetze des Raums, die die Maya vom *Ahau Can*, ihrer »fürstlichen Schlange« lernten: Sie lehrte sie auch etwas über die Zeit.

Es gehört zu den Besonderheiten der Schlangen, daß sie sich häuten. Bei *Crotalus durissus durissus* geschieht dies jährlich einmal Mitte Juli, wenn die Sonne in Yucatán zum zweitenmal im Jahr ihren höchsten Punkt am Himmel erreicht.[15] Es gibt demnach eine natürliche Übereinstimmung zwischen Sonne und Schlange, die sich beide jährlich erneuern. Dieser Zusammenhang wurde für die Maya noch dadurch verstärkt, daß sie glaubten, der Klapperschlange wachse jedesmal, wenn sie sich häute, ein weiterer Ring ihrer Klapper nach. Deshalb ist es nach den Überlieferungen möglich, das Alter einer Klapperschlange an der Anzahl der Ringe ihrer Klapper abzulesen. Folglich symbolisieren die herzförmigen Klappern der Klapperschlange das Jahr und werden von den Maya noch heute als Glücksbringer aufbewahrt.

Noch interessanter war das, was Don José über die Verbindung zwischen dem Klapperschlangenkult und dem Kalender der Maya selbst zu sagen hatte. Demnach verliert *C. durissus durissus* alle 20 Tage ihre Zähne und erneuert sie wieder. Diese Zeitspanne ist natürlich der *Uinal* der Maya. Don José legte dar, daß die hierfür gebräuchliche Hieroglyphe dem offenen Kiefer einer Schlange mit zwei gut sichtbaren Fangzähnen gleicht. War es möglich, fragte er, daß die Maya ihre Tage in Zwanzigergruppen zählten, da sie diesen Zeitraum als den Grundzyklus ihrer Lieblingsschlange ansahen? Ich mußte zumindest zugeben, daß es ein eigenartiger Zufall war, daß der Kalender der Maya so gut zum Zyklus der *Ahau Can* paßte.

Nach Don José nannten sich die alten Maya *chanes* – das heißt Schlangen. Sie waren sehr fromm und mußten im Namen ihrer Religion bestimmte Initiationspraktiken ausführen. So wie ein Knabe bei den Juden oder Moslems beschnitten oder ein christliches Kind getauft werden muß, um zu den von Gott Auserwählten zu gehören, so mußten bei den Maya zumindest in den vornehmen Familien die Köpfe der Säuglinge abgeflacht werden. Da dies eine äußerst schmerzhafte Prozedur war, die unter Umständen zum Tod des Babys führte, kann es nicht einfach aus Modegründen erfolgt sein (wie Anthropologen gern vermuten); keine Mutter und kein Vater würden ein Kind ohne zwingenden Grund solchen Schmerzen aussetzen. Der einzige überzeugende Grund konnte nur der sein, daß die Maßnahme eine religiöse Funktion hatte. Don José behauptete, man habe den Kindern den Kopf flachgedrückt, um ihnen ein *polcan* oder Schlangenhaupt zu verleihen (s. Farbfoto 28). Auf diese Weise wurden sie in die Familie der *chanes* initiiert, in das Volk der Schlange, wurden also zu deren Kindern. Für diese Menschen war die *Ahau Can* und alles, was mit ihr zu tun hatte, ebenso ein kulturelles und religiöses Emblem wie für einen Christen das Kreuz. Es bestimmte ihr Leben, und sie demonstrierten ihr Festhalten an diesen Werten bei jeder Gelegenheit, sei es beim Bau eines Tempels oder beim Besticken eines Kittels. Don Josés Worten zufolge gibt es noch eine Initiation, die in manchen Teilen Yucatáns auch heute noch praktiziert wird und bei der eine lebende Klapperschlange eine Rolle spielt. Dabei wird die rechte Hand neunmal nach links über die Schlange bewegt und anschließend die linke Hand neunmal nach rechts. Auf diese Weise soll dem Kind künstlerisches Talent vor allem beim Sticken verliehen werden.

Wem aber verdankte dieser Kult, dessen Totemtier die *Ahau Can* war, seine Ursprünge? Don José hatte zwei Erklärungen, die vielleicht auf ein und dasselbe hinauslaufen. Die erste lautete, daß zu irgendeiner Zeit in ferner Vergangenheit ein Indianer, der vielleicht intelligenter war als seine Stammesgenossen, das Muster auf dem Rücken von *Crotalus* bemerkte und begann, es in der Kunst zu imitieren. Aus solch einfachen Anfängen entwickelte sich möglicherweise eine Schule, welche die Geometrie des *canamayte*-Musters als Inspiration nutzte, praktische Techniken der Baukunst und gefällige Muster für die Bekleidung. Gleichzeitig mochte die Schlange dank ihrer Fähigkeit, Jahr für Jahr die alte Haut abzustreifen und wie neugeschaffen zu erscheinen, die Wiederauferstehung und somit die Unsterblichkeit symbolisieren. Es mochte zudem die Vorstellung naheliegen, daß *Crotalus* – als ein Geschöpf, dessen Leben eng auf den Jahreszyklus der Sonne zugeschnitten war – auch in irgendeiner Form mit einer solaren Intelligenz begabt war. Ähnlich wie in der biblischen Geschichte von Adam und Eva vor dem Sündenfall war demnach die Schlange selbst die Lehrmeisterin der Menschheit. Als das klügste der Tiere lehrte sie die Maya Kalenderkunde, Mathematik und die Grundmuster ihrer Kunst. Dank der Zeichnung auf ihrer Haut und ihrer Lebensweise fügte sie die Grundelemente der Zivilisation zusammen. Das ist, wenn man so will, die rationalistische Erklärung, der möglicherweise auch manche Anthropologen zustimmen können.

Es gibt jedoch noch eine andere.

Kurioserweise ist die beste Analogie zur zweiten Erklärung die Geschichte von St. Patrick, der der Legende nach ausgerechnet alle Schlangen aus Irland vertrieb, bald nachdem er dessen Bewohnern das christliche Evangelium gebracht hatte. Wie es heißt, wollte Patrick die Lehre von der Heiligen Dreifaltigkeit erklären und bediente sich dabei zur Veranschaulichung eines Kleeblatts. Seitdem wurde der bescheidene Wiesenklee als etwas Heiliges und Irisches verehrt, so daß er heute nicht nur für die Dreifaltigkeit, sondern für Irland selbst steht. Wenn man das Beispiel mit dem Klee auf die Körperzeichnung der Klapperschlange übertrug, konnte sich dann nicht etwas Ähnliches vor langer Zeit auch

*Abb. 45: Riesenhaupt von Zamna in Izamal nach Catherwood*

in Yucatán abgespielt haben? Hatte es irgendwann in grauer Vorzeit auch hier einen »St. Patrick« an die Küste Yucatáns verschlagen, der den Ureinwohnern die Elemente seiner Religion nahebringen wollte und sich hierzu einer Klapperschlange bediente? War es möglich, daß das *canamayte*-Muster auf eine ähnliche Weise wie das Kleeblatt zu einer kulturellen Ikone geworden war? Meiner Meinung nach schien dies eine wahrscheinlichere Erklärung als das simple Modell einer Kulturrevolution. Ich hatte die Vermutung, daß dieser »St. Patrick« der eigentliche Quetzalcóatl war, und bald stieß ich auch auf seinen Namen: Zamna.

In seinem Buch *The Rattlesnake School* gibt Don José der alten Religion der Maya den Namen Zamnaismus. Zamna (oder Itzamna) war das Oberhaupt des Mayagötterhimmels und nach Don José der Urtypus des späteren Quetzalcóatl. Er schreibt:

»Zamna, der höchste Götterheros der Maya, ist vermutlich das Urbild oder Vorbild für die toltekische Gottheit Quetzalcóatl. Obwohl seine Zeit vor dem Einfall der Tolteken lag, hatte er dieselben Eigenschaften wie letzterer. Der Zamnaismus war eine unblutige und gewaltfreie Religion. Die Praxis der Menschenopfer wurde in Yucatán durch Quetzalcóatl-Topilzin-Ce-Acatl aus Tula eingeführt, der hier wie auch bei den Maya-Quiché Guatemalas selbst mitansah, wie Menschen ihm zu Ehren geopfert wurden. In seiner Kindheit sah der Autor [Don José] in Izamal, Yucatán, ein großes Stuckhaupt Zamnas, das später von respektlosen Händen zerstört wurde.«[16]

Glücklicherweise existiert ein Stich von diesem großen Haupt des Zamna, den Frederick Catherwood 1844 anfertigte, so daß wir uns eine Vorstellung davon machen können (s. Abb. 45). Er hat keine Ähnlichkeit mit den späteren Darstellungen Itzamnas in den Mayahandschriften, in denen er als alter Mann gezeigt wird. Bei dieser monolithischen Skulptur ist der Mund geöffnet, ein möglicher Hinweis darauf, daß er eine wichtige Lehre verkündet. Zwar ist die Skulptur schon vor längerer Zeit der Zerstörungswut von Vandalen zum Opfer gefallen, doch konnte ich einige recht ähnliche Darstellungen in den Ruinen von Palenque bewundern. Dort befindet sich am Fuß des Palastes ein großes Stuckhaupt. Es trägt einen Haarschmuck aus Federn und hat einen gedankenvollen Gesichtsausdruck (s. Abb. 46). Daß

*Abb. 46: Riesenhaupt, vermutlich des Zamna, in Palenque*

sich dort ein Haupt des Zamna befindet, ist zweifellos kein Zufall, denn die in Palenque praktizierte Religion hing in bestimmter Hinsicht mit dem Quetzalcóatl-Kukulcan-Kult zusammen. Der Name Palenque kommt aus dem spanischen und bedeutet »eingezäunter Ort« – mit anderen Worten eine von Palisaden umfriedete Ansiedlung. Ihr ursprünglicher Name lautete wahrscheinlich Nachan, jedenfalls wurde sie von Pater Ramon Aguilar, dem ersten spanischen Besucher, der 1773 dorthin zog, so genannt. In dem später geschriebenen Buch »Eine Geschichte der Erschaffung von Himmel und Erde«, das nach seinen Angaben auf Dokumenten beruhte, die von Bischof Nuñez de la Vega von Chiapas zerstört wurden, bezeichnet er Palenque als die »Große Stadt der Schlangen«.

In dem Buch von Ordoñez ist die Rede von einem sagenhaften Führer namens Votan, der sein Volk nach Palenque brachte und dessen Symbol eine Schlange war. Konnte dieser Votan, der angeblich vom Atlantik kam, ein Prophet Zamnas, ein »St. Patrick« der Maya gewesen sein? Ich gewann zunehmend den Eindruck, daß dies die eigentliche Geschichte hinter dem Schlangenkult der Maya war.

Bevor wir Merida verließen und nach England zurückkehrten, machte ich noch einen kurzen Besuch bei Don José. Wir sprachen über seine Hauptwerke, *La Serpiente Emplumada* (»Die gefiederte Schlange«) und *Mi Descubrimiento del Culto Crotalico* (»Meine Entdeckung des Klapperschlangenkults«) und über meine Möglichkeiten, sie in englischer Sprache zu veröffentlichen. Ich versprach, mich nach Kräften für dieses Vorhaben einzusetzen.

Bevor wir uns verabschiedeten, schenkte Don José mir einige handsignierte Exemplare seiner Bücher und zwei Klapperschlangenhäute zur Erinnerung an meinen Besuch. Zurück in England, strich ich mit beiden Händen neunmal nach beiden Seiten darüber. Vielleicht war ich jetzt zumindest teilweise in den Kult von *Crotalus durissus durissus* initiiert und würde mit seiner Hilfe mehr über die esoterische Seite des Zamnaismus herausfinden.

# 6.
# Das neue Feuer, die Chacmools und der Kristallschädel

## Das Rasseln der Klapper

Das Ergebnis unserer Reise nach Mexiko übertraf meine kühnsten Erwartungen. Inzwischen stand für mich außer Zweifel, daß ich einen Weg finden würde, die außergewöhnlichen Kenntnisse der Maya zu vermitteln. Nach allem, was ich von Don José erfahren hatte, mußte der Klapperschlangenkult ein bedeutsamer Bestandteil ihres Glaubenssystems gewesen sein. Dennoch war ich überzeugt, daß noch mehr dahintersteckte. Meiner Ansicht nach betrachtete Don José die Dinge aus einem eher irdischen Blickwinkel; jenseits des Reptils *Crotalus* mußte es jedoch in alledem noch ein mehr *kosmisch* betontes Element geben. Alles an den Maya sprach dafür, daß sie ungewöhnlich gute Astronomen und Zahlenmystiker gewesen waren, und ihr Interesse am Himmel war offenbar das letzte Motiv dessen, was sie mit dem Begriff Quetzalcóatl oder »gefiederte Schlange« zum Ausdruck bringen wollten. Ich war ziemlich überrascht, als unser Führer in Palenque sagte, die Maya hätten die Bewegungen des Orion verfolgt, der nach seinen Worten in diesen Breiten fast jede Nacht zu sehen war.[1] Doch ein noch größeres Interesse zeigten die Maya offenbar am Sternbild der Plejaden (s. Farbfoto 37).[2] Dieser kleine Sternhaufen gehört zum Sternbild Stier und läßt sich als kleinere Ausgabe des Großen Wagens beschreiben. Mir kam der Gedanke, daß Catherwoods »Elefantenrüssel« – der sich so häufig an den Tempeln Yucatáns finden läßt – in Wahrheit dieses Sternbild darstellt. Ohne zu wissen, wohin mich dies führen würde, beschloß ich, mich in die Materie weiter zu vertiefen.

Am Computer begann ich zunächst, die geheimnisvollen Ereignisse im Zusammenhang mit den Plejaden und dem Neujahrsfest der Azteken zu untersuchen. Die Maya nannten die Plejaden *tzab*, die »Klapper«. Anscheinend schrieben sie ihnen eine ähnliche Funktion zu wie der Klapper von Klapperschlangen, die zur Warnung dient, bevor die Schlange zubeißt. Wenn wir dem Bericht von Pater Bernardino Sahagún Glauben schenken können, müssen die Azteken eine ganz ähnliche Vorstellung gehabt haben. Seine Bücher enthalten eine Abbildung der Plejaden, wie die Azteken sie sich vorgestellt haben: als neun Sterne umgeben von einer Kette aus 17 weiteren Sternen (s. Abb. 47). Englische Übersetzungen seiner Werke sind nur schwer zugänglich, doch glücklicherweise zitiert Don José die betreffenden Abschnitte in einer seiner Broschüren. Wegen seiner Bedeutung zitiere ich den vollen Wortlaut.

»Die Messung aller Zeiten, wie sie von diesen Indianern [den Mexikanern] vorgenommen wurde, erfolgte so: Der längste Zeitabschnitt dauerte 104 Jahre, und sie nannten ihn ein Jahrhundert; die Hälfte dieser Periode, 52 Jahre, nannten sie ein Jahrbund. Auf diese Weise haben sie ihre Jahre von alters her gezählt. Es ist nicht bekannt, wann sie damit anfingen, doch sie waren fest davon überzeugt, daß die Welt am Ende eines solchen Bunds untergehen werde, und sie hatten Prophezeiungen und Orakelsprüche, daß die Bewegungen des Himmels dann aufhören würden. Sie nahmen die

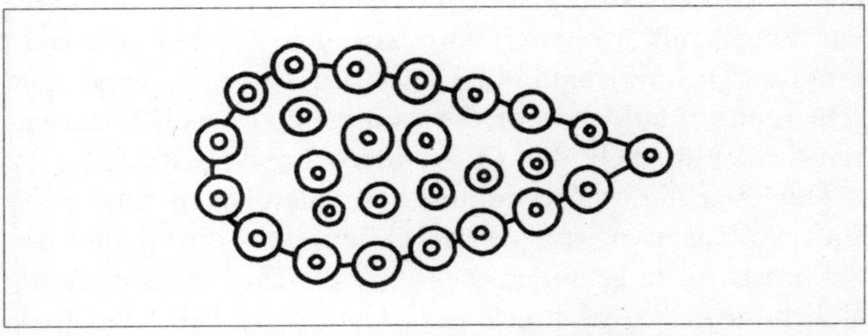

*Abb. 47: Aztekische Darstellung der Plejaden nach Sahagún*

Stellung der *Cabrillas* (Plejaden) in der Nacht des Festes, das bei ihnen *Toxiuh molpilli* hieß, zum Zeichen, denn in jener Nacht befanden sich die *Cabrillas* dieser mexikanischen Breite um Mitternacht in der Mitte des Himmels.

In besagter Nacht entzündeten die Indianer das neue Feuer, doch vorher löschten sie die Feuer in allen Provinzen, Städten und Häusern überall in diesem Neuen Spanien, und alle Statthalter und Tempelpriester veranstalteten eine große und feierliche Prozession. Sie begannen ihren Zug hier, vor dem Tempel von Mexiko [dem Templo Mayor], am frühen Abend und begaben sich auf den Gipfel in der Nähe von Ixtapalapa, den sie Uixachtecatl nennen. Kurz vor Mitternacht stiegen sie auf den Gipfel, zu der Stelle, an der sich ein feierlicher *cu* befand [eine Mayabezeichnung mit der Bedeutung ›Gott und Tempel‹, ein Begriff, den die Konquistadoren lernten, als sie in Yucatán landeten], der für diese Zeremonie errichtet wurde. Sie waren zu früh, deshalb warteten sie, bis sie [die Plejaden] ihren Platz eingenommen hatten. Als sie schließlich sahen, daß diese den Zenith passierten, wußten sie, daß die Bewegung des Himmels nicht aufhören würde, und daß das Ende der Welt noch nicht gekommen war, sondern daß diese abermals 52 Jahre währen und ganz sicher nicht untergehen würde. Zu dieser Stunde befanden sich große Menschenmengen in den umliegenden Bergen der Provinzen Texoco, Xochimilco und Quahtitlan, die darauf warteten, das neue Feuer zu sehen, mit dem das Signal gegeben wurde, daß die Welt fortbestand. Als die Statthalter das Feuer mit großem Pomp aus dem *cu* heraustrugen, konnte man es alsbald auch auf allen umliegenden Bergen sehen, und sobald die dort Versammelten es erblickten, waren sie so glücklich, daß sie Freudenschreie ausstießen.

Die letzte dieser Zeremonien des neuen Feuers fand 1507 statt, vollzogen in großer Feierlichkeit, denn die Spanier waren noch nicht gelandet. 1559 endete die nächste *gavilla* (Jahrbund), die bei ihnen *toxiuh molpilla* hieß. Doch da wurde bereits keine öffentliche Feier mehr veranstaltet, weil inzwischen die Spanier und ihre Priester im Land waren. Bis jetzt, im Jahr 1576 [dem Zeitpunkt von Sahagúns Niederschrift], sind demnach 17 Jahre der gegenwärtigen *gavilla* verstrichen.

Indem sie das neue Feuer entflammten, erneuerten sie den Pakt, den sie mit ihrem Götzen geschlossen hatten, und sie erneuerten auch all seine Standbilder, die sie in ihren Häusern hatten, und sie jubelten, da sie wußten, daß die Welt wieder sicher war. Es ist offensichtlich, daß diese Methode der Zeitmessung ein Werk des Teufels war, um den Pakt zu erneuern, den sie alle 52 Jahre mit ihm schließen mußten, indem er sie mit dem nahenden Weltende in Furcht versetzte und sie glauben machte, er sei es, der die Zeit verlängere und ihnen eine neue Frist schenke, indem er die Welt weiterbewege.«[3]

Offenbar hegte Bernardino Sahagún als guter Franziskaner keinen Zweifel, daß das Fest des neuen Feuers ebenso wie fast alles andere in der Religion der Indianer mit Götzenverehrung und Teufelsdienst zu tun hatte. Das ist kaum überraschend, wenn man an die zahlreichen, merkwürdig anmutenden Skulpturen von Tlaloc, Coatlicue und anderen denkt, ganz zu schweigen von den Schlangenmotiven, die in den Augen der katholischen Spanier Embleme des Teufels persönlich darstellten. Dennoch muß ihn etwas an den Erzählungen der Indianer beeindruckt haben, andernfalls hätte er sich wohl kaum die Mühe gemacht, die Zeremonie so detailliert aufzuzeichnen. Es sieht ganz danach aus, als hätten seine nachdrücklichen Äußerungen über den Teufel vor allem einer politischen Forderung entsprochen. Er selbst war offenbar eher fasziniert von der astronomischen Bedeutung des *Toxiuh molpilli.*

Bei näherem Studium seines Berichts zeigt sich, daß die Indianer ein hochentwickeltes, vermutlich astronomisches System zur Zeitmessung gekannt haben müssen. Offenbar hielten sie den mitternächtlichen Augenblick, in dem die Plejaden durch den südlichen Meridian gingen, für wesentlich.

Nun läßt sich zwar der Meridiandurchgang der Plejaden täglich am Nachthimmel beobachten, doch es gibt nur einen einzigen Tag im Jahr, an dem er genau um Mitternacht erfolgt, und die Mexikaner müssen über andere Mittel als die bloße Beobachtung mit dem Auge verfügt haben, um den betreffenden Tag exakt anzugeben.

Es galt herauszufinden, auf welchen Tag im Jahr dieses Ereignis fiel. Da Sahagún das Jahr 1507 für die letzte Zeremonie des neuen Feuers angegeben hatte, konnte ich diese Zahl in mein Computerprogramm SKYGLOBE eingeben und erhielt ein faszinierendes Resultat. Doch bevor ich darauf näher eingehe, müssen erst noch einige Dinge geklärt werden.

In seiner *Rélacion* berichtet Diego de Landa von einer ähnlichen Zeremonie, die von den Maya in der Stadt Mani vollzogen wurde. Anscheinend hatte es eine Zeit gegeben, in der diese Zeremonie von allen Maya in Yucatán abgehalten wurde, nach der Zerstörung von Mayapán[4] (nach Landa um 1450) jedoch auf Mani beschränkt blieb. In seinem Bericht heißt es:

»Im 12. Kapitel wurde über die Abreise Kukulcans aus Yucatán berichtet, von der einige Indianer sagten, er sei in den Götterhimmel aufgestiegen, weshalb sie ihn als einen Gott betrachteten und einen Zeitpunkt festlegten, zu dem sie zu seinen Ehren ein Fest veranstalten würden; das geschah im ganzen Land bis zur Zerstörung von Mayapán. Nach dieser Zerstörung hielt nur die Provinz Mani den Brauch aufrecht, während die übrigen Provinzen in Anerkennung dessen, was sie Kukulcan schuldig waren, reihum jedes Jahr Geschenke machten – vier oder auch fünf prächtige Fahnen aus Federn, die nach Mani geschickt wurden. So begingen sie das Fest auf eine neue Weise.

Am 16. Xul kamen alle Priester und Häuptlinge in Mani zusammen und mit ihnen eine große Menschenmenge aus den Städten, darunter auch zahlreiche Possenreißer, und alle hatten sich durch Fasten und Enthaltsamkeit auf die Zeremonie vorbereitet. Am Abend dieses Tages versammelten sie sich vor dem Haus des Häuptlings zu einer großen Prozession und schritten dann langsam, alle in festlichem Ornat, zum Tempel des Kukulcan. Nachdem sie dort angekommen waren und ihre Gebete verrichtet hatten, errichteten sie die Fahnen oben auf dem Tempel, und unten im Hof stellte jeder von ihnen seine Götzen auf Baumblätter, die sie für diesen Zweck mitgebracht hatten. *Anschließend machten sie das neue Feuer* und begannen, an vielen Stellen ihren Weihrauch zu verbrennen, und Speisen, die in Salz und Pfeffer gekocht waren, und Getränke, die sie aus Bohnen und Kürbiskernen hergestellt hatten, als Opfergaben darzubringen. Die Häuptlinge sowie alle, die das Fasten gehalten hatten, blieben dort fünf Tage und Nächte, wobei sie ständig Kopalharz verbrannten, Gaben darbrachten, fortwährend beteten und bestimmte heilige Tänze aufführten. Bis zum 1. Yaxkin suchten die Possenreißer die Häuser der Vornehmen auf, machten ihre Späße, nahmen Geschenke entgegen und brachten anschließend alles zum Tempel. Als die fünf Tage schließlich verstrichen waren, verteilten sie die Geschenke an die Häuptlinge, Priester und Tänzer, sammelten die Fahnen und Götzenbilder wieder ein und trugen sie ins Haus des Häuptlings zurück und von dort aus in die Behausung jedes einzelnen von ihnen. Sie sagten und glaubten, daß Kukulcan am letzten der fünf Tage vom Himmel herabsteige und ihre Opfergaben, Bußübungen und Geschenke entgegennehme. Dieses Fest nannten sie Chicckaban.«[5]

William Gates, der Übersetzer von Diego de Landas Werk, hat in einer Anmerkung weitere Einzelheiten über dieses Fest mitgeteilt:

»Wir haben es hier vermutlich mit dem Überbleibsel einer früheren Anpassung des Kalenders zu tun, wie sich aus den Monatsnamen und den Zeremonien selbst ergibt. *Xul* bedeutet ›Schluß‹, ›Ende‹. Am 16. entflammten sie das neue Feuer und setzten ihre Zeremonien während der letzten fünf Tage des Monats fort, ähnlich denen, die vor dem Neujahrstag am 1. Pop vollzogen werden. *Kin* bedeutet ›Sonne‹, ›Tag‹ oder ›Zeit‹, so daß *Yaxkin* ›neue Zeit‹ bedeutet. Und so behielten sie selbst in dem später geänderten Arrangement den Monat Yaxkin zur Erneuerung aller Gerätschaften, zur Vorbereitung auf das überaus heilige zeremonielle Eingravieren der neuen Bilder vom folgenden Monat Mol an bis in den Monat Ch'en.

Zur Zeit Landas fiel der 16. Xul auf den 8. November, der Yaxkin begann am 13. November und der Mol endete am 22. Dezember, genau am Tag der Wintersonnenwende.«[6]

Wir wissen desweiteren aus der *Rélacion* Landas, daß die Maya die Sterne und Planeten zur Zeitmessung benutzten. Dort heißt es:

»Zur Berechnung der Nachtstunden ließen sich die Eingeborenen vom Planeten Venus, den Plejaden und den Zwillingen leiten. Für den Tag hatten sie Begriffe, für den ›Mittag‹ sowie für verschiedene Abschnitte zwischen Sonnenaufgang und Sonnenuntergang, nach denen sie ihre Arbeitsstunden einteilten.«[7]

Als ich nun vom Computer errechnen ließ, an welchem Tag im Jahr 1507 die Plejaden um Mitternacht ihren Meridiandurchgang gehabt hatten, stellte ich zu meinem Erstaunen fest, daß es der 11. November gewesen war (s. Abb. 48 und 49). Dieses Datum liegt genau zwischen dem 16. Xul (8. November) und dem Beginn des Yaxkin (13. November). Wir wissen, daß das Fest mit der Fastenzeit fünf Tage andauerte, so daß es sich genau über die Tage erstreckt haben mußte, an denen die Plejaden um Mitternacht durch den Meridian gingen, wobei der exakte Durchgang zur Mitternacht des mittleren der fünf Tage erfolgte. Offenbar war also für die Maya die Zeremonie des neuen Feuers ein jährliches Ereignis, während es bei den Azteken nur alle 52 Jahre begangen wurde. Höchstwahrscheinlich wurde es in früherer Zeit auch in Chichén Itzá begangen. In diesem Fall wäre der wahrscheinlichste Ort für die Abhaltung der Zeremonie im Tempel die Spitze der Kukulcan-Pyramide gewesen – der

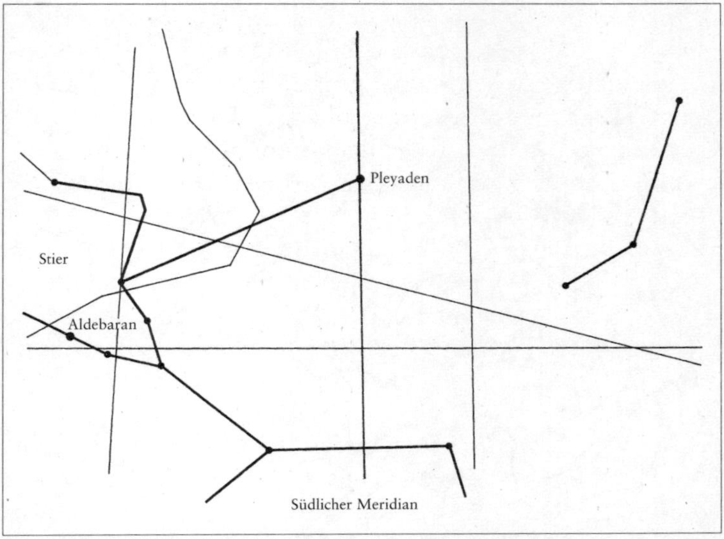


*Abb. 48: Meridiandurchgang der Plejaden am 11. Nov. 1507*

Ort, der für diesen Gott am heiligsten war. Es ist bemerkenswert, daß die Seiten dieser Pyramide den Schuppen einer Klapperschlange ähneln und daß ihre quadratische Architektur vermutlich auf dem *canamayte*-Muster beruht. Auch hier bestand offensichtlich eine Verbindung zwischen dem Klapperschlangenkult der Maya und späteren mexikanischen Religionen in Verbindung mit Quetzalcóatl-Kukulcan. Daneben gibt es jedoch noch einen älteren Zusammenhang. Der oberste der Mayagötter war Zamna, die Vaterfigur und der Lehrer aller Weisheit. So galt ihm vermutlich ursprünglich die Zeremonie des neuen Feuers. Nach Landa war Zamna das Äquivalent zum ägyptischen Gott Osiris.[8] Ähnlich wie Osiris mit dem Sternbild des Orion in Verbindung gebracht wurde[9], bestand offenbar irgendein Zusammenhang zwischen Zamna sowie seiner späteren Inkarnation Quetzalcóatl-Kukulcan und den Plejaden.

In seinem Buch *Aztec and Maya Myths* schreibt Professor

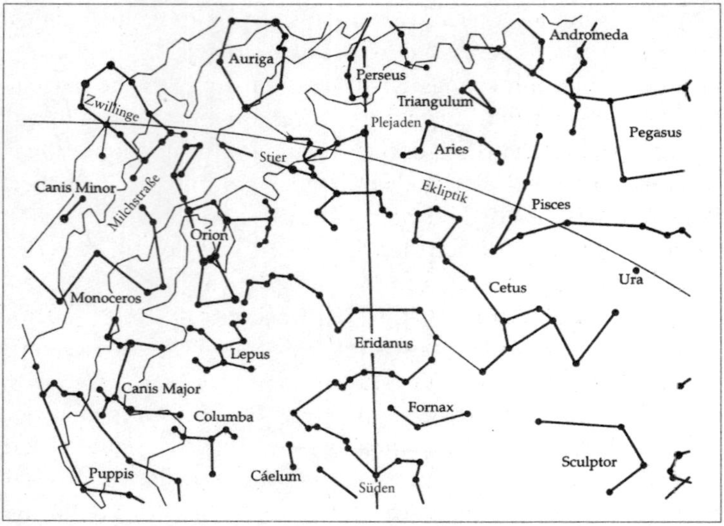


*Abb. 49: Südlicher und östlicher Himmel um Mitternacht am 11. Nov. 1507*

Karl Taube von der Universität Kalifornien, daß die Feste des neuen Feuers eng mit der Vorstellung einer Welterneuerung nach der Sintflut verbunden waren. Letztlich waren sie die jährlichen Feiern eines Ereignisses, von dem man annahm, es habe stattgefunden, als die Welt zu Beginn unseres eigenen Zeitalters wiedererschaffen wurde. Ähnlich wie im christlichen Glauben die heilige Messe den Vertrag erneuert, den die Gläubigen aufgrund der Ereignisse um den Tod und die Wiederauferstehung Christi mit Gott geschlossen haben, so erneuerte das Fest des neuen Feuers den Vertrag zwischen den Maya und ihren Göttern, insbesondere Zamna. Wie wir gesehen haben, feierten die Azteken das Fest zu Beginn jeder »Kalenderrunde« von 52 Jahren, doch Karl Taube vermutet, daß ähnliche Feste von den Maya auch zu Beginn weiterer Perioden des Long Count, beispielsweise zu Beginn eines neuen Katun, gefeiert wurden:

»Die Neujahrsfeiern waren jährliche Reinszenierungen der Zerstörung und Wiedererschaffung der Erde. Die anschaulichen Schilderungen von der Sintflut und die Errichtung von Weltenbäumen in den drei Büchern von Chilam Balam machen deutlich, daß die rituelle Einführung des Katun und anderer Perioden des Long Count in ganz ähnlichen Begriffen beschrieben wurden.«[10]

Mittlerweile hatte ich den Eindruck gewonnen, daß der Sternhaufen der Plejaden für die Indianer Mesoamerikas eine ähnliche Funktion erfüllte wie das Sternbild des Orion und der Sirius für die Bewohner Altägyptens. Für letztere kündigte der Aufgang des Sirius in der Morgendämmerung die Nilschwelle und den Beginn ihres neuen Jahres an. Dieses Ereignis nahm in der Organisation ihres Kalenders den zentralen Platz ein, und der Tag selbst wurde mit großen Festlichkeiten begangen. In ähnlicher Weise beobachteten scheinbar die Maya und andere Völker die Kulmination der Plejaden um Mitternacht, bevor sie das neue Feuer entzündeten und einen neuen Zyklus – ein Jahr, eine Kalenderrunde oder einen Katun – begannen. Die Azteken beobachteten die Kulmination der Plejaden um Mitternacht, ein Ereignis, das um den 11. November stattfand, doch für mich stellte sich die Frage, ob man den Stand dieser Sternengruppe möglicherweise auch zu anderen Jahreszeiten verfolgt hatte. Ein weiteres Datum, das eine nähere Untersuchung herausforderte, war der 12. August, denn an diesem Tag begann im Jahr 3114 v. Chr. der Überlieferung nach der gegenwärtige Mayazyklus. Es müßte der Tag gewesen sein, an dem das ursprüngliche Feuer entzündet wurde und die Götter in Teotihuacán auf Scheiterhaufen die Sonne und den Mond aufgehen ließen. Ich gab also die entsprechenden Daten in den Computer ein und konnte zu meiner erneuten Verblüffung feststellen, daß die Plejaden an jenem Tag (und stets um diese Zeit im Jahr) kurz vor Anbruch der Morgendämmerung ihren Kulminationspunkt erreichten. Doch damit nicht genug, an diesem Tag ging der

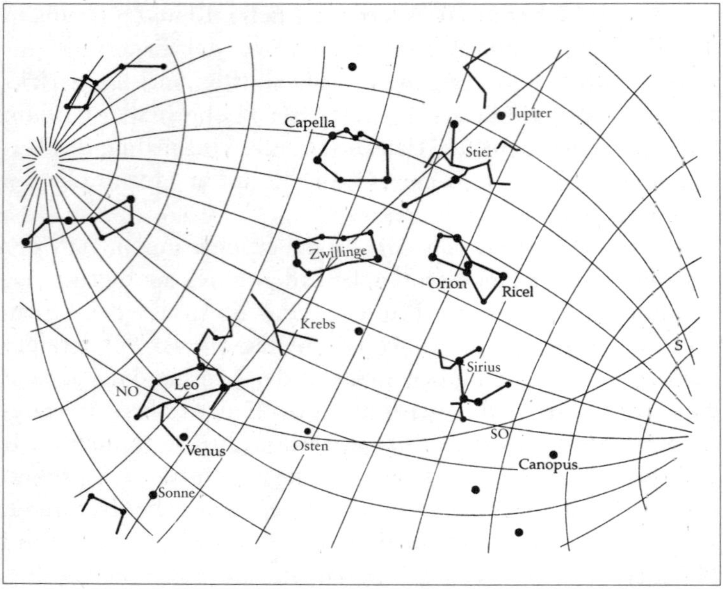


*Abb. 50: Die Geburt der Venus am 12. August 3114 v. Chr.*

Sonne auch die Venus als Morgenstern voraus (s. Abb. 50). Mit anderen Worten, an jenem Tag erfüllten die Plejaden dieselbe Funktion wie der Sirius für die alten Ägypter, der die Morgendämmerung angekündigt hatte: Sie zeigten die »Geburt der Venus« und den Beginn eines neuen Zeitzyklus an. Noch aufschlußreicher war jedoch, daß zu dieser Zeit der südöstliche Sternenhimmel bedeckt war von den vertrauten Sternbildern Stier, Orion und Großer Hund mit dem Sirius, die alle im Leben der alten Ägypter eine so große Rolle gespielt hatten. Bestand hier vielleicht ein Zusammenhang? fragte ich mich. Warum hatten die Maya sich entschieden, ihren Kalender mit einem Zeitpunkt beginnen zu lassen, zu dem gerade diese Sterne besonders gut sichtbar waren? Vorerst gab es allerdings keine endgültige Antwort auf diese Fragen.

Im Jahr 1873 kam Augustus le Plongeon, der Sohn eines französischen Kommodore, in Begleitung seiner jungen englischen Frau nach Merida. Nachdem er den lokalen Mayadialekt erlernt hatte, machte er sich von dort aus auf den Weg nach Chichén Itzá. Zu jener Zeit gab es im nördlichen Teil Yucatáns in der Gegend von Merida ausgedehnte Sisalplantagen, und die einheimische Bevölkerung wurde von den Plantagenbesitzern fast wie Sklaven in ihrem eigenen Land behandelt. Wegen seiner freundlichen Art und weil er in ihrer Sprache zu ihnen redete, waren die einheimischen Indianer bereit, le Plongeon wenigstens zum Teil Einblick in ihre Überlieferungen zu geben. Ebenso wie Brasseur de Bourbourg vor ihm war er überzeugt, daß die Maya verlorengeglaubte hochentwickelte Kenntnisse bewahrt hatten. Wie man ihm nun bedeutete, gehörten hierzu Zauberei und Wahrsagekunst. Als er sich in den Ruinen von Chichén Itzá genauer umsah, entdeckte er eine Glyphe an der Wand des von ihm so bezeichneten Gymnasiums, die anscheinend »Chac-Mool« bedeutete und genau angab, wo er den Spaten ansetzen mußte, um ein Abbild eines solchen Wesens zu finden. Nachdem er ein Loch von rund siebeneinhalb Metern Tiefe gegraben hatte, stieß er auf die merkwürdige Statue eines ruhenden Mannes mit seitwärts gewendetem Blick, der auf seinem Bauch eine Schale hält. Es mußte der Chacmool sein, nach dem er gesucht hatte (s. Farbfoto 36).

Seit der Entdeckung dieser Statue, die sich heute im Museum für Anthropologie in Mexiko-Stadt befindet, hat man noch mehrere Skulpturen ähnlicher Art gefunden. Sie alle zeigen dieselbe unbequeme Liegehaltung und blicken über ihre rechte Schulter auf einen imaginären Gegenstand in der Ferne. In Chichén Itzá befindet sich die Kopie eines Chacmools auf der Plattform der Pyramide der Krieger zwischen zwei Schlangensäulen und eine kleinere neben dem Thron des Roten Jaguars im Innern der Kukulcan-Pyramide. Ein oder zwei weitere findet man in der Umgebung von Chichén Itzá und noch eine im Museum von Merida. Doch obwohl die Chacmools zu den am leichtesten identifizierbaren Statuen in ganz Mexiko gehören und für die gesamte Region von Yucatán zu Kulturikonen geworden sind, bleibt ihre ursprüngliche Funktion ein völliges Rätsel. Die meisten Kunst- und Reiseführer vertreten die orthodoxe Auffassung, sie hingen irgendwie mit der toltekischen Praxis von Menschenopfern zusammen, seien vielleicht Tische gewesen, auf die man die noch zuckenden Herzen der Opfer warf. Hierfür gibt es jedoch keinen Beweis, doch wenn sie tatsächlich diesem Zweck gedient haben, warum blickt die Figur dann über die Schulter zur Seite statt auf die Opfergabe? Andere Hypothesen, daß sie als Sitze gedient hätten, überzeugen ebensowenig; sie sehen nicht nur unbequem aus, sondern sind es auch. Doch was bedeuteten sie dann?

Don José hat seine eigenen Vermutungen über die Chacmools. In seinem kleinen Führer zu den Ruinen von Chichén Itzá schreibt er über die eine Innenseite der Kukulcan-Pyramide:

»Sogenannter Chacmool. Diese Bezeichnung ist in skandalöser Weise irreführend. Den wirklichen Namen werden wir vielleicht nie erfahren. Die Statue stellt einen Priester oder eine Gottheit dar, die mit angezogenen Knien auf dem Rücken liegt. Sie trägt ein Tablett mit vier Klappern und einer Sonnenscheibe in der Mitte. Damit bringt sie die Vorstellung vom Himmel zum Ausdruck, mit einer Klapperschlange in jeder Ecke.«[11]

Später im selben Büchlein beschreibt er das »Grab des Chacmools«, das auch als »Plattform der Venus« bekannt ist:

»Hier haben wir gleich zwei falsche Bezeichnungen für einen unbekannten Gegenstand. In ihm wurde [von le Plongeon] der berühmte sogenannte Chacmool entdeckt. Die Plattform weist herrliche Klapperschlangensymbole auf sowie als besonderes Merkmal das Monatszeichen des Pop, des ersten Monats im Mayakalender. Der ursprüngliche Zweck dieser Plattform ist nicht bekannt, sowenig wie der der übrigen Tempel.«[12]

An einer anderen Stelle sagt Don José, das neue Feuer der Azteken sei aus einem heiligen hölzernen Gegenstand geholt worden, den man auf die Brust eines menschlichen Opfers gelegt habe.[13]

Dabei kam mir ein Gedanke: Waren die sogenannten Chacmools von Chichén Itzá möglicherweise die Stellvertreter solcher Opfer? Und falls dies zutraf, worin bestand ihr Zweck? Zunächst dachte ich daran, daß sie vielleicht Götter des neuen Feuers gewesen waren, und daß zur gegebenen Zeit auf den Tabletts, die sie auf dem Bauch hielten, ein Feuer entzündet wurde. In dem zitierten Bericht von Pater Bernardino Sahagún hieß es, bei der aztekischen Zeremonie des neuen Feuers habe auch ein *cu* eine Rolle gespielt, ein Gott und zugleich ein Tempel. War dieser möglicherweise das aztekische Äquivalent zu einem Chacmool, der Statue eines Feuergottes, die zugleich als Altar diente?

Des weiteren stellte sich für mich die Frage, *wie* dieses Feuer entzündet wurde. Nach dem Bericht Sahagúns entzündeten die Azteken ihr neues Feuer kurz nach Mitternacht, nachdem die Plejaden durch ihren Meridian gegangen waren. Er sagt uns jedoch nichts darüber, in welcher Weise dies geschah. Wir können vermuten, daß die Indianer Flintsteine oder einen Feuerbogen benutzten. Das mußte allerdings beim Neujahrsfest der Maya nicht ebenfalls so gewesen sein; dieses erstreckte sich wie wir wissen über fünf Tage, und es gibt keinen Hinweis darauf, daß die Feuer um Mitternacht entzündet wurden. Von Landa erfahren wir, daß die aus diesem Anlaß mitgeführten Götzenbilder auf eine Unterlage aus Blättern gestellt wurden. Wie Landa berichtet, wurde nach dem Entzünden des neuen Feuers während der ganzen fünftägigen Feierlichkeiten Weihrauch verbrannt, was mich zu der Vermutung veranlaßte, daß ein Zusammenhang zwischen den »Götzen« und den Blättern bestand. Möglicherweise wurden die Räuchervasen in die Nähe der Götzenbilder gestellt und bei Bedarf mit wohlriechenden Blättern nachgefüllt. Angesichts der Symbolik des Rituals halte ich es jedoch für wahrscheinlich, daß die Maya für ihr neues Feuer keine Flintsteine oder Feuerbögen, sondern die Strahlen der Sonne zu Hilfe genommen haben. Das konnte ihnen ohne große Mühe gelingen, falls sie ein Brennglas besaßen, mit dem sie die Strahlen der Morgensonne bündelten und auf einen vorbereiteten Holzhaufen in der Nähe des Chacmools oder *cus* richteten.

## Der Totenschädel aus Kristall

1927 wurde im damaligen Britisch-Honduras und heutigen Belize eine auf den ersten Blick unverständliche, aber dennoch außergewöhnliche Entdeckung gemacht. Einige Jahre zuvor hatte der namhafte Archäologe Dr. Thomas Gann – Dozent für mittelamerikanische Archäologie an der Universität Liverpool – die Entdeckung einer alten Ruinenstadt am Rio Grande unweit von der Grenze zu Guatemala bekanntgegeben. Das war ein recht merkwürdiger Fundort, anscheinend älter als die Städte der Maya, und seine Erbauer sind nicht bekannt. In einem Artikel, der am 26. Juli 1924 in den *Illustrated London News* erschien, schrieb Gann:

»Die Bauwerke bestehen aus großen, mit Steinen verkleideten Stufenpyramiden, deren Plattform von einer Seite über breite Steintreppen zugänglich war. Das erste freigelegte Bauwerk, das unter Gestrüpp und Humuserde verborgen lag, war ein Pyramidenstumpf von 27 mal 23 Metern an der Basis und einer Höhe von neun Metern … Die gesamte Pyramide war vollständig mit säuberlich gehauenen Blöcken aus Sand- und Kalkstein verkleidet, wobei die Kalksteine an der Unterseite häufig eine 18 Millimeter starke Schicht aus Feuerstein trugen. Die Steine waren durch keinerlei Mörtel miteinander verbunden …

Bevor wir wieder abreisten, tauften wir die Stadt Lubaantun – in der Mayasprache wörtlich ›Ort der gestürzten Steine‹. Diese Stadt unterscheidet sich insofern von allen bisher bekannten Mayastädten, als hier auf den oberen Plateaus der großen Pyramiden keine Steinpaläste und -tempel stehen und dort auch jegliche Skulpturen und Kolossalstelen aus Stein fehlen, wie sie von den Maya in ganz Zentralamerika und Yucatán in Abständen von 20 und später von 5 Jahren errichtet wurden und auf denen das Datum ihrer Errichtung eingemeißelt war.

In der Ruinenstadt [Lubaantun] haben wir eine der frühesten Mayasiedlungen vor uns, aus einer Zeit, die noch vor der Gründungszeit jeder anderen bislang bekannten Stadt Zentralamerikas liegt.«

An diesem Ausgrabungsort, der bis heute nur schwer zugänglich ist, wurde 1927 von der siebzehnjährigen Tochter eines Menschen namens F. A. Mitchell-Hedges ein ziemlich ominöser Gegenstand aufgefunden: ein makelloser Totenschädel aus Bergkristall. Nun wissen wir zwar, daß die Indianer Mittelamerikas ungewöhnlich geschickt waren in der Bearbeitung von Obsidian oder vulkanischem Glas; zahlreiche Werkzeuge, Waffen und rituelle Geräte aus Obsidian wurden überall in Mexiko und in den von den Maya bewohnten Regionen gefunden. Dieser Totenkopf jedoch ist etwas Besonderes, weil er aus Bergkristall besteht und so vollkommen gearbeitet ist, daß sich sogar der Unterkiefer bewegen läßt.

Meines Wissens war bis jetzt niemand in der Lage, plausibel zu erklären, mit welchen Geräten dieser Kristallschädel in einer Zeit vor der Erfindung eiserner Werkzeuge hergestellt wurde. Man hat geschätzt, daß 150 Jahre harte Arbeit nötig wären, um den fast diamantharten Kristall mit Hilfe von Sand in seine Form zu schleifen. Trotzdem ist es eine Tatsache, daß dieser Gegenstand existiert und offenbar spätestens zur Zeit der untergegangenen Stadt Lubaantun angefertigt wurde, die angeblich älter ist als alle bekannten

Ruinenstädte der Maya. Wenn also die Vorfahren der Maya über die Technik verfügten, Kristall zu einer runden Form zu schleifen, dann waren die Maya selbst dazu ebenfalls in der Lage. Genauer gesagt, es ist durchaus denkbar, daß sie konvexe Linsen aus Kristall schleifen konnten, die sich als Brenngläser eigneten. Nachdem ich außerdem gelesen hatte, was Mitchell-Hedges über den Fund seiner Tochter berichtete, stellte sich für mich sogar die Frage, ob der Kristallschädel möglicherweise selbst als ein solches Brennglas verwendet wurde:

»Der Kristallschädel besteht aus reinem Bergkristall, und nach wissenschaftlichen Schätzungen muß es über 150 Jahre gedauert haben ..., bis schließlich der vollkommene Schädel aus einem großen Brocken Bergkristall herausgeschliffen war.

Das Stück ist mindestens 3600 Jahre alt und wurde der Legende zufolge vom Hohenpriester der Maya bei der Abhaltung esoterischer Riten benutzt. Nach der Überlieferung konnte der Hohepriester mit Hilfe des Kristallschädels jeden Menschen töten, wenn er es nur wollte. Man hat ihn als die Verkörperung alles Bösen beschrieben. Ich verspüre nicht den Wunsch, mich an den Versuch einer Erklärung dieses Phänomens zu wagen.«[14]

Was mich bei diesen Ausführungen besonders fesselte war der Umstand, daß die Legende einen Zusammenhang sah zwischen dem Schädel und den esoterischen Ritualen der Mayapriester. Bestand eines dieser Rituale vielleicht darin, das neue Feuer hervorzubringen? Solange wir keinen Versuch anstellen können, ob sich der Kristall tatsächlich als Brennglas gebrauchen läßt, vermögen wir über seinen ursprünglichen Zweck nichts Bestimmtes auszusagen – obwohl er aufgrund seiner runden Form zweifellos die Eigenschaften einer Linse aufweist.

Im Museum für Anthropologie in Mexiko-Stadt hatte ich in der Teotihuacán-Galerie eine Darstellung der Sonne als Totenschädel im Innern eines Strahlenkranzes gesehen. Dieser Schädel streckt seine Zunge heraus, was als lebenspendendes Symbol gedeutet wird – ein eigenartig widersprüchliches Symbol. Ich mußte an die Art und Weise denken, wie die Sonne der Erde Leben spendet: durch ihre Strahlung. Begrenzte Mengen Strahlung lassen die Pflanzen wachsen, doch zuviel Strahlung kann dieselbe Vegetation töten. Deshalb konnte es gut sein, daß der Schädel von Teotihuacán diesen doppelten Aspekt der Sonne als Überbringerin des Lebens und des Todes symbolisierte; die »Zunge« verkörperte die Sonnenstrahlen (vielleicht auch den Sonnenwind), die auf die Erde fallen. Möglicherweise bestanden noch weitere Verbindungen mit der Idee von Sonnenzeitaltern, doch um dem nachzugehen, mußte ich mich zunächst eingehender mit der Mythologie der Azteken beschäftigen.

Wie sich zeigte, brauchte ich nicht lange zu suchen, denn in dem aztektischen Mythos und um Teotihuacán gibt es einen alten, kranken Gott Nanahuatzin, der auf dem Begräbnisscheiterhaufen sterben muß, damit er als Tonatiuh, der Sonnengott des gegenwärtigen Zeitalters, wiedergeboren werden kann. In einem anderen Mythos ist derselbe Nanahuatzin der Gott, der das Gestein sprengt und den Mais wachsen läßt, so daß die Menschen sich davon ernähren können.[15] Für mich sah es so aus, als repräsentierte Nanahuatzin auf der einen Seite die Macht der Vegetation, den Menschen das Leben zu ermöglichen, und auf der anderen die tote, verholzte Materie, die am Ende nach der Ernte übrigbleibt. Beim Verbrennen vor allem der abgestorbenen Maispflanzen wurde Energie freigesetzt und nach den Mythen der Azteken in Sonnenlicht umgewandelt. Unter diesem Gesichtspunkt nahmen ihre Freudenfeuer eine zeremonielle Bedeutung an, denn sie waren das Mittel, der Sonne das Leben zurückzugeben und auf diese Weise künftige Ernten zu sichern. Das galt für die Maya ebenso wie für die Azteken, denn auch diese verbanden die Fruchtbarkeit mit dem Feuer. Sie betrieben eine Brandrodungswirtschaft, da sie wußten, daß gerodetes Land besonders fruchtbar war.

Was den Kristallschädel anging, so schien auch er ein Symbol für Leben und Tod zugleich zu sein. Zwar hatte er keine Zunge wie der Schädel von Teotihuacán, aber er war lichtdurchlässig. Überhaupt dürfte diese erwünschte Eigenschaft seine Schöpfer am ehesten dazu bewogen haben, ihn aus Kristall zu schleifen. Meiner Meinung nach brauchte dieser Schädel keine Zunge, die das Leben symbolisierte, da man mit seiner Hilfe das Leben selbst – das Licht der Sonne – bündeln konnte. Nach Mitchell-Hedges, der anscheinend mehr über dieses Thema wußte, als er preisgeben wollte[16], wurde der Schädel bei esoterischen Ritualen benutzt. Worin immer diese bestanden haben mögen, nach all unseren Kenntnissen über die Symbolik der Maya und Azteken dürfen wir wohl annehmen, daß in ihnen auch die Sonne eine Rolle gespielt hat. Die offensichtlichste Möglichkeit, von den Eigenschaften eines rundgeschliffenen Kristalls Gebrauch zu machen, besteht in der Brechung des Lichts, was uns zu der Vermutung führt, daß der Hohepriester den Kristallschädel so gegen das Sonnenlicht hielt, daß aus dem geöffneten Mund eine »Zunge« aus Sonnenlicht erstrahlte. Kurzum, dieser Schädel war ein kompliziertes Brennglas, das in der Zeremonie rund um das neue Feuer benutzt wurde.

Ein weiterer Artikel von Dr. Thomas Gann in der *Illustrated London News* vom 1. November 1924, nur wenige Monate nach der Bekanntgabe seiner Entdeckung von Lubaantun, verhalf mir zu weiteren Erkenntnissen über diese Zeremonie. Hier schildert er seine Forschungen in der Mayastadt Tulum sowie die Entdeckung einer neuen Ruinenstadt, der er den Namen »Chacmool« gab:

»Die Ruinenstadt Chacmool liegt auf einer Halbinsel, welche die Bahía de San Espiritu von der Bahía de la Ascensión trennt. Sie war bisher noch nie von Europäern besucht worden, und auch die Indianer, die uns geführt haben, waren nur zufällig bei der Verfolgung eines verwundeten Wilds darauf gestoßen. Die Architektur ist ähnlich derjenigen der übrigen Fundstätten an der Ostküste – stuckverzierte Steinbauten auf der Plattform steinverkleideter Pyramiden. Hier, in einem kleinen, unbedeutenden Tempel, entdeckten wir ein Bildnis des Chacmool, eine überlebensgroße menschliche Figur von 2,40 Metern Höhe aus einem extrem harten Beton, in halb liegender Stellung mit aufgestützten Ellbogen und angezogenen Beinen, die Unterarme und Hände auf den Oberschenkeln aufliegend und mit erhobenem Kopf nach rechts blickend.

Es war reiner Zufall, daß wir diese Figur entdeckten, denn sie lag vollständig unter dem angehäuften Schmutz und Abfall der Jahrhunderte begraben, aus dem die Spitzen der Knie nur wenige Zentimeter herausragten. Während wir die Statue freilegten, fanden wir ein Muschelhalsband, zwei Perlen aus Nephrit, einen Ohrpflock, Fragmente von Tapirknochen und ein kleines Weihrauchgefäß aus Ton. Das war eine äußerst bedeutsame Entdeckung, da diese Chacmool-Figuren rein toltekischen Ursprungs sind und nur noch in einer einzigen weiteren Mayastadt gefunden wurden – in Chichén Itzá, wo sich die religiösen und künstlerischen Einflüsse nach der Eroberung durch die Tolteken stark bemerkbar gemacht haben. Wir nannten diese Stadt nach ihrer Schutzgottheit Chacmool.«

Die zusammen mit dem Artikel veröffentlichten Bilder zeigen eine Chacmoolfigur gleich jenen, die in Chichén Itzá gefunden wurden, sowie ein Weihrauchgefäß in Gestalt eines Mannes mit herausgestreckter Zunge. Die unausgesprochene Vermutung in Ganns Artikel lautete, daß dieser Chacmool eine Nachbildung der in Chichén Itzá gefundenen Figuren sein mußte. Mit ihrer Höhe von 2,40 Metern ist sie jedoch zweifellos die größte aller bislang entdeckten Figuren dieser Art. Doch welchen Grund, so fragte ich mich, sollten die Tolteken (oder wer auch immer) gehabt haben, eine riesige Chacmoolfigur in einer abgelegenen Stadt an der Küste in Beton zu gießen, wenn sie solche Figuren in Lebensgröße bereits in Chichén Itzá besaßen? Das ergab einfach keinen

Sinn. Es erschien mir wesentlich wahrscheinlicher, daß dies hier das Original und der von le Plongeon in Chichén Itzá entdeckte Chacmool die Kopie war. Leider erfahren wir aus dem Artikel Ganns nicht, ob seine Figur in östliche Richtung aufs Meer blickte, doch ich hielt es auf jeden Fall für bedeutsam, daß er in einer Küstenstadt gefunden wurde, und mußte an die mögliche Herkunft der Maya denken:

Don José hatte nachdrücklich betont, der Klapperschlangenkult sei auf der Halbinsel Yucatán entstanden; den höchstwahrscheinlich als Brennglas benutzten Kristallschädel hatte man in Yucatán gefunden, und alle bislang entdeckten Chacmoolfiguren gehörten zu Yucatán. War es möglich, daß alle diese Dinge einen gemeinsamen Ursprung hatten, daß – wie le Plongeon, Brasseur de Bourbourg und andere behauptet hatten – die Mayazivilisation über das Meer nach Yucatán gelangt war? Die Bedeutung dieser Ruinenstädte entlang der Küste schien darauf zu weisen, und ich war nunmehr entschlossen, der Hypothese nachzugehen, daß Kontakte mit seefahrenden Händlern die kulturelle Entwicklung der Maya von Yucatán und insbesondere Palenque beeinflußt hatten.

# 7.
# Transatlantische Traditionen

## Seeleute der Antike und die Ursprünge der Maya

Seit die Ruinen von Palenque 1691 von Bischof Nuñes de la Vega entdeckt wurden, hat man Vermutungen darüber angestellt, wer die Erbauer dieser Stadt gewesen sein mochten. Heute zweifeln die Archäologen nicht mehr daran, daß es einheimische Mayaindianer waren, die in der klassischen Periode zwischen dem 7. und 9. Jahrhundert n. Chr. gelebt haben. Es gab jedoch immer wieder Stimmen, die der Meinung waren, die Kunst des Pyramidenbaus sei von außerhalb nach Amerika gebracht worden. Die Pyramiden und Tempel in Mayastädten wie Palenque seien zwar möglicherweise von den dort lebenden Indianern errichtet worden, die Anregung und vielleicht sogar die Technik seien jedoch von außen gekommen. Nach Pater Ordoñez, der als erster über Palenque geschrieben hatte, wurde die Stadt vor langer Zeit von einem Volk jenseits des Atlantiks gegründet, an dessen Spitze ein Mann namens Votan stand, dessen Symbol eine Schlange war. Er behauptete, in einem alten, später von Bischof la Vega vernichteten Buch der Quiché-Maya gelesen zu haben, Votan und seine Leute seien aus einem Land namens Chivim über das Meer gekommen. Unterwegs hätten sie im »Haus der Dreizehn« (die Kanarischen Inseln?) und auf einer größeren Insel (vermutlich Kuba oder Hispaniola/Haiti) Station gemacht. Nachdem sie die Ostküste Mexikos erreicht hatten, fuhren sie den Usumacinta hinauf und gelangten nach Palenque. Wie es heißt, trugen Votan und seine Gefolgsleute lange Gewänder und kamen mit den Eingeborenen ins Gespräch, die sich ihnen gegenüber freundlich zeigten und ihnen ihre

Töchter zur Frau gaben. So kam es zur Gründung von Palenque, Votan selbst soll der Verfasser des ursprünglichen Buches gewesen sein, das vom Bischof gefunden wurde, und angeblich unternahm er nacheinander vier Seereisen in seine Heimat Valum Chivim, in der Ordoñez die libanesische Stadt Tripoli vermutete. Auf einer dieser Reisen besuchte Votan eine weitere große Stadt, in der gerade ein Tempel errichtet wurde, der bis zum Himmel reichen sollte. In einer eigenen Veröffentlichung mit dem Titel *Constituciones Diocesianos de Chiapas* vermutete Bischof Nuñes, dabei müsse es sich um den Turmbau von Babel gehandelt haben.

Wie man sich denken kann, halten die Facharchäologen wenig von dieser Erzählung von Votan und sehen darin einen rein mythischen Bericht. Als man jedoch das Grab des Pacal öffnete und feststellte, daß dessen Gesicht mit einer Jademaske bedeckt war, sorgte diese Entdeckung für ein gewisses Aufsehen. Wenn man sich die Stuckreliefs von Pacal und seinem Sohn Chan Bahlum ansieht, auf denen beide mit orientalischen Nasen und vollen Lippen dargestellt sind, kann man unschwer verstehen, wie Ordoñez zu der Ansicht gelangte, die Herrscherdynastie müsse orientalischer Abstammung gewesen sein. Hinzu kommt, daß Pacal im Vergleich zu den Maya offenbar ein großgewachsener Mann war, ebenso wie ein anderer Mann, dessen Skelett in einem vor kurzem geöffneten Grab entdeckt wurde.[1] Angesichts dieser Befunde stellt sich die Frage, ob die Geschichte um Votan wirklich nur ein reiner Mythos ist. War es vielleicht möglich, daß Pacal selbst von Votan abstammte? Während sich also die heutigen wissenschaftlichen Archäologen darin einig sind, daß die Zivilisationen Amerikas bis zum Eintreffen Kolumbus' keinerlei Einflüssen von außen ausgesetzt waren, wird diese Ansicht von Spezialisten aus anderen Disziplinen zunehmend in Frage gestellt.

Die Idee, daß die Anregung und Motivation zur Errichtung von Pyramiden in der Neuen Welt von außerhalb kam, drängte sich auch so frühen Chronisten und Forschern wie

Carlos de Sigüenza und seinem Freund, dem italienischen Reisenden und Schriftsteller Giovanni Careri auf. Zwar stand für Sigüenza außer Zweifel, daß die Mehrzahl der Indianer Mittelamerikas von Völkern abstammte, die aus dem Nordwesten und in noch früherer Zeit aus Asien gekommen waren, doch war er überzeugt, daß zumindest einige Einwanderer auf Schiffen über den Atlantik hierhergelangt waren. Diese Seefahrer hatten seiner Meinung nach den Brauch, Pyramiden zu errichten, sowie zahlreiches weiteres Kulturgut mitgebracht. In seinem Buch *Giro del Mondo* schloß Careri sich dieser Ansicht an und stützte sich dabei auf Aristoteles, der bereits gewußt habe, daß die Karthager Seereisen jenseits der Säulen des Herakles (die Meerenge von Gibraltar) unternommen hätten.

Die Verbindung zu den Kathagern war in späteren Büchern ein stets wiederkehrendes Thema. Das antike Karthago in der Nähe des heutigen Tunis an der nordafrikanischen Mittelmeerküste lag gut geschützt, hatte sichere Häfen und konnte seine Bevölkerung aus den fruchtbaren Feldern der Umgebung ernähren. Doch ähnlich wie im Fall des spätmittelalterlichen Venedig beruhte der Reichtum der Stadt auf dem Seehandel. Die Karthager waren die Abkömmlinge phönikischer Auswanderer und wie alle ihre früheren Landsleute ausgezeichnete Seefahrer. So berichtet beispielsweise Herodot, die Karthager hätten Afrika bereits zu einer Zeit um 500 v. Chr. umsegelt, also 2000 Jahre vor Vasco da Gama. Außerdem besaßen sie in vielen Ländern und Städten Handelsstützpunkte, darunter in Memphis (der Hauptstadt des alten Ägypten), Jerusalem und Babylon. Als Kaufleute hatten sie ein Handelsmonopol auf zahlreiche Rohstoffe, unter anderem auf Zinn, und um dieses zu schützen, waren ihre Handelsrouten jenseits der Meerenge von Gibraltar ein streng gehütetes Geheimnis. Überhaupt kontrollierten sie das gesamte westliche Mittelmeer: Fremde Schiffe durften nicht weiter westlich fahren als bis zur Küste Sardiniens. Um dieses Interesse zu schützen, verfügten sie zweifellos über eine mächtige Kriegsmarine. Diese restriktive Haltung gegenüber einem freien Seehandel sollte sie schließlich in einen verhängnisvollen Konflikt mit ihrem mächtigsten Nachbarn, Rom, führen.

Das Reich der Karthager war von immenser Größe und erstreckte sich auf dem Höhepunkt seiner Macht über Teile Spaniens, einen Großteil Nordwestafrikas und die Balearen. Jenseits der Säulen des Herakles hatten die Karthager eine Kolonie auf der Insel Madeira sowie weitere auf den Kanarischen Inseln vor der westafrikanischen Küste. Außerdem fuhren sie regelmäßig nach England, weil sich in der Antike dort die reichsten Zinnlager befanden. Dieses Metall, das heute zur Herstellung von Konservendosen verwendet wird, diente damals einem gänzlich anderen Zweck: der Herstellung von Bronze. Da diese Legierung wiederum zur Produktion von Waffen und Rüstungen benötigt wurde, war es vermutlich in der Hauptsache der Zinnhandel, der Karthago in diesen Konflikt mit Rom brachte.

Obgleich die Karthager und ihre ehemalige Hauptstadt heute fast vergessen sind, waren sie im 3. Jahrhundert v. Chr. mit einer Bevölkerung von rund einer Million Einwohnern Roms mächtigster Rivale. Eine Großtat ist bis heute im Gedächtnis geblieben, sie ereignete sich während der sogenannten Punischen Kriege zwischen Karthago und Rom: Hannibal, ein karthagischer Feldherr, führte sein Heer samt Kriegselefanten über die Alpen nach Italien. Seine Niederlage durch Scipio im Jahr 202 v. Chr. war der Todesstoß für das Karthagerreich und der Beginn der römischen Vorherrschaft im westlichen Mittelmeer. Die Karthager waren nicht die ersten, die sich auf der Suche nach Zinn und anderen wertvollen Metallen in Regionen westlich der Meerenge von Gibraltar vorwagten. Lange vor ihrem Aufstieg wurde der internationale Handel zwischen dem Mittelmeer und den außerhalb gelegenen Ländern von ihren Vorfahren, den Phönikern, beherrscht. Deren Haupthäfen befanden sich in Kanaan, an der Küste des heutigen Libanon und Israels. Als semitisches Volk gleich den Israeliten, ihren Nachbarn, lieferten sie offenbar einen Großteil des Baumaterials, das zur Errichtung des berühmten Tempels Salomos in Jerusalem benötigt wurde. Nach der Bibel stellten sie auch die Handwerker, vor allem Zimmerleute, um das hölzerne innerste Heiligtum des Tempels zu bauen. Als erfahrene Schiffsbauer brachten sie für diese Aufgabe offensichtlich hervorragende Voraussetzungen mit. Als ihre ursprüngliche Heimat zunehmend der Bedrängnis durch die Reiche des Ostens – zuerst Assyrien, dann Babylon, Persien und schließlich Griechenland – ausgesetzt wurde, verlagerte sich der Schwerpunkt ihrer Welt allmählich westlich nach Karthago, das zur größten aller phönikischen Städte wurde.

Bereits vor dem Aufstieg Karthagos gab es jedoch Kolonien der Phöniker jenseits der Säulen des Herakles. Die wichtigste davon lag in Südwestspanien, in der Region der heutigen Hafenstadt Cadiz, und war unter dem Namen Tartessos bekannt. Die Stadt Tarschisch, wie sie in der Bibel genannt wird, war der Heimathafen einer Flotte hochseetüchtiger Schiffe, die wesentlich größer waren als die kleinen Küstenboote. Die Schiffe von Tarschisch mit ihren tüchtigen Mannschaften waren in der Antike allgemein bekannt, da sie viele Luxusgüter beförderten. Sie brachten insbesondere Silber aus Minen in Nordwestspanien sowie Elfenbein und Sklaven von der westafrikanischen Küste in die Heimat. Woher die Waren stammten, blieb jedoch für die Abnehmer im östlichen Mittelmeer ein gut gehütetes Geheimnis.

Daß die Schiffe aus Tarschisch, die mächtigen Kaufleute der Bronzezeit, aus Spanien kamen, ist eigentlich nicht überraschend, wenn man bedenkt, daß sie überwiegend die wilde See des Atlantiks und nicht das ruhige Mittelmeer befuhren. Tarschisch war also ein idealer Hafen zur Erkundung der Welt jenseits der Grenzen Südwesteuropas. Denn wie das antike Troja am Tor zwischen Europa und Asien lag, so beherrschte Tarschisch den Zugang zur Welt jenseits des Atlantiks.

Angesichts des Naturells dieser seefahrenden Kaufleute und ihres Bedürfnisses, die Meere zu erkunden und Ausschau nach immer neuen Waren und Märkten zu halten, muß schon für die damaligen Kapitäne von Tarschisch der Wunsch nahegelegen haben, den Atlantik zu überqueren. Das hätte für sie im Grunde keine größere Schwierigkeit bedeutet als später für Kolumbus, denn genau wie dieser waren sie in der Lage, sich die vorherrschenden Winde und Meeresströmungen zunutze zu machen. Wenn man bedenkt, daß heutzutage immer wieder Menschen den Atlantik zum Teil in winzigen Booten überqueren, wäre es lächerlich anzunehmen, die Seefahrer der Antike seien zu solchen Leistungen nicht imstande gewesen. Sie verfügten über seetüchtige Schiffe, und es ist durchaus möglich, daß zumindest ein Teil des Silbers der antiken Welt aus Mexiko kam.

In dem Friedensvertrag, der auf die Niederlage Hannibals 202 v. Chr. folgte, verlor Karthago seine Flotte und sämtliche Besitztümer außerhalb Afrikas. Für eine Handelsnation war dies eine absolute Katastrophe, und deshalb liegt es durchaus im Bereich des Möglichen, daß einige der karthagischen Kapitäne und Admiräle nach diesem Ereignis beschlossen, nach Westen zu segeln und eine neue Kolonie außerhalb der Reichweite römischer Macht zu gründen. Wie wir noch sehen werden, sind vor kurzem faszinierende Funde gemacht worden, die dafür sprechen, daß dies tatsächlich der Fall war. So mag es sich herausstellen, daß der Mythos von Votan im Kern gar kein Mythos ist – möglicherweise war dieser Mann ein karthagischer Auswanderer.

Das konnte jedoch mit Blick auf die Maya nicht das Ende der Geschichte sein. Selbst wenn Votan, der mutmaßliche Gründer von Palenque, ein Karthager, Libyer, Kelte oder sogar Römer gewesen sein sollte, wäre dies noch keine Erklärung für die außergewöhnliche Natur des Mayakalenders oder für das Anfangsjahr 3114 v. Chr. Die Reiche der alten Welt sind viel zu jung und reichen lediglich bis ins erste vorchristliche Jahrtausend zurück. Es gab jedoch noch eine Handelsmacht, die sich lange vor dem Aufstieg der Phöniker überall im Mittelmeer bemerkbar machte: Ägypten. Inschriften und Bilder an den Wänden des Mausoleums von Königin Hatschepsut (18. Dynastie, um 1400 v. Chr.) schildern eine Handelsreise zu einem entfernten Land. Es wird allgemein angenommen, die Reise habe Somalia am Horn von Afrika gegolten, denkbar wären aber auch Südarabien oder gar Indien. Aus den Wandbildern geht zumindest hervor, daß die Ägypter nicht so selbstgenügsam waren, wie vielfach angenommen wurde. Wir wissen zum Beispiel, daß dieses Volk bereits viele Generationen vor Hatschepsut, während der Pyramidenzeit (ca. 2700–2200 v. Chr.), in der Lage war, hervorragende Boote zu bauen. Diese sind nicht nur auf zahlreichen Wänden von Gräbern abgebildet; Archäologen haben auch vollständige oder teilweise zerlegte Boote in Gruben in der Nähe der Cheops-Pyramide geborgen. Ein bemerkenswert gut erhaltenes Exemplar wurde wieder zusammengesetzt und befindet sich heute in einem besonderen Museum an der Südseite der Pyramide. Diese Boote waren zwar offensichtlich für die Flußschiffahrt gedacht und wären für die Seeschiffahrt untauglich gewesen, doch sie sind ein weiterer Beweis, daß es zur Zeit, als die Pyramiden errichtet wurden, bereits Zimmerleute gab, die in der Lage waren, große Holzschiffe zu bauen.

Während der Pyramidenzeit bauten die Ägypter aber nicht nur Schiffe aus Holz. Wie sich den Grabinschriften aus jener Zeit entnehmen läßt, kannten sie auch Boote, die aus Bündeln von Papyrusstengeln hergestellt waren. Damals war die Papyrusstaude in Ägypten weit verbreitet und wurde vielseitig verwendet, unter anderem auch zur Herstellung von Schreibrollen oder Papyri, woraus unser Wort »Papier« abgeleitet ist. Für die Bootsbauer war jedoch die Tatsache von besonderem Interesse, daß getrockneter Papyrus auf dem Wasser schwimmt. Sie banden also die Stengel dieser Staude zu Bündeln zusammen und bauten daraus Flöße, auf denen man Lasten auf dem Nil transportieren konnte.

Während der Pyramidenzeit war die Entwicklung in der Konstruktion von Papyrusbooten bis zur Seetüchtigkeit gediehen. Nach den Darstellungen auf den Wänden von Gräbern waren diese Schiffe mit Masten, Takelung, Steuerrudern und Kajüten ausgerüstet. Außerdem sind Bug und Heck hochgezogen, ein Zeichen dafür, daß die Boote nicht nur für den Verkehr auf dem Nil, sondern auch auf dem Meer gedacht waren.

Die Hypothese, es sei den alten Ägyptern möglich gewesen, auf Papyrusbooten den Atlantik zu überqueren, wurde 1970 praktisch überprüft. Zusammen mit sieben Freunden brach der norwegische Schriftsteller und Zoologe Thor Heyerdahl von der westafrikanischen Küste aus auf einem Boot, dessen Bauart sich so eng wie möglich an die Darstellungen auf den altägyptischen Wandbildern anlehnte, nach Amerika auf. Bereits 1947 war Heyerdahl von Peru aus auf Flößen aus Balsaholz zu den ostpolynesischen Inseln gesegelt und hatte darüber in seinem berühmten Buch *Kon-Tiki* berichtet; 1953 hatte er mit denselben Mitteln die Osterinsel[2] erreicht. Vor seiner ersten Expedition hatte er entdeckt, daß die peruanischen Indianer am Titicacasee Papyrusboote benutzten. Dabei fiel ihm auf, daß diese Boote eine erstaunliche Ähnlichkeit mit Booten aufwiesen, wie sie von einem Stamm am Tanasee an der Quelle des Blauen Nils verwendet wurden. Da er vermutete, einen Fall von Techniktransfer entdeckt zu haben, wollte Heyerdahl nunmehr beweisen, daß es schon vor 4500 Jahren prinzipiell möglich war, von Afrika aus auf Papyrusbooten Amerika zu erreichen. Er war davon überzeugt, daß die alten Ägypter nach Peru gekommen waren und dort nicht nur den Bau von Binsenbooten, sondern auch von Pyramiden eingeführt hatten.

Schon beim zweiten Versuch gelang es Heyerdahl und seiner Mannschaft, ohne fremde Hilfe innerhalb von 57 Tagen von Afrika aus die westindische Insel Barbados zu erreichen. Er legte dabei eine Strecke von über 6000 Kilometern zurück. Zudem stellte sich heraus, daß sein Boot »Ra 2« die

Seereise praktisch unbeschädigt überstanden hatte. Mit dieser Fahrt hatte er also den Beweis erbracht, daß es mit den materiellen und technischen Mitteln der alten Ägypter grundsätzlich möglich gewesen war, von Afrika aus den Atlantik zu überqueren und Amerika zu erreichen.

## Die Befunde aus Nordamerika

Mit seiner Expedition hatte Heyerdahl zwar bewiesen, daß eine Atlantiküberquerung den Ägyptern der Pyramidenzeit prinzipiell möglich gewesen war, aber nicht die Frage beantwortet, ob eine solche Überquerung tatsächlich stattgefunden hatte.

Barry Fell von der Harvard University jedoch hatte in seinem faszinierenden Buch *America B. C.*, das zuerst 1976 und dann 1989 in einer überarbeiteten Auflage erschien, Hinweise darauf beschrieben, daß Amerika tatsächlich seit etwa 5000 v. Chr. bis etwa 500 n. Chr. mehrfach von Bewohnern Europas und Afrikas besucht und besiedelt worden war. Leider weigern sich viele Archäologen und Historiker aus Gründen, die mehr mit Nationalstolz als mit Wissenschaftlichkeit zu tun haben, die wachsende Zahl von Belegen für diesen Sachverhalt zur Kenntnis zu nehmen. Obwohl beispielsweise in der Baia de Guanabara in Brasilien römische Amphoren gefunden wurden, haben die Behörden die Erlaubnis zu einer eingehenden Untersuchung der Fundstelle verweigert.[3] Desgleichen wurden an einem Strand in Beverley, Massachusetts, römische Münzen aus der Zeit um 350 n. Chr. gefunden[4], doch die Archäologen beharren weiterhin darauf, daß die Münzen einem Münzsammler der heutigen Zeit gehörten, der dann allerdings extrem unachtsam gewesen sein müßte. Im Jahre 1972 wurden weitere punische (das heißt karthagische) Amphoren vor der Küste von Honduras in Mittelamerika geborgen.[5] Sie stammten aus einem Schiffswrack, dessen nähere Untersuchung ebenfalls verwehrt wurde, diesmal aus der Überzeugung heraus, die Anerkennung eines solchen Fundes schädige das Andenken und den Ruf des Christoph Kolumbus. Bei einer derartigen Einstellung akademischer Kreise verwundert es kaum, daß unsere Kenntnisse über frühe Kontakte zwischen der Alten und der Neuen Welt so spärlich sind.

Ähnlich umstritten sind Funde mit karthagischen und keltischen Inschriften in Amerika. Nach Barry Fell (einem anerkannten Experten auf dem Gebiet der Epigraphie oder Inschriftenkunde) gibt es an mehreren Stellen in den Vereinigten Staaten phönikische Inschriften. Er und seine Freunde von der Epigraphic Society haben zahlreiche Grabsteine, Steinhaufen und »Rübenmieten« aus der Bronzezeit gefunden, die ihrer Überzeugung nach von europäischen Seefahrern angelegt wurden. Neben den phönikischen Inschriften fanden sie auch solche in *Ogham*, der Schriftsprache der Kelten. In vorrömischer Zeit bewohnte dieser Stamm Frankreich und Spanien. Fell behauptet unter Berufung auf Julius Cäsar, die Kelten der Atlantikküste seien hervorragende Seeleute gewesen, deren Schiffe auch den schweren Brechern des Atlantiks standhielten. Er hat amerikanische Inschriften gefunden, die die Behauptung Cäsars anscheinend bestätigen, darunter Aufzeichnungen über Schiffe aus Tarschisch. Eine davon befindet sich auf einem Stein unter dem eingemeißelten Umriß eines Schiffsrumpfs in tartessisch-phönikischer Sprache und lautet übersetzt: »Hier waren Seefahrer aus Tartessos«.[6] Der besagte Stein markierte wohl die Stelle, an der Schiffe aus Tarschisch regelmäßig vor Anker gingen. Dort wurden mit Siedlern Waren getauscht, die Silbererz im Landesinnern schürften oder als Pelzjäger ihr Dasein fristeten.

Von noch größerem Interesse war für mich der Umstand, daß 1976 ein weiterer wichtiger Fund gemacht wurde, diesmal in Mexiko selbst. Bei Ausgrabungen in den Ruinen der Mayastadt Comalco an der karibischen Küste entdeckten Archäologen, daß viele Ziegel, mit denen die Bauwerke der Stadt errichtet worden waren, Inschriften trugen. Zwar waren diese Inschriften erwartungsgemäß zum größten Teil in der Mayasprache abgefaßt, doch fand man außerdem zwei Ziegel mit Inschriften in einer neuphönikischen Schrift, wie sie im antiken Libyen verwendet wurde. Der eine der beiden zeigt einen rohen Kalender, wobei die Monate mit ihren Anfangsbuchstaben wiedergegeben sind. Der andere zeigt eine Figur mit der Inschrift »Yaswa Hamin«, was »Jesus schützen« bedeutet. Sie datierten somit aus einer Zeit zwischen den Anfängen des 1. und dem 3. Jahrhundert n. Chr. und unterstützen die These, daß die Votan-Legende auf wahren Ereignissen beruht.[7]

Frühe ägyptische Inschriften auf Artefakten finden sich seltener, möglicherweise, weil sie aufgrund ihres hohen Alters nicht mehr lesbar sind oder weil niemand sie als alte Inschriften erkannt hat. Dagegen hat man Texte, die erkennbar in jüngerem und weniger formal-hieratischem Stil geschrieben sind, auf Long Island und auf einer Stele aus Davenport, Iowa, gefunden.[8]

Was jedoch eindeutig typisch »ägyptisch« erscheint, ist der Bau von Stufenpyramiden als Gräber für hochstehende Personen. Ist es möglich, daß das Prinzip des Pyramidenbaus durch ägyptische, karthagische oder andere Seefahrer nach Zentralamerika gelangt ist? Wenn wir nach Belegen für eine derartige Verbindung suchen wollen, bietet sich hierfür am ehesten ein Ort außerhalb des Mayagebietes weiter im Westen an: die größte aller präkolumbischen Städte, Teotihuacán.

## Teotihuacán und die Verbindung zu Ägypten

Die große Sonnen- und die Mondpyramide in Teotihuacán nördlich der Stadt Mexiko wurden zu Recht mit den Pyramiden von Gise verglichen. Beim Anblick dieser Kolossalbauten ist es fast nicht zu glauben, daß ihre Baumeister sie nur mit den primitiven Mitteln, die ihnen in der damaligen

Zeit zur Verfügung standen, errichtet haben sollen. Doch die Ruinenstadt Teotihuacán hat weit mehr aufzuweisen als diese beiden Bauwerke. Das ausgedehnte Areal, über das sich die Stadt erstreckt, läßt den Schluß zu, daß sie zu ihrer Zeit die größte Stadt von ganz Amerika gewesen sein muß. Selbst in der Alten Welt gab es damals nur wenige Städte, die sich mit ihr hätten messen können.

Die Anlage der Straßen Teotihuacáns entsprach genau wie die des modernen Mexiko City einem Gitternetz. Ihr eindrucksvollstes Merkmal neben den beiden großen Pyramiden ist eine breite Hauptstraße mit einer Länge von zehn Kilometern, die auf den Platz gegenüber der Mondpyramide mündet. Auf beiden Seiten dieser Straße befinden sich kleine Tempel und Stufenplattformen, von denen viele als Gräber für hochstehende Personen dienten. Obwohl über die Ursprünge oder spirituellen Praktiken der Erbauer der Stadt wenig bekannt ist, hat es den Anschein, daß diese Straße von den Azteken – möglicherweise in Kenntnis der ursprünglichen Funktion dieses Teils der Stadt als Nekropole – »Straße der Toten« genannt wurde.

Die Idee einer Nekropole oder Totenstadt an sich erinnert deutlich an das alte Ägypten. Wir wissen heute, daß die drei Pyramiden von Gise der 4. Dynastie nicht eine nach der anderen und zur Befriedigung der Launen despotischer Pharaonen errichtet wurden, sondern aufgrund eines Gesamtplans. Ebenso wie Teotihuacán sollte die Nekropole von Gise etwas ganz Bestimmtes darstellen. Die gewaltigen Pyramiden von Gise sind nicht nur die mächtigsten Bauwerke der Erde, sie stehen auch als Symbole für eine faszinierende Sternenreligion. Wie Robert Bauval entdeckt und gemeinsam mit mir in dem Buch *Das Geheimnis des Orion* dargelegt hat, sollten sie den Gürtel des Orion abbilden, das am deutlichsten erkennbare Sternbild am Himmel. Die Ägypter stellten sich die Milchstraße als himmlisches Gegenstück zu ihrem Hauptstrom, dem Nil vor. Jedes Jahr harrten sie erwartungsvoll der Nilschwelle, die zugleich ein Segen und ein

Grund zur Besorgnis war. Sie benötigten den fruchtbaren Schlamm, den der Fluß aus dem Hochland von Äthiopien mit sich führte, und sie benötigten das Wasser für ihre Felder, doch gleichzeitig fürchteten sie, der Fluß könnte zu stark anschwellen und ihre Hütten zerstören. Sie glaubten, die jährliche Überschwemmung werde von den Göttern gelenkt, insbesondere von den Schutzgöttern Ägyptens, Isis und Osiris. Sie glaubten, der Auslöser für die Nilschwelle, die sich im Hochsommer ereignete, sei das erste Erscheinen des Isis-Sterns, des Sirius, nach seiner jährlichen Periode der Unsichtbarkeit. Dieses kündigte sich mit dem zeitlich vorhergehenden Aufgang des Orion an, und deshalb verfolgten sie die Sterne dieses Sternbilds am Rande der Milchstraße mit gespannter Aufmerksamkeit.

Es gab jedoch noch einen weiteren Aspekt in dieser Angelegenheit. Die Ägypter glaubten an ein himmlisches Jenseits, in das ihre Seelen nach dem Tod eingingen. Die in die Wände einiger der größeren Pyramiden eingemeißelten Texte liefern reichhaltige Belege dafür, daß sie sich das Jenseits im Bezirk des Orions vorgestellt hatten. Alle Begräbnisse fanden am Westufer des Nils statt, das mit seinen Pyramidenfeldern die Region des Orions am Rande der Milchstraße symbolisierte. In der Sprache des Rituals galt die Überfahrt eines Leichnams über den Nil zu seiner Bestattung als etwas, das irgendwie mit der Überquerung des himmlischen Nils – der Milchstraße – durch die Seele zusammenhing. Auf diesem Weg wurde das himmlische Paradies erreicht, in dem Osiris herrschte. Die Milchstraße war demnach ein Fluß der Toten – der ursprüngliche Styx, über den die Toten ans andere Ufer fahren mußten, um das Jenseits zu erreichen. Die Funktion der ägyptischen Pyramiden, soweit wir sie bis jetzt verstehen, bestand darin, den Pharao in seiner Seelenreise zu unterstützen, indem auf Erden ein irdisches Abbild des Himmels geschaffen wurde. Sobald der tote Pharao über den Nil gefahren, bestimmten Riten unterworfen und schließlich in einer Pyramide begraben worden war, wanderte seine Seele

Schatten nach Süden. In ganz Mittelamerika galten diese beiden Tage als wichtigste Zeitpunkte des Jahres, und man hat behauptet, das Symbol der doppelköpfigen Schlange, wie man es etwa auf dem aztekischen Kalenderstein sieht, bringe dies zum Ausdruck. Unser Führer äußerte die Meinung, der Zenith im Mai sei der bedeutendere von beiden.

Zwei weitere Leistungen der Zapoteken hängen mit einem anderen Bauwerk zusammen, das sich im Innern des Platzkomplexes befindet und die wenig anschauliche Bezeichnung Bauwerk J trägt. Im Gegensatz zu allen übrigen Gebäuden der Ruinenstadt ist es weder rechteckig noch in die vier Haupthimmelsrichtungen orientiert.[3] Tatsächlich sind keine zwei Seiten oder Winkel des Gebäudes gleich, und es weist große Ähnlichkeit mit einem Schiffsbug auf. Die Richtung, in die das »Schiff« segelt, beträgt ungefähr 45 Grad – von Südost nach Nordwest. Beobachter haben festgestellt, daß ein Priester, der auf den Stufen dieses Bauwerks stand und nach Südosten blickte, den Aufgang des hellen Sterns Capella (Alpha Aurigae) unmittelbar durch die Tür eines weiteren Bauwerks beobachten konnte.[4] Möglicherweise wurde das früheste Erscheinen von Capella nach einer Periode der Unsichtbarkeit als Zeitmesser und Signal für den ersten Zenithdurchgang der Sonne benutzt, der später am selben Tag erfolgte. Wiederum fühlte ich mich an die alten Ägypter und ihre Beobachtung des Frühaufgangs des Sirius als Beginn ihres Jahres erinnert. Offenbar begannen die Zapoteken ihr Jahr mit diesem ersten wiederkehrenden Zenith der Sonne und konnten den entsprechenden Tag sowohl mit Hilfe des Sterns Capella als auch des engen Schachts in Bauwerk P ermitteln. Man hat auch die Vermutung geäußert, daß die eigenartige Orientierung des Bauwerks J in irgendeiner Weise mit dem magnetischen Nordpol zusammenhängt, weil es wohl in eine Richtung weist, in der sich zur Zeit der Errichtung des Bauwerks der Nordpol befand.

Der zweite bedeutende Fund in Bauwerk J besteht aus einer Reihe von Piktogrammen, sowohl Datumsangaben als auch Hieroglyphen. Bis jetzt ist es noch nicht gelungen, sie vollständig zu übersetzen, und da es sonst keine weiteren Funde zapotekischer Inschriften gibt, werden sie wohl nie vollständig entschlüsselt werden. Doch diese Entdeckung hat einige Archäologen zu der Behauptung veranlaßt, die Zapoteken hätten nicht nur den heiligen Kalender, sondern auch die Hieroglyphenschrift der Neuen Welt erfunden. Da sich jedoch noch weitere unübersetzte Hieroglyphen auf einigen der olmekischen Steinbilder von La Venta befinden, muß eine solche Behauptung zumindest voreilig, wenn nicht grundlos erscheinen. Die Verbindung der Olmeken mit Oaxaca und Monte Albán würde einen unvoreingenommenen Beobachter zu der Vermutung veranlassen, daß die Zapoteken ihren Kalender und ihre Schrift von diesen früheren Siedlern übernommen hatten. Auch das spricht für die hohe Entwicklung der olmekischen und der Protomaya-Kultur. Aber damit ist unsere Frage immer noch nicht beantwortet: Wem verdankten wiederum die Olmeken ihr Wissen? Für die orthodoxe Mayaforschung ist dieses Thema tabu, weil es zu viele kulturelle oder gar rassistische Untertöne hat, die einer sachlichen Erörterung im Wege stehen. Doch wie wir gesehen haben, gibt es überzeugende Hinweise, daß zumindest prinzipiell die Möglichkeit für einen Kontakt zwischen Olmeken und Ägyptern oder anderen Seefahrern bestanden hat. Möglicherweise gibt es jedoch eine noch merkwürdigere oder, wie manche sagen würden, verrücktere Antwort auf die Frage nach den Ursprüngen der mittelamerikanischen Kultur: der versunkene Kontinent Atlantis.

## Atlantis, der antediluvianische Mythos

Wie wir gesehen haben, ist ein ständig wiederkehrendes Thema in vielen frühen Büchern über die Maya ihre mögliche Verbindung mit der sogenannten versunkenen Kultur von Atlantis. Diese unter Esoterikern beliebte These löst bei all denen spöttisches Gelächter aus, die behaupten, in der Archäologie Mittelamerikas gut bewandert zu sein. Aber kann man Atlantis einfach als einen Mythos abtun? Steckt nicht vielleicht doch etwas Konkretes dahinter? Ich selbst war zumindest bereit, mir die bislang angeführten Belege noch einmal vorzunehmen.

Der früheste schriftliche Bericht von Atlantis stammt von Platon, der in zweien seiner letzten Bücher, *Kritias* und *Timaios*, die Geschichte in knappen Zügen wiedergibt. Sie wurde nach seinen Worten dem Solon, dem großen Gesetzgeber Athens erzählt, als dieser eine Reise nach Saïs in Ägypten unternahm. Kritias, einer der Dialogpartner Platons, erzählt die Geschichte dem Sokrates, wie sie ihm von seinem Großvater, der ebenfalls Kritias hieß, überliefert wurde. In Worten, die stark an den Mayaglauben der periodisch auftretenden Zerstörungen der Erde erinnern, erklärt ein ägyptischer Priester dem Solon, daß die Ägypter weit mehr über diese Geschichte wüßten als die Griechen:

»[Ihr Athener] erinnert euch nur einer einzigen Überschwemmung der Erde, während es doch schon so viele vorher gegeben hat; ferner wißt ihr nicht, daß die trefflichste und edelste Menschenrasse ihren Sitz in euerem Lande gehabt hat. Aus einem einstigen kleinen Überrest dieser Rasse stammst du und stammt euer ganzer jetziger Staat ab. Aber das entzieht sich euerer Kenntnis, weil die Übriggebliebenen und ihre Nachkommen viele Generationen hindurch dahinstarben ohne irgendwelche schriftliche Kunde von sich zu geben.«[5]

Nach Platons Bericht gab es früher einmal einen großen Inselkontinent in der Mitte des heutigen Atlantiks, und es waren die Griechen Athens, die das Eindringen der Menschen dieser Insel in Europa und Afrika verhinderten:

»Denn wie die Urkunde berichtet, hat euer Staat [Athen] dereinst einer gewaltigen Heeresmacht Halt geboten, die in hellem Übermut gegen Europa und Asien zugleich zu Felde zog und ihren Ausgangspunkt im atlantischen Meere hatte.

Damals nämlich war das Meer dort schiffbar; denn vor der Meeresenge, die in euerer Sprache ›die Säulen des Herakles‹ heißt, lag eine Insel; diese Insel war größer als Libyen und Asien zusammengenommen, und von ihr war damals der Übergang möglich nach den anderen Inseln, von diesen Inseln aber wieder der Übergang nach dem ganzen gegenüberliegenden Festland, welches jenes Meer umschließt, das eigentlich allein den Namen Meer verdient.«[6]

Nun stellt dieser Bericht, der um 350 v. Chr. verfaßt wurde, nicht nur das früheste schriftliche Zeugnis von Atlantis dar; ihm läßt sich außerdem die wirklich erstaunliche Tatsache entnehmen, daß den Ägyptern zumindest die Existenz der beiden Amerikas bekannt war. Er behauptet ausdrücklich, es gebe *ein ganzes gegenüberliegendes Festland, welches jenes Meer umschließt, das eigentlich allein den Namen Meer verdient*. Selbst wenn man von der Existenz eines ehemaligen Kontinents Atlantis nicht überzeugt ist, so spricht diese Stelle doch deutlich für präkolumbische Kontakte zwischen der Alten und der Neuen Welt. Wie hätten die Ägypter sonst wissen sollen, daß es auf der anderen Seite des Atlantiks noch einen weiteren Erdteile gab? Platon fährt in seinem Bericht fort:

»Auf dieser Insel Atlantis nun bildete sich eine große und staunenswerte Königsmacht aus, der nicht nur die ganze Insel, sondern auch noch viele andere Inseln sowie Teile des Festlands untertan waren. Außerdem beherrschten diese Könige noch von den Ländern am Binnenmeer Libyen bis nach Ägypten, und Europa bis nach Tyrrhenien [die Toskana].«[7]

Das klingt so, als wäre Atlantis ein sehr mächtiges Seereich gewesen, das nicht nur über Westeuropa, einen Großteil Nordafrikas und die Inseln des Atlantiks herrschte, sondern auch über Teile jenes Erdteils, von dem wir gerade gehört haben, nämlich Amerika. Nicht zufrieden mit dem Erreichten, drängte das atlantische Reich anscheinend weiter nach Osten, um sich auch die Länder des östlichen Mittelmeers einschließlich Griechenlands und Ägyptens zu unterwerfen. Es wurde ein Bündnis geschlossen, um sich gegen die Eindringlinge zu wehren, doch schließlich fiel es allein Athen zu, die seefahrenden Eroberer zurückzuschlagen und die Einwohner des gesamten Mittelmeerraums vor der drohenden Sklaverei zu retten. Anschließend lesen wir bei Platon:

»Weiterhin aber brach dann eine Zeit gewaltiger Erdbeben und Überschwemmungen herein, und es kam ein Tag und eine Nacht voll entsetzlicher Schrecken, wo die ganze Masse euerer Krieger von der Erde verschlungen ward; ebenso tauchte die Insel Atlantis in die Tiefe des Meeres hinab und verschwand. Daher ist das dortige Meer auch heute noch unfahrbar und unerforschbar, infolge der ungeheueren Schlammassen, welche die sinkende Insel anhäufte.«[8]

In seiner zweiten Schilderung des Mythos, *Kritias*, berichtet Platon, es seien seit der Kriegserklärung zwischen allen Einwohnern innerhalb und denen außerhalb der Säulen des Herakles 9000 Jahre vergangen. Wir wissen nicht, wie lange dieser Krieg andauerte, aber er begann offensichtlich, bevor Atlantis die Herrschaft über Libyen und Europa bis zur Toskana übernahm. Da Platons Bericht aus dem Jahr 350 v. Chr. stammt, müßte dieser Krieg um 9500 v. Chr. ausgebrochen sein. Das ist allerdings ein unwahrscheinliches Datum, es liegt mehrere tausend Jahre vor dem anerkannten Beginn der griechischen oder ägyptischen Geschichte und bezeichnet eine Epoche, in der in Europa gerade die letzte Eiszeit zu Ende ging.

Wollte man den Bericht Platons wörtlich nehmen, würde dies den Historiker angesichts der zahlreichen bislang unbeantworteten Fragen vor riesige und wohl unüberwindliche Probleme stellen. Wenn es tatsächlich einen Inselkontinent von der Größe Libyens und Asiens (gemeint ist wahrscheinlich Kleinasien, die heutige Westtürkei) gegeben hat, der im Meer versunken ist, warum gibt es dann bis heute keine Spuren davon? Außerdem hätten nach Platon die Ägypter seiner Zeit Aufzeichnungen von Ereignissen in ihrem Land beses-

1 *Tempelpyramide der Inschriften in Palenque (Lithographie von Frederick Catherwood)*

2 *Tempel der Inschriften (zeitgenössische Fotografie)*

*10 Unterwerfung der Maya durch die Spanier (aus einem Wandgemälde Diego de Riveras in Mexiko City)*

*11 Indianer beschreiben Bücher aus Rindenbast (aus einem Wandgemälde Diego de Riveras in Mexiko City)*

*12 Maya-Codex im Museum für Anthropologie in Mexiko City*

*13 Freigelegte Ruinen der alten Stadt Tenochtitlán*

*14 Straße der Toten, Teotihuacán*

*15 Sonnenpyramide, Teotihuacán*

*16 Skulptierter Fries auf der Pyramide Quetzalcóatls, Teotihuacán*

*17 Pyramide des Zauberers und Wahrsagers, Uxmal*

*'8 »Mund« des Chaac-Tempels, Uxmal*

*19 Chaac-Masken, Uxmal*

Erstes Zeitalter LUFT. Das zweite Zeitalter wird durch den Windgott Ehecatl symbolisiert. Am Ende dieser Epoche wurde das Menschengeschlecht durch stürmische Winde und Orkane vernichtet, Menschen wurden in Affen verwandelt (so daß sie sich an die Zweige von Bäumen klammern und dem Wind trotzen konnten).

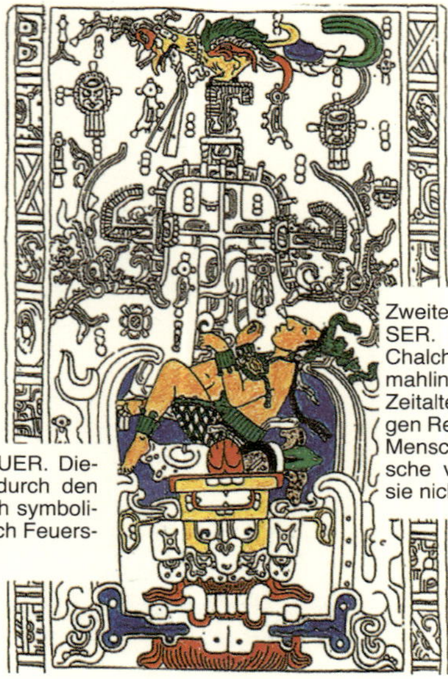

Zweites Zeitalter WASSER. Symbolisiert durch Chalchiuhtlicue, die Gemahlin von Tlaloc. Dieses Zeitalter ging in sintflutartigen Regenfällen unter. Die Menschen wurden in Fische verwandelt, so daß sie nicht ertranken.

Drittes Zeitalter FEUER. Dieses Zeitalter wird durch den Sonnengott Tonatiuh symbolisiert und wurde durch Feuersbrünste beendet.

Viertes Zeitalter ERDE (Lavaregen). Das Vierte Zeitalter wird durch Tlaloc symbolisiert, den Gott des Regens und himmlischen Feuers. Am Ende dieser Epoche wurde alles durch einen Regen aus Feuer und Lava vernichtet, und die Menschen wurden in Vögel verwandelt, so daß sie der Katastrophe entrinnen konnten.

*20 Grabplatte von Palenque*

*21 Vier vorangegangene kosmogonische Zeitalter auf der Grabplatte dargestellt*

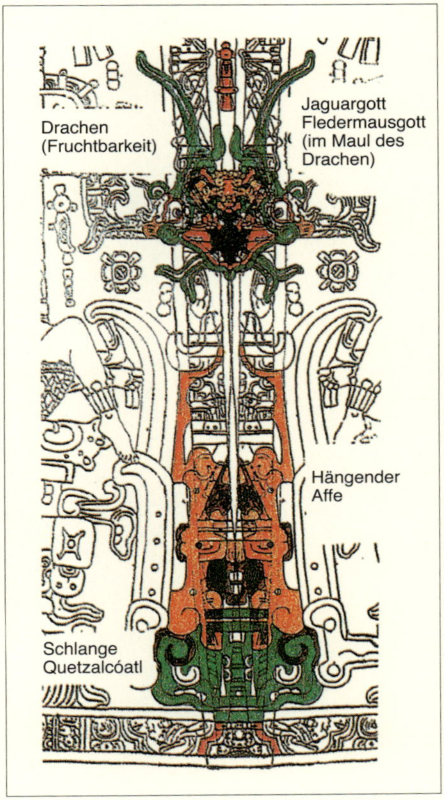


*22a (rechts) Code des gespiegelten Randfrieses: Drachen, Jaguar, Fledermaus, Schlange und Affe*

*22 (unten) Die Götter der Maya auf der Grabplatte von Palenque*

*23 Durch Spiegelung sichtbar gewordener Fledermausgott mit zugehörigem Randfries-Code*

*24 Durch Spiegelung sichtbar gewordener Jaguargott*

*25 Aurorae Borealis (Fotografie von Jim Henderson)*

*26 Das Caracol-Observatorium, Chichén Itzá*

27 *Haupt eines tätowierten Mannes, Palenque*

28 *Mayafürst mit abgeflachtem Kopf, Palenque*

29 *Ballspielplatz in Monte Albán*

30 Gebäude »J«, Monte Albán

31 »Tänzer«, Monte Albán

32 »Tänzer«, Monte Albán

38 Olmekischer Kolossalkopf, La Venta

39 (rechts) Meditierender Olmekenpriester

40 Kinder rettende Olmeken

*A1 (links) Die Fassade des Ostflügels des Nonnenvierecks in Uxmal zeigt einen Fries aus sechs Feldern mit übereinanderliegenden Bändern, die an beiden Körperenden Schlangenköpfe tragen.*
*A2 (rechts) Hartung zählte 584 Kreuze zwischen den Schlangenbändern.*

*A3 (unten) Die Paradiese*

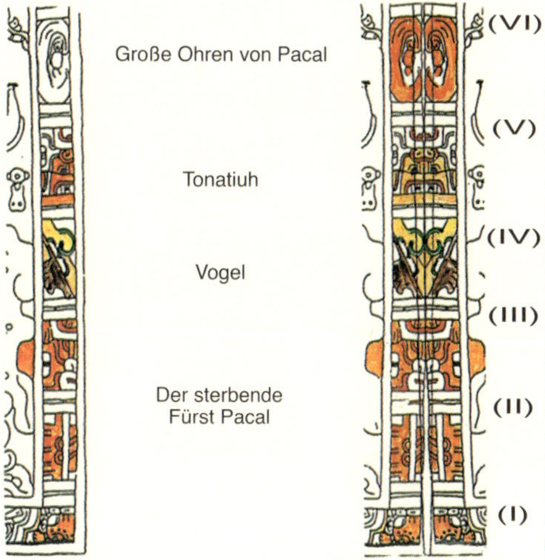


B(I), B(II) und B(III) bilden eine zusammengesetzte Ikone mit gefalteten Händen auf der Brust, mit nackten Füßen, geschlossenen Augen und »großen Ohren«. B(IV) zeigt die Ikone eines Vogels mit geöffneten Flügeln. B(V) zeigt eine Ikone, die Ähnlichkeit mit Tonatiuh, dem Sonnengott hat, der die Sonnenscheibe auf der Stirn trägt. Darüber sieht man Formen, die an zwei menschliche Ohren erinnern.

*A8 Zusammengesetzte Bilder des Randfrieses*

*A9 Tod und Wiedergeburt von Fürst Pacal. Dargestellt ist die Wiedergeburt des Geistes als junger Quetzalvogel (Fürst Pacal wird zu Quetzalcóatl).*

Die Fledermaus läßt sich auf Mund und Nase von Fürst Pacal nieder und erstickt ihn dadurch. Diese Szenen lassen sich als den Augenblick des Sterbens von Fürst Pacal deuten, als er vom Todesgott aufgesucht wird, der ihm den Atem nimmt. In der oberen Mitte des zusammengesetzten Bildes können wir einen jungen Quetzalvogel erkennen, der eine Kette im Schnabel hält. An der Kette hängt das Zeichen Quetzalcóatls, die Schneckenmuschel. Wir können dies als die Wiedergeburt von Fürst Pacal als Geist Quetzalcóatls interpretieren. Dieses »Fledermauszeichen« des Todes ist auch auf anderen Artefakten der Maya zu finden.

sen, die Jahrtausende zurücklagen. Doch die moderne Ägyptologie sagt uns, daß die ägyptische Zivilisation praktisch erst in der Zeit um 3100 v. Chr. mit der ersten Dynastie begann. Zu der von Platon angegebenen Zeit waren die Ägypter nach heutigem Kenntnisstand noch altsteinzeitliche Nomaden, die ihre Zeit damit verbrachten, Löwen, Ziegen, Krokodile und Nilpferde zu jagen, und noch nicht zu einer Hausviehhaltung übergegangen waren.[9] War es überhaupt möglich, daß ein solches Volk Aufzeichnungen von einem Weltkrieg in der von Platon geschilderten Größenordnung gemacht hatte?

Das ist das Dilemma, vor dem wir stehen. Auf der einen Seite haben wir Platon, einen berühmten Philosophen und Schüler von Sokrates, dessen Schilderung wichtige Details enthält (die Existenz eines Erdteils jenseits des Atlantiks), von denen er damals eigentlich gar keine Kenntnis haben konnte. Auf der anderen Seite sprechen die Befunde der modernen Wissenschaft dafür, daß die Geschichte von Atlantis nicht auf wahren Ereignissen beruht, sondern ein Mythos ist. Gibt es eine Möglichkeit, dieses Dilemma zu lösen? Welche Konsequenzen ergeben sich daraus möglicherweise für unser Verständnis von den Anfängen der Mayakultur in Mittelamerika?

## Der versunkene Kontinent

Über das Rätsel um Atlantis ist in Hunderten von Büchern spekuliert worden. Platons einfacher Bericht wurde in alle Richtungen gedeutet, selbst die geographische Lage des versunkenen Kontinents wurde in Zweifel gezogen. Die ausgefallenste – wenngleich aus manchen Gründen für Archäologen gegenwärtig die plausibelste – Hypothese lautet, daß die mythische Zivilisation, von der Platon spricht, die minoische Kultur auf Kreta war. Man nimmt heute allgemein an, daß die minoische Kultur mit einem Schlag beendet wurde, als sich auf der benachbarten Insel Thera (Santorin) um das Jahr 1400 v. Chr. eine gewaltige Vulkaneruption ereignete. Die riesigen Flutwellen, die dadurch ausgelöst wurden, hätten ausgereicht, um die Küstenregionen Kretas zu verwüsten und der kretischen Zivilisation einen Schlag zu versetzen, von dem sie sich nie wieder erholte. Wenn man außerdem bedenkt, daß die Minoer traditionell mit den Athenern verfeindet waren (wie man der Sage von Theseus und dem kretischen Minotaurus entnehmen kann)[10], so wird mit dieser Hypothese der Kern des Mythos von Atlantis in einen konkreten geographischen und politischen Rahmen gestellt.

Die einzige Schwäche dieser Theorie liegt darin, daß Atlantis bei Platon jenseits der Meerenge von Gibraltar liegt und damals Westeuropa und Libyen beherrschte. An keiner Stelle läßt er eine Verbindung mit Kreta, dem Minotaurus oder lokalen Konflikten mit benachbarten Ländern des östlichen Mittelmeers erkennen.

Spekulationen, die über Platons Text hinausgehen, mögen faszinierend und in anderer Weise begründet sein – es ist sogar möglich, daß die Macht des Minoerreichs tatsächlich durch einen Vulkanausbruch auf Thera um 1400 v. Chr. beendet wurde –, doch dieses Ereignis hat sicherlich nichts mit dem mythischen oder wirklichen Atlantis zu tun. Um die Wahrheit aufzuspüren, müssen wir tiefer schürfen.

Von den unzähligen Büchern über Atlantis ist jenes mit dem Titel *Atlantis, die vorsintflutliche Welt* bis heute das einflußreichste. Sein Verfasser war der US-Kongreßabgeordnete Ignatius Donnelly, und es wurde gleich nach seinem ersten Erscheinen [1882] ein Bestseller. In einer neubearbeiteten, von Egerton Sykes 1950 herausgebrachten Fassung wird es noch immer viel gelesen und zitiert.

Donnelly hat sein Thema weit gefaßt und bei seiner Suche nach Beweisen für die Existenz des versunkenen Kontinents eine bemerkenswerte Fülle fragmentarischer Indizien überprüft. John Michell bemerkte dazu im Jahre 1984:

»Donnelly hat eine eindrucksvolle Liste von Ähnlichkeiten zwischen den Mythen, Volkssagen, anthropologischen Merkmalen und Artefakten sowie den Formen pflanzlichen und tierischen Lebens der an den Atlantik grenzenden Kontinente zusammengestellt. Sein Beweis für die Wirklichkeit von Atlantis stützt sich auf die erdrückende Fülle seiner Indizien und nicht auf einen Einzelbeleg.«[11]

Donnelly war der Auffassung, daß sich der Kontinent Atlantis an der Stelle befunden hatte, die Platon nannte, nämlich jenseits der »Säulen des Herakles«, und suchte hierfür nach mythologischen, geologischen, religiösen und sprachlichen Belegen. Außerdem war er ebenso wie Brasseur de Bourbourg vor ihm der Überzeugung, daß die Zivilisation der Maya von Atlantis zu ihnen gekommen war. Um die These zu belegen, verglich er die Namen von Mayastädten mit denen armenischer Städte. Auf soliderem linguistischem Boden befand er sich allerdings, als er Atlantis mit den Gärten der Hesperiden verglich:

»Nach den Traditionen der alten Phönizier befanden sich die Gärten der Hesperiden im *fernen Westen*, und Atlas wohnte in diesen Gärten. Atlas war aber, wie wir sahen, ein atlantischer König. Auch die Elysischen Felder verlegte man gewöhnlich in den *fernen Westen* … Atlas wird in der griechischen Mythologie als ein ›ungeheurer Riese‹ beschrieben, der ›an den *westlichen Enden der Erde* stand‹ und das Himmelsgewölbe mit seinen Schultern stützte, in einer Region des äußersten Westens, wo die Sonne noch schien, nachdem sie über Griechenland schon untergegangen war.«[12] (Hervorhebungen von A. G.)

Donnelly war fasziniert von der Ähnlichkeit zwischen den Namen Atlas und Atlantis und ging mit einer gewissen Berechtigung einer möglichen Etymologie nach:

»Platon erzählt bezüglich Atlantis und dem atlantischen Ozean, daß deren Namen von Atlas, dem ältesten Sohne Poseidons, dem Begründer der atlantinischen Herrschaft, abgeleitet worden sei.

Gerade in jenem Teil Afrikas, welcher der Insel Atlantis

am nächsten lag, finden wir ein Gebirge, das seit den alleräItesten Zeiten das Atlasgebirge genannt wird. Woher soll dieser Name Atlas anders kommen, wenn es nicht der Name des großen Königs von Atlantis sein soll? Und wenn das nicht sein Ursprung sein soll, wie kommt es dann, daß wir den Namen gerade in der nordwestlichsten Ecke Afrikas finden? Und woher soll es sonst kommen, daß zu Herodots Zeiten dort an diesem Gebirge ein Volk wohnte, das man die ›Atlanter‹ nannte, wenn dieses nicht die Überreste einer atlantinischen Kolonie bildete?

... Fassen wir nochmals zusammen: Ein ›Atlas‹-Gebirge an der nordwestlichen Ecke Afrikas; eine Stadt ›Atlan‹ an der Küste Zentral-Amerikas; ein Volk der ›Atlanten‹, im nordwestlichen Teile Afrikas wohnend; ein Volk der Azteken in ›Aztlan‹ in Zentral-Amerika wohnend; ein Ozean zwischen zwei Hemisphären rollend, den man den ›atlantischen‹ nennt; eine mythologische Gottheit namens ›Atlas‹, die die Welt auf ihren Schultern trägt; eine uralte Sage ... von einer Insel ›Atlantis‹ mit einem König ›Atlas‹ als Herrscher – soll auch das alles nur ein Spiel blindwaltenden Zufalls sein?«[13]

Für Donnelly sicher nicht, und deshalb verwendete er weitere 200 Seiten seines Buchs darauf, jedes nur verfügbare Argument für seine Hypothese heranzuziehen. Trotzdem bleibt ein Zweifel. Wie war es möglich, daß eine Hochkultur, auf die möglicherweise Namen wie Atlas, Atlanter, Poseidon und andere zurückgehen, so wenige greifbare Spuren zurückließ? Genauer gesagt, gibt es überhaupt materielle Spuren von dieser Insel?

Vieles von dem, was Donnelly damals geschrieben hat, würde heute als rassistisch gelten, weil es ihm darum ging, die Ursprünge verschiedener Völker zu beweisen.

Er war überzeugt, daß Atlantis von Weißen und Schwarzen bewohnt war und daß von hier aus – im Osten oder dort, wo vom nordamerikanischen Kontinent aus gesehen die Sonne aufging – den Maya die Zivilisation gebracht worden war. Diese Theorie krankte jedoch an einem gravierenden Mangel: Wenn Atlantis tatsächlich ein großer Erdteil mitten im Atlantik gewesen war, dann müßten Spuren von ihm zu finden sein. Doch das ist nicht der Fall. Im Gegenteil, in den Tiefen des gesamten Nordatlantiks stößt man nirgends auf ein Kontinentalschelf. Zwar gibt es in der Azorenregion den langen Finger des Nordatlantischen Rückens, wo die Wassertiefe an manchen Stellen nur 200 Meter beträgt. Doch das ist bei oberflächlicher Betrachtung kein weiterführender Hinweis auf einen versunkenen Kontinent, denn hier verläuft lediglich die Bruchlinie zwischen zwei großen tektonischen Platten.

In seinem Buch *Alles über Atlantis* beschäftigt sich auch der deutsche Autor Otto Muck mit der Frage nach der Lage des versunkenen Erdteils.[14] Er fand sich nicht damit ab, daß die Theorie der Kontinentaldrift in ihrer einfachen Form jede Möglichkeit ausschloß, daß es in früherer Zeit jemals einen Erdteil im Atlantik gegeben habe. Ihm war aufgefallen, daß zwar die untere Westküste Afrikas und die Ostküste Südamerikas in ihrem Verlauf perfekt zusammenpassen, nicht jedoch die obere Westküste Afrikas und die Atlantikküsten Mittel- und Nordamerikas. Außerdem sprachen paläontologische Befunde aus Europa dafür, daß es zur Zeit der letzten Eiszeit noch keinen Golfstrom gegeben hatte – damals driftete ein Eisberg ungehindert bis zum 52. Breitengrad, etwa in Höhe des heutigen London. Hätte der warme Golfstrom schon damals existiert, so wäre der Eisberg bereits weiter nördlich geschmolzen. Muck stellte die Hypothese auf, der Golfstrom habe Europa zu jener Zeit noch nicht erreichen können, weil er etwa bis zum Jahr 10 000 v. Chr. durch eine große Landmasse im Atlantik daran gehindert wurde. Erst nach deren Untergang (die atlantische Katastrophe) war der Weg nach Europa frei. Der unvermeidlichen Kritik an seiner Theorie – die darauf hinwies, daß man bis heute keine Spuren eines im Atlantik versunkenen Erdteils gefunden hat –, begegnete er mit der Theorie der Geotektonik. Er behauptete, mit der Kontinentaldrift lasse sich zwar beweisen, daß Afrika und Südamerika, ursprünglich ein einziger Erdteil, im Lauf von Jahrmillionen auseinandergedriftet seien, doch wenn man beide Kontinente wieder zusammenfüge, bleibe ein »Loch« im Nordatlantik übrig. Das Puzzle werde erst vollständig, wenn man ein zusätzliches »Stück« einfüge, seiner Meinung nach den versunkenen Erdteil Atlantis. Die Ursache des Untergangs suchte Muck im Weltall: Die Erde sei im Atlantik von einem Asteroiden getroffen worden. Die Katastrophe, die für ihn das Ende des Quartärs markierte, habe zwei tiefe Löcher im Meeresboden hinterlassen und die Vernichtung von Atlantis zur Folge gehabt.

Die Theorien Otto Mucks, die natürlich keineswegs völlig neu sind, verliehen der Suche nach Atlantis in den achtziger Jahren neue Impulse. Doch es gab noch eine Forschungsrichtung, die einige Jahrzehnte lang verfolgt wurde und auf einer gänzlich anderen Theorie, der Reinkarnation, beruhte. In ihrem Zentrum stand das Werk eines höchst ungewöhnlichen Menschen, eines Südstaatenpredigers aus Hopkinsville, Kentucky.

## Der schlafende Prophet

Geboren im März 1877 in ziemlich bescheidenen Verhältnissen, wurde Edgar Cayce durch einen Zufall zum berühmtesten Hellseher des 20. Jahrhunderts. Wie es heißt, erkrankte er mit 23 Jahren an einer Sprachlähmung. Keiner der konsultierten Ärzte konnte ihm helfen, und schließlich würde die Krankheit für unheilbar erklärt. Es sah so aus, als werde er seine Stimme für den Rest seines Lebens nur noch zu einem Flüstern erheben können. In seiner Verzweiflung folgte er schließlich dem Vorschlag eines Bekannten, es mit Selbsthypnose zu versuchen. Zur Verblüffung seiner Angehörigen stellte sich heraus, daß er in seiner normalen

Stimmlage sprechen konnte, sobald er sich in eine Art Schlafzustand versetzt hatte. Dabei teilte er ihnen die Ursachen seines Zustands mit sowie die zu einer Heilung erforderlichen Maßnahmen. Innerhalb kurzer Zeit ging die Lähmung zurück, und Cayce konnte wieder ein normales Leben führen. Bedeutsamer war jedoch, daß er eine Methode entdeckt hatte, in seinen Trancezuständen Teile des kollektiven Unbewußten zu erschließen. Diese Fähigkeit nutzte er nun dazu, andere Kranke zu heilen.

Über 40 Jahre lang versetzte Cayce sich zweimal täglich in Trance und gab dabei Ratsuchenden Interviews, die er als »Vorträge« bezeichnete. Im anschließenden Wachzustand wußte er nichts mehr von dem, was er gesagt hatte, bis es ihm von einer Stenographin, die alles mitgeschrieben hatte, vorgelesen wurde. Ärzte, Priester und Anwälte waren verblüfft. Noch nie zuvor hatte man so etwas erlebt – daß ein einfacher Mann, der aus tiefem Schlaf häufig seltsame Rezepte an ratsuchende Patienten verschrieb, von denen viele nicht einmal persönlich zu ihm kamen. Was die zahlreichen Skeptiker jedoch verstummen ließ, war die vielfach bewiesene Wirksamkeit der von ihm empfohlenen Heilkräuter, Volksheilmittel oder auch unbekannten Drogen.

Die an seine Patienten gerichteten Vorträge gingen jedoch häufig über die Empfehlung einer bestimmten Kur für ein körperliches Leiden hinaus. In seinen Trancezuständen konnte Cayce auch seelische Probleme diagnostizieren. Nach seinen Ausführungen hatten diese ihre Ursache häufig nicht in den besonderen Lebensumständen oder einem erblichen Leiden des Kranken, sondern in einem früheren Leben. In seinen Vorträgen verkündete er, jeder Mensch habe eine ewige Seele, die bereits mehrere Leben auf der Erde hinter sich habe. Er verglich das menschliche Leben auf der Erde mit dem Besuch einer Schule: Selbst wenn wir frühere Lektionen verlernt hätten, so bleibe deren Spur doch unauslöschlich dem unbewußten Denken eingeprägt. Der Überrest dieses früheren Lebens beeinflusse uns in der Gegenwart in

Form des *karma*, so wie in der Bibel steht: »Denn was der Mensch sät, das wird er ernten«. [Galater, 6, 7] Dank seines Zugangs zum kollektiven Unbewußten konnte er die schwachen und starken Seiten seiner einzelnen Patienten aufdecken und ihnen behilflich sein, ihrer Bestimmung im gegenwärtigen Leben gerecht zu werden.

Die Texte der einzelnen Interviews, die Cayce den ratsuchenden Patienten und anderen gab, wurden mitgeschrieben und sorgfältig aufbewahrt. Insgesamt sind es rund 2500 »Vorträge«, und sie bildeten die Grundlage einer höchst ungewöhnlichen Forschungsbibliothek. Da Cayce in vielen Interviews Bezug auf Ereignisse in früheren Leben seiner Klienten genommen hatte – häufig in anschaulichen Details –, läßt sich mit ihrer Hilfe eine Art Weltgeschichte auf der Grundlage von Augenzeugenberichten schreiben. In vielen Interviews kamen Leben im Griechenland und Rom in der Antike zur Sprache, doch in manchen Fällen ging es auch um unbekannte historische Ereignisse in Platons mythischem Atlantis. Der Geist des schlafenden Propheten war offensichtlich in der Lage, die Lücke zu schließen und am Ende doch noch Belege für die Existenz des versunkenen Erdteils zu liefern. Aus der Analyse und Überprüfung aller Querverweise in den Vorträgen, in denen Atlantis eine Rolle spielte, lassen sich manche Schlußfolgerungen über den versunkenen Kontinent und die Ursachen seines Untergangs ziehen.

Nach Cayces Trance-Schilderungen von Atlantis waren die Atlanter eine hochentwickelte Gesellschaft, die an ihrer Überheblichkeit zugrunde ging. In Worten, die merkwürdig modern klingen, verfolgte er den Weg, auf dem eine technisch weit entwickelte Kultur (anscheinend mit Flugzeugen, Laserstrahlen und anderen modernsten Geräten) Gott den Rücken kehrte und sich den Freuden des Materialismus verschrieb. Dann explodierte ihr Inselparadies in einer Abfolge von Katastrophen, die durch den Mißbrauch von Naturkräften seitens der Atlanter ausgelöst wurden, und der Erdteil sank, wie Platon berichtete, in die Tiefen des Atlantischen Ozeans.[15]

Doch hat dies alles noch einen weiteren Aspekt: Viele Menschen überlebten die Katastrophe – eine an Noah und die Arche erinnernde Geschichte. Cayce' Vorträgen zufolge starben nicht alle Atlanter, als ihre Heimat im Meer versank. Viele flohen in Booten, während andere – in Vorwegnahme der kommenden Ereignisse – sich bereits früher in fremde Länder aufgemacht hatten. Wie zu erwarten, suchten sie ihre Zuflucht zumeist in Ländern, die am Atlantik oder in dessen Nähe lagen: in Nordafrika (Libyen), Spanien, Portugal, Frankreich und England. Das mochte der Ursprung von Platons großer Invasion des Mittelmeerraums sein. Offenbar ging es den atlantischen Kolonisten weniger darum, neue Vorposten für ihr Reich zu errichten, als dem in ihren Augen zum Untergang verurteilten Kontinent zu entrinnen.

Doch das war noch nicht alles. Laut Cayce' Vorträgen gingen die atlantischen Siedler sowohl nach Ägypten als auch – was besonders bedeutsam ist – nach Mittelamerika.

## Der versunkene Kontinent und die Halle der Aufzeichnungen

Wie wir gesehen haben, ist das Thema »Atlanter in Ägypten« nichts Neues, doch Cayce' Vorträge rücken die Geschichte in ein neues Licht. Wenn man ihnen Glauben schenken will, war die Zeit, zu der Atlantis im Meer versank (nach Cayce um 10 600 v. Chr.) eine Epoche tiefgreifender Umbrüche auf der ganzen Welt. Anscheinend war Ägypten dank seiner geographischen Lage eine der wenigen sicheren Gegenden und somit nicht nur das Ziel von Atlantern aus dem Westen, sondern auch von Völkern aus dem Osten. Die Atlanter besaßen zweifellos die am weitesten entwickelte Zivilisation und brachten einen Teil ihrer Technik mit – unter anderem Methoden zum Heben schwerer Steinquader und zum Bau von Pyramiden. Doch nach Cayce waren die Eindringlinge aus dem Osten militärisch stärker und übernahmen unter ihrem König Osiris die Herrschaft über das Land. Aus dieser Zusammenführung der Völker mochte sich eine neue Zivilisation mit einer neuen Religion entwickelt haben: ein Konglomerat aus dem alten Animismus der schwarzen einheimischen Bevölkerung, der Religion der Atlanter und der des Osiris und seiner Anhänger.

Etwas von dieser Geschichte ist wohl im biblischen Bericht von der Sintflut aufbewahrt, wenn auch auf eine ziemlich verfälschte Weise. Wenn Moses, der als Verfasser der *Genesis* gilt, in Ägypten geboren und aufgewachsen ist und in einer ägyptischen Schule erzogen wurde, dann hat er vermutlich die ägyptische Version der Sintflutsage aufgezeichnet.

In der *Genesis* heißt es, Noah sei mit der Arche am Berg Ararat gestrandet, habe sich dort niedergelassen und drei Söhne gehabt, Sem, Ham und Japhet, die Urväter von drei Geschlechtern. Wenn wir Noah mit Osiris gleichsetzen (nach Cayce ein Einwanderer aus der Gegend um den Berg Ararat), dann lassen sich seine biblischen »Söhne« als die drei Gründungsvölker Ägyptens auffassen: die rothäutigen Atlanter, die Weißen vom Ararat und die schwarzen Ägypter. Das deckt sich weitgehend mit der von Cayce gegebenen Darstellung, derzufolge Osiris über ein vereinigtes Vielvölkerreich herrschte.

Das war allerdings noch nicht alles, was der »schlafende Prophet« zum Thema Atlanter zu sagen hatte. In mehreren seiner Vorträge behauptete er, die Überlebenden des untergegangenen Kontinents hätten Aufzeichnungen über ihre frühere Geschichte mitgenommen. Diese seien sorgfältig in einer Geheimkammer irgendwo in der Nähe der großen Sphinx vergraben worden, welche die drei Pyramiden von Gise wie ein Wächter zu hüten scheint. Nach Cayce wurden von anderen Überlebenden der Katastrophe ebenfalls Aufzeichnungen mitgenommen und im Gebiet von Yucatán vergraben. Cayce behauptete, vor der Zerstörung von Atlantis habe ein Priester namens Iltar mit einer Gruppe von Anhängern der königlichen Familie von Atlan Poseidia (die Hauptinsel) verlassen und sei in westlicher Richtung nach Yucatán gesegelt:

»Dann verließ Iltar mit den Überresten der Zivilisation von Atlantis (genauer gesagt von Poseidia) – samt einer Gruppe von Anhängern, die zum Haus Atlans gehört hatten, den Anhängern des Kults des EINEN – sein Land Poseidia und gelangte nach Westen in einen Teil des heutigen Yucatán. Und dort begann unter der Beteiligung der einheimischen Völker eine zivilisatorische Entwicklung, die ähnlich vor sich ging wie zuvor im Land der Atlanter ...

... Die ersten Tempel, die Iltar und seine Anhänger errichtet hatten, wurden zu der Zeit zerstört, als sich die örtlichen Gegebenheiten physikalisch zu verändern begannen. Was gegenwärtig wiederentdeckt wird und jahrhundertelang verlassen und überwuchert dalag, war damals eine Region, in der diese Leute aus Mu, Oz[16] und Atlantis lebten.«[17]

Das kommt der Geschichte von St. Patrick sehr nahe, und ich habe den Eindruck, daß Iltar (um ihn bei seinem atlantischen Namen zu nennen) der große Prophet ist, den die Maya später als ihren Lehrer Zamna verehrten. Nach Cayce gab es außer den Aufzeichnungen, die in der Nähe der Sphinx von Gise vergraben wurden, noch weitere, die Iltar nach Yucatán brachte, sowie eine dritte Sammlung, die sich noch im Herzen von Atlantis selbst befindet. Wenn diese Aufzeichnungen für uns zugänglich wären, würden wir vermutlich die Wahrheit über die Mayazivilisation kennen sowie darüber, wie es kam, daß die Maya bereits so viel von den Sonnenflecken-Zyklen verstanden.

# 9. Die Sonne, ihre Energie und ihre Einflüsse

## Der Untergang der Maya

Zur selben Zeit, während er seine Theorien über die Grabplatte von Palenque entwickelte, überarbeitete Cotterell seine Hypothesen über Sonnenflecken-Zyklen und ihren Zusammenhang mit den Kalendern der Azteken und Maya. Ebenso wie die Maya glaubten die Azteken, daß unserem gegenwärtigen Zeitalter vier andere vorausgegangen waren. Jeweils zwischen zwei Zeitaltern ereignete sich eine Katastrophe, in der fast alles Leben vernichtet wurde. In der Mitte des aztekischen Sonnensteins ist ein Gesicht mit heraushängender Zunge zu sehen, das Tonatiuh, den gegenwärtigen Sonnengott darstellt.[1] Er wird von Hieroglyphen eingerahmt, die von manchen als die Götter früherer Zeitalter gedeutet werden.[2] Für Cotterell stellte sich die Frage, in welcher Weise das alles zum Mayakalender des Long Count paßte, und insbesondere, ob dies zu einer Klärung der Ursachen für den plötzlichen Niedergang der Maya beitragen konnte. Um diese Frage zu beantworten, benötigte Cotterell genaue Informationen über das Verhalten der Sonne in der Vergangenheit. Zum Glück stellte sich heraus, daß mit Hilfe der Dendrochronologie auf diesem Gebiet bereits beträchtliche Vorarbeiten geleistet worden waren.

Bekanntlich hängt alles pflanzliche Wachstum vom Sonnenlicht ab. Doch die Sonne gibt nicht nur sichtbares Licht ab, sondern auch Strahlen des gesamten elektromagnetischen Spektrums einschließlich solcher mit extrem kurzer Wellenlänge, die als kosmische Strahlung bezeichnet werden. Diese starken Strahlen, die alles Leben auf der Erde töten würden, wäre diese nicht durch die Hülle der Atmosphäre geschützt, haben die Fähigkeit, Atome umzuwandeln. Gewöhnlicher Kohlenstoff hat ein Atomgewicht von 12 und ist sehr stabil. In Verbindung mit Sauerstoff findet er sich als Kohlendioxid überall in der Atmosphäre und ist ebenfalls für alles Leben von Bedeutung. Doch der größte Teil der Erdatmosphäre besteht aus Stickstoff, der in seiner gewöhnlichen Form vergleichsweise träge reagiert.

Kosmische Strahlen der Sonne lösen nun Kernreaktionen in der Atmosphäre aus: Sie können Stickstoffatome in eine schwere Form (Isotop) des Kohlenstoffs umwandeln, der ein Atomgewicht von 14 ($C^{14}$) statt üblicherweise 12 hat.[3] Diese schweren Atome verhalten sich genau wie normaler Kohlenstoff und verbinden sich leicht mit Sauerstoff, um Kohlendioxid zu bilden; der entscheidende Unterschied besteht darin, daß $C^{14}$ im Gegensatz zu $C^{12}$ radioaktiv ist.

Alle Pflanzen, auch die Bäume, nehmen Kohlendioxid auf und nutzen es für den Aufbau komplexerer organischer Verbindungen, wobei sie den Sauerstoff wieder an die Atmosphäre abgeben. Zwangsläufig besteht ein geringer Anteil des aufgenommenen Kohlenstoffs aus schwereren $C^{14}$-Atomen. Somit enthalten alle Lebewesen (auch Tiere, die sich direkt oder indirekt von der Vegetation ernähren) in geringen Mengen $C^{14}$. Wenn ein lebender Organismus stirbt und kein Kohlendioxid mehr aufnimmt, entspricht das mengenmäßige Verhältnis der in seiner Substanz enthaltenen $C^{12}$- und $C^{14}$-Atomen dem Verhältnis der beiden Isotope in der Atmosphäre zu diesem Zeitpunkt. Da die schweren $C^{14}$-Atome einem radioaktiven Zerfall ausgesetzt sind – das heißt, sich in die leichteren $C^{12}$-Atome aufspalten –, ändert sich dieses Verhältnis im Laufe der Zeit.[4] Wenn also beispielsweise ein Stück Holz altert, verringert sich sein Anteil an $C^{14}$-Atomen und damit seine Radioaktivität. Mit anderen Worten, je geringer seine Radioaktivität ist, desto älter muß das Holz sein. Auf diesem Prinzip beruht die Radiokarbon-

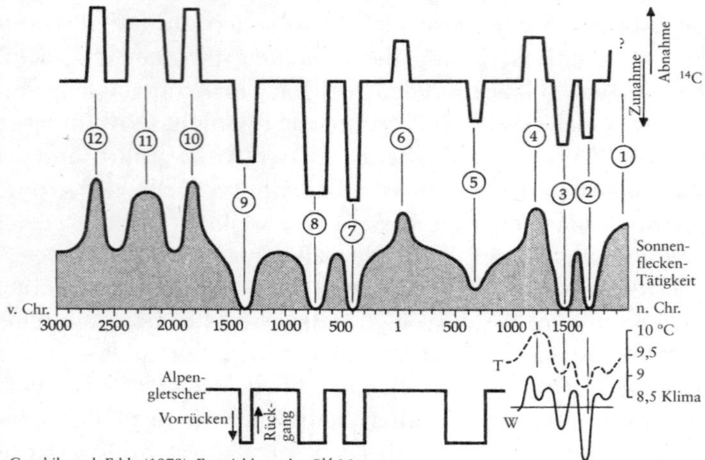


Graphik nach Eddy (1978). Entwicklung der $C^{14}$-Mengen, der Sonnenflecken-Aktivität, des europäischen Klimas (T = mittlere Jahrestemperatur. W = Strenge der nordeuropäischen Winter) und Bewegungen der Alpengletscher.

*Abb. 54: Zusammenhang zwischen Klima und Sonnenflecken-Aktivität*

datierung, die für die Archäologie möglicherweise bedeutendste Entwicklung unseres Jahrhunderts.

Anfangs wurde diese Methode von den Archäologen mit Begeisterung aufgenommen. Endlich schien man ein Werkzeug gefunden zu haben, das für alles was aus Holz, Tuch, Knochen oder anderen organischen Stoffen bestand, eine genaue Datierung ermöglichte. Sehr schnell erkannte man jedoch, daß viele der auf diese Weise erhaltenen Daten im Vergleich zu anderen Datierungsverfahren, beispielsweise der Orientierung an aufgefundener Keramik, ungenau waren.

Wo lag der Fehler? Da die Zerfallsrate von $C^{14}$ zu $C^{12}$ genau bekannt war und konstant blieb, konnte sie unmöglich der Grund für die Abweichungen sein. Die Lösung des Rätsels mußte also darin bestehen, daß die Menge des $C^{14}$ in der Atmosphäre über lange Zeitabschnitte hinweg Schwankungen unterliegt, so daß in der Vergangenheit die Organismen zum Zeitpunkt ihres Absterbens nicht zwangsläufig dasselbe Verhältnis der beiden C-Isotope aufwiesen, wie es heute zu beobachten ist.

Eine Zeitlang sah es so aus, als bedeutete dies das Ende der Radiokarbonmethode als zuverlässiges Hilfsmittel für die Archäologie. Doch dann verfiel man auf die Idee, daß es vielleicht möglich war, mit Hilfe einer anderen Datierungsmethode, der Dendrochronologie, Korrekturtafeln zu erstellen. Diese Methode beruht auf der einfachen Beobachtung, daß Bäume im Laufe ihres Lebens Jahr für Jahr eine neue Wachstumsschicht bilden; bei einem gefällten Baum läßt sich das Alter anhand der Zahl seiner Wachstumsringe bestimmen. Die einzelnen Ringe geben der Wissenschaft Aufschluß über die klimatischen Verhältnisse während der Wachstumszeit des Baums und, was besonders wichtig ist, sie stellen eine Art paläontologische Buchführung über den jährlichen Anteil an $C^{14}$-Isotopen in der Atmosphäre dar. Dank der Analyse extrem alter Bäume und Baumstümpfe war es möglich, bis zu einer Zeit vor 9000 Jahren Daten

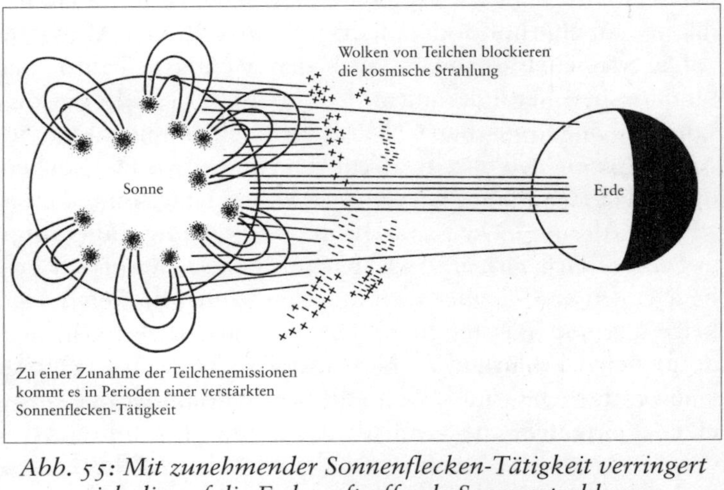


*Abb. 55: Mit zunehmender Sonnenflecken-Tätigkeit verringert sich die auf die Erde auftreffende Sonnenstrahlung*

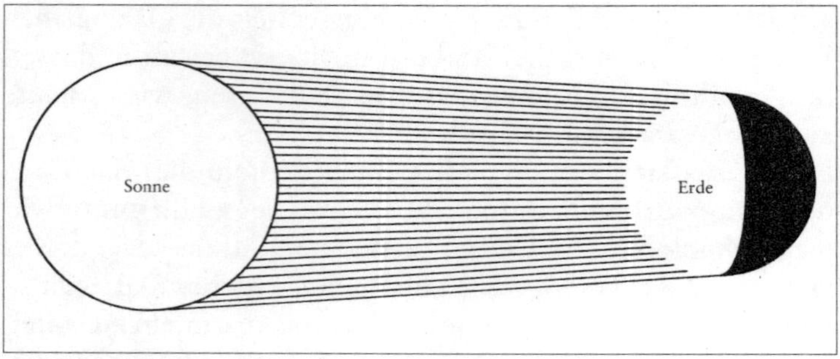


*Abb. 56: Mit abnehmender Sonnenflecken-Tätigkeit erhöht sich die auf die Erde auftreffende Strahlungsmenge*

über den $C^{14}$-Anteil in der Atmosphäre zu ermitteln und auf diesem Wege auch die erforderlichen Korrekturen der archäologischen $C^{14}$-Daten vorzunehmen. Man erkannte außerdem sehr bald, daß die Schwankungen des $C^{14}$-Anteils in der Erdatmosphäre auf das Verhalten der Sonne zurückgehen – kosmische Strahlen beeinflussen die normalerweise stabilen Stickstoffatome und überführen sie in $C^{14}$-Atome. Das Verhältnis der $C^{14}$- zu den $C^{12}$-Atomen ist somit ein Indikator für eine hohe oder niedrige Sonnenflecken-Aktivität.

Die Sonnenstrahlung ist auch der wichtigste Faktor bei klimatischen Veränderungen. Cotterell hat deshalb die Zusammenhänge zwischen $C^{14}$-Proportionen, Sonnenaktivität, europäischen Klimaschwankungen und dem Vorrücken oder Rückzug alpiner Gletscher in einem Diagramm dargestellt (s. Abb. 54). Die Korrelation war eindeutig – allerdings mit einer Besonderheit: Anscheinend entsprachen relativ hohe Mengen an $C^{14}$ einer verminderten Sonnenflecken-Tätigkeit. Wie war das möglich? Die Wissenschaftler schienen dafür keine Erklärung zu haben, doch Cotterell vermutete einen einfachen Grund. Wenn die Sonne besonders aktiv ist, erzeugt sie zahlreiche Sonnenflecken, und diese führen wiederum zu großen Mengen geladener Teilchen, die in den Weltraum geschleudert werden. Das bedeutet, daß sich zwischen Sonne und Erde Wolken aus geladenen Teilchen befinden, und der Strahlungsgürtel sich ausdehnt (s. Abb. 55). Infolgedessen wird die untere Atmosphäre wirksam vor der kosmischen Strahlung abgeschirmt, und es wird weniger $C^{14}$ produziert. In Zeiten einer verringerten Sonnenflecken-Aktivität, in denen kaum oder gar keine Sonnenflecken beobachtet werden, befindet sich zwischen Sonne und Erde eine geringere Menge an strahlenschützenden Ionen (s. Abb. 56). Dann wird mehr Stickstoff in $C^{14}$ umgewandelt. Das alles

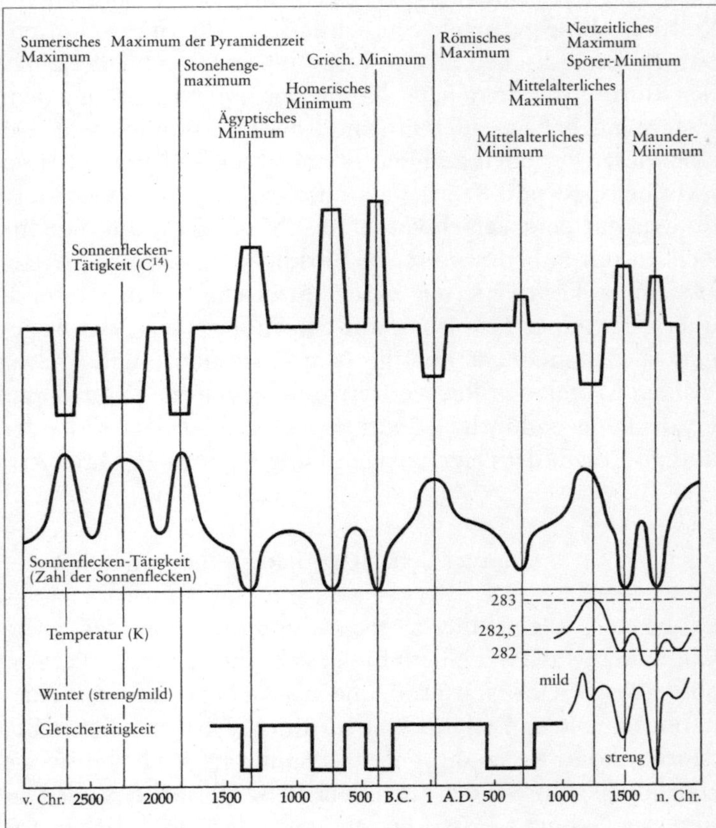


*Abb. 57: Hochkulturen und Sonnenflecken-Tätigkeit*

bedeutet, daß ein negativer Zusammenhang zwischen der Menge an $C^{14}$-Atomen in der Atmosphäre und der Sonnenflecken-Aktivität besteht. Mit Hilfe der Dendrochronologie lassen sich somit die Schwankungen der Sonnenflecken-Tätigkeit der Sonne in der Vergangenheit verfolgen.

Nunmehr verglich Cotterell seine Daten aus Abbildung 54 mit dem Aufstieg und Niedergang von Zivilisationen und fand erneut deutliche Übereinstimmungen (s. Abb. 57). Demnach korrelierte eine starke Sonnenflecken-Tätigkeit exakt mit dem Aufstieg mächtiger, fortgeschrittener Hochkulturen. Eine geringere Sonnenflecken-Aktivität fiel offenbar mit periodischen Phasen eines allgemeinen Niedergangs der kulturellen Errungenschaften zusammen, der mit dem Untergang bedeutender Hochkulturen verbunden war. Da eine dieser Perioden geringer Sonnenflecken-Tätigkeit etwa zwischen 440 und 814 n. Chr. auftrat, fragte sich Cotterell, ob dies mit dem Verschwinden der Maya etwa um dieselbe Zeit zu tun haben konnte. In Wirklichkeit lagen die Dinge zweifellos komplizierter, doch inzwischen war Cotterell überzeugt, einer Erklärung auf der Spur zu sein, daß in jenem Zeitraum nicht nur die Maya, sondern auch andere Völker Mittelamerikas verschwunden waren.[5] Von dieser Entdeckung beflügelt, wandte er sich erneut dem Kalender und vor allem dem eigenartigen Long Count der Maya zu.

## Geburt und Tod der Venus

Es besteht allgemeine Übereinstimmung, daß der Long Count der Maya mit einem Ereignis beginnt, das am 12. August 3114 v. Chr. stattfand und als Geburt der Venus bekannt ist. Dieses Ereignis war für die Maya von solcher Bedeutung, daß sie es ihrer Zeitrechnung in ähnlicher Weise zugrundelegten wie der abendländische Kulturkreis das Datum der Geburt Christi. Förstemann, der Bibliothekar aus Dresden, und andere hatten gezeigt, daß die Maya Venus-

Zyklen verwendeten, um lange Zeitperioden zu markieren. Sie benutzten hierzu ein ziemlich kompliziertes Verfahren, doch der volle Zyklus, wie er im *Codex Dresden* enthalten ist, betrug 1 366 560 Tage. Das waren genau 5256 Tzolkin zu je 260 oder 3744 Haab zu 365 Tagen. Wenn man nun beim Jahr 3114 v. Chr. beginnt und das Ende dieses Zyklus ausrechnet, kommt man auf das Jahr 627 n. Chr. – ein Datum, das exakt in die Mitte der Veränderung des solaren Magnetfelds und der Periode einer niedrigen Sonnenfleckentätigkeit fällt. Aus seiner Beschäftigung mit den Sonnenflecken-Zyklen wußte Cotterell jedoch, daß es auch kürzere Perioden als diese ausgedehnten Zeitalter gab, die ebenfalls einen Einfluß auf das menschliche Leben ausübten, und er untersuchte, ob möglicherweise zwischen Sonnenflecken-Zyklen und der menschlichen Fruchtbarkeit ein Zusammenhang existierte.

In seinen früheren Untersuchungen, deren Ergebnisse in seinem ersten Buch *Astrogenetics* dokumentiert sind, hatte er eine Hypothese über den Zusammenhang zwischen dem Sonnenwind und der Produktion menschlicher Hormone vorgetragen. Außerdem stellte er dort die These auf, daß der astrologische Typ eines Menschen nicht durch die Stellung der Sonne zum Tierkreis am Tag seiner Geburt bestimmt wird, sondern durch ihre Stellung zum umgebenden Magnetfeld der Erde am Tag der Empfängnis. Da die Solarenergie monatliche Schwankungen dieses Feldes bewirkt, zeigen diese Änderungen Vorzeichen um Vorzeichen die Positionen der Sonne an. Nach dieser Theorie beeinflußt die Stärke und Polarität des umgebenden Sonnenwinds auch die produzierte Menge des Hormons Melatonin, das von der Hypophyse produziert wird und für die biorhythmische Regulierung und für extrovertiertes bzw. introvertiertes Verhalten verantwortlich ist (s. Anhang 3).

Nach seiner Entdeckung eines Zusammenhangs zwischen den Sonnenflecken-Zyklen und der Produktion von Melatonin ging Cotterell der Vermutung nach, daß die Sonnenflecken-Tätigkeit auch die Produktion weiterer Hormone beeinflusse. Dabei stellte er tatsächlich einen weiteren unmittelbaren Zusammenhang mit dem Follikelhormon FSH fest, das ebenfalls von der Hypophyse produziert wird, die bei diesem Prozeß auf chemische Reizungen durch den benachbarten Hypothalamus reagiert. Zwischen diesem Hormon und der menschlichen Fruchtbarkeit besteht ein direkter Zusammenhang. Bei Männern steuert das FSH die Entwicklung von Samenzellen in den Testikeln, bei Frauen die Reifung des Eis und den Eisprung.

Durch einen graphischen Vergleich der Sonnenflecken-Zyklen mit den Schwankungen in der weiblichen Hormonproduktion konnte Cotterell zeigen, daß eine direkte Verbindung zwischen dem Menstruationszyklus und der Ladung der Teilchen des Sonnenwinds bestand. Es sah so aus, als würden diese Teilchen entweder direkt oder auf einem Umweg – über ihre Wirkung auf das Magnetfeld, während sie den Strahlungsgürtel der Erde passierten – den Hypothalamus beeinflussen. Dies mochte der entscheidende Mechanismus sein, der die Produktion des FSH und damit die weibliche Fruchtbarkeit steuert.

Wieder einmal sah es so aus, als sei Cotterell ein bedeutender wissenschaftlicher Durchbruch gelungen, der allerdings mit beunruhigenden Konsequenzen verbunden war. Wenn die Produktion des FSH durch Änderungen des Magnetfelds als Folge eines Umschlagens der Polarität des Sonnenwinds gesteuert werden konnte, überlegte er, dann konnte sie auch durch Veränderungen der neutralen Schicht der solaren Magnetosphäre gesteuert werden.

Zunächst stellte er fest, daß sich die Polarität der neutralen Schicht um das Jahr 3114 v. Chr. – dem Jahr, mit dem der Kalender der Maya beginnt – umgekehrt hatte, und ebenso um das Jahr 627 n. Chr. Daraus zog er den Schluß, daß die Änderung des Magnetfelds zu jener Zeit einen Rückgang der Fruchtbarkeit und den Niedergang der Maya zur Folge gehabt hatte.

Wenn man diese Erkenntnisse auf die heutige Zeit überträgt, so läßt sich vermuten, daß der gegenwärtige Rückgang der Geburtenzahlen in Entwicklungsländern nicht durch Veränderungen der Lebensweise, durch Umweltvergiftung oder eine wirksame Empfängnisverhütung verursacht wird, sondern durch eine erneute Änderung des irdischen Magnetfelds. Diesmal wird diese Änderung allerdings nicht durch eine geänderte Phase der neutralen Schicht der solaren Magnetosphäre bewirkt, sondern durch ein Umschlagen der Polarität der langfristigen Hüllkurve der Sonnenflecken-Tätigkeit, die im Laufe der vergangenen 50 Jahre ihr Maximum durchlaufen und ihren Trend umgekehrt hat.

Was Cotterell jedoch am Untergang der Maya wirklich faszinierte, war der Umstand, daß sie anscheinend die magnetische Änderung und den daraus resultierenden Rückgang der Fruchtbarkeit vorhergesehen hatten, denn ihre magische Zahl entspricht genau den 1 366 560 Tagen der Periode einer Umkehrung der magnetischen Pole. Wenn es zu einem Umschlagen der irdischen Magnetosphäre kommt, erhöht sich die Menge schädlicher Sonnenstrahlung, die auf die Erde gelangt, was genetische Mutationen und einen Anstieg der Säuglingssterblichkeit zur Folge hat. Wie Cotterell vermutete, könnte uns letzteres eine einleuchtende Deutung der rätselhaften Bilder der »Tänzer« von Monte Albán liefern und außerdem das besondere Interesse der Maya an Fruchtbarkeitsriten erklären, bei denen häufig zeremonielle Aderlässe aus Penis und Zunge eine Rolle spielten. Indem sie sich auf diese Weise – offenbar freiwillig – selbst bestraften, hofften sie anscheinend ihre eigene Fruchtbarkeit ebenso wie die ihres Bodens zu beschwören.

Das war jedoch zweifellos noch nicht alles. Ein Rückgang der menschlichen Fruchtbarkeit um das 9. Jahrhundert – wenn er sich denn tatsächlich ereignet hat – hätte die gesamte Erde betreffen müssen, doch die wenigsten Hochkulturen erlebten damals ihren Untergang. Es sieht also so aus, als hätten sich im tropischen Amerika eher lokale Faktoren ausgewirkt. Einer von ihnen bestand darin, daß die Umkehrung des solaren Magnetfelds unter Umständen das Magnetfeld der Erde beeinflußt hat, so daß die Menge der auf die Erde treffenden kosmischen Strahlung sich noch weiter erhöhte. Diese Erhöhung hätte sich in der Nähe des Äquatorgürtels am stärksten bemerkbar gemacht, weil die Strahlen hier fast senkrecht auf die Erdoberfläche treffen. Ein weiterer Faktor war der Rückgang der Niederschläge.[6]

Cotterell ist überzeugt, daß auch dies einem Rückgang der Sonnenflecken-Tätigkeit zuzuschreiben ist, denn zur gleichen Zeit setzte eine »kleine Eiszeit« ein (s. Anhang 5), während der die von den Weltmeeren verdunstende Wassermenge und damit auch die Menge der Niederschläge zurückgingen. Es ist bemerkenswert, daß die Überlebenden dieser Katastrophe entweder nach Süden ins Hochland wanderten, wo die Niederschläge ergiebiger waren, oder nach Yucatán im Norden, wo es unterirdische Strömungen gab. Die Zentralregion, die noch bis vor kurzem von tropischem Regenwald bedeckt war, hatte damals vermutlich ein stark arides Klima. Die Großstadt Palenque, die nicht vom Dschungel überwuchert wurde, muß damals von Ödland umgeben gewesen sein.

Wenn man den Zyklus bis in die Gegenwart verfolgt, hat es den Anschein, als machten sich heute bereits ähnliche klimatische Veränderungen und eine stärkere Desertifikation auf der Erdoberfläche bemerkbar. In Mexiko sind diese Effekte bereits deutlich ausgeprägt. In den vergangenen zehn Jahren ist im Oaxacatal nicht die erwartete Niederschlagsmenge gefallen, und die Region nimmt zunehmend einen ariden Charakter an. Da nach dem Mayakalender am 22. Dezember 2012 die gegenwärtige Periode beendet ist – und wir nach den Prophezeiungen der Maya auf irgendwelche Katastrophen gefaßt sein müssen –, stellt sich die Frage, ob oben erwähnte Veränderungen bereits ein Vorgeschmack auf künftige Ereignisse sind.

Die Erzählung der Maya von Katastrophen, die jedem der vier Zeitalter ein dramatisches Ende bereiteten, ist nicht einzigartig: Die mythischen Überlieferungen der Welt sind voll von ähnlichen Schilderungen verheerender Naturkatastrophen, die erklären sollen, wie die Erde zu ihrer gegenwärtigen Gestalt kam. Wie Cotterell feststellt, war die Frage, ob diese Gestalt durch das chaotische Spiel des Zufalls oder eine allmähliche und bruchlose Evolution zustande kam, Gegenstand emotionaler wie sachlicher Debatten. Wenn die Erde sich tatsächlich in kleinen Schritten entwickelt hätte, wie die Aktualismustheoretiker annehmen, dann müßten die Geophysiker in der Lage sein, den Magnetismus oder die geologische Struktur der Erdoberfläche zu messen oder zu erfassen. Aus diesem Material könnten zeitliche Daten extrapoliert werden, die es uns ermöglichen, das Alter der Welt zu berechnen und anzugeben, auf welche Weise sie in ihrer heutigen Gestalt entstanden ist. Dagegen vertreten die Anhänger der Katastrophentheorie die Meinung, die Welt verdanke ihr heutiges Aussehen im wesentlichen einer Abfolge von Katastrophen und höchstens in zweiter Linie bestimmten evolutionären Prozessen.

Geologische und geomagnetische Datierungstechniken haben die Rekonstruktion der geophysikalischen Evolution unseres Planeten ermöglicht; Ausgangspunkt ist die Zeit vor rund 200 Millionen Jahren, als sämtliche Landmassen, die wir heute kennen, Bestandteil einer einzigen, riesigen kontinentalen Landmasse waren, der man die Bezeichnung Pangäa gegeben hat (s. Anhang 6). Während der folgenden Jahrmillionen zerbrach dieser Kontinent, und die einzelnen Teile drifteten auseinander, da die ausgedehnten Krustenregionen der Erdoberfläche sich auf dem schmelzflüssigen Erdinneren frei bewegen konnten. Da diese Prozesse in großen Zeiträumen verliefen, wurde es notwendig, die Vorgeschichte entsprechend den unterschiedlichen geologischen Epochen in Perioden einzuteilen (s. Abb. 58).

Zeitskala des Phanerozoikums (Zahlen in Jahrmillionen)

| | | | |
|---|---|---|---|
| KÄNOZOIKUM | | PALÄOZOIKUM | |
| *Quartär* | | *Perm* | |
| Pleistozän | 1,5–2?? | Oberes | 240 |
| | | Unteres | 280 |
| *Tertiär* | | *Karbon* | |
| Pliozän | ca. 7 | Oberes | 325 |
| Miozän | 26 | Unteres | 345 ?? |
| Oligozän | 37–38 | *Devon* | |
| Eozän | 53–54 | Oberes | 359 |
| Paläozän | 65 | Mittleres | 370 |
| MESOZOIKUM | | Unteres | 395 ? |
| *Kreidezeit* | | | |
| Obere | 100 | *Silur* | 430–440?? |
| Untere | 136 ? | *Ordovizium* | |
| *Jura* | | Oberes | 445 ? |
| Oberes | 162 | Unteres | ca. 500 ? |
| Mittleres | 172 | | |
| Unteres | 190–195 | *Kambrium* | |
| *Trias* | | Oberes | 515 ? |
| Oberes | 205 | Mittleres | 540 ? |
| Mittleres | 215 | Unteres | 570 ? |
| Unteres | 225 | | |

Quelle: QJGS (1964) und York und Farquhar (1972)

*Abb. 58: Zeitalter der Erdgeschichte*

Während der Erstellung erdgeschichtlicher Chronologien durch die Messung von Magnetismus im Gestein stellten Geowissenschaftler verschiedene Anomalien fest. So entdeckten sie beispielsweise, daß das Magnetfeld der Erde, das ganz allgemein der Orientierung eines Stabmagneten an den

Polen entspricht, sich im Laufe der Erdgeschichte wiederholt umgekehrt hat. Hierfür hat man bisher keine Erklärung gefunden, auch wenn theoretische Modelle vermuten lassen, daß beim Zusammenwirken mehrerer »ungünstiger« Faktoren das Magnetfeld umschlagen oder »kippen« kann.

Außerdem wissen wir, daß die magnetischen Pole in periodischen Abständen gewandert sind und dabei ihre geostationären Positionen verändert haben. Solche Ereignisse sind als scheinbare Polwanderungen bekannt, deren Ursachen ebenso wie die der Umkehrung des Magnetfelds bislang im dunkeln liegen (s. Abb. 59).

Um diese Abweichungen und ihre Konsequenzen zu verstehen, müssen wir zunächst einen genaueren Blick auf das

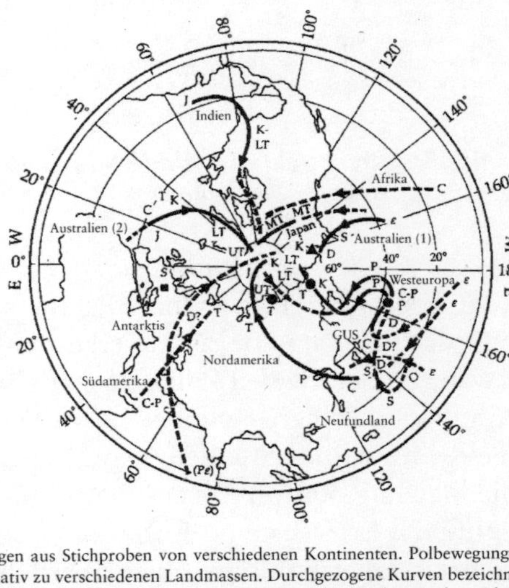


Polwanderungen aus Stichproben von verschiedenen Kontinenten. Polbewegungen seit dem Präkambrium relativ zu verschiedenen Landmassen. Durchgezogene Kurven bezeichnen Bewegungen, bei denen die paläomagnetischen Daten aus drei oder mehr Schichten in der geologischen Zeit eine weitgehend konsistente Abfolge bilden. Einzelne Polpositionen sind relativ zu China (■), Grönland (•) und Madagaskar (▲). Einzelbuchstaben: (Pε) Präkambrium; (ε) Kambrium; (O) Ordovicium; (S) Silur; (D) Devon; (C) Karbon; (P) Perm; (Tr) Trias; (J) Jura; (K) Kreidezeit; (OT, MT, UT) Oberes, Mittleres, Unteres Tertiär. Polare Azimutalprojektion der gegenwärtigen nördlichen Hemisphäre. (Garland 1971)

*Abb. 59: Magnetische Polwanderung*

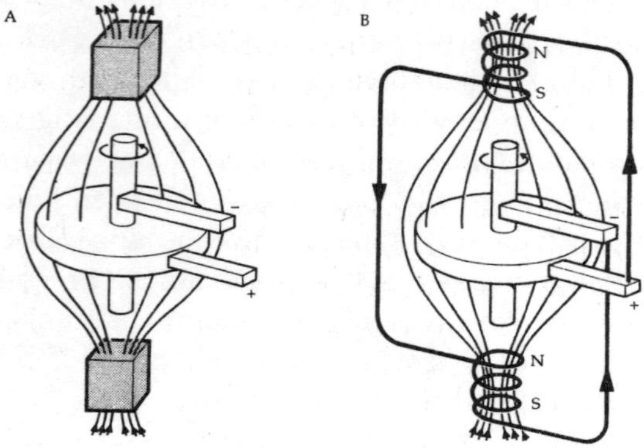


**Das Prinzip eines Dynamos**

Ein einfaches Modell eines Plattendynamos besteht aus einer runden Metallplatte, die sich in einem Magnetfeld zwischen zwei Dauermagneten dreht (A). Das Feld erzeugt eine Kraft auf die freien Elektronen in der Platte, durch die sie zur Mitte bewegt werden. Hierdurch kommt es zu einem Gefälle des elektrischen Potentials zwischen dem Rand und der Mitte der Platte, das einen Strom erzeugt, sobald der Kreislauf geschlossen wird. In einem Dynamo mit Selbsterregung (B) wird dieser Strom dazu benutzt, eine elektromagnetische Spule zu aktivieren, welche die ursprünglichen Dauermagneten ersetzt. Ein solches System erzeugt ein Magnetfeld, solange die Platte sich dreht. Mit diesem Modell läßt sich zeigen, wie mechanische Energie in elektrische Energie umgewandelt werden kann; man nimmt an, daß ein analoger Prozeß die Ursache für das Auftreten planetarischer Magnetfelder ist.

*Abb. 60: Das Magnetfeld der Erde und das Prinzip eines Dynamos*

Magnetfeld der Erde richten. Es wird allgemein angenommen, daß das irdische Magnetfeld dem eines Stabmagneten gleicht, der zwischen den beiden Polen ausgerichtet ist. Aufgrund eines ähnlichen Prinzips wie bei einem Dynamo wird ein solches Feld im Erdinnern erzeugt, und zwar als Folge der unterschiedlichen Rotation des geschmolzenen Erdmantels und der äußeren Erdkruste (s. Abb. 60).

1958 hat der US-amerikanische Historiker Charles Hapgood in seinem Buch *The Earth's Shifting Crust* behauptet, die Erdkruste habe im Laufe der Erdgeschichte mehrmals ihre Lage geändert, und die Kontinentaldrift und die Ausdehnung des Meeresbodens gingen letztlich auf die Bewegungen der Erdkruste zurück. Nach Hapgood hat eine

Schicht schmelzflüssigen Gesteins in etwa 160 Kilometern Tiefe des Planeteninneren die Verschiebungen der Erdkruste bewirkt. Eine Polverschiebung würde demnach die Erdkruste um den inneren Mantel verschieben, was zur Folge hätte, daß das Gestein der Erdkruste Magnetfeldern einer anderen Ausrichtung ausgesetzt wäre (s. Abb. 61).

In seinem Bestseller *Erde im Aufruhr* schildert der Wissenschaftler und Schriftsteller Immanuel Velikovsky, welche Folgen zu erwarten wären, wenn die Erdachse in eine andere Richtung gelenkt würde:

»Ein Beben hätte in diesem Moment die Erde erzittern lassen. Luft und Wasser hätten sich infolge ihrer Trägheit weiter bewegt. Über die Erde wären Sturmwinde hinweggebraust, und über die Kontinente wären die Meere hereingestürzt, Geröll und Sand und Meerestiere zurücklassend. Hitze hätte sich entwickelt, Gestein würde schmelzen, Vulkane würden ausbrechen, Lava würde sich aus Rissen im aufgebrochenen Boden über weite Gebiete ergießen. Aus

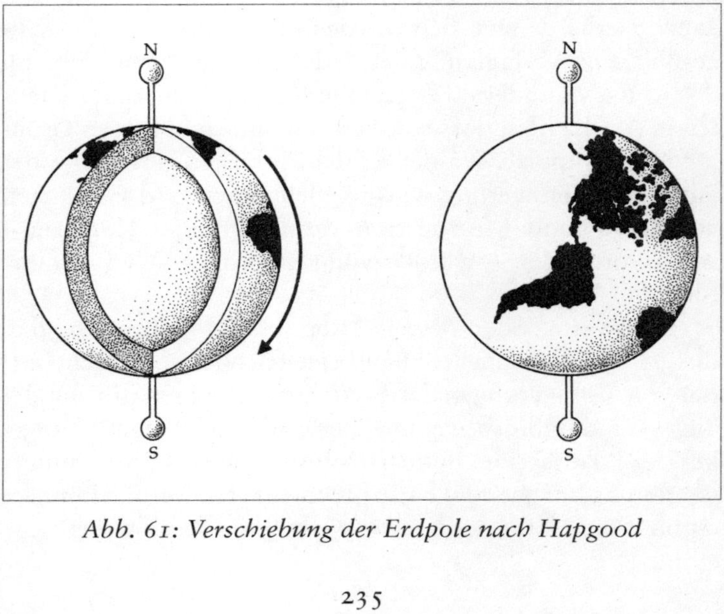


*Abb. 61: Verschiebung der Erdpole nach Hapgood*

den Ebenen würden sich Gebirge erheben, sich verschieben und auf die Schultern anderer Berge legen, Verwerfungen und Gräben verursachend. Seen würden umgekippt und ausgeleert, Flüsse ihre Betten verlegen; große Landstriche mitsamt ihren Bewohnern würden ins Meer rutschen. Wälder würden verbrennen, und die Sturmwinde und Sturzseen würden sie aus dem Boden, auf dem sie gewachsen waren, herausreißen und zu riesigen Haufen mit Ästen und Wurzeln auftürmen. Meere würden zu Wüsten, ihr Wasser wäre abgeflossen.

Und würde es zusammen mit der Achsenverlagerung zu einer Veränderung (Verlangsamung) der tagesbestimmenden Drehgeschwindigkeit kommen, dann zöge sich das durch die Fliehkraft in den Äquatorialmeeren festgehaltene Wasser zu den Polen zurück, und Sturmfluten und Orkane würden von Pol zu Pol rasen, vom Äquator über die Kämme des Himalaja und hinunter in die Dschungel Afrikas – Ren und Robbe in die Tropen und den Wüstenlöwen in die Arktis tragend; und von zersplitternden Bergen gerissene Steintrümmer würden über weite Distanzen verstreut; und ganze Tierherden würden von den Ebenen Sibiriens hinweggespült. Die Verlagerung der Erdachse würde auch überall das Klima verändern, Korallen in Neufundland und Elefanten in Alaska hinterlassend, Feigenbäume im Norden Grönlands und üppige Wälder in der Antarktis. Im Fall einer jähen Achsverlagerung würden viele Arten und Gattungen von Land- und Meerestieren vernichtet, und Kulturen – wenn vorhanden – würden völlig zerstört.«[7] Und er fährt fort:

»Überwältigendes Beweismaterial zeigt außerdem, daß die großen Weltkatastrophen begleitet oder verursacht waren von Verlagerungen der Erdachse oder einer Störung der Tages- und Jahresbewegung der Erde ... Lava mit umgekehrter Polarisation, hundertfach stärker als sie vom umgekehrten Erdmagnetfeld hätte hervorgerufen werden können, enthüllt die Natur der Kräfte, die hier am Werk waren ...

Viele weltweite Phänomene, für deren jedes die Ursache vergeblich gesucht wird, lassen sich auf diese eine Ursache [nämlich die Einwirkung einer außerirdischen Gewalt] zurückführen: Die plötzlichen Veränderungen des Klimas, das Vorstoßen des Meeres, ausgedehnte vulkanische und seismische Aktivitäten, die Bildung von Eisdecken, sintflutartige Regenfälle, das Entstehen von Gebirgen und ihre Verrückung, die Hebung und Senkung von Küstenrändern, das Kippen von Seen, Sedimentbildung, Fossilienbildung, das Vorkommen tropischer Tiere und Pflanzen in Polargebieten, Ansammlungen von Fossilien und Tieren aus verschiedenen Breiten und Lebensräumen, das Aussterben von Arten und Gattungen, das Auftreten neuer Spezies, die Umkehrung des Erdmagnetfeldes und Dutzende weiterer solcher weltweiter Phänomene.«[8]

Kurz gesagt, Velikovsky vermutet, daß die Erde durch Feuer, Wasser, Wind und vulkanische Regenfälle zerstört werden kann, und liefert uns ein Szenario, das eine verblüffende Ähnlichkeit mit dem Ende eines jeden der vier Zeitalter in der Mythologie der Maya aufweist.

Aus seinen Untersuchungen über die Sonnenflecken-Tätigkeit und den Mayakalender war Cotterell also zu dem Schluß gelangt, daß sich die Mayaprophezeiung für das Ende des fünften Zeitalters auf eine Umkehrung des Magnetfelds der Erde bezieht. Dieses Ereignis sowie die daraus resultierenden Katastrophen werden seiner Überzeugung nach um das Jahr 2012 eintreten.

Zu seinen Lebzeiten sah sich Velikovsky unfairen Angriffen durch das wissenschaftliche Establishment ausgesetzt: Damals, in den fünfziger und sechziger Jahren, glaubte man noch, die Technik sei das Patentrezept gegen alle Übel der Welt. Seine Vermutung, zur Zeit der alten Ägypter sei ein Komet der Erde sehr nahe gekommen, stieß seinerzeit auf ungläubigen Spott, doch viele seiner damaligen Hypothesen haben sich inzwischen bewahrheitet. Er behauptete beispielsweise als erster, daß Kometen nicht aus festem Gestein, sondern überwiegend aus Kohlenwasserstoffen und Eis beständen. Erst vor kurzem wurde der Jupiter von den Überresten eines solchen Kometen getroffen. Die Folgen des Einschlags wurden von Astronomen fotografiert und lieferten ein anschauliches Beispiel für die Verwundbarkeit der Planeten. Erst nach diesem Ereignis, das leicht statt des Jupiters auch die Erde hätte treffen können, richteten die Raumforscher ihr Interesse endlich nicht mehr auf einen möglichen »Urknall« in den tiefsten Winkeln von Raum und Zeit, sondern auf die Gefahren von wesentlich kleineren Katastrophen in der näheren Umgebung der Erde. Anschließende Forschungen ergaben, daß buchstäblich Tausende Kometen um die Sonne kreisen, von denen der eine oder der andere jederzeit durch einen zufälligen Zusammenprall aus seiner Bahn und zur Erde gelenkt werden könnte. Obwohl die Wissenschaftler daran wohl wenig ändern können, nehmen sie heute zumindest die Warnungen Velikovskys vor möglichen Zusammenstößen zwischen der Erde und Kometen ernst. Wir rechnen allerdings damit, daß die in diesem Buch vorgetragenen Ideen zunächst auf eine ähnliche Mauer der Kritik stoßen werden. Nur können wir nicht mehr 40 bis 50 Jahre warten, bis die Gefährdung der Menschheit durch die Sonnenflecken-Tätigkeit allgemein erkannt wird. Sobald die etablierten Wissenschaftler die Herausforderung der Cotterellschen Thesen annehmen und die hier vorgetragenen Ergebnisse als Anregung für weitere Untersuchungen auffassen, sind wir für die Bedrohung durch das Jahr 2012 besser gerüstet.

# 10.
# Die atlantische Katastrophe

## Die Geschichte der fünf Zeitalter

Nachdem ich die Äußerungen Cayces über Atlantis verglichen hatte mit dem, was ich von Don José Diaz Bolio über die yucatekischen Ursprünge des Klapperschlangenkults erfahren hatte, konnte ich einige Schlußfolgerungen ziehen. Ich erkannte, auf welche Weise der Prozeß der kulturellen Übertragung in Mesoamerika abgelaufen war und, noch wichtiger, wie der Aufstieg und Niedergang von Hochkulturen mit den von Maurice Cotterell ermittelten Sonnenzeitaltern zusammenhing. Ich bin ganz seiner Meinung, daß der aztekische Bericht von früheren Zeitaltern, wie er in der *Leyenda de los soles*[1] aufgezeichnet ist, mehr ist als ein bloßer Mythos. Jedes dieser Sonnenzeitalter ließ sich unter dem Aspekt historischer Ereignisse, einschließlich der Geschichte von Atlantis, deuten. Ich brannte jetzt darauf, die einzelnen Puzzleteile zusammenzufügen, und gelangte zu einem schlüssigen Gesamtbild, wie sich die Ereignisse in Mexiko während der fünf Zeitalter abgespielt haben mochten.

Wenn wir unterstellen, daß es tatsächlich einmal eine mächtige Hochkultur auf einer Inselgruppe im Atlantik gegeben hat, dann spricht einiges für die Annahme, daß dieses Atlantis zumindest zu einem Teil im heutigen Westindien lag. Cayce selbst hatte behauptet, die Hauptinsel von Atlantis, die er als Poseidia bezeichnete[2], habe in der Region des heutigen Bimini-Atolls existiert. Diese beiden kleinen Inseln befinden sich gegenüber der Küste Miamis und am nordwestlichen Ende der Großen Bahamabank, einer ausgedehnten Region von Seichtgewässern nördlich von Kuba.

Wenn man den Äußerungen Cayces glauben soll, dann sieht es so aus, als wären die Inseln des Bimini-Atolls lediglich die Bergrücken einer ehemals ausgedehnten Insel, die sich über diese Bank sowie weitere benachbarte Inseln und Untiefen erstreckte. In diesem Fall wäre Poseidia mindestens so groß gewesen wie heute Kuba (s. Abb. 62).

Der Untergang von Poseidia ereignete sich nach Cayce um das Jahr 10 500 v. Chr. (plus/minus zwei bis drei Jahrhunderte), und nachdem ihre Heimat im Meer versunken war[3], machten sich einige der Überlebenden auf den Weg nach Westen, zur Halbinsel Yucatán. Sie kamen aus dem königlichen Haus von Atlan und wurden von einem Priester namens Iltar angeführt. Iltar und seine Gefolgsleute mußten nicht weit segeln, um nach Yucatán zu gelangen – vermutlich gingen sie unterwegs in Kuba vor Anker. Von dort aus gab es für sie zwei Möglichkeiten: entweder noch weiter nach Westen zur Bucht von Campeche zu fahren oder in südliche Richtung

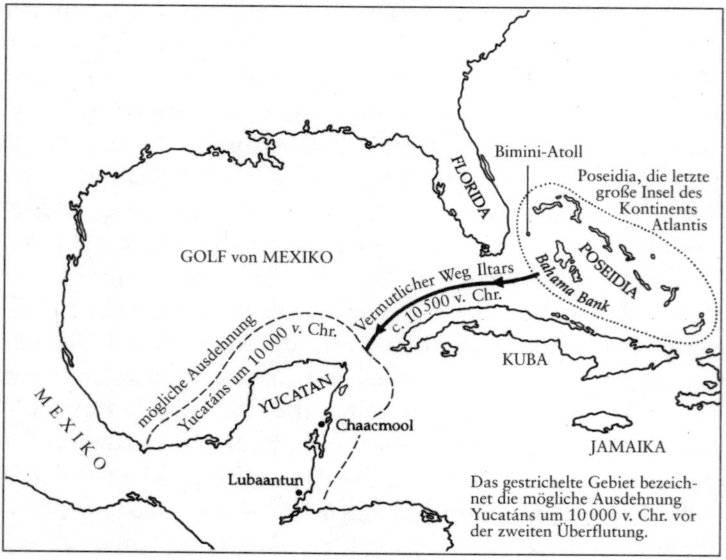


*Abb. 62: Mögliche Lage von »Poseidia«*

entlang der Ostküste zu und vielleicht in Lubaantun oder in Thomas Ganns Stadt Chacmool zu landen.

Das alles paßt gut zu der Sintfluterzählung, wie sie im *Codex Vatico Latinus* enthalten ist, derzufolge die erste Sonne (das erste Zeitalter) der Wassergöttin Chalchiuhtlicue durch eine Sintflut vernichtet wurde. Es gibt eine interessante Illustration der Mayaversion dieser Geschichte im *Codex Dresden* (s. Abb. 63). Auf ihr gießt Chac Chel (eine betagte Göttin und offenbar das Maya-Äquivalent der aztekischen Chalchiuhtlicue) einen Krug mit Wasser aus. Darunter sieht man einen kauernden Krieger, der möglicherweise den Planeten Venus darstellt. Über ihr ist ein kosmischer Kaiman, der die Insignien der Planeten Venus, Mars, Merkur und Jupiter trägt und wahrscheinlich die Milchstraße darstellt. Er öffnet sein Maul, um eine Wasserflut von sich zu geben. Die Intention ist klar – die Welt wird auf Anweisung der Regengöttin durch eine Sintflut zerstört, wobei dieser Zerstörung eine astrale Bedeutung zukommt, möglicherweise, weil die Planeten einen Großzyklus vollendet haben.

Im Klassiker der Quiché-Maya, dem *Popol Vuh*, heißt es, die ersten von den Göttern erschaffenen Menschen seien unvollkommen gewesen. Sie waren aus Lehm gebildet, verloren schnell ihre Form und lösten sich schließlich im Wasser auf. Obwohl offensichtlich einige Unterschiede im Detail zwischen dem yucatekischen Mythos, wie er im *Codex Dresden* illustriert ist, und dem Quiché-Mythos im *Popol Vuh* bestehen, ist der Inhalt zweifellos derselbe: Die erste Zerstörung erfolgte durch Wasser.

Der Bericht darüber, wie die Menschheit die Sintflut überlebte, ist im *Codex Vatico Latinus* etwas verworren, doch wir müssen bedenken, daß er in der Sprache der Mythologie und nicht der Geschichtsschreibung abgefaßt wurde. Es ist unsere Aufgabe, hinter den Mythos zu blicken und herauszufinden, wie die wirklichen Ereignisse abliefen, die er schildert. Zunächst heißt es, die Menschen seien in Fische verwandelt worden, und dann, daß entweder ein Paar, das sich

*Abb. 63: Seite 74 des* Codex Dresden *mit Darstellung der Sintflut*

auf einen Baum geflüchtet, oder sieben Paare, die sich in einer Höhle verborgen hatten, dort so lange ausharrten, bis die Flut wieder zurückging. Ich neige zu der Annahme, daß beide Berichte sich auf die Flucht von Atlantisbewohnern beziehen und daß die Menschen nicht »in Fische verwandelt« wurden, sondern sich übers Meer *in* Fischen, das heißt in Schiffen retten konnten. Wenn dies so war, dann ist es durchaus möglich, daß sie nach ihrer Ankunft auf der Halbinsel Yucatán zunächst Zuflucht in einer Höhle gesucht haben.

Offenbar brachten diese Einwanderer nicht nur die Erinnerung an die Vernichtung von Poseidia mit, sondern auch eine Fülle an praktischen Kenntnissen in Astronomie, Geometrie, Landwirtschaft und Medizin. Wir können uns vorstellen, daß Iltar ähnlich wie St. Patrick in Irland nach besten Kräften bemüht war, der eingeborenen Bevölkerung aus Proto-Maya seine hochentwickelten atlantischen Kenntnisse zu vermitteln und sich dabei der dort heimischen Klapperschlange, *Crotalus durissus durissus*, bediente, um seine Lehren zu veranschaulichen. Den wesentlich rückständigeren Bewohnern Yucatáns mußten die Atlanter wie Götter erschienen sein, und sie gaben Iltar den Namen Zamna und verehrten ihn als den Vater anderer Götter.

Die nächste oder zweite »Sonne«, die auf den Untergang von Atlantis folgte und etwa 4000 Jahre dauerte, war ein goldenes Zeitalter. Nach der *Leyenda* wurde dieses vom Windgott Ehecatl regiert, einer Version von Quetzalcóatl, mit einem Quetzalvogel als Symbol. Das deutet auf eine Verbindung zwischen Iltar-Zamna und Quetzalcóatl-Kukulcan als Göttern der Zivilisation. Doch ebenso wie das vorangegangene ging auch dieses Zeitalter unter. Wie dies geschah, ist nicht ganz klar, doch nach Cayce wurde die ursprüngliche yucatekische Stadt Iltars mit ihren Tempeln einige Zeit nach dem Untergang Poseidias zerstört. Das war möglicherweise die zweite Zerstörung, von der in der *Leyenda* die Rede ist, denn dort erfahren wir, dieses Zeitalter sei durch

Winde untergangen. Wenn man weiß, daß das Wort Hurrikan aus dem karibischen Namen des Windgottes abgeleitet ist, wird klar, daß mit »Winde« Orkane gemeint sind. Wie wir inzwischen wissen, sind erratische Windströmungen und ein Ansteigen der Weltmeere Symptome für die Erwärmung der Erdoberfläche. Daraus läßt sich schließen, daß damals (vermutlich um 7000 v. Chr.) eine weitere, vielleicht stärker lokal begrenzte Periode von Überschwemmungen und Stürmen zu beobachten war, die Yucatán verheerten. Wenn es in der *Leyenda* heißt, damals seien »die Menschen in Affen verwandelt worden, um sich zum Überleben an die Äste von Bäumen klammern zu können«, so spricht daraus möglicherweise ein vorübergehender Rückzug der Bevölkerung von der exponierteren Halbinsel Yucatán in die bewaldeten Regionen von Chiapas und Tabasco. Unter dem dichten Blätterdach der Wälder im Landesinneren konnten die Bewohner zumindest vor starken Stürmen Schutz finden.

Über das dritte Zeitalter (das des Tleyquiyahuillo), das auf diese Vernichtung folgte, wissen wir ebenfalls kaum etwas Näheres. Anscheinend währte es von ca. 7000 bis 3100 v. Chr., und ihm folgte jenes Zeitalter, in dem die frühe Hochkultur der Maya entstand. Die Überlebenden des zweiten Zeitalters kamen aus dem Schutz des Waldes hervor und machten sich daran, ihre in Trümmern liegende Welt wiederaufzubauen. Archäologische Befunde deuten darauf hin, daß zum erstenmal um 7000 v. Chr. im Teohuacántal in der Nähe von Oaxaca Feldfrüchte angebaut wurden, was zu den Erfordernissen jenes Zeitalters passen würde. Da zu jener Zeit Mais noch unbekannt war, scheint der Bericht in der *Leyenda* zuzutreffen, demzufolge die Menschen sich damals vorwiegend von *tzincoacoc* (etwas Ähnlichem wie Mandelbrei) und nicht mehr von wilden Früchten wie im vorangegangenen Zeitalter ernährten. Die Stadt Lubaantun wurde ebenfalls während dieser Zeit erbaut; nach Cayce waren die Bauarbeiter zum Teil Einwanderer aus Peru. So unorthodox diese Vorstellung zunächst anmuten mag, sie würde zumindest erklären, warum Lubaantan keinerlei Ähnlichkeit mit den späteren Mayastädten in der Region aufweist und warum seine Mauern aus großen Steinquadern in Trockenbauweise errichtet wurden – eine Bautechnik, wie sie für Peru typisch ist.

Das dritte Zeitalter wurde vom Feuergott regiert, und dies mag vielleicht die Existenz des Kristallschädels unter den Trümmern von Lubaantun erklären. Wie wir früher gesehen haben, wurde dieser Schädel sehr wahrscheinlich als Brennglas benutzt; man betrachtete ihn vermutlich als das magische Werkzeug des Sonnengottes selbst. Die »magische« Kraft des Schädels, ein Feuer zu entzünden, muß den Menschen, die von der Physik des Lichts noch nichts wußten, große Ehrfurcht eingeflößt haben.

Die späteren Feuerzeremonien der Azteken und Maya waren mit Vorstellungen der Erneuerung verbunden, denn Feuer hat die Wirkung, organische Materie unter Wärme- und Lichtentwicklung in ihre ursprünglichen Elemente zu zerlegen. Die Bewohner des Mittelamerikas der Antike sahen das Feuer offensichtlich mit anderen Augen als wir heute, nämlich als ein Mittel zur Erneuerung der Sonne. Deshalb hielten sie am Ende einer Periode – die ein Jahr, 52 Jahre oder einen Baktun von 144 000 Tagen währen konnte – eine Zeremonie ab, bei der das Alte verbrannt und Platz für das Neue geschaffen wurde. Indem sie die in der abgestorbenen Materie verborgene Wärme wieder freisetzten, glaubten sie die Sonne zu ernähren. Es ist zu vermuten, daß diese Vorstellung während des dritten Zeitalters aufkam.

Von Beginn des vierten Zeitalters um 3100 v. Chr. an bewegen wir uns auf vertrauterem Boden. Archäologischen Befunden zufolge wurde kurz vor dieser Periode – um 3200 v. Chr. – erstmals Mais angebaut. Es ist zugleich der Beginn des Long Count-Kalenders der Maya. Das wichtigste mit diesem Zeitalter verbundene Ereignis ist nach dem Text der *Leyenda* die durch den »Gott« Quetzalcóatl erfolgte Gründung der legendären Stadt Tula, die in allen Berichten als ein Ort von großer Schönheit und Heiligkeit geschildert wird. Was die genaue Lage von Tula angeht, so gab es darüber unter den Archäologen viel Streit und Verwirrung. Der Name wird gegenwärtig für die Ruinen von Tula in Hidalgo gebraucht, jener kleinen toltekischen Hauptstadt, die erst im 9. Jahrhundert n. Chr. errichtet wurde. Ein Teil der Verwirrung rührt von der Mehrfachbedeutung des Namens Quetzalcóatl her. Dieser Name wurde von den vorkolumbischen Mexikanern als Titel für bestimmte, besonders heilige religiöse Führer gebraucht, daneben aber auch für einen Gott, der vor langer Zeit einmal gelebt hatte. So wie im alten Ägypten alle lebenden Pharaonen als Reinkarnationen des Gottes Horus betrachtet wurden und dessen Namen erhielten, so trugen in Mittelamerika die Hohenpriester der Tolteken und Maya den Titel eines Quetzalcóatl (Kukulcan). Man nahm an, sie seien die lebenden Verkörperungen jenes alten Gottes, so wie der Dalai Lama von seinen Anhängern als lebender Buddha angesehen wird. Die verfügbaren Belege sprechen jedoch dafür, daß es auch einen ganz besonderen Menschen gab, der diesen Namen trug, der tatsächlich etwas Besonderes war und als Prophet des vierten Zeitalters angesehen wurde. Vieles spricht dafür, daß die von diesem Mann gegründete Stadt Tula nicht die von Charnay aufgefundene toltekische Hauptstadt war, sondern höchstwahrscheinlich die größte und heiligste Stadt im Mexiko vor der Eroberung durch die Spanier, Teotihuacán.[4]

In der *Leyenda* heißt es, daß nach dem Ende des dritten Zeitalters durch die Einwirkung von Feuer irgendwann vor 3100 v. Chr. einige der Überlebenden dieser Katastrophe von den Küstenregionen Yucatáns und Tabascos auf die Hochebene zogen. Dieses Volk legte unter der Führung eines Quetzalcóatl eine Siedlung namens Tula an, vermutlich das spätere Teotihuacán. Um 100 v. Chr. war diese Stadt auf vielleicht 200 000 Einwohner angewachsen und beherrschte den größten Teil Südmexikos. Um 100 n. Chr. bauten die

Teotihuacanos die Hauptplätze aus und errichteten die riesigen Sonnen- und Mondpyramiden sowie die ebenfalls gewaltige »Zitadelle«, welche die kleinere Quetzalcóatlpyramide enthielt. Diese Gebäude erhoben sich über früheren, wesentlich bescheideneren Bauwerken, die Quetzalcóatl und seine Gefährten errichtet hatten. Die Stadt konnte ihre wirtschaftliche Blüte fortsetzen und übte ihren Einfluß bis nach Palenque aus, ehe das vierte Zeitalter um 750 n. Chr. sein Ende fand. Eine Verringerung der Sonnenflecken-Tätigkeit und ein Anwachsen der unmittelbaren Sonnenstrahlung führte zu einem Rückgang der menschlichen Fruchtbarkeit. Die Katastrophe wurde anscheinend verschlimmert durch eine ausgedehnte Dürre, die Mißernten und Hungersnot brachte. Möglicherweise begruben die Einwohner von Teotihuacán in der Erkenntnis, daß das Ende des Zeitalters kurz bevorstand, die meisten heiligen Bauwerke unter Schutt und Erdreich und setzten alles Übrige in Brand, um die Energie der Stadt der Sonne zurückzugeben. Wir können nur spekulieren, doch es mag durchaus sein, daß zumindest einige ihrer Anführer – möglicherweise auch ein kranker alter Mann namens Nanahuatzin – sich in die Flammen stürzten, weil sie glaubten, durch dieses letzte, verzweifelte Opfer könne der Sonnengott gestärkt werden, auf daß es ihren Nachkommen wieder gut ergehe. Es ist denkbar, daß es dieser Akt der Selbstaufopferung war, der von den späteren Azteken als der Tod der Götter erinnert wurde. Zweifellos war die Verbrennung der Stadt die letzte Feuerzeremonie und hat für die Azteken und Tolteken offenbar das vierte Zeitalter symbolisch beendet.

Aus der Asche von Teotihuacán wurde die fünfte aztekische »Sonne«, Nahui Ollin geboren. Überlebende aus Teotihuacán zogen gemeinsam mit Einwanderern aus dem Norden unter der Führung eines anderen Anführers, der ebenfalls den Titel Quetzalcóatl trug, in ein anderes Tal und begannen mit dem Bau einer neuen Stadt. Dieses Tula – in Hidalgo – sollte trotz seiner wesentlich geringeren Größe zur

Hauptstadt der Tolteken werden. Es handelt sich um die Ruinen, die von Charnay entdeckt wurden. Nach den aztekischen und toltekischen Legenden war dieser Quetzalcóatl hochgewachsen, hellhäutig, bärtig und in allen geistigen Dingen bewandert. Als König war er ein guter und gerechter Herrscher über das Volk, und seine Regierungszeit galt später als goldenes Zeitalter. Doch sein Bruder und Mitregent in Tula, der Kriegsgott Tezcatlipoca, brannte vor Neid und Eifersucht. Quetzalcóatl wurde gezwungen, die Stadt in Begleitung einer großen Schar seiner Freunde und Anhänger zu verlassen. Er nahm den Weg nach Osten zur Küste und bestieg ein Floß aus Schlangen. Doch bevor er in Richtung der aufgehenden Sonne in See stach, versprach er, eines Tages zurückzukehren, um die Herrschaft des Gesetzes und des Lichts wiedereinzusetzen. Es war diese Prophezeiung, die die Azteken so sehr in Schrecken versetzte, denn sie wußten in ihrem Herzen, daß ihre Vorväter die Macht über das Toltekenreich usurpiert hatten, und sie fürchteten die Rückkehr Quetzalcóatls. Vielleicht war das der Grund, warum sie ihn auch weiterhin verehrten und ihre Toten in der antiken Stadt Teotihuacán, dem Ort der höchsten Opfer bestatteten. Offenbar hatten sie keinerlei Zweifel an ihrer Heiligkeit als der ursprünglichen Stadt des gütigen Gottes Quetzalcóatl, denn die Tolteken hatten ihnen gesagt, daß er hier die Geburt der fünften Sonne bewirkt hatte. Diese Hauptstadt des vierten Zeitalters, mit ihren Pyramiden und Tempeln, die jetzt unter Erdreich und Gestrüpp verborgen sind, blieb für die Einwohner Mittelamerikas bis zur Ankunft der Spanier ein bedeutender Wallfahrtsort.

Gleichzeitig mit dem Aufstieg von Teotihuacán entwickelte sich weiter im Osten, in Chiapas und Yucatán, eine eigene Mayahochkultur. Deren Anfänge liegen weitgehend im dunkeln, müssen jedoch parallel zu den Entwicklungen in Teotihuacán gelaufen sein. Bis 1000 v. Chr. hatten die Maya als »Olmeken« Städte an der Küste von Tabasco gebaut, bevor sie sich westlich nach Oaxaca ausbreiteten.

Außerdem entwickelten sie eine Hieroglyphenschrift, die später von den Zapoteken übernommen wurde, und den Long Count-Kalender, der mit dem Jahr 3114 v. Chr. begann.

Bis zum Jahr 600 n. Chr. hatten die Maya von Chiapas Städte wie Palenque gebaut und einen eigenen anspruchsvollen Baustil entwickelt. Wie auch an anderen Orten in Mesoamerika errichteten sie Pyramidentempel, die als Kulttempel und Grabmäler für solch außergewöhnliche Herrscher wie Pacal dienten. Sie bewahrten das Wissen ihrer Vorfahren und übernahmen durch ihre Kontakte vieles von dem entfernt gelegenen Teotihuacán. Den spanischen Berichten zufolge glaubten sie, daß sie wenigstens zu einem Teil von Menschen abstammten, die unter der Führung eines Mannes namens Votan übers Meer gekommen waren. Von ihm hieß es außerdem, er sei von weißer Hautfarbe gewesen und mehrmals in seine alte Heimat zurückgekehrt.

Ebenso wie Teotihuacán wurden Palenque und die übrigen Städte des zentralen Mayagebiets aus denselben Gründen, die im westlichen Mexiko zu einem Bevölkerungsrückgang geführt hatten, um 800 n. Chr. aufgegeben. Die Maya verließen ihre in der Tiefebene gelegenen Städte und zogen in die Hochlandregionen, wo die Niederschläge reichlicher waren. Sie kehrten nie mehr zurück, und Städte wie Palenque, Bonampak und Yaxchilán wurden innerhalb kurzer Zeit vom Dschungel überwuchert.

In Nordyucatán erging es den Anwohnern wesentlich besser. Da sie unterirdische Wasserreservoire nutzen konnten, waren sie weniger auf regelmäßige Niederschläge angewiesen und konnten in Städten wie Uxmal, Chichén Itzá und Mayapán die Mayakultur zu neuer Blüte bringen. Später fielen die Tolteken aus dem zweiten Tula in diese Provinz ein, angeführt von einem weiteren Quetzalcóatl (diesmal als Topilzin bekannt), und der bis dahin weitgehend friedliebenden Kultur wurde ein neues, kriegerisches Element hinzugefügt.

Dieses verworrene Szenarium stellt offenbar den Verlauf der Geschichte in Mittelamerika seit dem Untergang von Atlantis bis zur Ankunft der Spanier 1519 dar. Wie sie sich weiter entwickelt hätte, wenn Cortez und seine Männer nicht ins Land gekommen wären, bleibt der Spekulation jedes einzelnen überlassen. Es spricht jedoch einiges dafür, daß die einheimische Hochkultur zu dieser Zeit bereits im Niedergang begriffen war. Ständige Kriege, Menschenopfer, Krankheiten und eine Übernutzung des Bodens trugen allesamt zu diesem Verfall bei. Doch woran es dieser Gesellschaft vor allem und unabhängig von diesen Ursachen fehlte, waren Visionen. Das Land von Quetzalcóatl-Kukulcan brauchte neue Ideen und Energien, denn die Menschen hatten ihre geistige Kraft verloren. Daß dies auf eine so brutale Weise durch die spanische Conquista samt der anschließenden Inquisition ausgelöst wurde, ist für mich eine der großen Tragödien der Geschichte, denn es steht außer Zweifel, daß die erwartete »Rückkehr des Quetzalcóatl« als ein friedliches Ereignis vorgestellt wurde.

Als ich daranging, die tiefere, eher esoterische Seite der Quetzalcóatl-Überlieferung zu ergründen, stellte ich fest, daß sie zahlreiche Anklänge an das Christentum der Gnosis hatte.

## Der gute Gott Quetzalcóatl

Die Tatsache, daß in Teotihuacán dem Gott Quetzalcóatl Opfer dargebracht wurden, ist an sich schon rätselhaft, denn anscheinend wurde ursprünglich mit Quetzalcóatl (Kukulcan in der Mayasprache) ein Himmelsgott bezeichnet. Als einer der vier Söhne des Urgötterpaars Ometeotl (Hunabku bei den Maya) herrschte er über den westlichen Himmel. Seine Farbe war weiß. Das bedeutete Reinheit, Güte und Weisheit. Außerdem wurde er mit der Venus gleichgesetzt, die weiß leuchtet und der hellste der Planeten ist. Quetzalcóatl als Venus war eine Art Phönix – der mythische, sich selbst aufopfernde Feuervogel. Denn nach der *Cuauhtitlan*-Chronik opferte er sich im Land von Schwarz und Rot (als Xicalanco und Acallan an der Grenze des Mayagebiets identifiziert), und sein Herz, das weißglühend verbrannte, wurde zum Planeten Venus. Es heißt:

»Als sie den Ort erreichten, nach dem sie gesucht hatten, weinte [Quetzalcóatl] aufs neue und seufzte. In diesem Jahr 1-Schilfrohr (so wird erzählt, so sagt man es), als er die Meeresküste erreichte, den Rand des Himmelswassers, erhob er sich, weinte, nahm sein Gewand und legte seine Federn an, seine kostbare Maske. Als er angekleidet war, verbrannte er sich aus eigenem Entschluß, überantwortete er sich dem Feuer. So daß die Stelle, an der Quetzalcóatl sich verbrannte, Verbrennungsplatz genannt wird.

Und es heißt, daß sich seine Asche erhob, nachdem er verbrannt war, und es erschien ein prächtiger Vogel, der sich zum Himmel emporschwang; man konnte ihn sehen, und man wußte, daß er zum Himmel einging. Die alten Männer sagen, er sei zur Venus geworden; und man erzählt sich, daß Quetzalcóatl starb, als der Stern erschien. Seitdem nannte man ihn den Herrn der Morgendämmerung.«

Wieder sehen wir die bereits vertraute Verknüpfung zwischen einer Feuerzeremonie und einer neuen Geburt, dem Beginn eines neuen Zeitalters. Wie wir wissen, hat die Geburt der Venus deutlich kalendarische Beiklänge, denn sie bezeichnet den Beginn des Long Count-Kalenders der Maya im Jahr 3114 v. Chr. Für die Azteken endete dieses Zeitalter mit der Zerstörung von Teotihuacán und der Gründung Tulas um das Jahr 750 n. Chr. Der Verfasser der *Cuauhtitlan*-Chronik, der zwischen der mythischen Geburt der Venus und dem Beginn des fünften Zeitalters einen Zusammenhang herstellen wollte, verknüpfte den Venusmythos mit der Flucht des späteren Quetzalcóatl-Topilzin. An dieser Geschichte ist außerdem die Datumsangabe »1-Schilfrohr« interessant, denn in einem solchen Jahr wurde das Aztekenreich nicht von einem gütigen Quetzalcóatl, sondern von Cortez und seinen Reitern in Besitz genommen.

Hinter dem Mythos von Quetzalcóatl-Kukulcan steckt jedoch mehr als nur Astronomie oder ein historisches Ereignis. Als Archetyp steht Quetzalcóatl für alles, wonach ein Mann nach damaliger Ansicht streben sollte. Die Darstellung dieses Gottes als eine gefiederte Schlange bezeichnet seine Doppelnatur: Die Federn symbolisieren seine luftige, geistige Seite (der Vater) und die Schlange seine Verbindung mit der physischen Schöpfung (die Mutter). Auf einer tieferen, mystischeren Ebene verweist das Symbol der »gefiederten Schlange« darauf, daß der aufgeklärte Mensch die beiden gegensätzlichen Aspekte seines Wesens, das Geistige und das Materielle, miteinander in Einklang bringen muß.

In den spirituellen Traditionen des Westens symbolisiert die Schlange (oder manchmal auch der Drache) die Bahn der Sonne am Himmel, zugleich aber auch das niedrigere Selbst. Nach den gnostischen Traditionen wird jeder von uns als Schlange geboren und ist gezwungen, sein Leben lang im Staub zu kriechen. Ebenso wie eine Schlange sich erneuert, indem sie ihre Haut abwirft und ihr eine neue Haut nachwächst, so leben auch wir ein Leben nach dem anderen, sterben und werden neugeboren, ohne die Fähigkeit zu haben, uns von der Erde zu erheben. In diesem Zustand der Unwissenheit sind wir von den höheren Welten des Geistes ausgeschlossen und bleiben die hilflose Brut der großen Sonnenschlange. So kommt es, daß wir als die gefallenen Kinder von Adam und Eva in unsere erneuerbaren »Häute« eingesperrt und gezwungen sind, in der materiellen Welt ein Leben nach dem anderen zu leben und immer neue Tode zu erleiden. Das ist zum Beispiel auch der Grund, warum Coatlicue wie ihr Hindu-Äquivalent Kali ein Halsband aus Totenschädeln und zerstückelten Händen trägt, denn die Erdenmutter gibt und nimmt das Leben.

Die gnostischen Überlieferungen sprechen aber auch von einem kosmischen Schicksal, von der den Menschen als Seelen innewohnenden Möglichkeit, die physische Erde zu verlassen, um in unsere wahre Heimat auf höheren, immateriellen Ebenen zu reisen. Das ist der Kern der spirituellen Lehren aller großen Meister, der Lehren von Jesus, Buddha, Mohammed und, wie wir vermuten dürfen, von Quetzalcóatl-Kukulcan.

Doch sie alle lehren, daß wir unser Sein verwandeln müssen, um die Freiheit zu erringen. Um eine andere Metapher zu gebrauchen: Der gewöhnliche Mensch lebt wie eine Raupe auf dem Kohlblatt des Lebens. Hier kann er tausendmal leben und sterben, ohne auch nur die Möglichkeit einer Weiterentwicklung zu erkennen. Doch so wie die Raupe in sich das Potential hat, zu einem schönen Schmetterling zu werden, so haben auch die Menschen die Möglichkeit, sich in eine höhere Form zu verwandeln. Wir müssen nicht auf ewig im Raupenstadium des Lebens verharren, auch wir können Engel werden – selbst während wir noch in einem irdischen Körper leben.

Die praktische Anwendung dieser esoterischen Philosophie ist der Yoga. Er erfordert die Anhebung der »Schlangenenergie« in der Wirbelsäule und ihre Verbindung mit spirituellen »Adlerkräften« im Kopf. Um das zu erreichen, ist ein Akt höchster Selbstaufopferung nötig, da der Wille des Individuums – die Schlange – mit dem größeren Willen Gottes, der sich im Adler bekundet, in Übereinstimmung gebracht wird. Diese Selbstaufopferung ist so zu beschreiben: Das Individuum muß sich von sich selbst lossagen, um »wiedergeboren« und mit dem umfassenderen kosmischen Bewußtsein verbunden zu werden. Das ist nicht einfach, wie jeder weiß, der sich mit spiritueller Meditation beschäftigt hat. Denn zwischen dem künftigen Initianden und dem größeren Schicksal steht das persönliche Ich, und dieses hat eine übermächtige Furcht davor, seine trügerische Identität aufzugeben. Es können jahrelange Vorbereitungen erforderlich sein, bevor jemand bereit ist, sich dieser Prüfung zu unterziehen, und dann muß er sich in äußerster Einsamkeit

Gott stellen. Bringt er dieses Vorhaben erfolgreich zu Ende, erfährt er eine Öffnung des Herzens mit dem Ergebnis, daß die reine Kraft der bedingungslosen Liebe in ihn einströmen kann. Diese erfüllt nicht nur den Probanden, sondern ergießt sich außerdem in die Welt hinaus, die hierdurch befähigt wird, an diesem lebendigen Opfer teilzuhaben. Der so initiierte Mensch wird in der Terminologie des klassischen Mexikos zu einem »Quetzalcóatl« und empfängt etwas, das in der Sprache des Christentums die »Gaben des Heiligen Geistes« genannt wird. Eine feurige Zunge ist herabgefahren, hat die Schlacke des gewöhnlichen Lebens verbrannt, und der Initiierte erfährt wie die Sterne eine Wiederauferstehung in die Ewigkeit.

Nach allem, was wir wissen, war Tenoch, der die Azteken in das Tal von Mexiko führte, ein typisch indianischer Medizinmann. Zweifellos nutzte er seine Träume für seine Weissagungen, und anscheinend hatte er zumindest eine Ahnung von der Bedeutung der Dualität von Schlange und Adler. Wir können uns vorstellen, daß Tenoch selbst wußte, daß die mystische Verbindung von Schlange und Adler das mystische Symbol Quetzalcóatls war, auch wenn er selbst eine solche Vereinigung nicht erreichte. Die Übernahme der Geschichte des Adlers und der Schlange in den Mythos von der Gründung Tenochtitláns erfolgte vermutlich bewußt, damit dieses hohe Ideal nicht in Vergessenheit geriet. Heute wird jenes Symbol einer menschlichen Transformation als Emblem des Staates Mexiko verwendet und findet sich auf öffentlichen Gebäuden, Kirchen, Museen und selbst auf Flugzeugen.

Doch lange vor der Ankunft Tenochs im Tal von Mexiko hatte »Quetzalcóatl« schon Tula gegründet. Ihn verehrte man auch in Teotihuacán, bevor diese Stadt in Brand gesetzt wurde, und bei den Maya unter dem Namen Kukulcan. Ob der letzte Quetzalcóatl tatsächlich ein großer, bärtiger, weißer Mann gewesen ist, werden wir nie erfahren. Worauf es jedoch ankommt, ist nicht eine einzelne Person, sondern sind die von ihr vertretenen religiösen Vorstellungen. Das hatte nichts mit der abergläubischen Praxis zu tun, den lebenden Opfern das Herz aus der Brust zu reißen. Dieser barbarische Brauch entsprang einem völlig falschen Verständnis der wahren religiösen Tradition des Quetzalcóatl, die ein Opfer des Geistes und nicht des Körpers und schon gar nicht des Körpers eines Dritten forderte. Es ist vielmehr das lebendige Herz eines heiligmäßigen Menschen, der von den »Toten« des irdischen Lebens auferstanden ist und mit dem kosmischen »Willen Gottes« vereint wurde. *Dieses* Herz soll dem Universum dargebracht werden.

Die Maya von Palenque haben dies anscheinend besser verstanden als die Tolteken und Azteken, die fälschlich annahmen, die Opferung von Geiseln sei ein Ersatz für persönliche Verwandlung. Obwohl die Maya ihre eigenen Mängel und – nach unseren heutigen Maßstäben – ein bedrückend strenges Gesellschaftssystem hatten, hielten sie doch immerhin die Idee des persönlichen Opfers in den Leiden wach, die sie sich im Namen der Religion zufügten. Möglicherweise war es Pacal selbst gelungen, die große Verwandlung zu erreichen und zu einem Quetzalcóatl, dem höchsten der Götter zu werden. Die Geschichte dieser bemerkenswerten Verwandlung wird in einem der von Cotterell entschlüsselten Bilder aus der Grabplatte von Palenque mit der Bezeichnung »Der sterbende Fürst Pacal« dargestellt.

Neuere Grabungen in Palenque haben eine Reihe äußerst lebensechter menschlicher Figurinen zutage gefördert, von denen einige eine Ähnlichkeit mit Pacal aufweisen. Darunter befindet sich die Figur eines Mannes mit einem Adlerkopf (s. Farbfoto 5), die möglicherweise in ehrfürchtiger Erinnerung daran geschaffen wurde, daß Pacal in den Rang eines Quetzalcóatl (Kukulcan) aufgestiegen war. Dieser konnte demnach die Quelle der außergewöhnlichen Kenntnisse der Maya gewesen sein. Als ein verwandelter Mensch hätte Pacal die Gabe des zweiten Gesichts besessen und wäre in der Lage gewesen, in die Zukunft zu blicken.

Er oder andere seinesgleichen hatten somit möglicherweise auch die Wiederkehr von Atlantis als den Höhepunkt unseres gegenwärtigen Zeitalters vorausgesehen.

## Die Rückkehr von Atlantis

Der ganze Fragenkomplex um Atlantis hat Archäologen und Wissenschaftler gleichermaßen vor ungelöste Rätsel gestellt. Wie wir gesehen haben, ist die Hypothese, der untergegangene Kontinent habe sich in der Mitte des Nordatlantiks befunden, höchst anfechtbar. Sie steht nicht nur im Widerspruch zu den modernen Theorien der Kontinentaldrift, sondern auch zu der Tatsache, daß ausgerechnet hier das Meer besonders tief ist. Wahrscheinlicher ist, daß es in der Region der Westindischen Inseln gelegen hat, wo sich zahlreiche Inseln befinden und die Gewässer ziemlich seicht sind. Hier ist zumindest die Hypothese plausibel, der »Untergang« von Atlantis sei in Wirklichkeit eine Überschwemmung gewesen, bedingt durch ein Ansteigen des Meeresspiegels, das wiederum durch ein Abschmelzen der Polkappen um das Jahr 10500 v. Chr. verursacht wurde, als die letzte Eiszeit ihrem Ende zuging. Der Grund, warum wir so gut wie keine Spuren von dieser Kultur in Westindien finden, läge dann darin, daß das, was wir heute als Inseln sehen, damals Gebirgsrücken waren. Die untergegangenen Städte und Ansiedlungen von Atlantis hätten in der Nähe der Küste gelegen und wären mit steigendem Meeresspiegel überschwemmt worden. Was von ihnen übrigblieb, muß im Lauf von 12 500 Jahren unter Sand und Schlamm begraben worden sein.

Die Schilderungen, die Cayce in Trance über Atlantis äußerte, endeten nicht mit seinem Untergang oder mit der Geschichte, wie einige Atlanter nach Yucatán oder Ägypten fliehen konnten. Er prophezeite, eines Tages werde Atlantis wieder aus dem Meer auftauchen. Dieser Prozeß werde sich allmählich vollziehen und um das Jahr 1968/69 einsetzen. Am 28. Juni 1940 sagte er folgendes eigenartige Detail vorher:

»... Ein Teil der Tempel [von Atlantis] wird möglicherweise noch unter dem Meeresschlamm der Jahrtausende in der Nähe des Bimini-Atolls vor der Küste Floridas entdeckt werden.«[5]

Als Edgar Cayce 1945 starb, konnte er nicht wissen, daß sich diese Vorhersage bestätigen würde, denn 1968 wurden tatsächlich einige rätselhafte Ruinen auf dem Meeresboden vor der Küste des Bimini-Atolls aufgespürt.

Der Entdecker dieser seltsamen archäologischen Überreste war ein gewisser Dr. Manson Valentine, der vor der Küste des Atolls getaucht war. In einer Tiefe von etwa zehn bis fünfzehn Metern fand er eine lange, gerade Mauer, die aus großen, rechteckigen Quadern bestand. Diese Entdeckung wurde von anderen Tauchern bestätigt, und es erhob sich sogleich ein Streit darüber, ob es sich bei dem Fund um ein Werk von Menschenhand handele. Allein schon die Größe der Blöcke (die zum Teil eine Länge von drei bis viereinhalb Metern aufweisen) läßt an einem Umstand keinen Zweifel: Selbst wenn es sich um unbearbeitete Quader handeln sollte, müssen die Maurer oder Steinmetzen über eine hochentwickelte Technik verfügt haben, um sie an Ort und Stelle zu bugsieren.

Es sieht also so aus, als handelte es sich bei der Entdeckung Valentines um die Überreste eines Küstenbauwerks gegen die zerstörerischen Auswirkungen der Brandung. Das alles steht in Einklang mit Cayces Behauptung, das Bimini-Atoll sei früher ein Teil der Insel Poseidia gewesen. Die Bewohner dieser Insel haben im Kampf gegen den steigenden Meeresspiegel vermutlich versucht, das Wasser durch mächtige Mauern – große, aus Steinblöcken errichtete Deiche – abzuhalten. Die endgültige Katastrophe muß sich ereignet haben, als die Deiche dem Wasserdruck nicht mehr standhielten und die ganze Insel überschwemmt wurde. Nur die höchsten Erhebungen ragten noch aus dem Meer, und die Überlebenden der Katastrophe waren gezwungen, sich eine neue Heimat zu suchen.

War dieser Fund unter Wasser an sich schon eine Sensation, so hatte Cayce doch noch etwas Erstaunlicheres vorhergesagt: Wenn der Zeitpunkt gekommen sei, werde in der Nähe des Bimini-Atolls eine Geheimkammer entdeckt werden. Außerdem werde man zwei ähnliche Kammern an einem anderen Ort auffinden – die eine in der Nähe der Sphinx von Gise in Ägypten und die andere in den Ruinen von Iltars Tempel auf der Halbinsel Yucatán. Keine dieser drei »Hallen der Aufzeichnungen« wurde bislang aufgespürt – zumindest ist darüber nichts bekannt –, so daß wir über das, was sie möglicherweise enthalten, nur Vermutungen anstellen können. Doch Cayce hatte mehrfach betont, in allen drei Kammern werde man Aufzeichnungen über die Geschichte von Atlantis und seinen endgültigen Untergang um das Jahr 10500 v. Chr. finden.

Neuere Forschungen an der Sphinx von Gise in Ägypten lassen darauf schließen, daß dieses rätselhafte Standbild möglicherweise an die 12 000 Jahre alt ist. Aufgrund einer genaueren Untersuchung seiner Verwitterungsspuren sind der Geologe John Anthony West und sein Kollege Dr. Robert Schoch zu der Überzeugung gelangt, daß die Sphinx und der ihr zugeordnete Taltempel zu einer Zeit aus dem Gestein gehauen worden sein müssen, als in Ägypten noch regelmäßig derart schwere Niederschläge zu verzeichnen waren, wie sie später zu keiner Zeit mehr auftraten. Weitere geologische Befunde lassen vermuten, daß diese Periode nicht nach 9000 v. Chr. liegen konnte[6]. Diese Forschungsergebnisse stützen Schlußfolgerungen, die Robert Bauval und ich auch in unserem Buch *Das Geheimnis des Orion* gezogen hatten. Dort hatten wir darauf hingewiesen, daß die Ägypter selbst die Gründung ihres Reiches in eine graue Vorzeit, die sogenannte *Zep Tepi* oder »Urzeit« verlegt hatten. Es war für sie ein goldenes Zeitalter, in dem die Götter noch Umgang mit den Menschen pflegten. Mit Hilfe des Computerprogramms SKYGLOBE stellte Bauval fest, daß das Sternbild des Orions um das Jahr 10450 v. Chr. den tiefsten Punkt seines Zyklus am Himmel erreicht hatte.[7] Es kam noch hinzu, daß die Pyramiden der Totenstadt von Memphis (das zentrale Thema des erwähnten Buchs) zu jener Zeit am vollkommensten das Sternbild des Orions darstellten. Das bewog Bauval zu der Vermutung, daß die »Urzeit« mit den Anfängen jener Periode zusammengefallen war, die von uns inzwischen als das Zeitalter des Orions bezeichnet wird.

Wenn wir – nach dem Wortlaut des *Codex Vatico Latinus* – den Beginn des vierten Zeitalters der Maya (Tzontlilac) mit dem Jahr 3114 v. Chr. ansetzen, dann wäre das erste Zeitalter der Maya und der Azteken (Matlactili) 8091 Jahre zuvor zu Ende gegangen, das heißt im Jahr 11 205 v. Chr. Bezeichnenderweise heißt es, am Ende dieses Zeitalters sei eine große Flut (Apachiohualiztli) gekommen, die durch die Göttin Chalchiuhtlicue, der Gemahlin von Tlaloc, herbeigeführt wurde. Nach den Trance-Vorträgen Cayce' über den Untergang von Atlantis war diese Überschwemmung ein gradueller Vorgang, der sich über mehrere Jahrhunderte erstreckte. Nach der ersten Phase ragten noch viele bergige Regionen des ehemaligen Festlands Atlantis als Inseln aus dem Wasser. Später wurden die meisten von ihnen ebenfalls überschwemmt. Das Jahr 10500 v. Chr. markiert das Ende dieses Prozesses. In groben Zügen besteht somit eine bemerkenswerte Übereinstimmung der Daten in den Berichten über eine weltweite katastrophale Sintflut von Platon (ca. 9500 v. Chr.), Cayce (vor 10 500 v. Chr.) und dem *Codex Vatico Latinus* (11 025 v. Chr.). Deshalb liegt die Vermutung nahe, daß dies tatsächlich die Epoche war, in der die Atlanter nach Ägypten und Yucatán ausgewandert sind.

In den Cayce-Vorträgen findet sich noch mehr über die Migration Iltars in Yucatán. So erklärte der »schlafende Prophet« einem seiner Klienten, er habe in einem früheren Leben »in einem atlantischen Land zu einer Zeit der Auswanderung vor der endgültigen Vernichtung« gelebt und sei dann nach »Mittelamerika gefahren, wo einige der Tempel heute [1935] wieder freigelegt werden«[8].

In diesem Zusammenhang ist bemerkenswert, daß Dr. Thomas Gann seine erste Ausgrabung der Ruinen von Lubaantun nur elf Jahre zuvor, im Jahre 1924 durchgeführt hatte. Die Schlagzeile eines Artikels in der *Illustrated London News*, in dem über seine Arbeit berichtet wurde, lautete: »Eine vergessene Stadt der ältesten Hochkultur Amerikas«. Drei Jahre später entdeckte Mitchell-Hedges – Abenteurer, Theosoph und Mitglied des Maya-Komitees des British Museums – an derselben Fundstätte den Kristallschädel. Doch die Äußerung Cayce' über Tempel, die »heute wieder freigelegt werden«, bezog sich anscheinend nicht auf Lubaantun. Am 10. Februar 1935, weniger als drei Monate vor der erwähnten Vorlesung, erschien ein Artikel von Mitchell-Hedges im *New York American*. Darin ging es um seine Entdeckung gewisser Spuren einer untergegangenen Zivilisation auf den Islas de la Bahía vor der Küste von Honduras. Es ist wahrscheinlich, daß Cayce diesen Artikel gelesen hat und daß es diese Entdeckungen waren, die ihn inspirierten. Wenn das zutrifft, müssen wir unsere Suche nach dem vergessenen Tempel Iltars vor der Küste Honduras beginnen.

Da das von den alten Maya prophezeite Jahr 2012 n. Chr. mit dem das gegenwärtige Zeitalter sein Ende findet, immer näher rückt, kann man um die Zukunft unserer Erde nur fürchten. Der Beginn des letzten Mayazeitalters war die Geburt der Venus, des Quetzalcóatlsterns am 12. August 3114 v. Chr. Am letzten Tag des Zeitalters, dem 22. Dezember 2012 n. Chr., treten die kosmischen Zusammenhänge zwischen Venus, Sonne, den Plejaden und Orion wieder in Erscheinung. Denn so wie die Venus zum ersteren Zeitpunkt tatsächlich »geboren« wurde – wobei die Plejaden mit ihrem Meridiandurchgang in der Morgendämmerung diese »Geburt« ankündigten –, so »stirbt« sie dann symbolisch. Mit

Hilfe des SKYGLOBE-Programms läßt sich errechnen, daß kurz vor Sonnenuntergang am 22. Dezember 2012 die Venus am westlichen Horizont untergeht und gleichzeitig die Plejaden am östlichen Himmel aufgehen. Genau wenn die Sonne untergeht, geht der Orion auf und verkündet möglicherweise den Beginn eines neuen Präzessionszyklus', entbindet symbolisch ein neues Weltzeitalter. Was dies physikalisch für die Geologie der Erde bedeutet, darüber läßt sich nur spekulieren – doch möglicherweise kommt dabei auch der versunkene Erdteil ins Spiel.

Edgar Cayce sagte nicht nur voraus, daß Atlantis wieder aus dem Meer emporsteigen, sondern daß es gegen Ende dieses Jahrhunderts noch weitere bedeutsame »Erdveränderungen« geben werde. Ebenso wie nach ihm Maurice Cotterell glaubte er, daß es infolge einer Verschiebung des irdischen Magnetpols zu weitreichenden Störungen kommen werde. Ein großer Teil davon scheint einem Zyklus topographischer Veränderungen und Bewegungen zu unterliegen, die während der gesamten Erdgeschichte immer wieder aufgetreten sind. Allerdings war die Erde zu keiner anderen Zeit so dicht bevölkert wie heute, und wenn sich diese Prophezeiungen bewahrheiten sollten, so wird es zur größten Katastrophe kommen, von der die Menschheit je heimgesucht wurde. Cayce sagte voraus, daß große Gebiete an der Ost- und Westküste Amerikas unter dem steigenden Meeresspiegel ebenso verschwinden werden wie damals Atlantis. Gleichzeitig werde sich das Klima in Europa, einem »Kontinent«, dessen Küsten in ähnlicher Weise überschwemmt würden, innerhalb kürzester Zeit beträchtlich abkühlen. Die mögliche Ursache hierfür sei das Wiederauftauchen des alten Kontinents Atlantis, der den Weg des Golfstroms versperre und auf diese Weise die »Zentralheizung Europas« abschalte. Die Umkehr des Magnetpols wird nach Cayce insofern zu klimatischen Änderungen führen, als die heutigen Polargebiete und Tropen gemäßigter werden.

Alle diese Prophezeiungen stehen in Einklang mit der Vorstellung der Maya, daß das gegenwärtige Zeitalter im Jahre 2012 seinen Untergang erlebt. Cayce sagte allerdings nichts darüber, wodurch im einzelnen die Veränderungen auf der Erde ausgelöst würden. Doch mit der neuen Sonnenflecken-Theorie Cotterells haben wir endlich eine Theorie der Ursachen. Es ist das Magnetfeld der Sonne, das Umkehrungen des irdischen Magnetfelds und damit verbundene Katastrophen auslöst. Wie wir solchen Ereignissen begegnen, bleibt abzuwarten, aber immerhin sind wir gewarnt.

Das heutige Mexiko ist in vieler Hinsicht ein Mikrokosmos der modernen Welt. Es verkörpert alle Ängste, die wir empfinden angesichts der Übervölkerung, der Zerstörung der tropischen Regenwälder, der Umweltvergiftung, klimatischen Veränderungen, der politischen Korruption und wirtschaftlichen Ausbeutung. Doch trotz der riesigen Probleme, von denen die Mexikaner bedrängt werden, sind sie tief religiös – allerdings auf eine christlich-katholische und nicht mehr aztekische Weise. Obwohl es vermutlich eines Wunders bedarf, um Mexiko sicher ins nächste Jahrtausend zu bringen, hat man den Eindruck, daß seine Einwohner durch ihren starken Glauben gestärkt werden. Dieses bemerkenswerte Land, das Careri, Brasseur de Bourbourg, Humboldt, Stephens, Catherwood, le Plongeon und Hunderte weiterer Reisender in seinen Bann schlug, wird auf die eine oder andere Weise überleben und vielleicht eine sichere Zuflucht für andere Einwanderer bieten. Es könnte gut sein, daß Mexiko, mit seiner langen Geschichte der Toleranz und interkulturellen Befruchtung, in dem neuen Zeitalter eine bedeutende Rolle spielen wird.

# Anmerkungen

## 1. Die geheimnisvollen Maya

1 Der Name Palenque, der im Spanischen »Zaun« bedeutet, leitet sich aus dem benachbarten Dorf Santo Domingo del Palenque ab. Die ursprüngliche Mayabezeichnung der Stadt ist unbekannt, lautete jedoch möglicherweise Nachan.

2 Nach dem führenden Mayaforscher Michael D. Coe herrschte bei den Maya die Vorstellung, daß ein Mayafürst ein zweites Ich habe, das als *uay* bezeichnet wurde. Dieses nahm die Gestalt eines Tiers an (sei es ein Jaguar oder eine Maus), mit dem man durch Träume in Verbindung treten konnte. Coe behauptet außerdem, daß einige der Bauwerke in den Ruinenstädten der Maya möglicherweise Schlafstätten waren, wo Mayakönige diese Geister in einer »Traumfahrt« aufsuchen konnten. M. D. Coe, *Maya*, S. 200 f.

3 Zu ihren Praktiken zählte das zeremonielle Durchbohren des Penis mit einer speziellen Lanze. Auf einem Fries im Innern des Kreuztempels in Palenque sieht man König Chan Bahlum, der eine solche Lanze in der Hand hält. Ein mit diesem Instrument herbeigeführter Aderlaß war in Yucatán anscheinend eine ebenfalls gängige Praxis und wird von Pater Diego de Landa in seinem Buch *Rélacion de las Cosas de Yucatan* beschrieben.

4 Nach Landa waren die ersten Spanier, die im Jahre 1511 in Guatemala landeten, Geronimo de Aguilar und seine Gefährten. Wie jedoch John Stephens in seinem Buch *Incidents of Travel in Yucatán* schreibt, waren Juan Dias de Solis und ein Gefährte des Columbus, Vincent Yanze Pinzon, bereits 1506 dort, ohne jedoch gegen die Indianer etwas ausrichten zu können. Erst 1542 unterwarf Don Francisco Montejo die Indianer und gründete Merida.

5 Obsidian ist ein natürliches Gesteinsglas aus erstarrter Lava, aus dem sich scharfe Instrumente wie Messerklingen und Pfeil-

spitzen herstellen lassen. Es wurde im Tal von Teotihuacán abgebaut und in alle Regionen Mesoamerikas exportiert. Heute werden daraus Souvenirs hergestellt.

6 Der Name Quetzalcóatl (in der Mayasprache Kukulcan) bedeutet »gefiederte Schlange« und wird verwirrenderweise auf verschiedene, aber miteinander zusammenhängende Vorstellungen von Göttern angewandt. Der Quetzalcóatl, der nach der Legende zurückkehren sollte, wäre eine Inkarnation des unsterblichen Gottes gleichen Namens gewesen, so wie Gautama eine Inkarnation des Buddha war.

7 Cuahtemoc wurde von Cortez als Geisel nach Guatemala mitgenommen, wo man ihn umbrachte, als man ihn nicht mehr brauchte.

8 Die berühmteste dieser Stufenpyramiden war die des Templo Mayor, die in dem einzigartigen aztekischen Stil auf ihrer Plattform einen den beiden Göttern Tlaloc und Huitzilopochtli geweihten Doppeltempel trug. Es gab noch etliche weitere Pyramiden in Tenochtitlán, von denen eine elliptisch geformt war und einen runden Turm trug.

9 Das Nahuatl war die Verkehrssprache des aztekischen Staates und zur Zeit der Eroberungen in weiten Teilen Südmexikos gängige Handelssprache. Die Maya hatten jedoch mehrere eigene, ganz anderslautende Sprachen.

10 Man nimmt an, daß die Tolteken etwa um 850 n. Chr. in das Tiefland von Mexiko vordrangen und dort bis etwa 1250 n. Chr. eine beherrschende Stellung einnahmen.

11 Der Name Quetzalcóatl wurde als Titel für einen Führer ebenso verwendet wie für einen der Hauptgötter.

12 Man nimmt an, daß die Azteken das Tiefland von Mexiko im 13. Jahrhundert n. Chr. erobert haben.

13 Ein unvollständiges Exemplar von Sahagúns Hauptwerk, *Historia generale de las cosas de Nueva España*, wurde 1840 von Carlos M. Bustamente veröffentlicht und hundert Jahre später ins Englische übersetzt. Es wird im allgemeinen als der *Florentiner Codex* bezeichnet. Das 5., 6. u. 7. Buch dieses Werks liegt außerdem in deutscher Sprache vor: *Wahrsagerei, Himmelskunde und Kalender der alten Azteken*, Übers. und erläutert von Dr. Leonhard Schultze Jena, Stuttgart 1950.

14 Der Begriff »Olmeken« wird in der akademischen Diskussion nicht mehr gebraucht. Der genauere Terminus lautet »Proto-Maya«.

15 Der Tierkreis von Denderah ist eine astrologische Himmelskarte, der die Decke eines Tempels in Oberägypten zierte. Er datiert aus der späten ptolemäischen Periode (1. Jahrhundert v. Chr.) und stellt die Sternbilder figürlich dar. 1820 wurde er entfernt und in die Bibliothèque Nationale in Paris gebracht; heute befindet er sich im Louvre.

16 Die Maya setzen sich aus mehreren Sprachgruppen zusammen, die vermutlich alle auf denselben Ursprung, die Proto-Maya zurückgehen. Die wichtigsten Gruppen sind die Yucateka der Halbinsel Yucatán, die Cholan aus der Zentralregion und die Quiché, die hauptsächlich weiter östlich in Belize und Guatemala ansässig sind.

17 Jacques Louis David (1748–1825) war einer der bedeutendsten französischen Maler der Revolution. Selber ein glühender Revolutionär, malte er in der klassischen Manier. Von Kaiser Napoleon I. zum Hofmaler ernannt, führte er zwei beachtliche Gemälde aus. *Die Krönung* (Joséphines) und *Die Verteilung der Adler auf dem Champ de Mars*. Als die Bourbonen wieder an die Macht kamen, mußte er ins Exil nach Brüssel gehen.

18 Das ursprüngliche Königreich Israel, über das König David von Jerusalem aus herrschte, war nach dem Tod Salomos in zwei Teile gespalten. Unter der Führung des Stamms Josef bildeten zehn der zwölf ursprünglichen Stämme Israels einen Splitterstaat mit Samaria als neuer Hauptstadt. Sie »gingen verloren«, nachdem dieses neue Königreich Israel (Samaria) von den Assyrern erobert, und seine Einwohner in die Verbannung geschickt worden waren. Sie wurden von Nichtisraeliten verdrängt, die in der Bibel als Samariter bezeichnet werden. Die beiden restlichen Stämme des südlichen Königreichs Judäa, Juda und Benjamin, blieben bestehen und wurden schließlich als die Juden bekannt. Das weitere Schicksal der Abkömmlinge der verlorenen Stämme ist umstritten.

19 Der amerikanische Schriftsteller Peter Tompkins ist bekannt geworden durch seine Bücher *Cheops – Die Geheimnisse der Großen Pyramide* (1971) und *The Secret Life of Plants*, das er gemeinsam mit Christopher Bird verfaßte. In seinem Buch *My-*

*steries of the Mexican Pyramids* (1976) erzählt er die Geschichte der Pyramidenforschung in Mexiko und stellt verschiedene, häufig bizarre Theorien vor.

20 *Biologia Centrali-Americana, Archaeology*; Textband sowie vier Bildbände.

## 2. Die Zeitvorstellungen der Maya

1 Die *Description d'Egypte* wurde zwischen 1809 und 1822 in Paris veröffentlicht und enthielt neun Text- und elf Bildbände. Verfaßt wurde sie von den Wissenschaftlern der *Commission des Sciences et des Arts de l'Armée d'Orient*, die Napoleon auf seinem Feldzug nach Ägypten begleiteten. Monumental in ihrem Umfang wie in ihrer Gelehrsamkeit, wurde die *Description* vor allem wegen ihrer herrlichen Illustrationen in ganz Europa enthusiastisch aufgenommen.

2 Der Stein von Rosette wurde 1799 in der Nähe von Alexandria von einem Offizier im Heer Napoleons gefunden und erwies sich als der Schlüssel zur Entzifferung der altägyptischen Hieroglyphen. Auf ihm ist derselbe Text in drei verschiedenen Sprachen eingemeißelt: Griechisch, Demotisch (eine spätere Version der ägyptischen Schriftsprache) und in Hieroglyphen. Gestützt auf die Annahme, daß die Sprache der alten Ägypter Ähnlichkeiten mit dem neuzeitlichen Koptisch aufwies, war es möglich, die Konsonanten und Vokale, für die die Hieroglyphen standen, zu erraten und auf diese Weise mit der Entschlüsselung der altägyptischen Texte zu beginnen. Der Stein von Rosette befindet sich heute im Britischen Museum in London.

3 Möglicherweise bereits um 3000 v. Chr.

4 Die Mayaforscher sind sich selbst nicht schlüssig darüber, ob die Maya erkannt hatten, daß das Sonnenjahr tatsächlich etwas länger als genau 365 Tage war. Bei meinem Aufenthalt in Mexiko sagte mir ein Führer, die Maya hätten ihren Kalender jeweils nach 52 Jahren angepaßt und dann 13 Schalttage eingefügt, was unserer Praxis entspricht, für jeweils vier Jahre einen Schalttag vorzusehen.

5 Eigentlich müßte man von einem Halbjahrhundert sprechen, da die Azteken auch mit Perioden von 104 Jahren rechneten.

6 Der Long Count wurde sehr wahrscheinlich von den Olmeken erfunden.

7 Sir Eric Thompson, der 1975 starb, wird von seinen ehemaligen Kollegen offenbar unterschiedlich beurteilt. Auf der einen Seite rühmt man ihn wegen seiner Arbeit über die Festlegung der Daten des Long-Count-Kalenders, auf der anderen wird er verurteilt, weil er seine Forschungsergebnisse seinen Kollegen nicht zugänglich gemacht hat.

8 Diese sogenannten Oberschwellen sind eine Besonderheit der Mayatempel und hatten anscheinend eine doppelte Funktion. Durch die Erzeugung eines senkrechten Drucks stabilisierten sie einen Bogen aus Kragsteinen, und in manchen Fällen waren sie mit Löchern versehen, durch die man die Bahn von Planeten und Sternen verfolgen konnte.

9 Die Maya waren weniger an dem Zeitpfeil Vergangenheit, Gegenwart, Zukunft, als an Zyklen, die sich wiederholten, interessiert. Die Bewegungen der Sonne und der Planeten waren zyklisch, und ihre wechselseitigen Beziehungen bildeten Zyklen von längerer Dauer. Es waren diese langfristigen Zyklen, die in ihrer Zahlenmystik zum Ausdruck kamen und den Kern ihrer astronomischen Wissenschaft bildeten.

## 3. Eine neue Solarastrologie

1 Vgl. z. B. Evan Hadingham, *Early Man and the Cosmos*, London 1983, S. 226 f.

2 Jeff Mayo ist gegenwärtig einer der führenden Astrologen der Welt und Autor mehrerer astrologischer Lehrbücher.

3 Professor Hans-Jürgen Eysenck wurde besonders durch seine Arbeiten über die menschliche Intelligenz bekannt.

4 Astrologen teilen die zwölf Zeichen des Tierkreises in vier gleich große Gruppen ein, welche die Elemente Feuer, Luft, Wasser und Erde – in der Reihenfolge zunehmender Dichte – repräsentieren. Feuer und Luft gelten als aktive, Wasser und Erde dagegen als passive Elemente.

5 Über diesen Punkt herrscht zwar eine beträchtliche Verwirrung, doch in Wirklichkeit ist die Sache ganz einfach. Während die Erde ihre jährliche Rundreise um die Sonne

macht, bewegt diese sich scheinbar sechs Monate über der nördlichen und sechs Monate über der südlichen Hemisphäre. Der Tag, an dem die Sonne von Süd nach Nord wechselt, ist die Frühlings-Tagundnachtgleiche (Frühlingsäquinoktium) und wird unabhängig vom Sternenhimmel als 0° Aries bezeichnet.

6 Gegenwärtig (1995) befinden wir uns in einer Periode geringer Sonnenflecken-Tätigkeit.

7 Vgl. *Atlas of the Solar System*, Mitchel Beazley, 1985, S. 33.

8 Dieser theoretische Mechanismus für das Verhalten des solaren Magnetfelds ist als »Babcick-Leighton-Modell« bekannt.

9 James Van Allen, namhafter US-amerikanischer Naturwissenschaftler.

10 Die Sonne besteht überwiegend aus Wasserstoff, der in seinem normalen atomaren Zustand aus einem Proton und einem Elektron besteht.

11 *Daily Mail* vom 16. Dez. 1986.

12 Radiosender der BBC für die im Ausland stationierten britischen Streitkräfte.

13 Unabhängiger Radiosender für London.

14 Zu ihnen gehörten Professor Hans-Jürgen Eysenck, Dr. Geoffrey Dean und Dr. Michael Ash.

15 Evan Hadingham, a. a. O.

16 Der Tempel des Kreuzes ist der größte einer Gruppe von drei Pyramidentempeln, von denen man annimmt, daß Chan Bahlum (Schlangenjaguar), der Sohn Pacals, sie in Auftrag gegeben hat. Seinen Namen verdankt er seinem Hauptfries (das Original befindet sich heute im Museum für Anthropologie in Mexiko City), das Chan Bahlum und Pacal zu beiden Seiten eines großen Kreuzes zeigt.

### 4. Maurice M. Cotterell in Mexiko

1 Das mexikanische Wort *zocalo* ist aus dem kastilischen *socle* abgeleitet, das »Sockel« oder »Säulenfuß« bedeutet. Auf dem Platz stand bis zu seiner Entfernung nach der mexikanischen Unabhängigkeitserklärung ein Standbild von Karl IV. Der Sockel blieb noch jahrzehntelang dort erhalten.

2 Das Einsinken von Kirchen und anderen bedeutenden Bauwerken ist ein Grund zu großer Besorgnis und trägt zu dem Gefühl bei, in einer Stadt zu leben, der keine Dauer beschieden ist. Verstärkt wird dieses Gefühl noch durch die Tatsache, daß die Stadt Mexiko in einem Erdbebengebiet liegt.

3 Diego Rivera (1886–1957) ist der berühmteste Wandmaler Mexikos und betrieb eine Kunst, die noch auf die Mayazeit zurückgeht. Seine Meisterwerke im Treppenaufgang des Präsidentenpalasts schildern Mexikos schmerzhafte Geschichte von der Gründung des Aztekenreichs und der Ankunft der Spanier bis zu den Revolutionskriegen.

4 Dieser Altar zeigt die aztekische Göttin Coyolxauhqui in zerstückeltem Zustand. Man hat behauptet, sie stelle die Milchstraße dar. K. Taube, *Aztec and Maya Myths*, London 1993, S. 47.

5 Leopaldo Batres war ein ehemaliger Milizionär des Diktators Porfirio Diaz. Er war außerdem der erste Archäologe mexikanischer Abstammung und verband ein wissenschaftlich-akademisches Interesse an Mexikos Vergangenheit mit seiner Begeisterung für die Schatzsuche. Als einer der ersten erkannte er das touristische Potential von Teotihuacán und machte sich deshalb an seine nicht immer feinfühlige Rekonstruktion.

6 Die Sonnenpyramide ist nach der Großen Pyramide von Cholula die größte in Mexiko. Sie erhebt sich 65 Meter in die Höhe und trug früher einmal einen 10 Meter hohen Tempel auf ihrer Plattform. Die Grundlinie ihrer quadratischen Basis war 225 Meter lang – nur 5 Meter kürzer als die der Cheopspyramide in Ägypten.

7 Die »gefiederten Schlangen« haben Köpfe mit großen Zähnen, die stark an Jaguare erinnern, so daß »Schlangenjaguar« möglicherweise die bessere Beschreibung wäre.

8 S. Karl Taube, *Aztec and Maya Myths*, a. a. O., S. 41 ff.

9 Ebd., S. 44.

10 Der spanische König verlieh Cortez den Titel Marquis des Oaxacatals.

11 Solche Ballspielplätze finden sich in ganz Mittelamerika und in den Südstaaten der USA. Die Regeln des Ballspiels sind nicht geklärt, doch anscheinend mußte man dabei einen Ball mit den Ellbogen und Hüften durch einen Steinring treiben.

Zumindest in späterer Zeit endete das Spiel mit der rituellen Enthauptung eines der Spieler als Opfer an den Sonnengott.

12 Als Stephens und Catherwood den Fundort 1840 besuchten, war ein Großteil der Stuckarbeiten noch unversehrt. Leider haben die Zeit, Vandalen und Souvenirjäger ihr zerstörerisches Werk verrichtet, so daß heute von den Verzierungen kaum noch etwas übriggeblieben ist.

13 Der Name Pacal bedeutet »Schild« und war eine der ersten Hieroglyphen, die übersetzt wurden. Der volle Titel lautet Makin Pacal, was »Großer Sonnenschild« bedeutet. Vgl. Michael D. Coe, *Breaking the Maya Code*, London 1994, S. 188–191.

14 Die sterblichen Überreste von Pacal lassen auf einen hochgewachsenen, kräftigen Mann schließen, der im Alter von etwa 40 Jahren starb. Nach den Hieroglyphen erreichte er jedoch das hohe Alter von 80 Jahren und 158 Tagen. Seine scheinbare Jugendlichkeit stellt die Archäologie vor ein weiteres Rätsel.

15 Möglicherweise die Göttin Chac Chel.

16 *Das Buch des Rates. Popol Vuh*, Übers. Wolfgang Cordan, Düsseldorf 1962, S. 25.

17 Wahrscheinlich zwei aus der Sammlung, die Maudsley um die Jahrhundertwende nach London schickte und im Victoria and Albert Museum deponierte.

18 *Das Buch des Rates*, a. a. O., S. 154.

19 Ebd., S. 103 f.

20 Die Maya, die in einem Dschungelgebiet lebten, praktizierten ein System der Brandrodung. Dabei wird zunächst ein Stück Dschungel niedergebrannt, zwei bis drei Jahre lang bebaut und anschließend für rund 20 Jahre sich selbst überlassen. Inzwischen weiß man, daß dies keineswegs eine primitive Form der Landwirtschaft ist, sondern die einzige Möglichkeit darstellt, diese Regionen mit ihren starken tropischen Niederschlägen landwirtschaftlich zu nutzen, ohne die Fruchtbarkeit des Bodens dauerhaft zu zerstören.

## 5. Das Land der Klapperschlange

1 Der Aufstand der Zapatisten war nur *ein* Ausdruck einer weit verbreiteten Unzufriedenheit in Mexiko, die sich gegen die gegenwärtige politische Korruption richtet.

2 Der Meridian ist eine imaginäre Linie am Himmel, die von Norden nach Süden verläuft. Da die Erde sich dreht, gehen alle Himmelskörper scheinbar im Osten auf und im Westen unter. Sie erreichen ihren Kulminationspunkt, wenn sie den Meridian passieren.

3 Wie es Cortez und seinen wenigen hundert Spaniern gelang, Tausende Azteken zu besiegen, die selbst geübte Krieger waren, ist eines der vielen Rätsel der Geschichte. Zwar hatte er Verbündete aus anderen Stämmen, doch die Azteken hatten sich wohl schon in ihr Schicksal ergeben, und das war für Cortez vermutlich der entscheidende Vorteil.

4 *Feng-shui*, wörtlich »Wind und Wasser«, ist die chinesische Wissenschaft der Geomantik, mit deren Hilfe darüber entschieden wird, wo und wie Bauwerke errichtet werden. Im Fernen Osten werden Geomantiker von Architekten und anderen Auftraggebern zu Rate gezogen, selbst wenn es um die Auswahl und die Anordnung von Möbeln geht. Dahinter steht die taoistische Philosophie des *yin und yang*.

5 Vgl. hierzu Evan Hadingham, *Early Man and the Cosmos*, London 1983, S. 214 f.

6 Die Fresken in den Tempeln der Kreuzgruppe betreffen anscheinend in der Hauptsache die Thronfolgerechte Chan Bahlums als Sohn von Pacal.

7 Waldeck verbrachte über ein Jahr in Palenque und wohnte einen Teil der Zeit zusammen mit einer Mestizin in einer Hütte. Während dieser Zeit fertigte er etliche Zeichnungen an, die er schließlich mit einem begleitenden Text in London veröffentlichte.

8 John L. Stephens, *Incidents of Travel in Yucatan*, Dover 1963, S. 97.

9 Nach Michael Coe erstreckt sich diese Periode von 800 bis 925 n. Chr.; *The Maya*, London 1994, S. 9.

10 Auch das Volk der Itzá drang in Yucatán ein; man nimmt an, daß es mexikanisierte Maya aus der Tabascoregion waren. Sie

kamen um 1224 in die heute verfallene Stadt Chichén. Da ihr Anführer ebenfalls Kukulcan (Quetzalcóatl) hieß, bestehen etliche Unklarheiten über ihren Einfluß gegenüber dem der Tolteken.

11 Fray Diego Landa, *Yucatan Before and After the Conquest*, Dover 1978, S. 10.

12 Ebd., S. 11.

13 Ebd., S. 89.

14 Ebd., S. 60.

15 In subtropischen Breiten gibt es zwei Tage im Jahr, an denen die Sonne ihren Zenith erreicht, einen, wenn die Sonne nach Norden wandert, und einen anderen, wenn sie nach Süden zurückkehrt.

16 José Diaz Bolio, *The Rattlesnake School*, Maya Area o. J., S. 20.

## 6. Das neue Feuer, die Chacmools und der Kristallschädel

1 In diesem Punkt erlag er einer Täuschung. Wie überall sonst auf der Erde ist das Sternbild wegen der Nähe zur Sonne etwa 70 Tage im Jahr unsichtbar. Richtigerweise hätte er sagen können, daß in der Äquatorzone der Orion fast senkrecht am Himmel zu beobachten ist.

2 Die Plejaden oder »sieben Schwestern« sind ein Bestandteil des Sternbilds Stier und gehen dem Orion beim Aufgang voraus. Mit dem Fernrohr kann man erkennen, daß dieser Sternhaufen wesentlich mehr als sieben Sterne aufweist.

3 José Diaz Bolio, *Why the Rattlesnake in Mayan Civilisation*, Maya Area 1988, S. 52 f.

4 Nach Michael Coe wurde Mayapán zwischen 1263 und 1283 n. Chr. von den Itzá gegründet. Es war eine befestigte Stadt in der westlichen Zentralregion von Yucatán. Nach 1283 wurde sie zur beherrschenden Stadt Yucatáns, bis sie um 1441–1461 nach einem Aufstand der unterworfenen Maya zerstört wurde; *The Maya*, London 1994, S. 155 f.

5 Fray Diego Landa, *Yucatan Before and After the Conquest*, Dover 1978, S. 73 f. (Hervorh. A. Gilbert).

6 Ebd., S. 74.

7 Ebd., S. 59.
8 »… Itzamna, der Große Urheber, in gewisser Hinsicht eine Entsprechung zu Osiris«; ebd., S. 143.
9 Zu einer ausführlichen Erörterung dieses Punktes s. Robert Bauval und Adrian Gilbert, *Das Geheimnis des Orion*, München 1994.
10 K. Taube, *Aztec and Maya Myths*, London 1993, S. 73.
11 José Diaz Bolio, *Guide to the Ruins of Chichén Itzá*, S. 17.
12 Ebd., S. 38.
13 Bolio, *Why the Rattlesnake …*, S. 54.
14 David H. Childress, *Lost Cities of North and Central America*, S. 139.
15 K. Taube, a. a. O., S. 39 und 42.
16 Nach Childress ist ungeklärt, ob Mitchell-Hedges den Kristallschädel tatsächlich in Lubaantun gefunden hat; möglicherweise sollte mit dieser Geschichte seine wahre Herkunft verschleiert werden. Einige Autoren haben vermutet, es handle sich in Wirklichkeit um einen 12 000 Jahre alten Fund aus Atlantis.

## 7. Transatlantische Traditionen

1 Dieses Grab wurde 1993 entdeckt. Die Beine des großgewachsenen Toten waren gebrochen, und es gibt Grund zu der Vermutung, daß er eines gewaltsamen Todes gestorben ist.
2 Eine kleine Insel im Südpazifik, die wegen ihrer merkwürdigen Megalithstatuen starrender, schmallippiger Götter berühmt wurde.
3 Barry Fell, *America B. C.*, S. 318 und 320.
4 Ebd., S. 319.
5 Ebd., S. 320.
6 Ebd., S. 100.
7 Ebd., S. 316f.
8 Ebd., S. 272.
9 Zu einer ausführlichen Diskussion s. Robert Bauval und Adrian Gilbert, *Das Geheimnis des Orion*, München 1994.
10 Ambrosius Theodosius Macrobius, Grammatiker, Philosoph, Prokonsul in Afrika und später Großkämmerer. Der Gipfel seines Schaffens fiel unter die Regierungen von Honorius und Ar-

cadius (395–425 n. Chr.), und er verfaßte mehrere Bücher, die meisten zu Vergil und dem römischen Kalender. Daneben verfaßte er zwei Kommentare zu Ciceros *Somnium Scipionis*.

11 G. Santillana und H. von Dechend, *Hamlet's Mill*, Boston 1969, S. 243.

12 Ebd., S. 244.

## 8. Die Olmeken und Atlantis

1 Richtiger: die Proto-Maya.

2 Seit Cotterell die Grabplatte von Palenque entschlüsselt hat, ist er überzeugt, daß die Köpfe Quetzalcóatl darstellen oder zumindest einen Bezug zu ihm haben.

3 S. José Diaz Bolio, *The Geometry of the Maya*, Maya Area 1987, S. 55–61.

4 Evan Hadingham, *Early Man and the Cosmos*, S. 179.

5 *Platons Dialoge. Timaios und Kritias*, Leipzig 1922, S. 38. Gleich vielen anderen Völkern kannten auch die Griechen einen Mythos von der Sintflut. Der Noah mit der Arche hieß bei ihnen Deukalion.

6 Ebd., S. 40f.

7 Ebd., S. 41.

8 Ebd., S. 42.

9 So z. B. Rosalie David, *The Egyptian Kingdoms*, London o. J.

10 Theseus war der Held, der den Minotaurus erschlug – ein sagenhaftes Untier, halb Stier und halb Mensch, das im Labyrinth von Knossos auf Kreta hauste.

11 John Michell, *Eccentric Lives and Peculiar Notions*, London o. J., S. 204.

12 Ignatius Donnelly, *Atlantis, die vorsintflutliche Welt*, Leipzig 1905, S. 273f.

13 Ebd., S. 203f.

14 Otto Muck, *Alles über Atlantis*, Düsseldorf 1976.

15 Vgl. hierzu: E. E. Cayce, *Edgar Cayces Offenbarung. Das Atlantisgeheimnis*, München 1990.

16 Scheinbar kamen die Völker der Mu und der Oz aus Mexiko und Peru.

17 Ebd., S. 114 und 118.

## 9. Die Sonne, ihre Energie und ihre Einflüsse

1 Nahui Ollin, die gegenwärtig aktive Sonne, von der man annahm, sie sei in Teotihuacán geboren.
2 Die vier Glyphen stellen außerdem Tage im *tonalamatl* dar: 4 Ehecatl, 4 Quihahuitl, 4 Atl, 4 Ocelotl. Sie beziehen sich offenbar auf die vier Haupthimmelsrichtungen, die vier Farben, vier Elemente und andere verwandte Vorstellungen, die mit der Idee des Quincunx verbunden sind.
3 $C^{14}$ entsteht durch die Umwandlung von $N^{14}$.
4 Die Halbwertzeit von $C^{14}$ (die Zeit, die verstreichen muß, bis die Hälfte der ursprünglichen radioaktiven Menge zerfallen ist) beträgt 5568 ± 30 Jahre.
5 Eine Reihe von Städten wie Teotihuacán und Monte Albán weisen Anzeichen dafür auf, daß sie bewußt aufgegeben wurden, da ihre Pyramiden und andere Sakralbauten unter Erdhügeln begraben liegen.
6 Zur Zeit der Azteken war der Texcocosee noch mit Wasser gefüllt. Heute ist von diesem einst großen See kaum noch etwas übrig, und auf seinem Grund steht heute Mexiko City.
7 Immanuel Velikovsky, *Erde im Aufruhr*, Berlin/Frankfurt 1994, S. 153.
8 Ebd., S. 263 f.

## 10. Die atlantische Katastrophe

1 S. 4. Kapitel.
2 Platon schreibt die Gründung der atlantischen Hochkultur Poseidon, dem Gott des Meeres zu. Sein ältester Sohn, den ihm Kleito, eine Sterbliche, gebar, war Atlas, der erste Herrscher über Atlantis, der diesem ebenso seinen Namen gab wie dem Atlantischen Ozean und dem Atlasgebirge (*S. Platons Dialoge. Timaios und Kritias*, Leipzig 1922, S. 199 ff.).
3 Die Ursache der Überschwemmung kann ein Ansteigen des Meeresspiegels gewesen sein, da zum Ende der letzten Eiszeit die Polkappen teilweise abschmolzen, so daß tiefgelegene Küstenregionen überschwemmt wurden. Im kleineren Maße sind

heute viele pazifische Inseln von einer globalen Erwärmung der Erde bedroht.

4 Es ist zu beachten, daß die Wurzel *huacan* (sprich *wakan*) »heilig« in dem Sinne bedeutet, daß jemand über okkulte Kräfte verfügt. Teo-ti-huacán bedeutet »heilige Stadt des Gottes«.

5 E. E. Cayce, *Edgar Cayces Offenbarung*, S. 90.

6 Vgl. John Anthony West, *Serpent in the Sky*, und die TV-Dokumentarsendung »Das Rätsel der Sphinx«.

7 Wegen der Präzession der Erdachse durchlaufen alle Sterne einen Zyklus von 26 000 Jahren, in dessen Verlauf sie sich zwischen einer nördlichsten und einer südlichsten Position am Himmel zu bewegen scheinen.

8 E. E. Cayce, *Edgar Cayces Offenbarung*, S. 111.

# Anhänge

*von Maurice Cotterell*

### Vorbemerkung:

Der Beginn des Long Count-Kalenders der Maya wird im allgemeinen auf das Jahr 3114 v. Chr. datiert. Das rührt daher, daß viele Astronomen und andere Wissenschaftler bei der Zählung kein Jahr Null ansetzen; vielmehr folgt auf das Jahr 1 v. Chr. direkt das Jahr 1 n. Chr. Einige Fachleute beziehen das Jahr Null aber ein, so daß alle Jahreszahlen vor Christi Geburt um ein Jahr niedriger sind. Dann fiele der Beginn des Long Count-Kalenders auf das Jahr 3113 v. Chr. Ebenso besteht keine Einigkeit darüber, an welchem Tag (4 Ahau 8 Cumhu) der Long Count-Kalender begann; dies kann der 12. oder der 10. August sein.

# Anhang 1
# Astrogenetik

In der Astrogenetik wird untersucht, wie sich astronomische Kräfte auf biologische Rhythmen und auf genetische Faktoren auswirken. Hierbei werden mehrere wissenschaftlich gesicherte Tatsachen miteinander in Beziehung gesetzt. Damit soll bewiesen werden, daß solare Teilchen die Persönlichkeit von Menschen im Augenblick ihrer Empfängnis beeinflussen können (vgl. Kapitel 3).

Insbesondere entdeckte man, daß Schwankungen des schwachen Erdmagnetfelds genetische Mutationen in den Zellen hervorrufen können, während sich diese im Stadium der Zellteilung befinden. Die Zellteilung findet im Anschluß an die Empfängnis statt. Im Jahre 1984 führte A. R. Lieboff vom *Naval Medical Research Institute* in Bethesda, Maryland, Experimente an menschlichen Zellen durch, und zwar an den sogenannten Fibroblasten. Das sind Zellen, aus denen durch Differenzierung die verschiedenen Arten von Bindegewebe hervorgehen. Bei Lieboffs Versuchen ergab sich, daß Änderungen des umgebenden Magnetfelds die DNA-Synthese in den Zellen beeinflussen. Das bedeutet: In den Zellen können sich Mutationen vollziehen, wenn sie einem variierenden Magnetfeld ausgesetzt werden – auch wenn dieses schwächer als das natürliche Erdmagnetfeld ist.

In den zwanziger Jahren untersuchte Johannes Lange bestimmte Aspekte an eineiigen und an zweieiigen Zwillingen. Aufgrund seiner Arbeiten weiß man seit 1927, daß die Persönlichkeit (die Gesamtheit der Charaktermerkmale) im wesentlichen von den genetischen Anlagen abhängt. Daher können genetische Veränderungen, hervorgerufen z. B. durch Mutation aufgrund von Änderungen in der Stärke des lokalen Magnetfelds, für unerwartete Charakterzüge verantwortlich sein. Anders ausgedrückt: Die Persönlichkeit hängt von Richtung und Stärke des lokalen Magnetfelds im Augenblick der Konzeption ab.

Diese Folgerung wird durch Studien des Psychologen H. J. Eysenck und des Astrologen Jeff Mayo über extrovertierte und introvertierte Persönlichkeiten bestätigt. Sie fanden heraus, daß diese Charakterzüge auf faszinierende Weise mit den Tierkreiszeichen bei der Geburt zusammenhängen (s. Abb. 11 in Kapitel 3). Auf diesen Befunden beruht auch die Theorie der Astrogenetik, die ich im Jahre 1988 erstmals publiziert habe. Ihre Grundzüge werden im Anhang 2a erläutert.

# Anhang 2 A
# Astrogenetik und die zwölf astrologischen Typen

Untersucht man die von der Sonne emittierte Strahlung, so stellt man fest, daß sie sich jeden Monat ändert. Weiterhin lassen sich vier Arten von Strahlung unterscheiden, die im Laufe etwa eines Monats aufeinanderfolgen. Diese Sequenz der Strahlungstypen entspricht in vieler Hinsicht der jahrtausendealten kosmologischen Ansicht, daß es vier Elemente gibt – Feuer, Erde, Luft und Wasser –, die das Wesen und die Stimmungen der Menschen in einem ungefähr monatlichen Rhythmus beherrschen. Diese Abhängigkeit steht im Einklang mit den Wesensarten der zwölf Tierkreiszeichen, die die Astrologen unterscheiden.

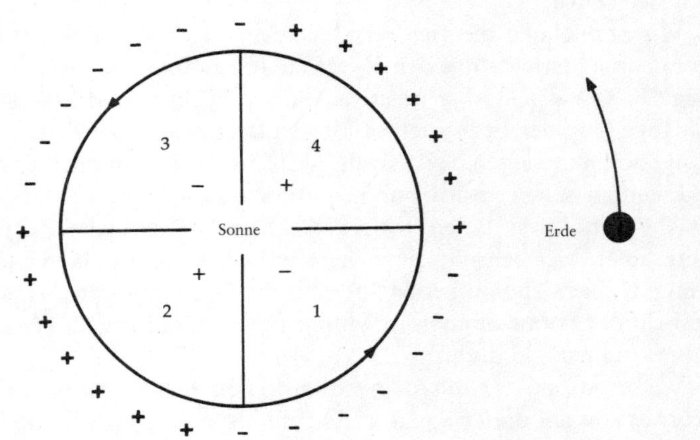


Die Sonne dreht sich um ihre Achse und sendet dabei positive und negative Teilchenstrahlung aus, auch zur Erde. Diese empfängt die Strahlung in einem 28-Tage-Rhythmus, weil sie sich während der 26 Erdentage (die eine Sonnenumdrehung dauert) auf ihrer Bahn um die Sonne weiterbewegt. Jedes der hier gezeigten Felder beeinflußt die Erde jeweils eine Woche lang.

*Abb. A1*

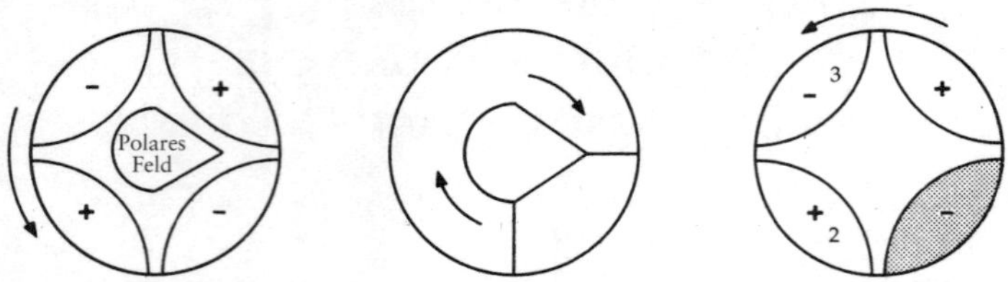


Zweidimensionale Ansicht der Sonne mit dem äquatorialen und dem polaren Magnetfeld. Beide Felder rotieren, wobei das polare langsamer ist. Dadurch überstreicht das polare Feld jeden Monat einmal das äquatoriale Feld.

*Abb. A2, A3, A4*

Die Begründung für die etwa monatliche Fluktuation der Sonnenstrahlung ist zwar komplex, aber nicht schwer zu verstehen.

Die Sonne dreht sich an ihrem Äquator in 26 Erdentagen (= 0,07 Jahre) einmal um sich selbst. Während dieser Zeit bewegt sich die Erde auf ihrer Bahn um die Sonne ungefähr 26 Winkelgrad (7 Prozent von 360°) weiter. Von einem bestimmten Punkt auf der Erde aus gesehen, dreht sich die Sonne daher einmal in 28 Erdentagen um sich selbst.

Wir bezeichnen die vier verschiedenen Arten des äquatorialen Sonnenmagnetfelds mit den Ziffern 1 bis 4. Dabei seien 1 und 3 negativ sowie 2 und 4 positiv. Alle vier Felder sind insgesamt 28 Tage lang der Erde zugewandt. Anders gesagt: Die Erde empfängt Sonnenteilchen bzw. -strahlung, deren Polarität nach jeweils 7 Tagen zwischen positiv und negativ wechselt.

Aber an ihren Polen rotiert die Sonnenoberfläche deutlich langsamer; hier benötigt sie jeweils 37 Erdentage für eine Umdrehung. Daher sieht ein Beobachter auf der Erde, daß sich das polare Feld der Sonne einmal im Monat um 90 Grad gegenüber dem äquatorialen Feld dreht.

Wenn das polare mit dem äquatorialen Feld zusammenfällt, stört es sowohl dieses äquatoriale Feld als auch dessen Emission. Jeden Monat wird das nächste äquatoriale Feld beeinflußt. Wir numerieren die Polaritäten wie oben und betrachten die resultierenden Wechselwirkungen.

Im ersten Monat wird Feld 1 neutralisiert, und wir beobachten nur die restlichen Felder.

| Mögliche Felder | | | | Monat Nr. |
|---|---|---|---|---|
| $1^-$ | $2^+$ | $3^-$ | $4^+$ | |
| ///// | $2^+$ | $3^-$ | $4^+$ | 1 |
| $1^-$ | ///// | $3^-$ | $4^+$ | 2 |
| $1^-$ | $2^+$ | ///// | $4^+$ | 3 |
| $1^-$ | $2^+$ | $3^-$ | ///// | 4 |

*Abb. A5: Die vier möglichen Felder der Sonne, wie sie von der Erde aus wahrzunehmen sind.*

Im Ergebnis wird im ersten Monat Feld Nr. 1 neutralisiert. Daher beobachten wir während des Monats 1 das Feld Nr. 2 (das positiv ist) sowie das Feld Nr. 3 (das negativ ist) und das Feld Nr. 4(das positiv ist). Auf die Erde gelangt deshalb in diesem Monat eine Strahlung mit mehr positiv als negativ geladenen Teilchen. Die resultierende Strahlung ist ebenfalls positiv. Im folgenden Monat ist sie negativ, weil das positive Feld Nr. 2 neutralisiert wird, und so weiter. Also wechselt monatlich die Polarität der Sonnenstrahlung, und jeder Monat ist durch eine bestimmte Strahlungssequenz gekennzeichnet: entweder 234 oder 134 oder 124 oder 123. Danach wiederholen sich diese Sequenzen. In Abbildung A6 ist dieser Sachverhalt für einen Zeitraum von zwölf Monaten wiedergegeben, während Abbildung A7 die resultierenden Polaritäten zeigt.

| | | | | | | |
|---|---|---|---|---|---|---|
| Monat Nr. | 1 | | 2 | 3 | 4 | + |
| | 2 | 1 | | 3 | 4 | – |
| | 3 | 1 | 2 | | 4 | + |
| | 4 | 1 | 2 | 3 | | – |
| Wiederholung | 5 | | 2 | 3 | 4 | + |
| | 6 | 1 | | 3 | 4 | – |
| | 7 | 1 | 2 | | 4 | + |
| | 8 | 1 | 2 | 3 | | – |
| erneute Wiederholung | 9 | | 2 | 3 | 4 | + |
| | 10 | 1 | | 3 | 4 | – |
| | 11 | 1 | 2 | | 4 | + |
| | 12 | 1 | 2 | 3 | | – |

*Abb. A6: Die Abfolge der Strahlungsfelder in 12 Monaten. Nach jeweils vier Monaten wiederholt sich die Struktur.*

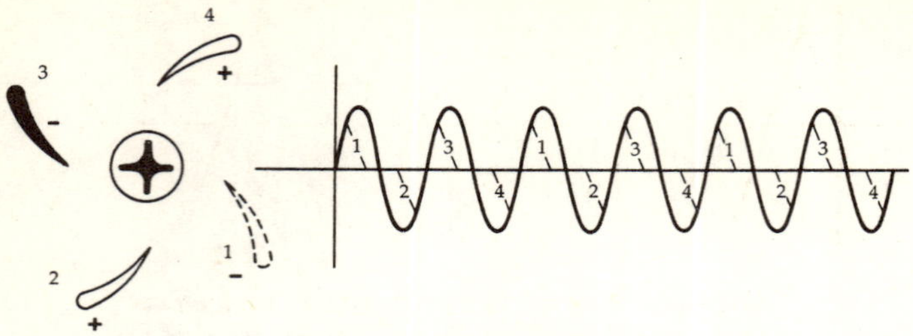


Die zeitliche Abfolge der von der Sonne emittierten Gesamtstrahlung. Im 1. Monat wird Feld Nr. 1 neutralisiert, und die Teilchenstrahlung ist positiv. Im 2. Monat wird Feld Nr. 2 neutralisiert, und die Teilchenstrahlung ist negativ, usw.

*Abb. A7*

Die hier zu beobachtende Verteilung stimmt mit der Auffassung der Astrologen überein, daß die astrologischen Elemente bzw. die Persönlichkeitsmerkmale, die den ersten vier Monaten des Tierkreises entsprechen, sich im restlichen Jahr wiederholen:

| | |
|---|---|
| Widder | Feuer (F) |
| Stier | Erde (E) |
| Zwillinge | Luft (L) |
| Krebs | Wasser (W) |
| Wiederholung: | |
| Löwe | Feuer (F) |
| Jungfrau | Erde (E) |
| Waage | Luft (L) |
| Skorpion | Wasser (W) |
| erneute Wiederholung: | |
| Schütze | Feuer (F) |
| Steinbock | Erde (E) |
| Wassermann | Luft (L) |
| Fische | Wasser (W) |

Dieses Muster kann auch in einem Diagramm dargestellt werden:

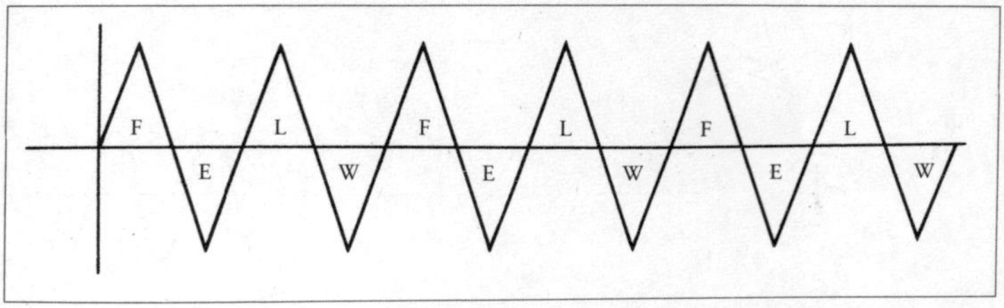


*Abb. A8: Die zeitliche Abfolge der vier Elemente*

Obwohl die Verteilung insgesamt die richtige Kurvenform aufweist, entspricht ihre Amplitude nicht den Werten von Mayo und Eysenck, denn die von der Sonne emittierte Strahlung ist nicht unbedingt identisch mit der auf der Erde auftreffenden Strahlung. Der Unterschied beruht auf der ungleichförmigen Bewegung der Erde um die Sonne sowie auf der Tatsache, daß die Erdachse schwankt (dies wird weiter unten näher erklärt). Beide Abwei-

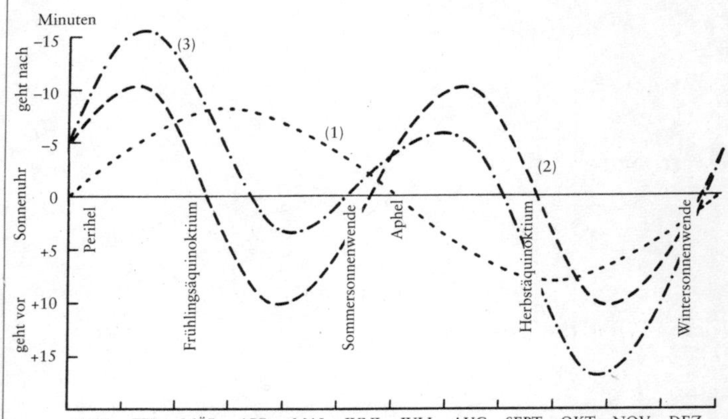


Die Kurven zeigen die zeitlichen Abweichungen gegenüber der hypothetischen gleichförmigen Bewegung der »mittleren« (fiktiven) Sonne um den Himmelsäquator.
(1) beruht auf der ungleichförmigen (d. h. elliptischen und nicht kreisförmigen) Erdbahn um die Sonne.
(2) beruht auf der schiefen Ekliptik. Addiert man diese beiden Einflüsse, so resultiert Kurve (3), die die sogenannte Zeitgleichung wiedergibt. Das ist die Korrektur, die an der mittleren Zeit anzubringen ist, um die wahre Zeit zu erhalten (die von einer korrekten Sonnenuhr angezeigt wird).

*Abb. A9*

**Astrogenetische Theorie der Persönlichkeitsmerkmale**

Nach dieser hängen die Persönlichkeitsmerkmale von Mutationen ab, die durch modulierte Magnetfelder bei der Einwirkung während der Empfängnis verursacht werden. Die Modulationen haben ihre Ursache in der Teilchenstrahlung, die von der Sonne zur Erde gelangt.

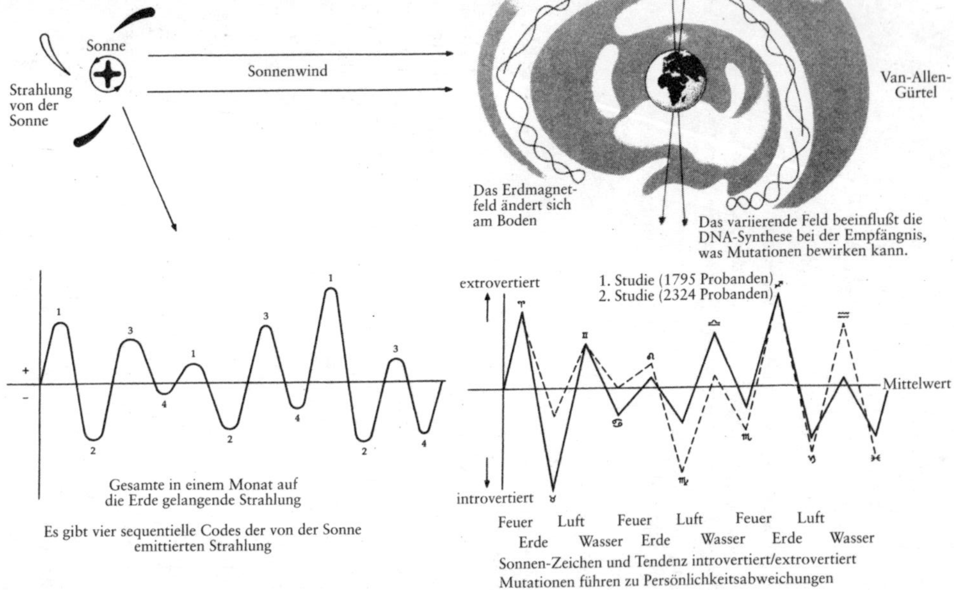

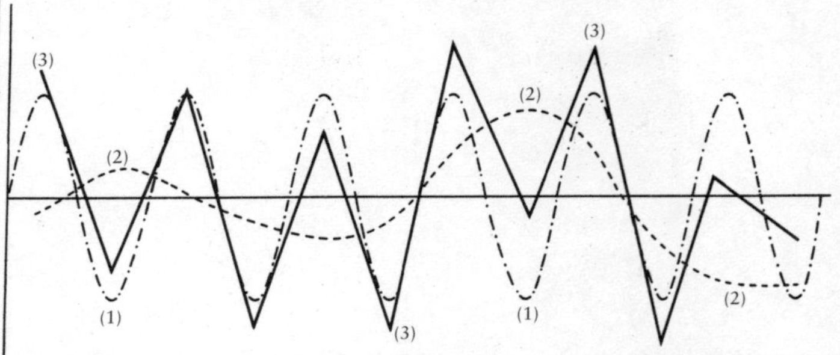


Der zeitliche Verlauf der Strahlung nach dem astrogenetischen Modell und die erforderliche Zeitkorrektur.
(1) Die Strahlung gemäß dem astrogenetischen Modell, synchronisiert mit den Maxima; Beginn ist der 5. April. (2) Die Zeitgleichung, d. h. die notwendige Korrektur, aus der die von der Sonnenuhr angezeigte Zeit resultiert. (3) Die Strahlung gemäß dem astrogenetischen Modell, mit der Zeitgleichung korrigiert. Hier ist die Abweichung gegenüber dem Modell zu erkennen, wie sie ein Beobachter auf der Erde wahrnehmen sollte.

*Abb. A10*

chungen können mit Hilfe der Zeitgleichung (s. Abb. A9) berücksichtigt werden.

Damit können wir durch Extrapolation den Verlauf der Strahlung ableiten, die schließlich auf die Magnetosphäre der Erde gelangt. Das Ergebnis ist in Abbildung A11 dargestellt.

Wir erkennen in Abbildung A11, daß die Kurve gut mit den Daten übereinstimmt, die Mayo und Eysenck aus ihren Persönlichkeitsanalysen ermittelt haben (vgl. Kapitel 3).

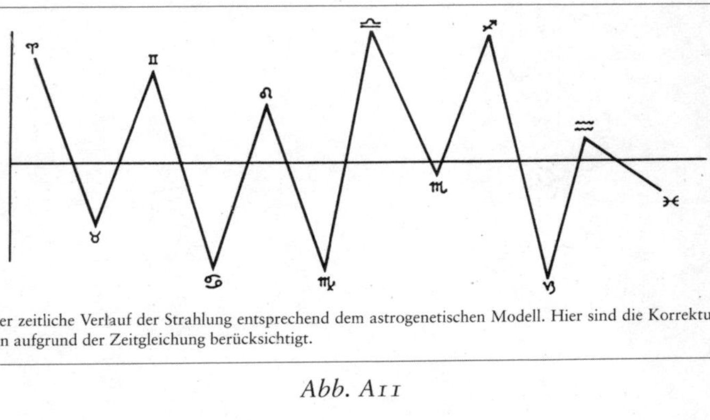

Der zeitliche Verlauf der Strahlung entsprechend dem astrogenetischen Modell. Hier sind die Korrekturen aufgrund der Zeitgleichung berücksichtigt.

*Abb. A11*

# Anhang 2B: Eine wissenschaftliche Begründung der Astrologie

Persönlichkeitstypen, die auf dasselbe Muster der Sonnenstrahlung zurückgehen (vgl. Abb. A8), sind einander verwandt, während solche mit entgegengesetzten Codes eher negativ aufeinander reagieren. Fluktuationen der Sonnenstrahlungs-Muster bewirken aber trotzdem, daß sich Menschen mit unterschiedlichen Tierkreiszeichen zueinander hingezogen fühlen.

Die Abfolge der Sonnenstrahlungs-Muster bestimmt die Merkmale, wenn die Geburt zum normalen Zeitpunkt erfolgt (nach einer 275tägigen Schwangerschaft), aber auch bei Babys, die zu früh oder zu spät geboren werden.

Ein weiterer, jedoch weniger bedeutender Einfluß auf die Persönlichkeit rührt von der Position der Planeten zum Zeitpunkt der Empfängnis her. Die Planetenpositionen können außerdem den Zeitpunkt der Geburt beeinflussen.

Wie in Anhang 2A bei den Abbildungen A2, A3 und A4 ausgeführt, rotiert das äquatoriale Sonnenmagnetfeld schneller als das polare. Diese Tatsache hat großen Einfluß auf die Art der Strahlung, die von der Sonne auf die Erde gelangt. Das soll in einem Diagramm veranschaulicht werden. Wir bezeichnen das polare Sonnenmagnetfeld mit P und das äquatoriale mit E. Die Erde bezeichnen wir mit W (für »Welt«). Zu Beginn, d. h. zum Zeitpunkt A, sollen sich beide Himmelskörper auf einer Geraden befinden (s. Abb. A12).

Wir betrachten die Vorgänge anhand von Abbildung A12 im einzelnen:

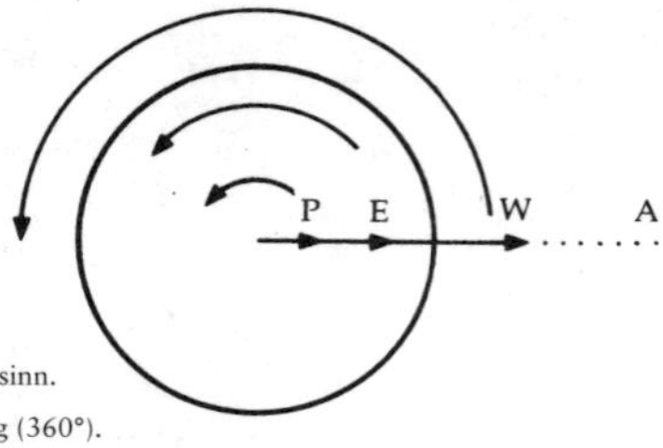


P, E und W drehen sich gegen den Uhrzeigersinn.
P benötigt 37 Erdentage für eine Umdrehung (360°).
E benötigt 26 Erdentage für eine Umdrehung (360°).
W benötigt 365,25 Erdentage für einen Umlauf um die Sonne.

*Abb. A12: Zum Zeitpunkt A beginnt die Rotation, wobei die Richtungen der Sonnenmagnetfelder P und E sowie die Erde W auf einer Geraden liegen.*

Weil sich die Astrologie auf Kalendermonate bezieht, müssen wir eine Zeitperiode von 30,4375 Tagen ansetzen (ein Zwölftel von 365,25 Tagen).

E bewegt sich pro Tag um (360/26)° = 13,8461°.
P bewegt sich pro Tag um (360/37)° = 9,7297°.
W bewegt sich pro Tag um (360/365,25)° = 0,9856°.

Nach 30,4375 Tagen gilt also:
E hat eine Umdrehung plus 61,4423° vollendet.
P hat sich nur um 296,1486° bewegt.
W hat sich um 30° bewegt.
Alle Bewegungen sind auf den Startpunkt (0/360° bezogen, der hier mit A bezeichnet ist.

Nach 30,4375 Tagen (1 Monat) gilt:
E hat sich um (360 + 61,44)° bewegt.
P hat sich um 296,148° bewegt.
W hat sich um 30° bewegt.

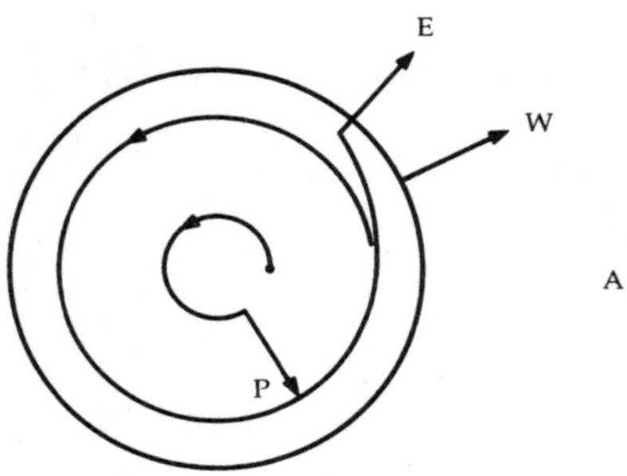


*Abb. A13*

In bezug auf den Punkt A ist P um 63,8513° zurückgeblieben. Relativ zu E ist P aber um 61,4423° + 63,8513° = 125,2936° zurückgeblieben.

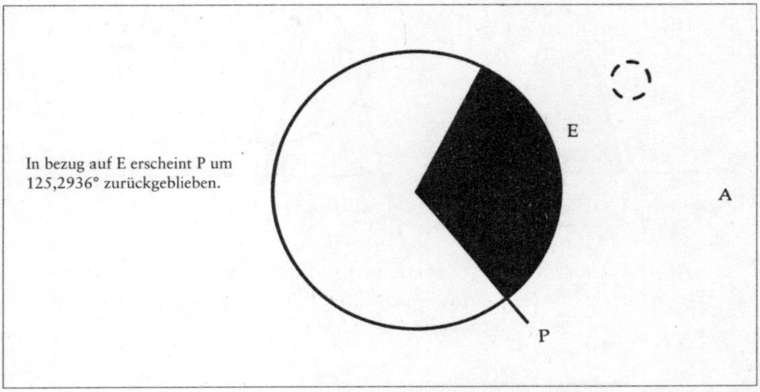


*Abb. A14*

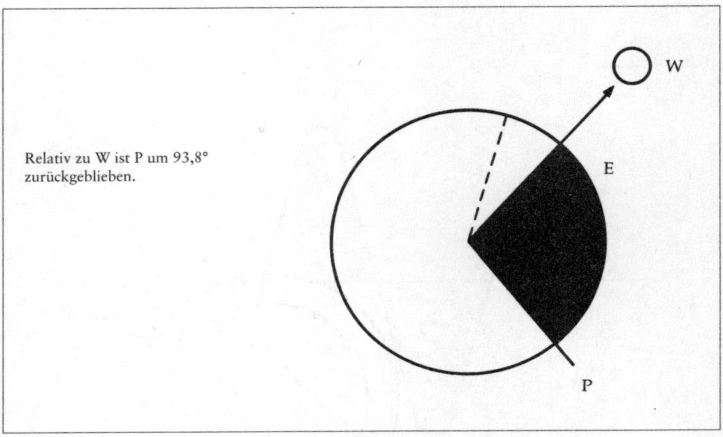


*Abb. A15*

Wie aus Abbildung A 15 hervorgeht, hat P relativ zu W lediglich 93,8° überstrichen. Dieser Effekt interessiert uns hier.

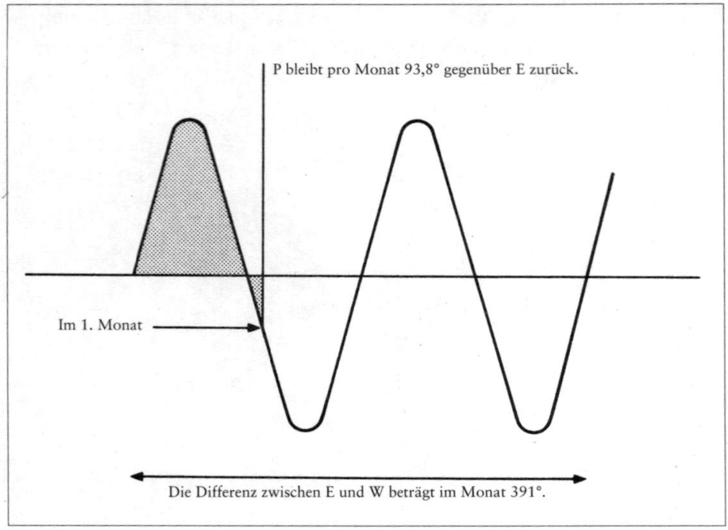


*Abb. A16: Der von P relativ zu W im ersten Monat überstrichene Winkel.*

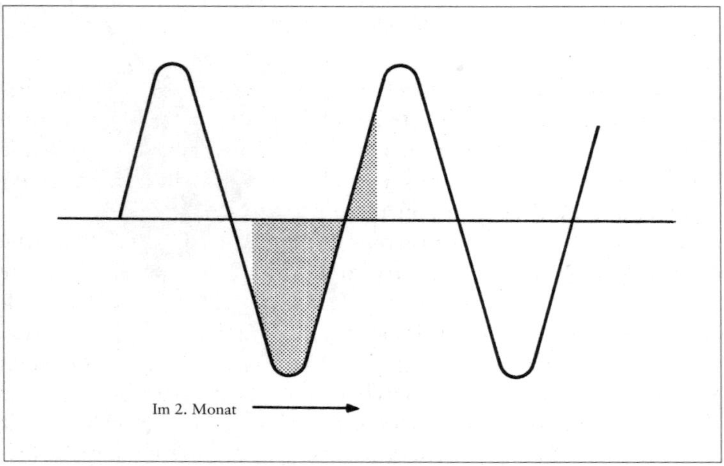


*Abb. A17: Der von P relativ zu W im zweiten Monat überstrichene Winkel.*

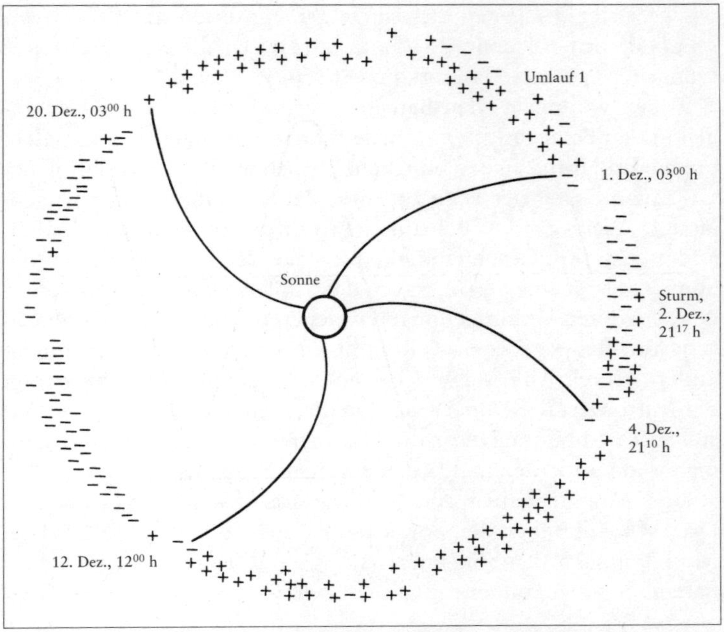


*Abb. A18: Die Sektorenstruktur des Sonnenwindes; nach einer Aufnahme der Raumsonde IMP-1 aus dem Jahre 1963.*

Der gesamte vom Feld E relativ zu W überstrichene Winkel beträgt monatlich 391,437°. Jeder Quadrant macht einen Winkel von 90° aus; also überstreichen 4,349 E-Felder pro Monat die Richtung von W. Anders ausgedrückt: Jedes E-Feld braucht exakt 7 Tage, um die Richtung von W zu überstreichen.

Wir vergleichen dieses Ergebnis mit der Abbildung A 18, die die Sektorenstruktur des Sonnenwindes zeigt. Sie wurde im Jahre 1962 mit Hilfe der Raumsonde *Mariner* 2 entdeckt und im folgenden Jahr von der interplanetarischen Sonde *IMP-1* vermessen.

Die Wirkungen von P auf die Dauer der E-Feld-Quadranten sind nun offensichtlich. Wir sehen, daß die Sonne alle 7,5 Tage Teilchenstrahlen emittiert. Deren Polarität relativ zu W wechselt alle 7,5 Tage. Wir erkennen, daß der E-Quadrant vom 1. bis 4. Dezember reduziert ist, und zwar durch die Wechselwirkung von P und E. Bis Ende Dezember hat sich dieser reduzierte Sektor – wie wir erwarteten – gegen den Uhrzeigersinn durch das E-Feld verschoben. (Im folgenden Monat, Januar, wird der angrenzende Quadrant in seiner Dauer reduziert sein.)

In den vorangehenden Berechnungen wurden die Abweichungen in den Bewegungen von Erde und Sonne außer acht gelassen, um die Erklärung zu vereinfachen. Ebenso wurde die Variation der Geschwindigkeit der Erde auf ihrer Bahn um die Sonne vernachlässigt. (Weil sich die Erde auf einer Ellipse um die Sonne bewegt, ändert sich ihre Geschwindigkeit je nach der Entfernung von der Sonne; dies ist eine der Aussagen der Keplerschen Gesetze.) Wegen der genannten Vereinfachungen weichen Rechnung und Beobachtung für den gegebenen Zeitpunkt um einen halben Tag voneinander ab (vgl. Abb. A18). Über einen längeren Zeitraum beträgt der Mittelwert der Dauer eines Quadranten aber stets 7 Tage. Wir stellen in Abbildung A19 die alternierenden Emissionen zusammen und vermerken rechts das jeweilige Ergebnis.

Drei Monate haben den Sonnenemissions-Code 234 (Feuer). Drei Monate haben den Sonnenemissions-Code 134 (Erde). Drei Monate haben den Sonnenemissions-Code 124 (Luft). Drei Monate haben den Sonnenemissions-Code 123 (Wasser).

| + | – | + | – | | |
|---|---|---|---|---|---|
| 4 | 3 | 2 | 1 | | |
| 4 | 3 | 2 | . | Monat 1: Widder | + |
| 4 | 3 | . | 1 | Monat 2: Stier | – |
| 4 | . | 2 | 1 | Monat 3: Zwillinge | + |
| . | 3 | 2 | 1 | Monat 4: Krebs | – |
| 4 | 3 | 2 | . | Monat 5: Löwe | + |
| 4 | 3 | . | 1 | Monat 6: Jungfrau | – |
| 4 | . | 2 | 1 | Monat 7: Waage | + |
| . | 3 | 2 | 1 | Monat 8: Skorpion | – |
| 4 | 3 | 2 | . | Monat 9: Schütze | + |
| 4 | 3 | . | 1 | Monat 10: Steinbock | – |
| 4 | . | 2 | 1 | Monat 11: Wassermann | + |
| . | 3 | 2 | 1 | Monat 12: Fische | – |

*Abb. A19: Die alternierenden Emissionen der Sonne und (rechts) die Sternbilder sowie die resultierenden Vorzeichen.*

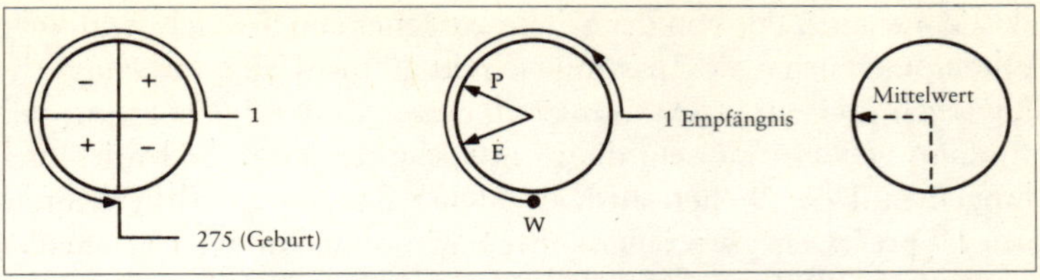


*Abb. A20: Die Positionen von Sonnenmagnetpol P, Sonnenäquator E und Erde W während der 275tägigen menschlichen Schwangerschaft. Nach Ablauf dieser Zeitspanne von 9 Monaten ist die mittlere kombinierte Position von P und E um 90° gegen W verschoben. Eine Drehung um 90° bedeutet, daß am 275. Tag nach der Befruchtung die Polarität eine andere ist als am 1. Tag.*

Feuer und Luft sind beide positiv und harmonieren miteinander. Erde und Wasser sind beide negativ und harmonieren ebenfalls miteinander. Jedoch sind bei unterschiedlichen Vorzeichen die Polaritäten der Sonnenstrahlung entgegengesetzt, und es resultieren gegensätzliche Wirkungen.

Die Verteilung der Vorzeichen beim Voranschreiten von Monat zu Monat stimmt mit den Mayo-Eysenck-Daten überein (vgl. Kapitel 3).

Betrachten wir nun über einen Zeitraum von 12 Monaten P (die Position des polaren Sonnenmagnetfelds) und E (die Position des äquatorialen Sonnenmagnetfelds) sowie W (die Position der Erde) im Hinblick auf die menschliche Zeugung. Zunächst stellen wir uns vor, eine Samenzelle (ein Spermium) treffe am Tag 1 auf eine Eizelle (s. Abb. A20).

Drei Monate lang wird sich der Fötus in der Gebärmutter wohlfühlen, denn er wird unter dem Einfluß einer positiven Emissionssequenz stehen, und die Empfängnis war unter demselben Einfluß erfolgt. In den Monaten 4, 5 und 6 ist der Fötus negativer Teilchenstrahlung der Sonne ausgesetzt und empfindet daher Angst, Streß und Unbehagen. Noch befindet er sich aber im frühen Entwicklungsstadium. Seine Drüsen und sein Gehirn (auch die Hypothalamus-Region) sind noch keine funktionsfähigen Systeme. In den Monaten 7, 8 und 9 ist der Fötus positiver Teilchenstrahlung der Sonne ausgesetzt. Am 275. Tag – gerechnet vom Zeitpunkt der Freisetzung der Eizelle aus dem Eierstock inklusive der 7 Tage bis zur Festsetzung der Eizelle an der Gebärmutterwand – wechselt das Vorzeichen der von der Sonne ausgehenden Teilchenstrahlung erneut nach negativ. Nun fühlt sich der Fötus wieder unbehaglich, ängstlich und unter Spannung. Zu dieser Zeit reagiert er mit der Bildung von Hormonen, die in den Blutkreislauf der Mutter gelangen und die Wehen auslösen. Kurz danach wird die Mutter »unter positiven Vorzeichen« ihren Sprößling zur Welt bringen.

Somit wählt der Fötus den Zeitpunkt seiner Geburt selbst. Dieser Zeitpunkt ist ideal, wenn das Strahlungsmuster, das bei der Empfängnis einwirkte (und sich in den Monaten 6 bis 9 wiederholte), wieder abgelöst wird. Der Augenblick der Geburt hängt auf diese Weise mit demjenigen der Empfängnis zusammen. Und so sind nach der Meinung der Astrologen die Persönlichkeitsmerkmale, die angeblich durch Ereignisse im Augenblick der Geburt bestimmt sind, vielmehr mit Ereignissen verknüpft, die im Augenblick der Empfängnis eintraten.

### Beeinflussen die Planeten in irgendeiner Weise den Fötus während der Geburt?

Wir haben gesehen, daß der Fötus den Augenblick seiner Geburt selbst »wählt«. Dieser Zeitpunkt fällt zusammen mit dem ersten Einfall »fremder« Teilchen nach der Reifung des Fötus. Also ist der Fötus 266 Tage nach der Einnistung in der Gebärmutter gereift; das entspricht 266 + 7 = 273 Tagen nach dem Eisprung. Die Geburt erfolgt innerhalb von 7 Tagen nach diesem Zeitpunkt, abhängig von der Emission der Sonne. Wenn jedoch intensive Eruptionen (Flares oder Protuberanzen) auf der Sonnenoberfläche erfolgen, kann ein kurzer Schwall anderer Teilchen die Geburt vorzeitig auslösen oder sie aber verzögern. In Abbildung A18 sahen wir, daß der magnetische Sturm am 2. Dezember um 21.17 Uhr begann und bis zum 4. Dezember, 21.10 Uhr, dauerte. Das ist die Art von Sturm, die eine vorzeitige oder eine verzögerte Auslösung der Wehen bewirken kann, und zwar infolge der Emission eines Strahlungsstoßes mit »unpassender« Polarität der Teilchen.

Solche Strahlungsstöße sind mit Flares oder Protuberanzen auf der Sonne verknüpft. Damit stellt sich folgende Frage: Kann die Gravitationsanziehung der Planeten Störungen der Sonnenaktivität hervorrufen, so daß dadurch Flares oder Protuberanzen ausgelöst werden?

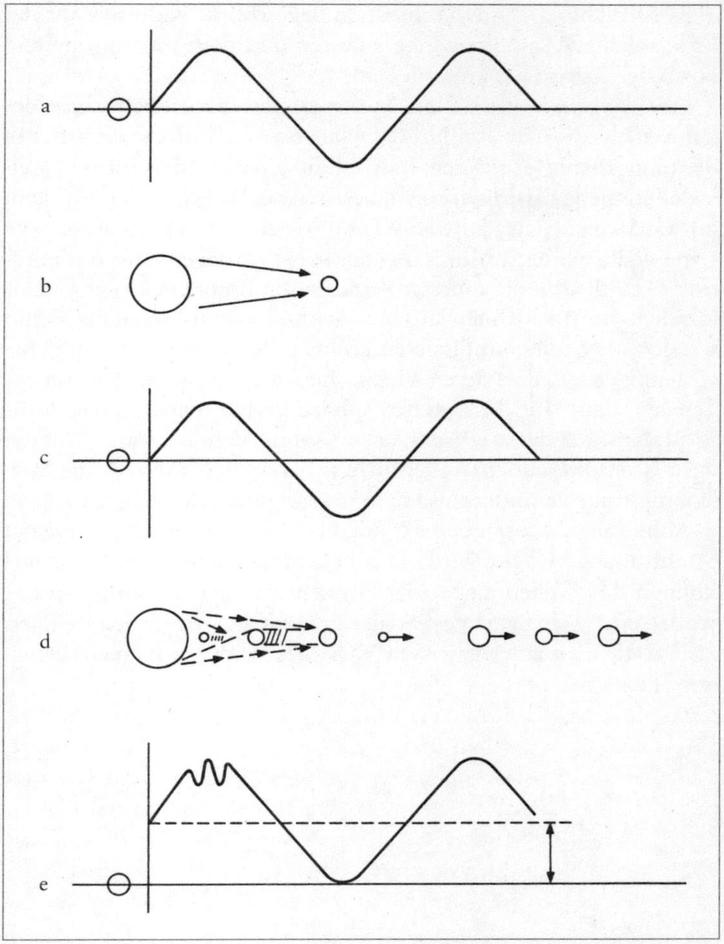


*Abb. A21: Die Rolle der Planeten zum Zeitpunkt der Empfängnis*

Die heutige Wissenschaft bietet keine Antwort darauf. Wenn jedoch eine Beziehung zwischen planetaren Aspekten und Störungen auf der Sonne vorliegt, sollte man eine Sturmsequenz vorhersagen können und daher auch einen zerstörerischen Strahlungsstoß, der sich nachteilig auf ein bestimmtes Baby auswirkt.

Es ist nicht ganz ausgeschlossen, daß frühere Kulturen auf der Erde solche Zusammenhänge kannten und diese Erkenntnisse in Form der Astrologie hinterließen.

Ein gewisses Ausmaß an Variation des Persönlichkeitsbildes kann auch aus dem Einfluß der Planetenaktivität zum Zeitpunkt der Empfängnis resultieren. In Abbildung A21 ist die »ideale« Welle der Sonnenemission in einem bestimmten Augenblick dargestellt (a). Ohne jeglichen Planeten wie im Modell (b) wechselwirkt dieselbe Welle mit der Erde (c). Bei der in (d) vorliegenden Konfiguration beeinflussen die inneren Planeten die Brennebene des Strahls (ähnlich wie Elektronen in einer Kathodenstrahlröhre abgelenkt werden). Die äußeren Planeten können die Teilchen im Strahl beschleunigen, so daß deren kinetische Energie ansteigt. Wenn die Teilchen dann auf die Magnetosphäre treffen, wird sich auch die Modulation ändern, ebenso die »absolute Vorspannung«. An der daraus resultierenden Wellenform (e) erkennen wir, daß die Wellenamplitude verändert und die Vorspannung angestiegen ist.

Abbildung A22 zeigt eine Planetenkonfiguration, durch die der Strahl abgeschwächt wird. Das bedeutet, planetarische Aspekte können das Wellenmuster der Sonnenstrahlung beeinflussen (b), wobei eine »einzigartige« Struktur entsteht, die in jedem Tierkreiszeichen zu einer gewissen Varianz von Persönlichkeitsaspekten führt.

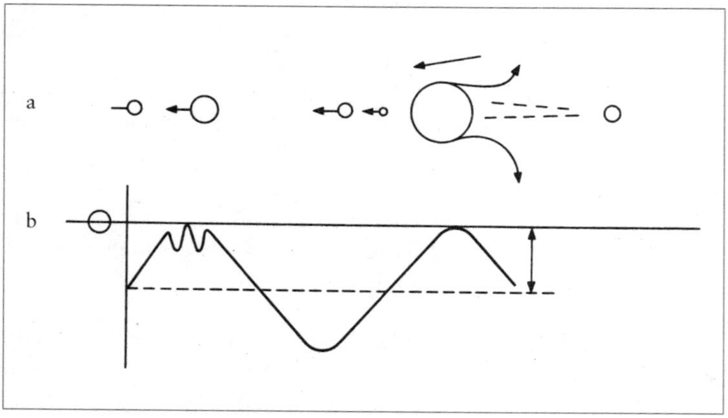


*Abb. A22: Eine andere Planetenkonfiguration zum Zeitpunkt der Empfängnis*

# Anhang 3: Sonnenstrahlung und Hormonproduktion beim Menschen

Die Maya verehrten die Sonne als Göttin der Fruchtbarkeit. Wir wollen hier untersuchen, wie die Sonnenstrahlung die Produktion von Fortpflanzungs- oder Geschlechtshormonen beeinflußt – das wird uns zu dem Schluß führen, daß die menschliche Fruchtbarkeit tatsächlich von der Sonnenstrahlung abhängt.

Es gibt Hinweise darauf, daß bei Frauen, die längere Zeit keinerlei Sonnenstrahlung ausgesetzt waren, Störungen von Drüsenfunktionen eintreten. Diese Störungen beeinflussen wiederum die Bildung des Hormons Melatonin (das u. a. den täglichen Rhythmus steuert) und der Geschlechtshormone Östrogen und Progesteron.

Im Juniheft 1989 der Zeitschrift *New Scientist* wurde die Abhängigkeit der Drüsenaktivitäten von der Sonnenstrahlung beschrieben. Die italienische Innenarchitektin Stefana Follini lebte vier Monate lang in einer Höhle im US-Staat New Mexico. Italienische Wissenschaftler überwachten ihre Reaktionen auf die Dunkelheit; unter anderem sollten dabei einige Auswirkungen längerer Weltraumfahrten erforscht werden. Die Probandin war jeweils 35 Stunden lang wach, danach schlief sie etwa 10 Stunden. Sie verlor 7,7 Kilogramm Körpergewicht, und ihr Menstruationszyklus hörte auf. Follini glaubte hinterher, sie habe zwei Monate im Dunkeln zugebracht, anstatt vier, die es tatsächlich waren.

Diese Befunde sollten uns nicht überraschen, denn wir haben gesehen (siehe Anhang 2), wie die Sonnenstrahlung für Veränderungen der Zellen im Moment der Empfängnis verantwortlich ist. Betrachten wir nun, wie die von der Sonne emittierte Strahlung auf das Drüsensystem einwirkt.

Ross Adey vom Loma-Linda-Hospital in Kalifornien erforschte mehr als 15 Jahre lang die Effekte, die Magnetfelder auf lebende Zellen haben. 1987 veröffentlichte er eine Abhandlung über Zellmembranen, elektromagnetische Felder und interzelluläre Kommunikation. Darin beschrieb er, wie die Kombination zweier Magnetfelder (eines statischen und eines oszillierenden, ähnlich denen von Erde und Sonne) zu Veränderungen bei den »zeitgebenden« Hormonen verschiedener Lebewesen führten.

In Adeys Artikel heißt es:

»Rund 20 % der Zirbeldrüsen-Zellen von Tauben, Meerschweinchen und Ratten reagieren auf Änderungen von Richtung oder Stärke des Erdmagnetfelds (Semm, 1983). Die experimentell bewirkte Umkehr der Horizontalkomponente des lokalen Erdmagnetfeldes verringert merklich die Synthese und Sekretion des Peptidhormons Melatonin, das den Tagesrhythmus steuert; ferner senkt sie die Aktivität der dieses Hormon synthetisierenden Enzyme (Walker et al., 1983).«

Die Resultate von Adeys Forschung legen die Vermutung nahe, daß die Sonnenstrahlung für die biorhythmische Regulierung in den Organismen zu allen Zeitpunkten nach der Empfängnis verantwortlich ist. Dies wiederum würde bedeuten, daß die 28tägige Sequenz der Sonnenstrahlung den gleichlangen Biorhythmus bestimmt. Das wurde bestätigt durch die Einwirkung der modulierten magnetischen Signale auf das Hormon Melatonin.

Jede Hypothese über die Auswirkungen des emotionalen Rhythmus bzw. des Biorhythmus muß eingehend überprüft werden. Die

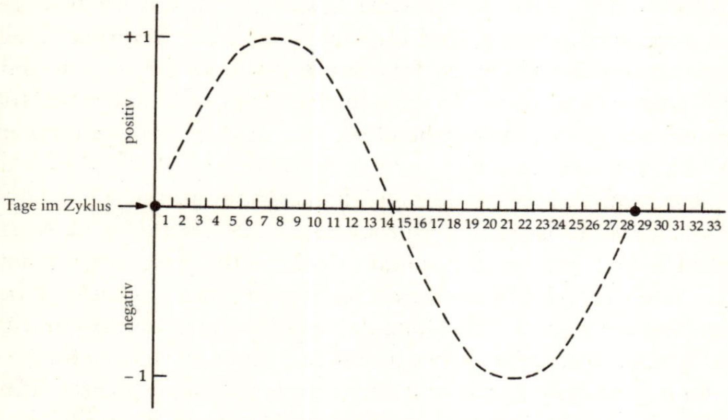


Die emotionalen Gegebenheiten während des 28tägigen Biorhythmus können als Werte zwischen –1 und +1 ausgedrückt werden

*Abb. A23*

dazu notwendigen Daten und Informationen sind aber schwer zu beschaffen und/oder zu bewerten.

Wenn wir nach Beziehungen zwischen dem 28tägigen Sonnenstrahlungs-Zyklus und der hormonalen Aktivität suchen, können wir dafür auch diejenigen Hormone heranziehen, die für die Fruchtbarkeit und für den Menstruationszyklus verantwortlich sind. An diesen werden wir unsere Ansätze überprüfen.

## Mechanismen der Produktion von Geschlechtshormonen

Der Hypothalamus, ein Teil des Zwischenhirns, sendet über Blutgefäße chemische Signale aus, durch die er mit der Hypophyse (der Hirnanhangdrüse) verbunden ist. Diese reagiert auf die Signale mit der Bildung und Freisetzung zweier Proteinhormone, die in den Blutkreislauf gelangen; die beiden sind das Luteinisierungshormon (LH) und das follikelstimulierende Hormon (FSH). Beide sind notwendig für die Erzeugung von Spermien (Samenfäden) bzw. von Eizellen in den Keimdrüsen. Diese werden auch Gonaden genannt; beim Mann sind das die Hoden und bei der Frau die Eierstöcke. Die Gonaden ihrerseits stimulieren die Produktion weiterer Sexualhormone. Zu diesen Steroidhormonen zählen beim Mann das Testosteron und bei der Frau das Östrogen und das Progesteron. Die Steroid-Synthese ist Teil eines in sich geschlossenen Prozesses, an dem Hypothalamus und Hypophyse beteiligt sind. Die Gonaden steuern den gesamten Hormonspiegel und hemmen via Hypothalamus und Hypophyse die weitere Synthese, wenn die Hormonkonzentration ausreichend ist. Der Zusammenhang geht aus Abbildung A24 hervor.

Im 28tägigen Menstruationszyklus der Frau dauert es 14 Tage, bis eine Eizelle reif ist für die Befruchtung; in den nächsten 14 Tagen werden die Fortpflanzungsorgane der Frau für die Einnistung und das Wachstum der befruchteten Eizelle vorbereitet. Wenn die von der Sonne emittierte Strahlung den weiblichen Zyklus beeinflußt, sollte man entweder eine bestimmte Beziehung zwischen Hormonbildung und Sonnenaktivität beobachten, oder die Menstruation sollte ausbleiben, wenn keine Strahlung von der Sonne eintrifft.

Abbildung A 25 zeigt die Produktion der Hormone FSH, LH, Östrogen und Progesteron im Laufe eines Menstruationszyklus', bei dem keine Befruchtung eintritt.

Die Hormonproduktion bei der Frau und beim Mann ist ein dreistufiger Prozeß.
(A) Übersicht über die hormonale Steuerung der Hodenfunktion. Der Hypothalamus sendet chemische Signale an die Hypophyse, die darauf mit der Bildung von LH (Luteinisierungshormon) und FSH (follikelstimulierendem Hormon) reagiert. Diese lösen die Bildung von Spermien und des Hormons Testosteron aus. Wenn eine bestimmte Testosteron-Konzentration erreicht ist, stoppen Hypothalamus und Hypophyse die Produktion von LH und FSH.
(B) Übersicht über die hormonelle Steuerung der Eizellen-Bildung und der Östrogenbildung; das Prinzip gleicht dem in (A) gezeigten.

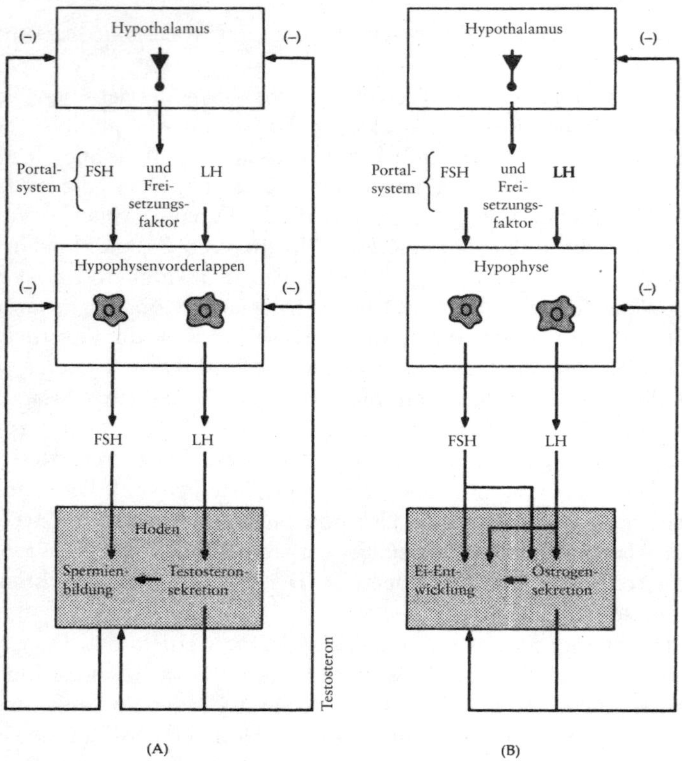


*Abb. A24*

Auf den ersten Blick hat das Ausmaß der Produktion von Geschlechtshormonen wenig mit einem 28-Tage-Zyklus zu tun. Wir müssen aber beachten, daß die Strahlung der Sonne den Prozeß zwar auslösen, dieser selbst aber bei der Induzierung anderer bio-

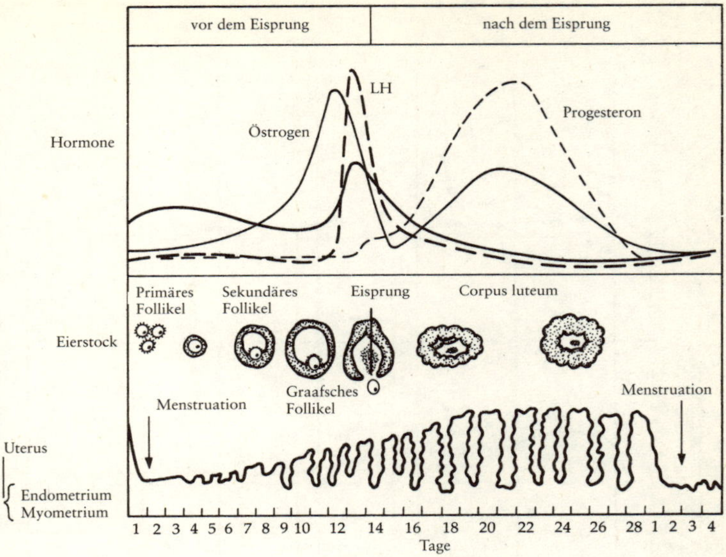


*Abb. A25: Ein Menstruationszyklus ohne Befruchtung. Die einzelnen Prozesse in Hypophyse, Eierstock und Gebärmutter (Uterus) sind exakt synchronisiert.*

logischer Vorgänge etwas hinterherhinken kann. Diese »Hysterese« bzw. Verzögerung erleichtert nicht gerade die Analyse der Vorgänge. Außerdem führen die Wirkungen eines Prozesses nicht zwangsläufig zur Auslösung eines anderen. Beide können beispielsweise eine inverse Abhängigkeit aufweisen, so daß der eine den anderen unterdrückt. Weitere Prozesse können als Ergebnis zweier vorhergehender Auslöser beginnen, die nicht unbedingt einzeln zuzuordnen sein müssen. Der eine Auslöser kann beispielsweise nicht nur zeitlich hinterherhinken, sondern auch eine andere Periodizität haben. In Abbildung A26 sind die zeitlichen Zuordnungen genauer dargestellt.

Die zeitliche Beziehung zwischen der FSH-Produktion und der Sonnenstrahlung ist in Abbildung A27 wiedergegeben. In (b) erkennen wir, daß die Kurven in den ersten beiden Quadranten des Sonnenzyklus aufeinanderpassen, wenn dessen Kurve um 40° ge-

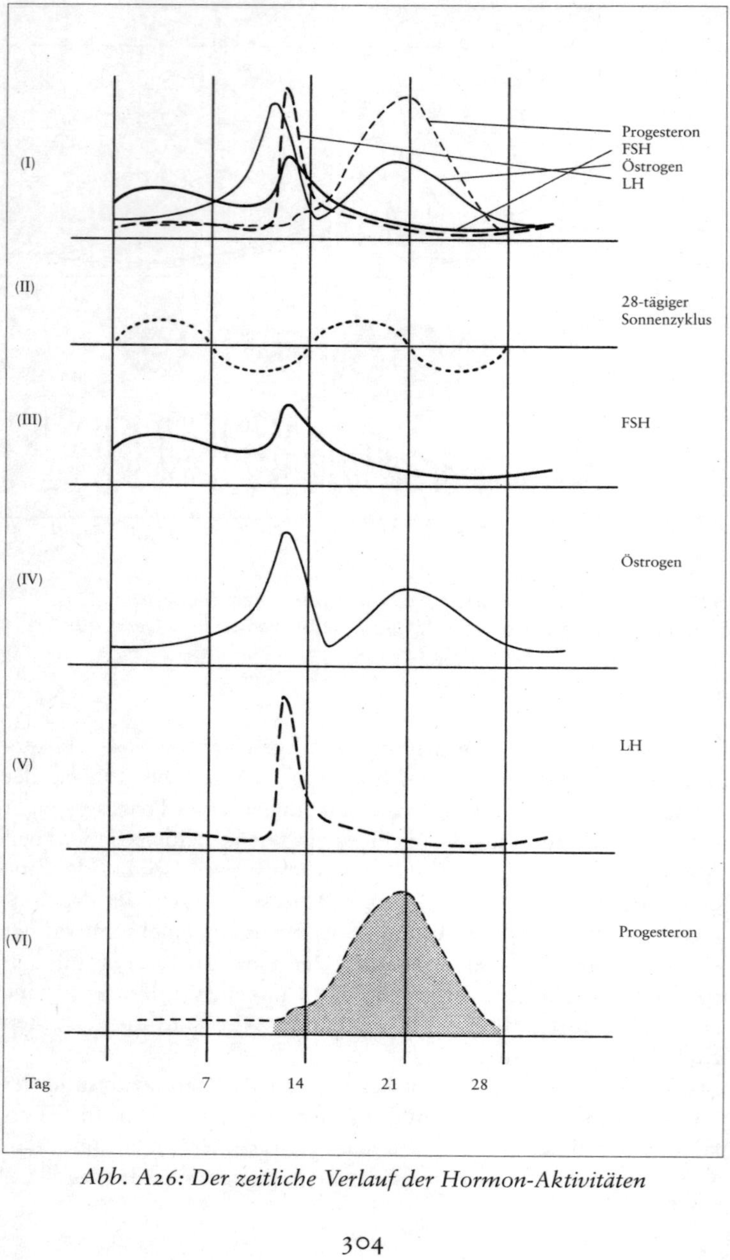


*Abb. A26: Der zeitliche Verlauf der Hormon-Aktivitäten*

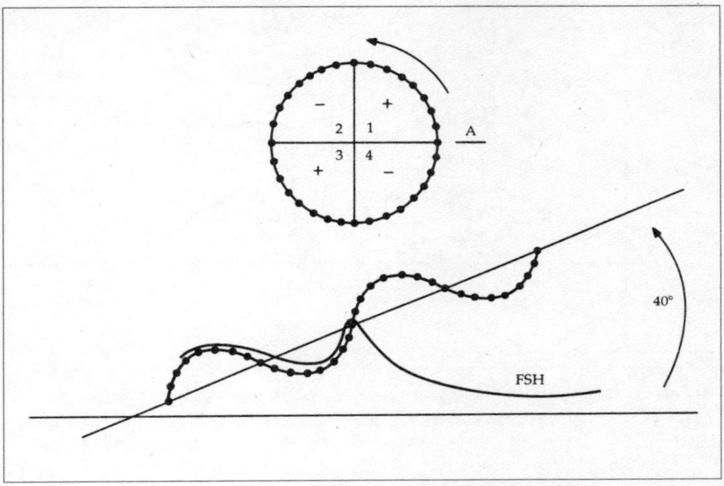


*Abb. A27: Der zeitliche Verlauf der Produktion von follikel-stimulierendem Hormon (FSH) und der Sonnenstrahlung.*

gen die der FSH-Produktion gedreht wird. Es ergibt sich, daß die FSH-Bildung durch die zyklische Aktivität der Sonne gesteuert wird, aber es dauert rund zwei Tage, bis die Hormonbildung tatsächlich beginnt. Dann aber »folgt« sie dem Sonnenzyklus bis

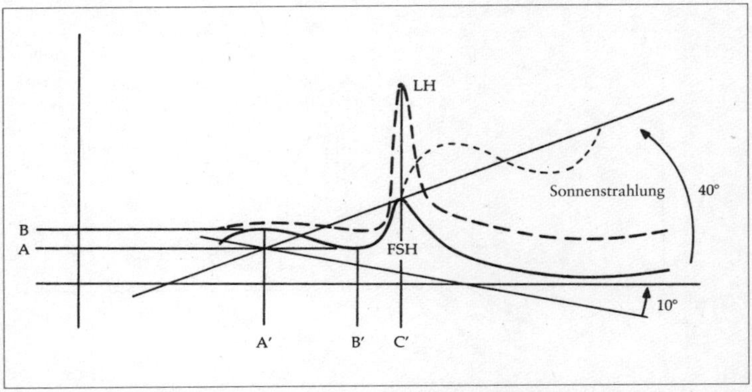


*Abb. A28: Die FSH-Produktion, aufgetragen gegen die zyklisch variierende Sonnenstrahlung.*

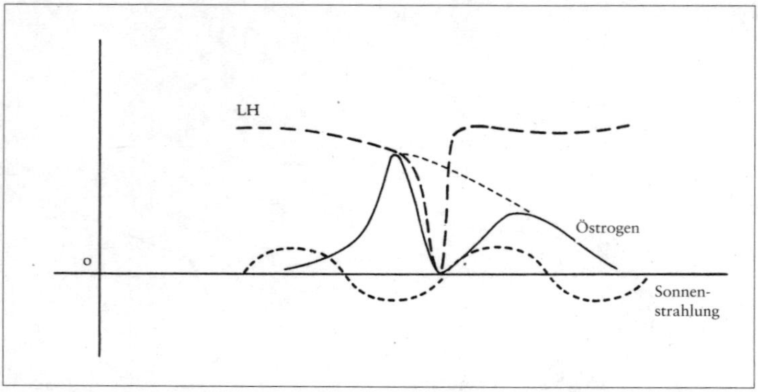


*Abb. A29: Die Produktion von Östrogen, aufgetragen gegen die zyklisch variierende Sonnenstrahlung.*

zum Ende von dessen zweitem Quadranten, um dann exponentiell abzufallen.

In Abbildung A28 ist zwischen den Punkten A' und B' ein additiver Effekt der FSH-Bildung und der Sonnenstrahlung in den Quadranten 1 und 2 zu erkennen. Am Punkt A' beginnt die Sonnenstrahlung abzunehmen, ebenso wie die FSH-Produktion (relativ zur y-Achse). Weil beide – FSH-Bildung und Sonnenstrahlung – abnehmen, resultiert eine Abnahme der LH-Bildung von B nach A (zwischen den Punkten A' und B'). Bei B' nehmen FSH-Bildung und

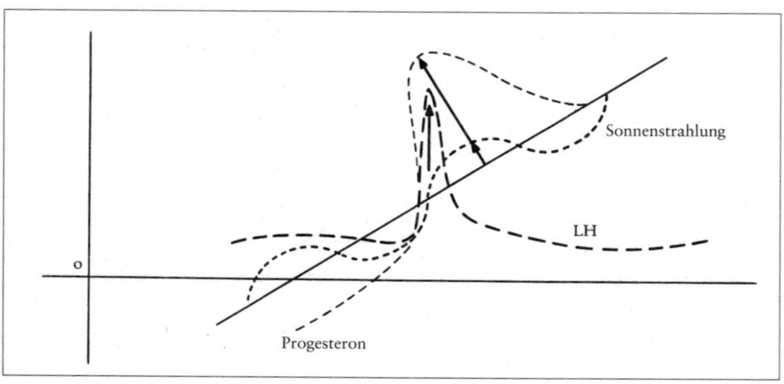


*Abb. A30: Die Produktion von Progesteron, aufgetragen gegen die zyklisch variierende Sonnenstrahlung.*

## Die Einwirkung der Sonnenstrahlung auf die Hormone

Nach der im Text vorgestellten Theorie wird der Biorhythmus des menschlichen Organismus von magnetischen Modulationen nach der Empfängnis beeinflußt. Der Melatoninspiegel regelt den Tagesrhythmus. Die Hormone Östrogen und Progesteron steuern die Fruchtbarkeit.

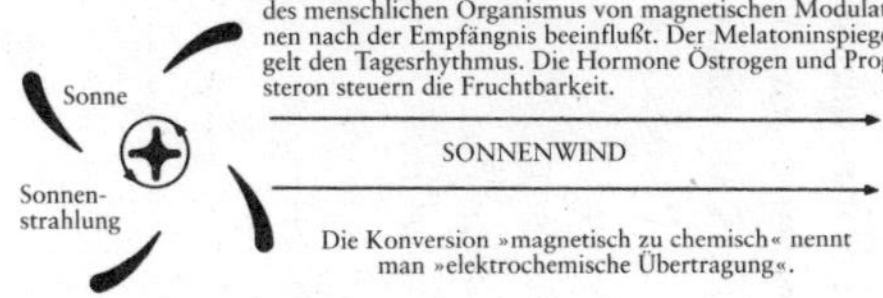


Die Konversion »magnetisch zu chemisch« nennt man »elektrochemische Übertragung«.

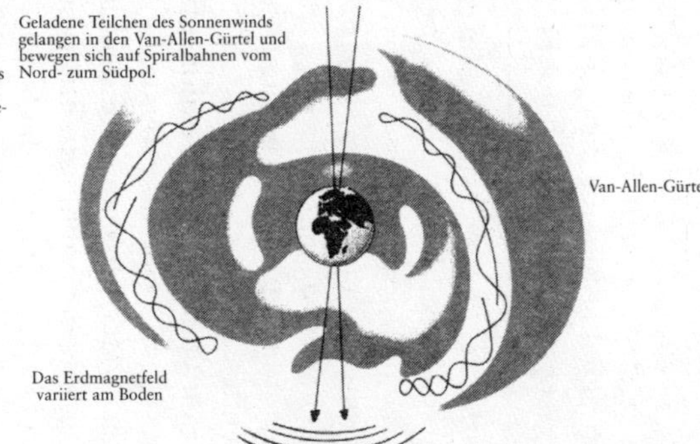


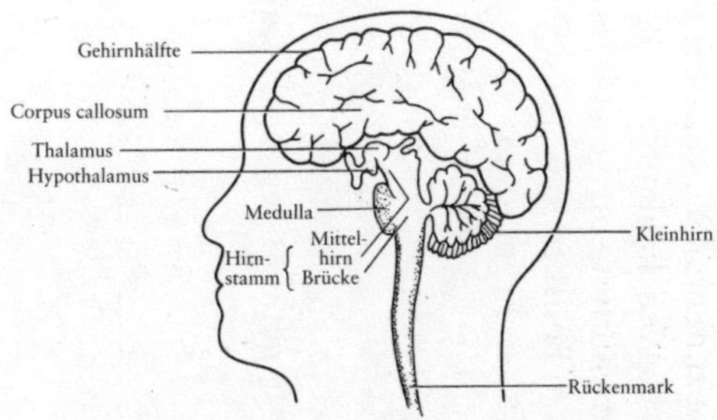


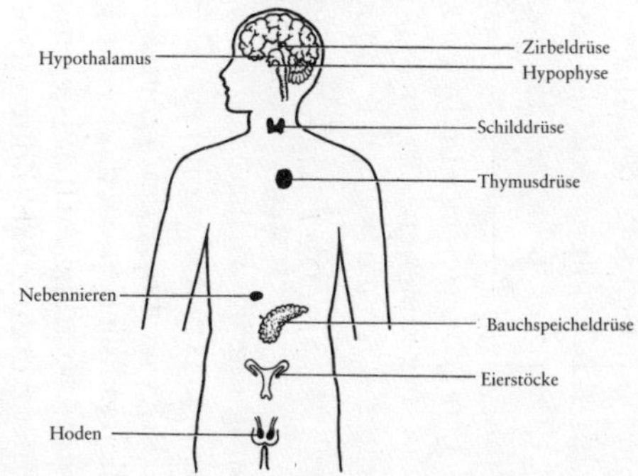


Die Zirbeldrüse setzt die Einwirkung magnetischer Felder in entsprechende Konzentrationen des Hormons Melatonin um, das den Tagesrhythmus steuert. Zirbeldrüse und Hypothalamus beeinflussen die Bildung und die Freisetzung der Geschlechtshormone Östrogen und Progesteron. Diese Umsetzung magnetischer zu chemischen Signalen nennt man elektrochemische Übertragung.

Sonnenstrahlung zu (relativ zur y-Achse). Dadurch steigt die LH-Bildung. Diese nimmt bei C' stark zu und erreicht nach 14 Tagen ein steiles Maximum, um dann stark abzufallen und am Ende des zweiten Quadranten exponentiell zu sinken.

Obwohl die Sonnenstrahlung zu Beginn des weiblichen Zyklus eine exponentielle Zunahme der Östrogen-Bildung auslöst (s. Abb. A29), unterdrückt die ausgeprägte LH-Bildung die gleichzeitige Östrogen-Bildung, und letztere »erholt sich« danach nur langsam.

Das Progesteron, durch den Anstieg des Östrogenspiegels am ersten Tag gehemmt, kann nun verstärkt gebildet werden, unterstützt durch die Sonnenstrahlung und die Abwesenheit von Östrogen sowie durch die LH-Wirkung am 14. Tag. Die Konzentration an Progesteron steigt mit der Sonnenaktivität und erreicht gleichzeitig mit dieser ihr Maximum. Sie folgt dann der Abnahme der Sonnenaktivität, wobei sie exponentiell sinkt.

Insgesamt liegt eine sehr komplexe Wechselwirkung vor, bei der die zyklische Sonnenaktivität sozusagen in eine hormonale Aktivität übertragen wird. Die entsprechenden Hormone steuern die Fortpflanzungsfunktionen. Jede Störung der Sonnenstrahlung beeinträchtigt also die Fruchtbarkeit.

Ein offensichtlicher Einwand gegen diese Beschreibung der Mechanismen liegt in folgendem: Alle Frauen sind praktisch derselben Sonnenstrahlung ausgesetzt – warum erfolgt die Menstruation dann nicht bei allen gleichzeitig? Der Grund liegt darin, daß bei ihnen selbst die Empfängnis zu verschiedenen Punkten des Sonnenzyklus eingetreten war. Der Biorhythmus und die Fruchtbarkeits-Zyklen beginnen jedoch stets mit dem Augenblick der Empfängnis. Die Menstruationszyklen aller Frauen, die zum selben Zeitpunkt empfangen wurden, sollten also tatsächlich zusammenfallen, abgesehen von der Einwirkung einiger Umweltfaktoren.

# Anhang 4: Der Sonnenflecken-Zyklus

Von Zeit zu Zeit erscheinen auf der Sonnenoberfläche kleine schwarze Flecken, deren Anzahl in einem Rhythmus von rund 11,5 Erdenjahren schwankt. Das verstärkte Auftreten von Flecken geht einher mit einer Änderung der nach außen wirkenden elektromagnetischen Aktivität der Sonne. (Im Sonneninneren vollziehen sich eher gleichmäßige Vorgänge.)

Eine nähere Untersuchung ergab, daß sich das Magnetfeld der Sonne (und damit auch seine lokale Wirkung an den Neutralgebieten) etwa alle 3750 Jahre umkehrt. Damit vollziehen sich fünf

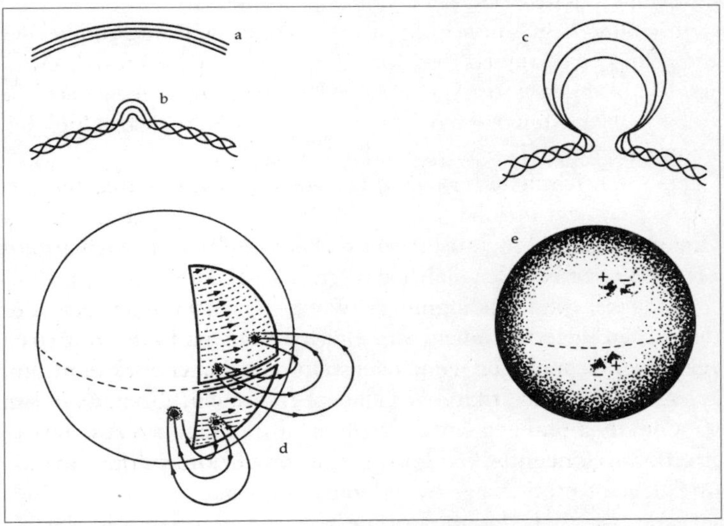


*Abb. A31: Nach dem Babcock-Leighton-Modell (a–c) rührt die Sonnenflecken-Aktivität von der Verwindung der Magnetfeldlinien auf der Sonne her. Der Grund für die Verwindung liegt in den unterschiedlichen Rotationsgeschwindigkeiten des solaren Magnetfelds am Äquator und an den Polen. Die Sonnenflecken (e) stellen Regionen auf der Sonnenoberfläche dar, die von magnetischen Schleifen (d) aus dem Sonneninneren durchdrungen werden.*

| Jahr | Anzahl | Jahr | Anzahl | Jahr | Anzahl | Jahr | Anzahl | Jahr | Anzahl |
|---|---|---|---|---|---|---|---|---|---|
| 1851 | 64,5 | 1877 | 12,3 | 1903 | 24,4 | 1929 | 65,0 | 1955 | 38,0 |
| 1852 | 54,2 | 1878 | 3,4 | 1904 | 42,0 | 1930 | 35,7 | 1956 | 141,7 |
| 1853 | 39,0 | 1879 | 6,0 | 1905 | 63,5 | 1931 | 21,2 | 1957 | 190,2 |
| 1854 | 20,6 | 1880 | 32,3 | 1906 | 53,8 | 1932 | 11,1 | 1958 | 184,6 |
| 1855 | 6,7 | 1881 | 54,3 | 1907 | 62,0 | 1933 | 5,6 | 1959 | 159,0 |
| 1856 | 4,3 | 1882 | 59,7 | 1908 | 48,5 | 1934 | 8,7 | 1960 | 112,3 |
| 1857 | 22,8 | 1883 | 63,7 | 1909 | 43,9 | 1935 | 36,0 | 1961 | 53,9 |
| 1858 | 54,8 | 1884 | 63,5 | 1910 | 18,6 | 1936 | 79,7 | 1962 | 37,5 |
| 1859 | 93,8 | 1885 | 52,2 | 1911 | 5,7 | 1937 | 114,4 | 1963 | 27,9 |
| 1860 | 95,7 | 1886 | 25,4 | 1912 | 3,6 | 1938 | 109,6 | 1964 | 10,2 |
| 1861 | 77,2 | 1887 | 13,1 | 1913 | 1,4 | 1939 | 88,8 | 1965 | 15,1 |
| 1862 | 59,1 | 1888 | 6,8 | 1914 | 9,6 | 1940 | 67,8 | 1966 | 47,0 |
| 1863 | 44,0 | 1889 | 6,3 | 1915 | 47,4 | 1941 | 47,5 | 1967 | 93,8 |
| 1864 | 47,0 | 1890 | 7,1 | 1916 | 57,1 | 1942 | 30,6 | 1968 | 105,9 |
| 1865 | 30,5 | 1891 | 35,6 | 1917 | 103,9 | 1943 | 16,3 | 1969 | 105,5 |
| 1866 | 16,3 | 1892 | 73,0 | 1918 | 80,6 | 1944 | 9,6 | 1970 | 104,5 |
| 1867 | 7,3 | 1893 | 84,9 | 1919 | 63,6 | 1945 | 33,1 | 1971 | 66,6 |
| 1868 | 37,3 | 1894 | 78,0 | 1920 | 37,6 | 1946 | 92,5 | 1972 | 68,9 |
| 1869 | 73,9 | 1895 | 64,0 | 1921 | 26,1 | 1947 | 151,5 | 1973 | 38,0 |
| 1870 | 139,1 | 1896 | 41,8 | 1922 | 14,2 | 1948 | 136,2 | 1974 | 34,5 |
| 1871 | 111,12 | 1897 | 26,2 | 1923 | 5,8 | 1949 | 134,7 | 1975 | 15,5 |
| 1872 | 101,7 | 1898 | 26,7 | 1924 | 16,7 | 1950 | 83,9 | 1976 | 12,6 |
| 1873 | 66,3 | 1899 | 12,1 | 1925 | 44,3 | 1951 | 69,4 | 1977 | 27,5 |
| 1874 | 44,7 | 1900 | 9,5 | 1926 | 63,9 | 1952 | 31,5 | 1978 | 92,5 |
| 1875 | 17,1 | 1901 | 2,7 | 1927 | 69,0 | 1953 | 13,9 | 1979 | 155,4 |
| 1876 | 11,3 | 1902 | 5,0 | 1928 | 77,8 | 1954 | 4,4 | 1980 | 154,6 |

*Abb. A32: Die durchschnittliche jährliche Anzahl der Sonnenflecken seit 1851, ermittelt nach der sogenannten Zürich-Klassifikation.*

Umkehrungen in 18 139 Jahren, wobei jede Umkehr vom Beginn bis zur Vollendung 374 Jahre dauert.

Im Jahre 1943 bestimmte R. Woolf als erster Astronom der westlichen Welt die Dauer eines Fleckenzyklus, d. h. den mittleren zeitlichen Abstand bis zum nächsten verstärkten Auftreten von Sonnenflecken. Wolf kam auf einen durchschnittlichen Wert von 11,1 Jahren.

Für den Sonnenflecken-Zyklus sind anscheinend vor allem die ungleichen Rotationsgeschwindigkeiten des Magnetfelds der Sonne verantwortlich; das äquatoriale Magnetfeld rotiert schneller als das polare. Wie in Kapitel 3 gezeigt, wird das polare Feld allmählich zu einem toroidalen Feld »verdrillt«, das also eine kreisringähnliche Gestalt hat. Seine Feldstärke hängt von der geographischen Breite auf der Sonne ab. Magnetische Kraftlinien verwinden sich ineinander, und zwar infolge der Einwirkung turbulenter Gasmassen unter der Sonnenoberfläche. Dann erfolgen

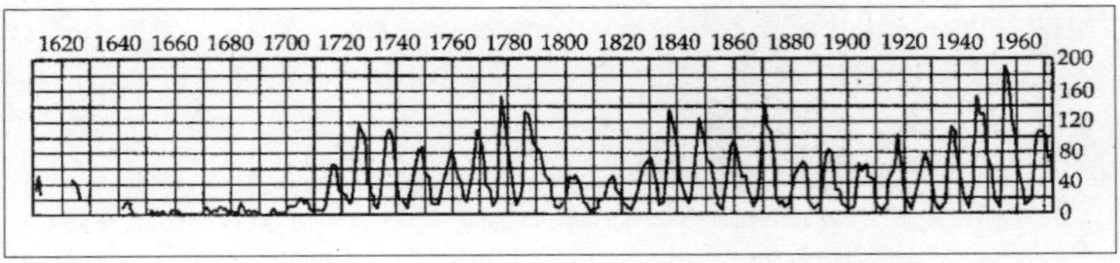


*Abb. A33: Die jeweilige Anzahl der Sonnenflecken und deren geographische Breite auf der Sonne haben in den Jahren 1884 bis 1976 in acht kompletten Zyklen variiert.*

Ausbrüche durch die Photosphäre, wobei ein Paar von Sonnenflecken entsteht (s. Abb. A31d und e).

Die Anzahl der sichtbaren Sonnenflecken variiert jährlich, aber man kann aus den vorhandenen Daten einen Zyklus ablesen. Die Sonnenflecken-Maxima liegen durchschnittlich jeweils etwa 11,1 Jahre auseinander. Der längste Zyklus dauerte 17,1 Jahre (1788–1805) und der kürzeste 7,3 Jahre (1829–1837). Zwischen 1645 und 1715 wurden praktisch keine Sonnenflecken beobachtet; man spricht dabei vom Maunder-Minimum.

Weit verbreitet ist die Meinung, daß man die Winkeldifferenz zwischen den Magnetfeldern von Sonne und Erde nicht angeben kann, weil man die Ausrichtung der verschieden schnell rotierenden Teilfelder der Sonne relativ zur Position der Erde nicht bestimmen kann.

Aber es *gibt* eine Methode, diese Größe zu ermitteln: Ich nenne sie die *Rotations-Differentiation*. Sie sei im folgenden erklärt.

Die Rotationsperiode des polaren Sonnenmagnetfelds (P) dauert 37 Erdentage, und die des äquatorialen Feldes (E) dauert 26 Erdentage. Nach jeweils 87,454545 Erdentagen holt das äquatoriale Feld das polare ein bzw. überrundet es.

Daher können wir das solare Feld relativ zur Erde untersuchen, wenn wir unsere Messungen alle 87,454545 Tage anstellen. Dabei vergleichen wir jeweils nur *zwei* Variable, nämlich die Positionen von P und E relativ zur Erde (W).

Nun können wir mit Hilfe eines Computers aus den drei Zyklusdauern (37 bei P, 26 bei E und 365,25 bei W) die Positionen von P, E und W nach jeweils 87,454545 Tagen berechnen. Wie schon erwähnt, fallen P und E alle 87,454545 Tage zusammen. Nun tragen wir die Positionen von P und E in 87,454545-Tage-

Intervallen auf, ebenso die Positionen der Erde (W). Dann bilden wir die Differenz beider Kurven und erhalten damit (in Grad) die Differenz der Positionen von Sonnenmagnetfeld und Erde (s. Abb. A34).

In den resultierenden Wellenformen erkennen wir, daß 97 Zyklen ablaufen, die 781 Zeitabschnitte umfassen. Diese entsprechen einer Zeitspanne von 781 mal 87,454545 Tagen, also von 68 302 Tagen bzw. 187 Jahren. Das ist im Grunde die Dauer eines Sonnenflecken-Zyklus. Die Wellenformen nach dem Abschnitt 781 sind einfach Wiederholungen der Abläufe am Beginn des 187jährigen Zyklus.

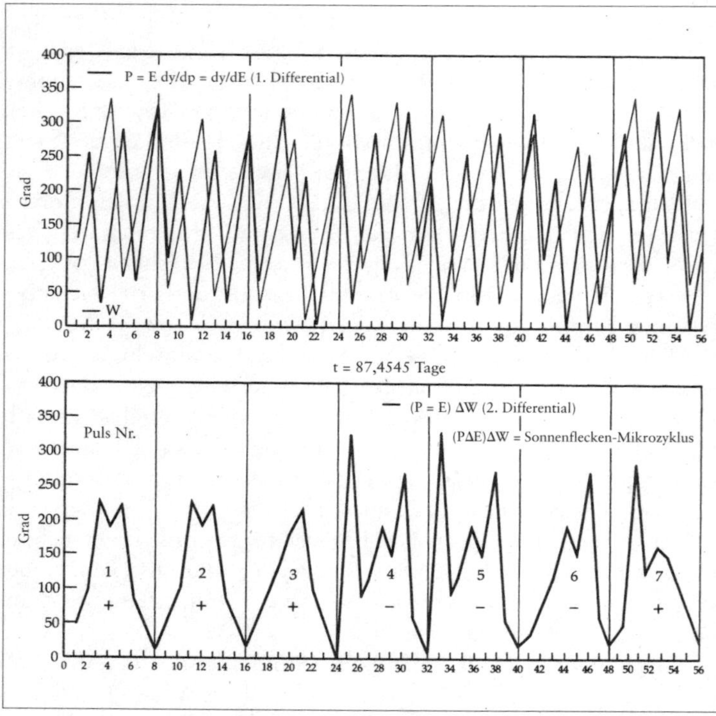


*Abb. A34: Die ersten sieben Mikrozyklen des 187jährigen Zyklus. P ist die Position des polaren und E die Position des äquatorialen Sonnenmagnetfelds. W ist die Position der Erde.*

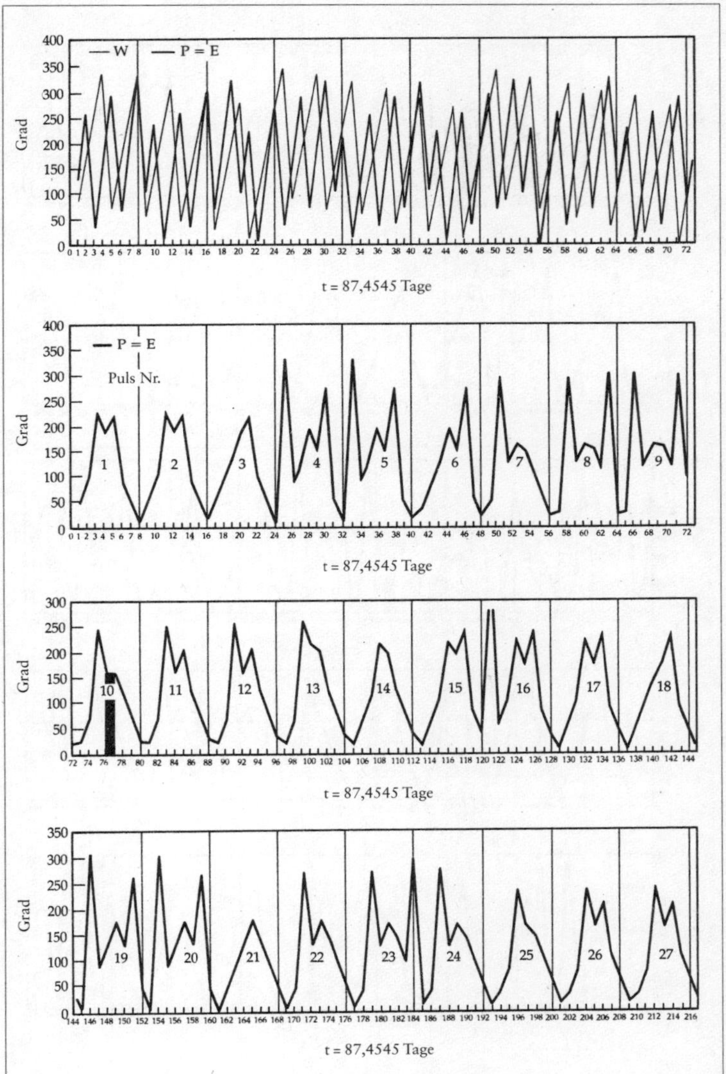


*Abb. A35: Ein kompletter 187-Jahre-Zyklus (mit 97 Mikrozyklen);*

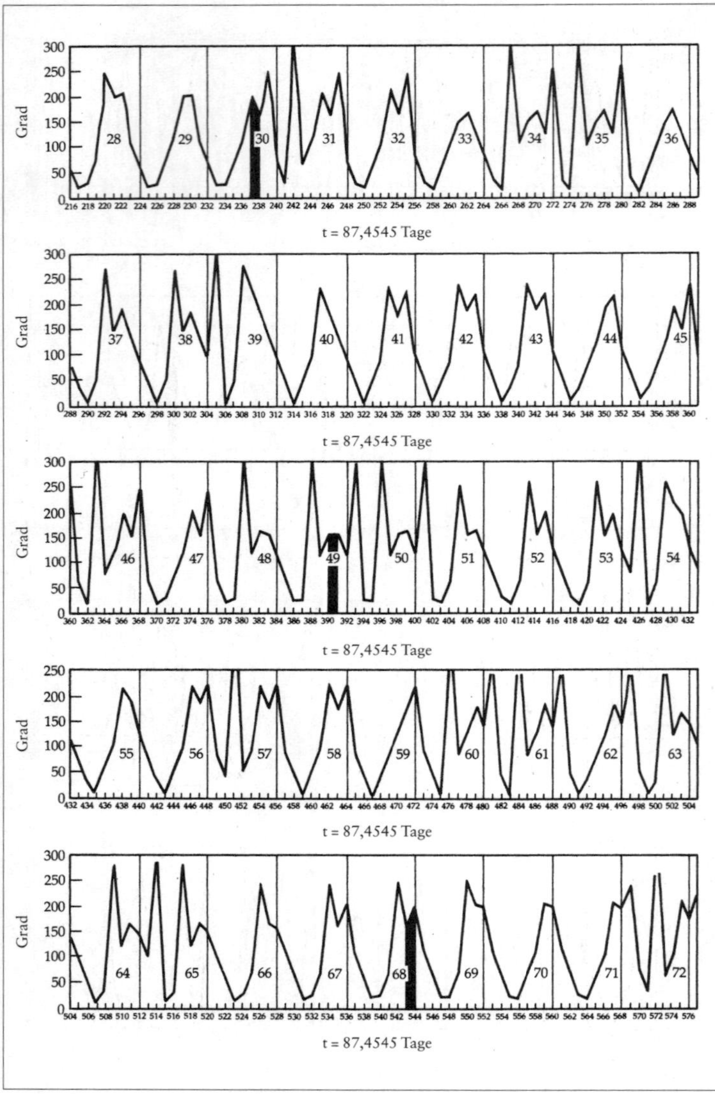


*Abb. A35 (Fortsetzung)*

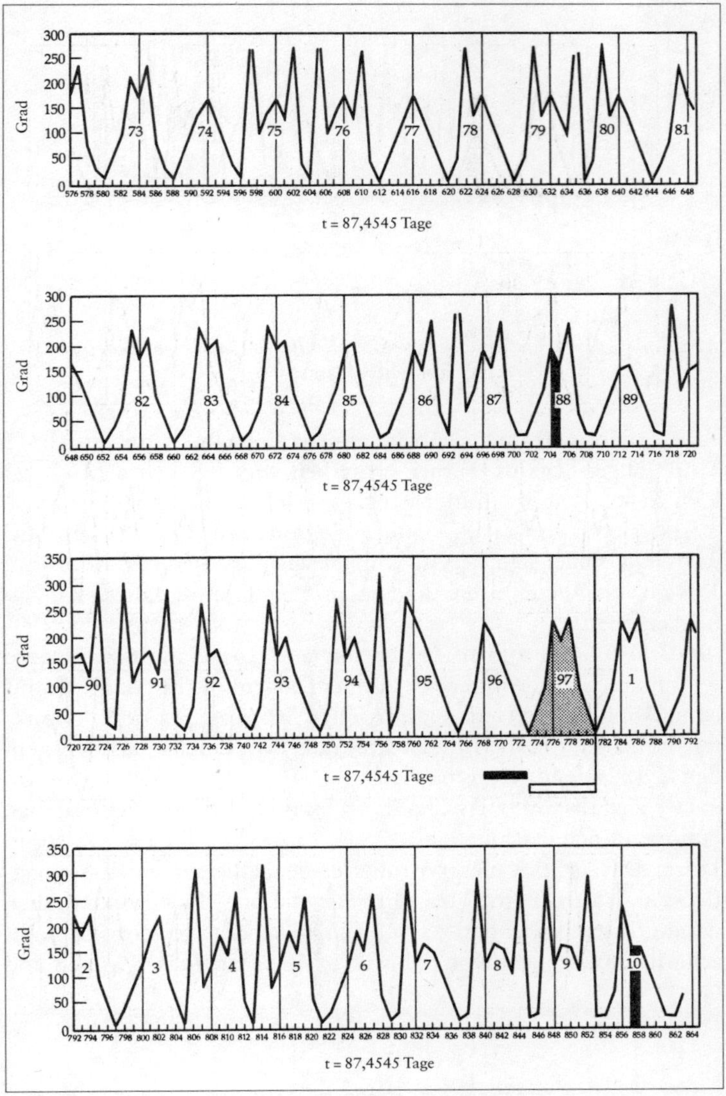


*Abb. A35 (Fortsetzung)*

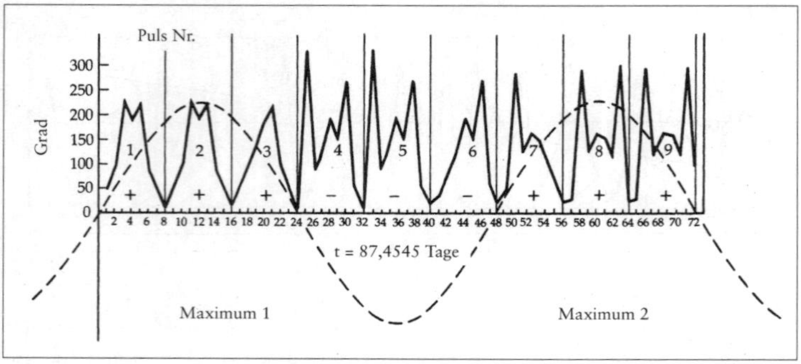


*Abb. A36: Ein fundamentaler Mikrozyklus entspricht 6 Mikrozyklen mit insgesamt 11,4929 Jahren.*

Wie schon erwähnt, beobachtet man einen im Mittel etwa 11,1 Jahre langen Zyklus. Ferner bemerken wir, daß sich 6 Mikrozyklen zu je 8 Zeitabschnitten à 11,4929 Jahre addieren (es ist 48 × 87,454545 Tage = 11,4929 Jahre). Wenn 6 Mikrozyklen dem Mittelwert am nächsten liegen, können wir postulieren, daß diese 6 Mikrozyklen einen »fundamentalen«, 11,1 Jahre dauernden Zyklus ergeben.

Solche fundamentalen Zyklen von je 11,4929 Jahren überlagern wir nun mit dem 187jährigen Sonnenflecken-Zyklus; das Ergebnis ist in Abbildung A36 gezeigt. (An den Mikrozyklen sind Polaritäten vermerkt, um die Übereinstimmung mit dem zugrundeliegenden Zyklus deutlich zu machen.)

Der Zeitabstand zwischen den Maxima, d.h. die Zyklusdauer, beträgt 48 Zeitabschnitte, also 48 × 87,454545 Tage = 11,492999 Jahre. Das ist die hier postulierte ideale Dauer eines Sonnenflecken-Zyklus. Betrachten wir jetzt die 97 Mikrozyklen näher, dann erkennen wir, daß 92 von ihnen wirklich jeweils 8 Zeitabschnitte dauern, während die Mikrozyklen Nr. 10, 30, 49, 68 und

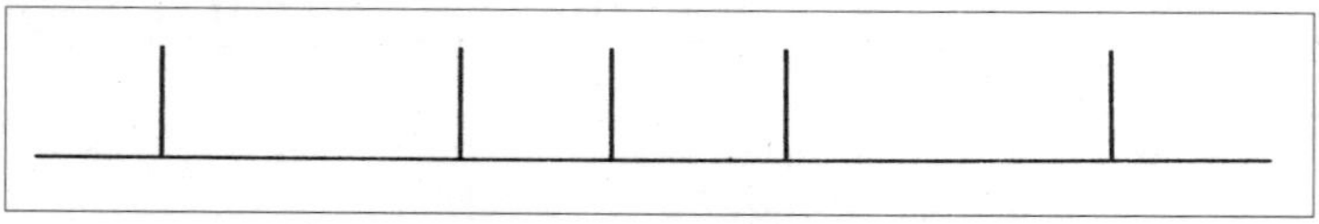

*Abb. A37: Das Auftreten der zusätzlichen Zeitabschnitte im 187-Jahre-Zyklus.*

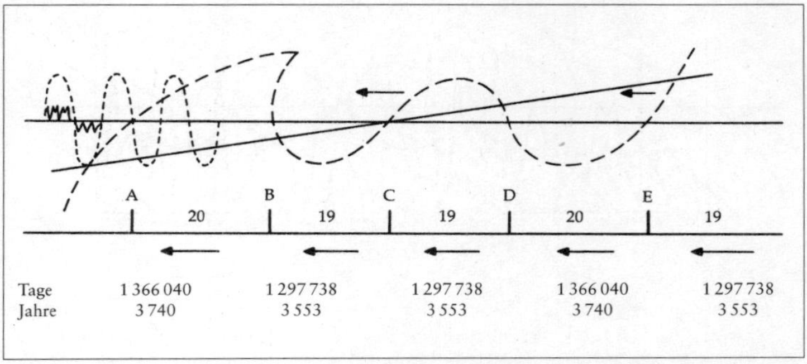


*Abb. A38: Das Zustandekommen der 97 Perioden (Mikrozyklen):*
*Es dauert 19 Perioden zu je 187 Jahren, damit Zeitabschnitt A nach E gelangt.*
*Es dauert 20 Perioden zu je 187 Jahren, damit Zeitabschnitt E nach D gelangt.*
*Es dauert 19 Perioden zu je 187 Jahren, damit Zeitabschnitt D nach C gelangt.*
*Es dauert 19 Perioden zu je 187 Jahren, damit Zeitabschnitt C nach B gelangt.*
*Es dauert 20 Perioden zu je 187 Jahren, damit Zeitabschnitt B nach A gelangt.*

88 je 9 Zeitabschnitte dauern (vgl. Abb. A34). Jeder dieser Mikrozyklen enthält also so etwas wie einen zusätzlichen Zeitabschnitt (s. Abb. A37).

Die zusätzlichen Zeitabschnitte treten in einem 187-Jahre-Zyklus fünfmal auf. Dadurch verschieben sich alle folgenden Mikrozyklen (vgl. Abb. A35). Daher nehmen wir an, daß der Zyklus in Wahrheit nur 768 Zeitabschnitte lang, aber während des 187-Jahre-Zyklus um 5 Zeitabschnitte verschoben ist. Dies ergibt 773 Zeitabschnitte.

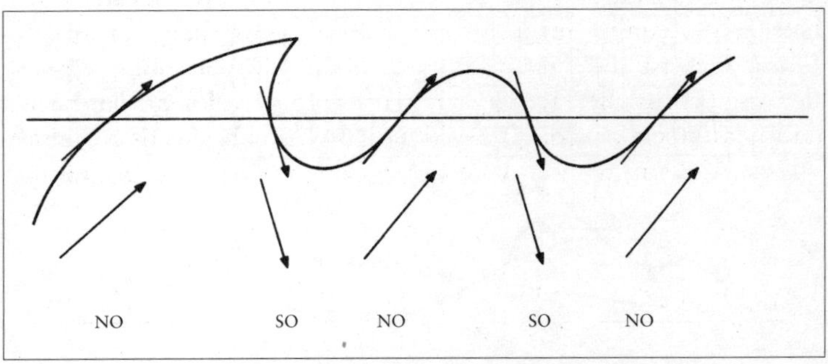


*Abb. A39: Das Neutralgebiet und die jeweilige Richtung des Magnetfelds.*

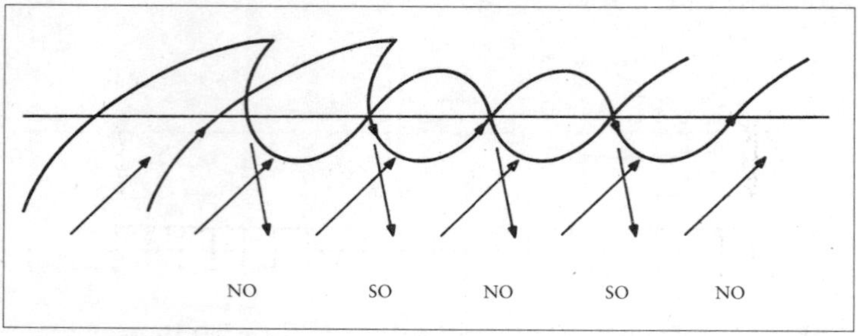


*Abb. A40: Die Verschiebungen der Neutralgebiete relativ zum fundamentalen Zyklus von 187 Jahren. Die zusätzlichen Zeitabschnitte verschieben sich während der Abfolge der 97 Mikrozyklen. Wenn zusätzliche Zeitabschnitte zusammentreffen, ändert sich die Richtung des Neutralgebiets im Vergleich zu seiner anfänglichen Feldrichtung; dies ist durch die Pfeile symbolisiert.*

Die Positionen der zusätzlichen Zeitabschnitte entsprechen denen des Neutralgebiets (s. a. Kapitel 3). Das Neutralgebiet verschiebt sich im 187-Jahre-Zyklus um 8 Zeitabschnitte (einen Mikrozyklus). Damit ein einzelner zusätzlicher Zeitabschnitt durch 97 Mikrozyklen gelangt, müssen 97 × 187 = 18 139 Jahre vergehen.

Zu den genannten Zeitpunkten verschiebt sich die Richtung des Magnetfelds gegenüber der ursprünglichen Richtung, wie aus der Wellenform abzulesen ist. In Abbildung A39 ist die Richtung des

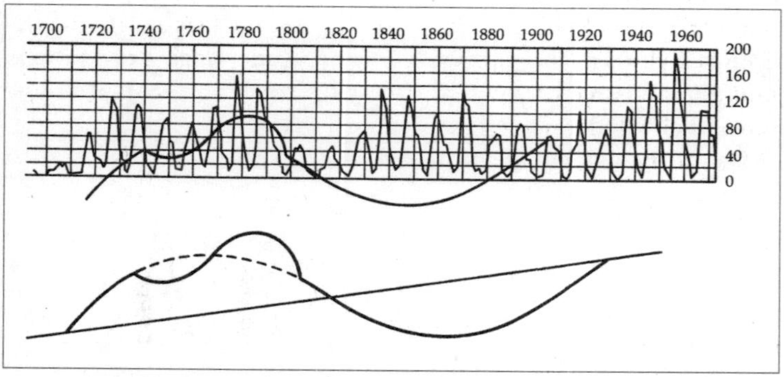


*Abb. A41: Idealisierte Darstellung des Neutralgebiets im Verlauf eines 187jährigen Zyklus.*

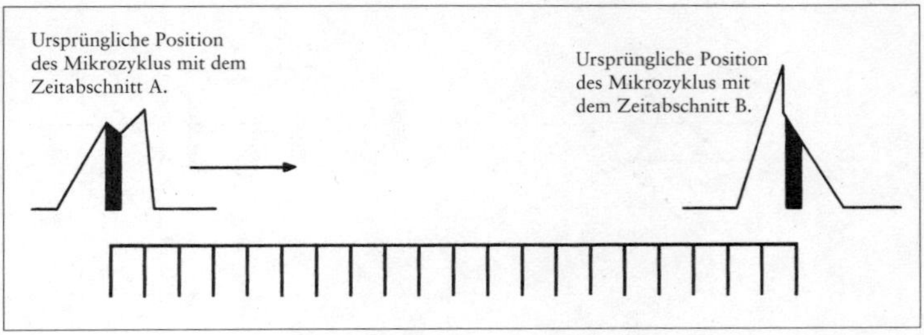


*Abb. A42: Die ursprünglichen Positionen der beiden Mikrozyklen mit den zusätzlichen Zeitabschnitten A bzw. B; auf der unteren Skala entspricht jedem Teilstrich ein Mikrozyklus.*

Magnetfelds im Neutralgebiet dargestellt; darunter ist jeweils zum Vergleich die Anfangsrichtung durch Pfeile angedeutet.

Wir haben gerade gesehen, wie 20 zusätzliche Zeitabschnitte benötigt werden, damit der Abschnitt E mit dem Abschnitt D zusammentrifft. Während dieser Periode von 1 366 040 Tagen bzw. 3740 Jahren kehrt das Neutralgebiet seine Feldrichtung gegenüber der anfänglichen Richtung vollständig um. Um das zu verdeutlichen, vergleichen wir in Abbildung A40 die Wellenformen zu den zwei verschiedenen Zeitpunkten und betrachten die Verschiebung der Richtung gegenüber der »eingefrorenen« Anfangsrichtung.

Aus alledem folgt, daß sich die Schnittpunkte mit dem Neutralgebiet fünfmal in jedem großen Zyklus von 18 139 Jahren Dauer umkehren. Das Magnetfeld der Sonne verschiebt sich während des großen Zyklus nach 3740 Jahren, dann wieder nach 3553 Jahren, und abermals nach 3553 Jahren, wieder nach 3740 Jahren und schließlich wieder nach 3553 Jahren.

Der zu beobachtende Sonnenflecken-Zyklus wird also stärker

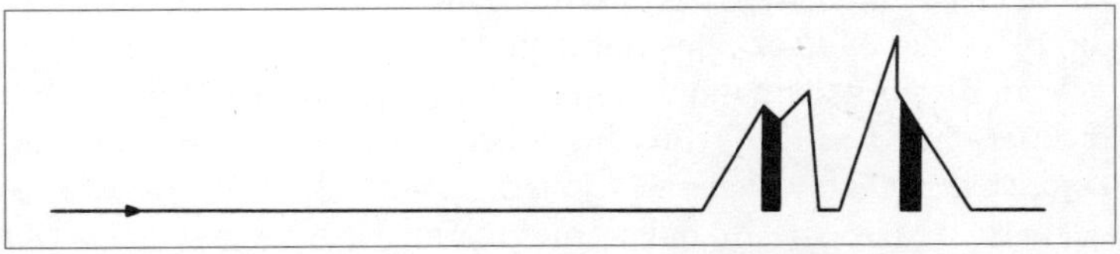

*Abb. A43: Die Annäherung der beiden Mikrozyklen von Abbildung A42.*

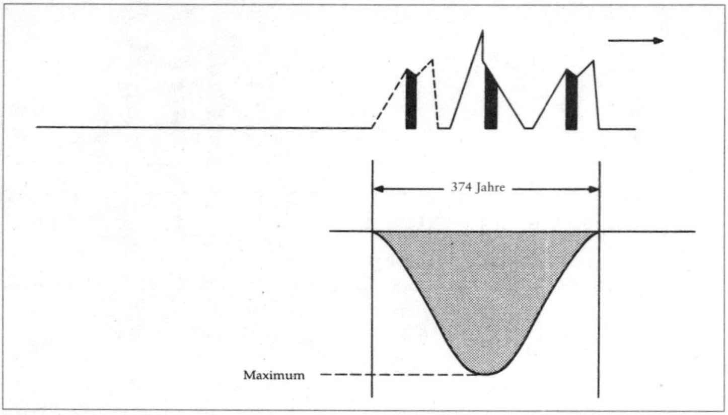


*Abb. A44: Die untere Kurve gibt an, mit welcher Geschwindigkeit sich die Richtung des Feldes verändert.*

bzw. schwächer ausgeprägt sein, abhängig von der Wellenform des Neutralgebiets; das ist in Abbildung A41 gezeigt.

Bevor wir weitere Betrachtungen anstellen, müssen wir noch klären, wie sich das Magnetfeld der Sonne umkehrt, d. h. wie es von Nord-Ost (NO) nach Süd-Ost (SO) kippt.

Nach 1 366 040 Tagen bewegt sich der zusätzliche Zeitabschnitt A zu einer neuen Position, auf der zuvor der Abschnitt B war. Bedeutet das, daß zu Mitternacht des 1 366 040. Tages das Feld umkippen wird? Die Antwort lautet nein.

Sowohl der Mikrozyklus mit dem zusätzlichen Zeitabschnitt A als auch derjenige mit dem Abschnitt B verschieben sich alle 187 Jahre (68 302 Tage) um einen Mikrozyklus. Sobald der Mikrozyklus mit dem zusätzlichen Zeitabschnitt A denjenigen mit dem Abschnitt B erreicht, beginnen die Felder ineinanderzugreifen. Dann erreicht der Mikrozyklus mit dem Abschnitt A die Position, die zuvor der Mikrozyklus mit dem Abschnitt B einnahm.

Vom ersten Aufeinandertreffen der beiden Mikrozyklen an gerechnet dauert es 187 Jahre, bis sie komplett übereinanderliegen. Danach vergehen weitere 187 Jahre, bis sie sich wieder voneinander getrennt haben. Also dauert die gesamte Übergangszeit 2 × 187 Jahre = 374 Jahre. Jede Änderung der Feldrichtung erreicht also 187 Jahre nach ihrem Beginn das maximale Ausmaß (s. Abb. A44).

# Anhang 5: Der Untergang der Maya

Sowohl das Magnetfeld der Sonne als auch dasjenige der Sonnenflecken kehrten sich in der Zeit um, als das Volk der Maya ausstarb. Die aufeinandertreffenden magnetischen Störungen führten auf der Erde zu Unfruchtbarkeit und zu genetischen Veränderungen; dabei waren die Auswirkungen in den äquatorialen Regionen am stärksten. Aufgrund der Sonnenflecken-Aktivität trat eine kleine Eiszeit ein; dadurch verdunstete aus den Meeren weniger Wasser, so daß – auch im Gebiet der Maya – eine Dürreperiode einsetzte (vgl. Kapitel 9). Sie war die unmittelbare Ursache für den Untergang der Maya.

## Die Auswirkungen der kleinen Eiszeit auf die Maya

Brooks führt den Untergang der Maya als einen der Beweise dafür an, daß in der Zeitspanne von 600 bis 1100 n. Chr. der Wassergehalt der Atmosphäre in den tropischen Breiten stark variierte (siehe H. H. Lamb: *Climate, Past, Present and Future*). In den 70er Jahren konnte gezeigt werden, daß die Gebiete zwischen 10 und 20 Grad nördlicher Breite besonders anfällig für solche Schwankungen sind.

Andere Autoren, darunter Sherret S. Chase vom Botanischen Institut der *Harvard University*, vermuteten, daß die Maya zwischen 790 und 810 n. Chr. eine große Trockenperiode erlebten. Chase

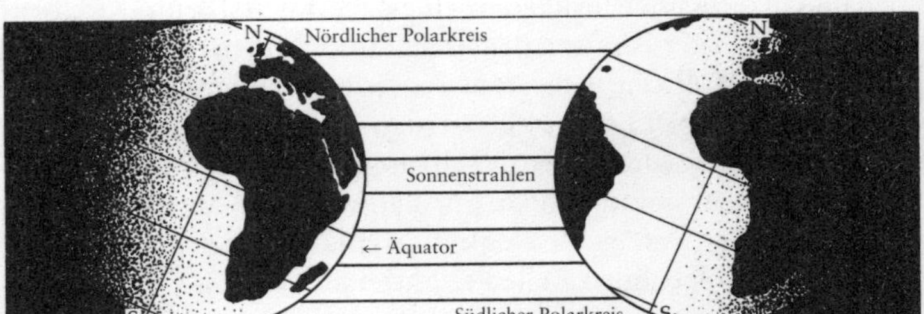


*Abb. A45: Die Sonnenstrahlung wirkt sich in Äquatornähe stärker aus, weil sie hier steiler einfällt.*

bemerkte, daß sich die Maya sozusagen intensiv mit dem Regen beschäftigten, beispielsweise beteten sie den Regengott Chaac an. Es gibt zwei Annahmen über das Ausbleiben hinreichender Regenmengen in den langen Trockenzeiten. So konnte entweder das äquatoriale Regensystem (d. h. die inter-tropische Konvergenzzone) daran gehindert worden sein, die bei den jahreszeitlichen Nord-Süd-Strömungen normalerweise überstrichenen Gebiete zu erreichen, so daß auch der Monsun ausblieb. Die andere Möglichkeit wäre, daß sich die Regenzonen nur kurz auf nördlichere Breiten erstreckten.

## Die Wirkungen stärkerer kosmischer Strahlung

Aus den im Anhang 4 besprochenen Daten geht auch hervor, daß sich das Sonnenmagnetfeld umkehrte (relativ zu seiner Richtung in den vorangegangenen 3470 Jahren). Diese Umkehr vollzog sich zwischen 440 und 814 n. Chr. Außerdem war während dieses Übergangs die Intensität der auf die Magnetosphäre der Erde auftreffenden Strahlung (auch die der kosmischen) deutlich höher als vorher und nachher. Energiereiche Strahlung ist jedoch grundsätzlich lebensfeindlich. Eine intensivere Einstrahlung geht einher mit zunehmenden Schäden an den Organismen auf der Erde.

Wenn energiereiche, ionisierende Strahlung durch Materie hindurchgeht, werden Elektronen aus Atomen oder Molekülen herausgeschlagen. Dabei entstehen positive Ionen, die chemisch sehr reaktionsfähig sind. Die Strahlung kann in unseren Körper gelangen, entweder direkt oder durch die Aufnahme radioaktiver Isotope, beispielsweise von Strontium, das mit der Nahrung aufgenommen und in die Knochensubstanz eingelagert wird. Beim Durchtritt von Gamma- oder Röntgenstrahlung durch Materie werden deren Atome oder Moleküle nicht immer ionisiert, sondern können auch Energie aufnehmen (»angeregt werden«) und dabei entsprechend der Strahlungsfrequenz intensiv schwingen. Die Elektronen können dabei in höhere Umlaufbahnen um den Atomkern angehoben werden. Auch hierbei steigt die Reaktionsfähigkeit stark an.

Moleküle in lebenden Zellen erfahren durch die aus der ionisierenden Strahlung aufgenommenen Energie chemische Veränderungen, auch an der DNA, d. h. am genetischen Material. Daraus können Mutationen oder physische Deformationen resultieren.

Jede von der Sonne her auf die Erde treffende Strahlung wirkt sich im Bereich zwischen 10 und 20 Grad nördlicher und südlicher Breite besonders stark aus, weil die Strahlen hier fast senkrecht auf die Erdoberfläche treffen, während sie näher bei den Polen flacher einfallen (s. Abb. A45). Als sich das Sonnenmagnetfeld zum ersten Mal nach 3740 Jahren umkehrte, wirkte sich dies vermutlich auf die Magnetosphäre der Erde aus. Dadurch wurde mehr Strahlung auf die Erdoberfläche durchgelassen.

## Die Tänzer

In Monte Albán, nahe Oaxaca, etwa 320 Kilometer von Palenque entfernt, fand man eine Reihe von Reliefs, die sogenannte »Tänzer« darstellen. Diese Benennung wählten die Archäologen, weil die gezeigten extremen Körperhaltungen darauf hindeuten, daß hier intensive Bewegungen, wahrscheinlich Tänze, wiedergegeben wurden. Bei gründlicher Betrachtung erkennt man aber, daß die Reliefs Deformationen des menschlichen Körpers zeigen, die wohl großenteils schon bei der Entbindung vorlagen.

## Die Prophezeiungen der Maya

Was uns bei den Überlegungen zum Untergang der Maya – anders als bei anderen Völkern – besonders beeindruckt, ist die Tatsache, daß die Maya anscheinend eine Umkehrung des Sonnenmagnetfelds für die Zeit ihres Niedergangs erwartet hatten. Gleichzeitig konnten sie wohl die Auswirkungen der Feldumkehrung voraussehen – die intensivere Einstrahlung und die daraus resultierende höhere Kindersterblichkeit sowie schließlich das Aussterben ihres Volkes.

Im Jahre 1880 gab der Dresdner Bibliothekar Ernst Förstemann die Ergebnisse seiner langjährigen Forschungen bekannt, die er über eine der ältesten erhaltenen Aufzeichnungen der Maya angestellt hatte. Dieses Dokument wird oft als *Codex Dresden* bezeichnet, da es in der Bibliothek von Dresden aufbewahrt wird. Kernpunkt der astronomischen Texte, so vermutete Förstemann, war die Beschäftigung der Maya mit einem 260tägigen Zyklus. Manche heutige Wissenschaftler meinen, daß diese sich endlos wiederholende Kette von Tagen keine Beziehung zu irgendeinem Rhythmus am Himmel habe. Wir haben jedoch festgestellt, daß dieser Zyklus mit den Überlappungen der polaren und äquatorialen Sonnenmagnetfelder zusammenhängt (s. Anhang 4). Das Erkennen dieses Zyklus war jedoch nur mit Hilfe der modernsten astronomischen Beobachtungen möglich, die in den letzten Jahren mit Hilfe von bemannten Raumschiffen und von Raumsonden durchgeführt wurden.

Wie aber konnten die Maya die Bedeutung – und überhaupt die Existenz – dieses Zyklus erkennen und anhand dessen den Zeitpunkt der nächsten Umkehrung des Sonnenmagnetfelds vorhersagen?

Förstemann stellte fest, daß zumindest auf fünf Seiten des *Codex Dresden* die Positionen des Planeten Venus behandelt werden. Andere Forscher merkten an, der merkwürdigste Aspekt dieser Venus-Tabellen sei die Anzahl von 1 366 560 Tagen bzw. der sogenannte »Geburtstag der Venus«, der auf den 10. August 3113 v. Chr. da-

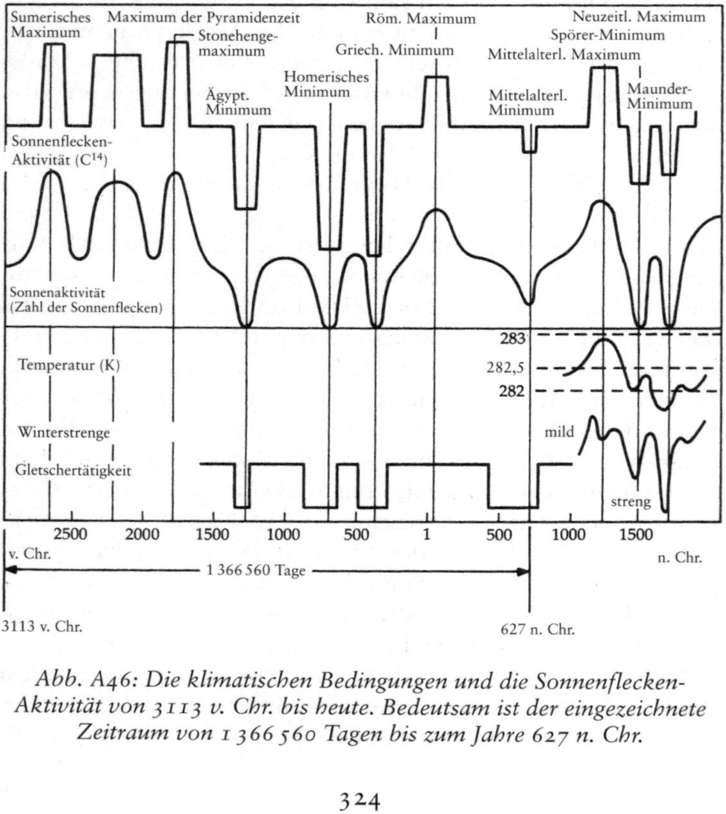


*Abb. A46: Die klimatischen Bedingungen und die Sonnenflecken-Aktivität von 3113 v. Chr. bis heute. Bedeutsam ist der eingezeichnete Zeitraum von 1 366 560 Tagen bis zum Jahre 627 n. Chr.*

tiert wird. An anderer Stelle lesen wir, daß die Periode von 1 366 560 Tagen leicht anhand des 260-Tage-Zyklus berechnet werden kann. Außerdem ist erstaunlich (und noch wichtiger), daß wir auf das Jahr 627 n. Chr. kommen, wenn wir vom Beginn des Mayakalenders 1 366 560 Tage weiterzählen. Das Jahr 627 n. Chr. fällt gerade auf die Mitte des Zeitraums, in dem sich das Sonnenmagnetfeld umkehrte, was zum Aussterben der Maya führte.

Die Entschlüsselung des Zahlensystems der Maya (s. Kapitel 2) zeigt auch, daß die Positionen des Planeten Venus beobachtet wurden, um den Sonnenflecken-Zyklus zu verfolgen; denn nach 20 dieser Zyklen erwarteten die Maya die Umkehrung des Feldes, die dann auch tatsächlich eintrat.

Das Zahlensystem der Maya wurde bis heute von vielen Gelehrten untersucht und verblüfft uns immer noch. Wie wir gesehen haben, kann es aber durch Einfügen des »fehlenden« 260-Tage-Zyklus erklärt werden. Wenn man die Ausnahmen beachtet, läßt sich das Prinzip leicht erkennen. Dabei sehen wir, daß 9 Maya-Zyklen insgesamt die Anzahl von 1 366 560 Tagen ergeben, also sozusagen die Venus-Zahl bzw. den Zeitraum, der der Umkehrung des Magnetfelds entspricht. Analog dazu gibt es im Tempel von Palenque (in dem Fürst Pacal begraben ist) 620 Eintragungen. Wie können wir diese Tatsache interpretieren? Fest steht, daß diese Zahl 260 die wichtigste überhaupt ist. Weiterhin ergibt die Enträtselung des Maya-Zahlensystems, daß es – wie das der Babylonier – auf der Zahl 360 basiert. (Daraus folgern wir erstens, daß die Maya nicht nur das Dezimalsystem mit der Grundzahl 10 verwendeten, und zweitens, daß die Einheit für die Winkelmessung dieselbe war wie unsere heutige – ein Grad entspricht 1/360 einer ganzen Umdrehung.) Wenn wir aber 260 von 620 subtrahieren, erhalten wir 360, die Basis des Zahlensystems der Maya. Jetzt »korrigieren« wir den Fehler durch absichtliche Ziffernvertauschung, und aus 260 wird 620.

Nur wer die Bedeutung der Zahl 260 versteht – und auch einiges über Astronomie, Astrologie, Biologie und Gentechnik weiß –, kann also die Botschaften der Maya entschlüsseln, die in ihren Bauwerken, Berechnungen und Kunstwerken verborgen sind.

Noch geheimnisvoller ist, daß die Maya alles, was wir in diesem Buch ansprechen, in einem einzigen Bild verschlüsselt haben: in der rätselhaften Grabplatte von Palenque.

# Anhang 6: Katastrophe und Zerstörung

Wenn sich die Richtung des Sonnenmagnetfelds ändert, wird eine Kraft auf die Erdachse ausgeübt, die dadurch aus ihrer Richtung abgelenkt wird. Auf der taumelnden Erde kommt es zu Erdbeben, Fluten, Feuersbrünsten und Vulkanausbrüchen.

Das Magnetfeld der Sonne ändert fünfmal während jedes langen kosmischen Zyklus seine Richtung. Das ist vermutlich der Grund dafür, daß die Maya und andere Völker glaubten, die Erde sei in der Vergangenheit viermal zerstört worden, und zu Anfang des 21. Jahrhunderts, in der fünften Sonnenperiode, würde in gleicher Weise eine Zerstörung einsetzen.

Vor ungefähr 200 Millionen Jahren waren alle heute bekannten Landmassen auf der Erde Teil eines einzigen, gigantischen Kontinents, den man Pangäa nennt. Diese Annahme ist die Grundlage der Kontinentalverschiebungs-Theorie, die erstmals 1858 von Antonio Snider aufgestellt wurde. Ihr wichtigster Verfechter war wohl Alfred Wegener, der im Jahre 1915 geologische, klimatolo-

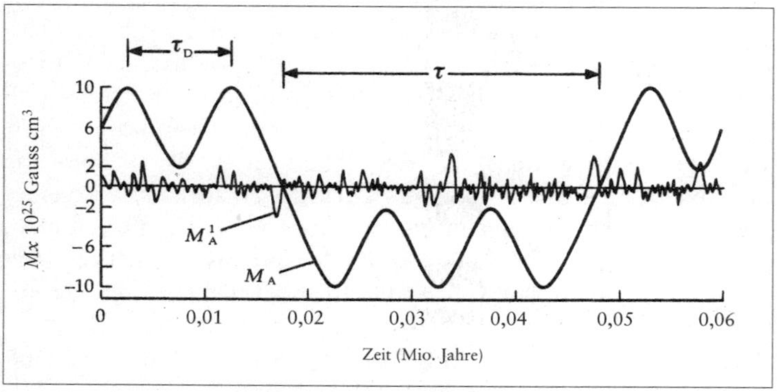


*Abb. 47: Das Modell, mit dem die Verteilung der Magnetfeld-Umkehrungen errechnet werden kann. $\tau_D$ ist die Periode des Dipolfelds, und $\tau$ ist die Dauer eines Polaritäts-Intervalls. Eine Umkehrung findet immer dann statt, wenn die Größe MA', ein Maß für das nicht-dipolische Feld, im Vergleich zur Dipolbewegung $M_A$ groß wird. (Vgl. Olson, 1970)*

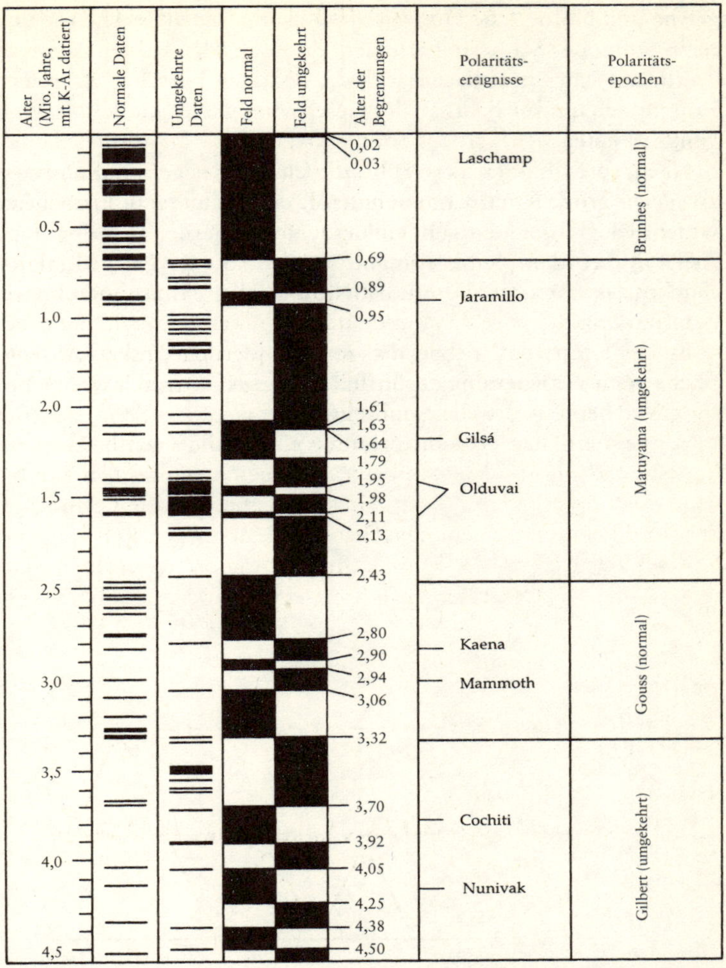


*Abb. A48: Die zeitliche Abfolge der Umkehrungen des Erdmagnetfelds. Jede kurze horizontale Linie gibt den Zeitraum an, der mit Hilfe der Kalium-Argon-(K-Ar-)Datierung ermittelt wurde. Intervalle mit normaler Polarität sind in der Spalte »Feld normal« durch schwarze Felder gekennzeichnet, und Intervalle mit umgekehrter Polarität sind in der Spalte »Feld umgekehrt« durch schwarze Felder symbolisiert. (Cox, 1969)*

gische und biologische Hinweise publizierte, die diese Theorie unterstützten. Die Schlußfolgerungen, die er aus den Fakten zog, waren denen sehr ähnlich, die auch die heutigen Forscher vertreten. Er irrte sich nur hinsichtlich der Geschwindigkeit, mit der die Vorgänge abliefen.

Nach 20 Millionen Jahren hatte sich die riesige Landmasse in zwei sehr große Kontinente aufgespalten; dies waren Laurasia (im wesentlichen die heutigen Gebiete Nordamerika, Europa und Asien außer dem Subkontinent Indien) sowie Gondwanaland (Südamerika, Afrika, die Antarktis, Australien und der Subkontinent Indien).

Es steht fest, daß neben diesen Veränderungen der Erdoberfläche auch die Richtung des Erdmagnetfelds mehrfach wechselte. Es gibt Theorien darüber, daß einige gravierende Ereignisse für diese magnetischen Umkehrungen verantwortlich waren.

# Anhang 7: Zahlen und Zahlensysteme der Maya

Es wurde schon vor einiger Zeit angenommen, daß die Maya ein Vigesimalsystem, also ein 20er-System verwendeten (vigesimal ist abgeleitet vom lateinischen Wort *vigesimus*, der Zwanzigste). Das bedeutet, eine Ziffer hat einen 20mal höheren Stellenwert, wenn sie um eine Stelle weiter links steht.

| Baktun | Katun | Tun | Uinal | Kin |
|---|---|---|---|---|
| 144 000 | 7200 | 360 | 20 | 1 |
| Tage | Tage | Tage | Tage | Tage |

*Abb. A49: Die Zeitperioden der Maya*

Aus Abbildung A49 geht aber hervor, daß die Zeiteinheiten der Maya nicht konsequent dem 20er-System folgen; denn 360 (Tun) ist nicht das 20fache von 20 (Uinal).

Die Maya-Kalenderperiode von 52 »Jahren« scheint das 260-Tage-Jahr der Maya mit dem 365tägigen Sonnenjahr in Einklang zu bringen. Dazu müßte das Sonnenjahr aber glatt 365 Tage lang sein; in Wahrheit dauert es jedoch 365,25 Tage. Deshalb stimmt die Kalenderperiode nicht alle 52 Jahre mit unserem Kalender überein, sondern alle 52 Jahre minus 52 Perioden zu je 0,25 Tagen. Somit ist die Kalenderperiode 18 980 Tage lang und nicht 18 993 Tage (die Dauer von 52 Sonnenjahren).

Trotzdem: die Aufzeichnungen der Maya – mit den Zeiteinheiten Baktun, Katun, Tun, Uinal und Kin – können exakt übersetzt werden. Jedoch vermögen wir solche Übertragungen nicht logisch zu erklären. Deshalb glaubten viele Forscher, daß die Maya von geringer Intelligenz gewesen seien und, trotz der Anwendung der Zahl Null, im Hinblick auf Mathematik und Zahlensysteme eher durchschnittlich begabt. Konnten jedoch die Ansätze der Maya nicht vielmehr eine vereinfachte Form unseres heutigen Dezimalsystems (10er-Systems) gewesen sein? Untersuchen wir nun diese Möglichkeit.

## 1 Die Zeitperioden der Maya

a) Das Kalendersystem der Maya beruhte auf einem *Monat* mit 20 *Tagen*, die jeweils einen eigenen Namen hatten, z. B. Imix.
b) Jedem Tag wurde eine Nummer zwischen 1 und 13 vorangestellt, z. B. 6 Imix.
c) Aus diesen zwei Sequenzen folgt, daß jede Kombination von Nummer und Name erst nach Ablauf von 260 Tagen wieder auftreten konnte (denn es ist 13 × 20 = 260).

Die *260-Tage-Periode* hieß bei den Maya *Tzolkin* und bei den Azteken *Tonalamatl*, also soviel wie »heiliges Jahr«.

Die 260-Tage-Periode war äußerst wichtig im Hinblick auf die Voraussagen von Ereignissen oder auf die Deutung von Vorzeichen. Doch kam sie in den Inschriften kaum vor. Hier wurden die Bezeichnungen Baktun, Katun, Tun, Uinal und Kin vorgezogen. Wir werden darauf im Zusammenhang mit Abbildung A57

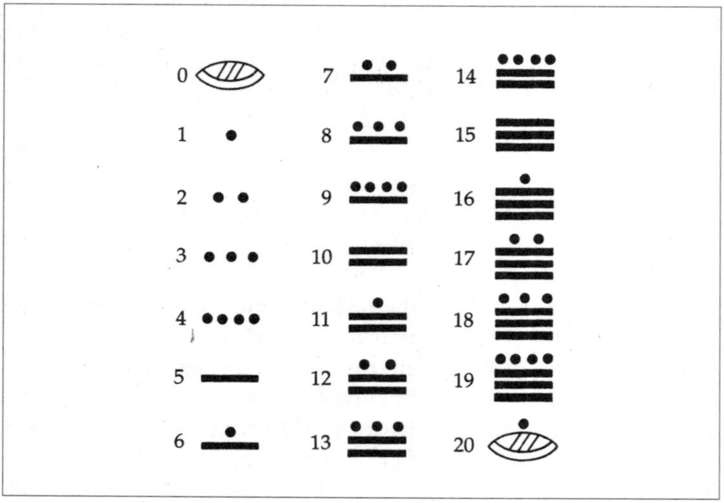


*Abb. A50: Die Zahlen der Maya; ein Punkt steht für eine Einer- und ein Strich für eine Fünfer-Einheit.*

**Tagesnamen**

| Maya | Übersetzung |
|---|---|
| Imix | Meerdrachen |
| Ik | Luft/Leben |
| Akbal | Nacht |
| Kan | Mais |
| Chicchan | Schlange |
| Cimi | Tod |
| Manik | Hirsch/Macht |
| Lamat | Hase |
| Muluc | Regen |
| Oc | Hund |
| Chuen | Affe |
| Eb | Besen |
| Ben | Schilfrohr |
| Ix | Jaguar |
| Men | Vogel/Adler |
| Cib | Eule/Geier |
| Caban | Kraft/Erde |
| Eznab | Flint/Messer |
| Cauac | Sturm/Faß |
| Ahau | Gott |

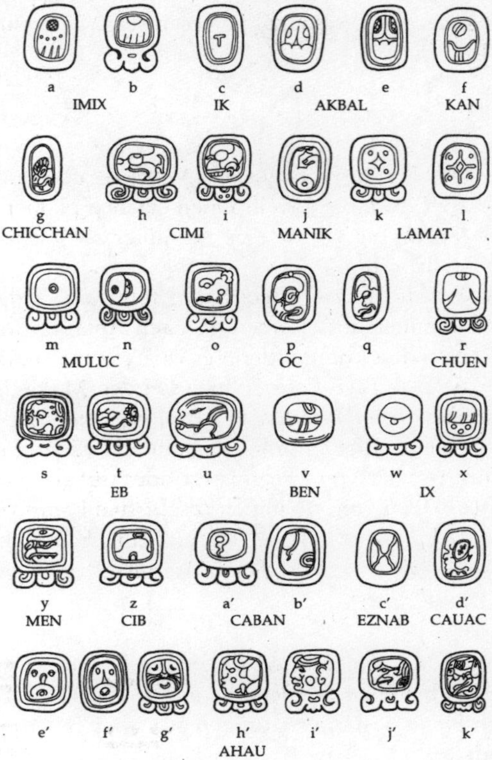


*Abb. A51: Die Tageszeichen in den Inschriften*

zurückkommen, wenn wir die Bedeutung der 260tägigen Zeitperiode untersuchen. Ihre Dauer rührt von der Kombination der solaren Zyklen mit einer Dauer von 37 bzw. 26 Tagen her.

Die Monatsnamen hatten stets ihren eigenen Koeffizienten, beispielsweise 4 Muan, 9 Pop usw. Dabei konnten die Zahlen von 0 (»Zuordnung« des Monats) bis 19 laufen.

*Monatsnummern:*

8 ... 9 ... 10 ... 11 ... 12 ... 13 ... 14 ... 15 ... 16 ... 17 ... 18 ... 19 ... 0 ... 1 ... 2 ... 3 ... 4 ... 5 ... 6 ... 7 ... 8 ...

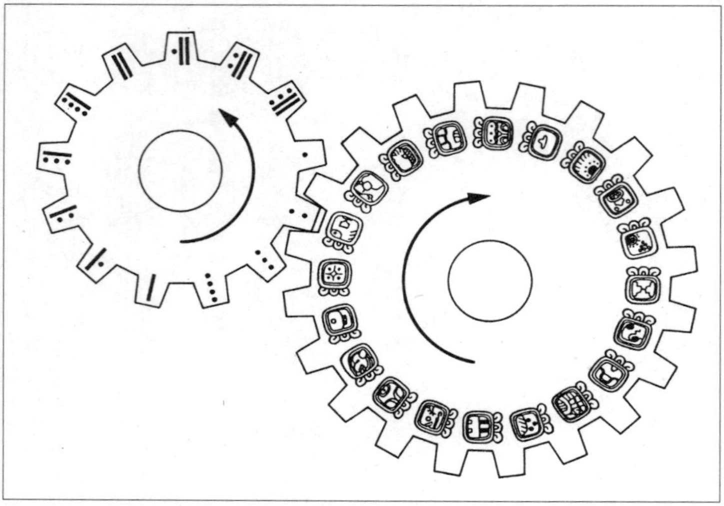

*Abb. A52: 2-Manik, der 67. Tag des 260tägigen Zyklus, der mit 1* Imix *beginnt.*

2 Der Haab

Der Haab war mit 365 Tagen die Zeitperiode der Maya, die unserem heutigen Sonnenjahr mit 365,25 Tagen am nächsten kam. Ein Haab bestand sozusagen aus zwei Teilen:

| | | |
|---|---|---|
| Tun | = | 360 Tage |
| Xma Kaba Kin | = | 5 Tage (unbenannte »Unglückstage«) |
| | | 365 Tage (Haab) |

Wir fügen heute in jedem vierten Jahr dem Monat Februar einen Tag, den sogenannten Schalttag, hinzu, damit die Übereinstimmung mit dem Sonnenjahr erhalten bleibt. Damit dauert ein Jahr im Durchschnitt 365,25 Tage. Wir wissen von keinen Schaltjahren bei den Maya.

Die 360tägige Periode namens Tun ermöglichte die Unterteilung in 18 Mayamonate zu je 20 Tagen. Also trug jeder 361. Tag denselben Namen. Die als »unglücklich« angesehenen Tage während einer 360-Tage-Periode trugen in der nächsten 360-Tage-Periode den gleichen Namen; somit entsprachen einige Bezeichnungen stets »glücklichen« und andere Bezeichnungen stets

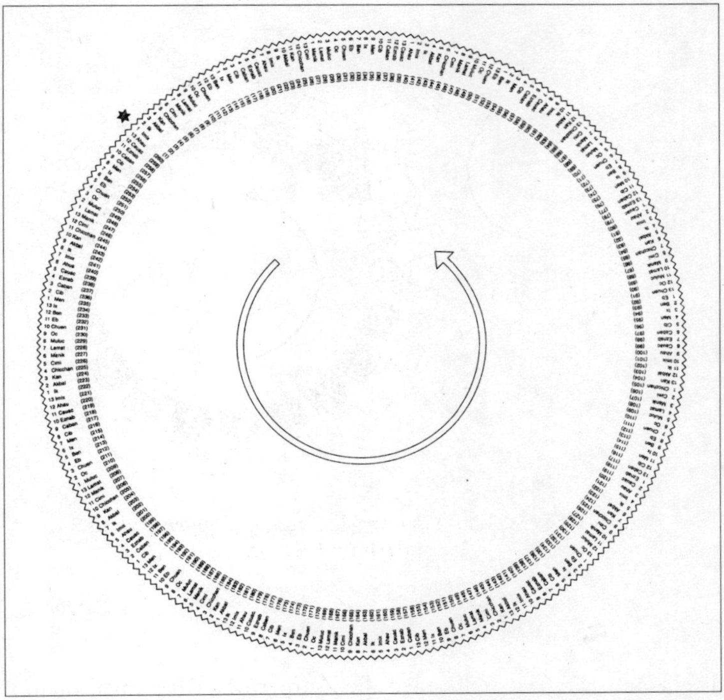

*Abb. A53: Das* Tonalamatl-*Rad mit der Abfolge der 260 Tage mit unterschiedlichen Namen.*

»unglücklichen« Tagen. In unserem Kalendersystem dagegen fällt beispielsweise ein Geburtstag in einem Jahr auf einen Donnerstag, im nächsten auf einen Freitag und im übernächsten auf einen Samstag (abgesehen von den Schaltjahren). Bei den Maya ging es eher um die Eigenschaften der Tage, wie »günstig« und »ungünstig«.

## 3 Die Kalenderperiode mit 18 980 Tagen

Das 260tägige »heilige Jahr« und der 365tägige Haab wiederholten sich jeweils. Wir können daher sicher sein, daß sich alle 260 × 365 = 94 900 Tage ihr gemeinsamer Beginn wiederholte. In Wahr-

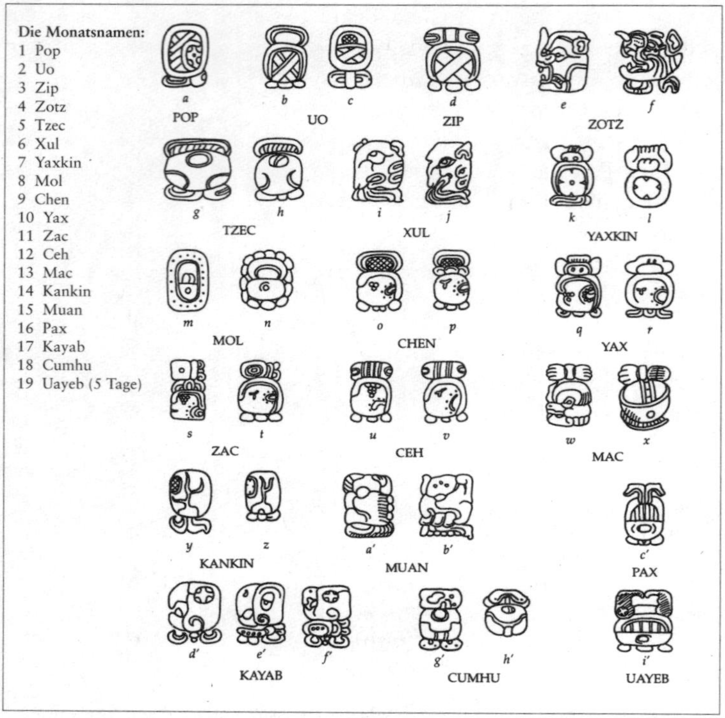


*Abb. A54: Die Zeichen für die Monate in den Inschriften.*
*Jeder Monat hatte 20 Tage, ausgenommen der letzte mit nur 5 Tagen.*
*Das 365tägige Jahr* Haab *bestand aus 18 Monaten (Uinal)*
*mit je 20 Tagen; dies ergibt ein Jahr mit 360 Tagen (18 × 20 = 360).*
*Zusammen mit fünf »Unglückstagen«,* Uayeb *genannt,*
*resultiert ein Jahr mit 365 Tagen.*

heit wiederholte er sich aber schon früher. Wann dies eintrat, wollen wir nun ermitteln.

Weil jede 20tägige Periode benannt war, und weil 20 ein Teiler von 360 ist, mußte – wie wir bereits wissen – jeder 361. Tag denselben Namen wie in der vorangegangenen 360-Tage-Periode tragen. Der Haab war aber 365 Tage lang. Daher steht fest, daß der 366. Tag einen Namen trug, der dem Namen desjenigen Tages entsprach, der in der vorangegangenen 365-Tage-Periode 5 Plätze entfernt stand. Nun ist 20 auch durch 5 teilbar (es ist $5 \times 4 = 20$), so daß jede 365tägige Periode nur mit einem von *vier* der *zwanzig* benannten Tage beginnen konnte.

Die Zahl 260 ist ebenso durch 5 teilbar wie die Zahl 365. Um die kürzeste Zeitspanne zu finden, nach der die 260-Tage- und die 365-Tage-Periode wieder gleichzeitig beginnen, müssen wir das kleinste gemeinsame Vielfache suchen:

$$\frac{260}{5} \times \frac{365}{5} \times \frac{5}{1} = 52 \times 73 \times 5 = 18\,980 \text{ (Tage)}$$

Also sind die beiden Perioden mit 260 bzw. 365 Tagen nach jeweils 18 980 Tagen wieder synchronisiert. Diese lange Periode ist die sogenannte *Kalenderrunde* der Maya.

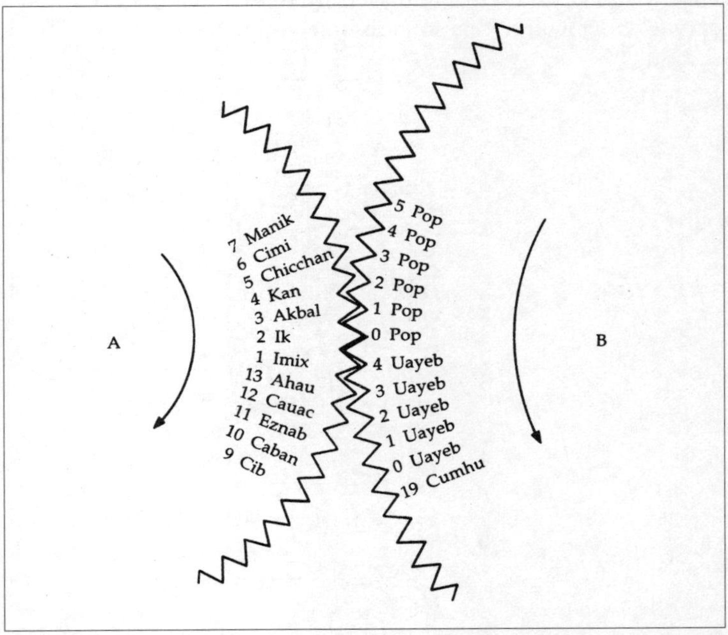


*Abb. A55: Die Kalenderrunde mit einer Länge von 18 980 Tagen. Das Diagramm zeigt das Ineinandergreifen des* Tonalamatl-*Rades (A) mit 260 Tagen und des* Haab-*Rades (B) mit 365 Tagen. Die Kombination beider ergibt die Kalenderrunde mit 52 Jahren.*

Die Maya-Datierungen werden im allgemeinen zeilenweise in zwei Spalten von oben nach unten gelesen. In Abbildung A56 lesen wir also zuerst A1, dann B1, danach A2 und B2 usw.

Die Abbildung A57 enthält Vielfache von Kalenderrunden zu je 18 980 Tagen, zusammen mit der Gesamtdauer. Die dritte und die sechste Spalte geben die entsprechende Maya-Notation wieder, wie sie auf den alten Inschriften zu finden ist. Eine Kalenderrunde kann folgendermaßen faktorisiert werden:

| | | | | |
|---|---|---|---|---|
| 0 Baktun | 2 Katun | 12 Tun | 13 Uinal | 0 Kin |
| (0 × 144 000) | (2 × 7200) | (12 × 360) | (13 × 20) | (0 × 1) |
| 0 | 2 | 12 | 13 | 0 |

Dies wird als 2.12.13.0 geschrieben. Würde man in einer hochentwickelten Kultur eine so mühsame und unlogische Schreibweise wählen?

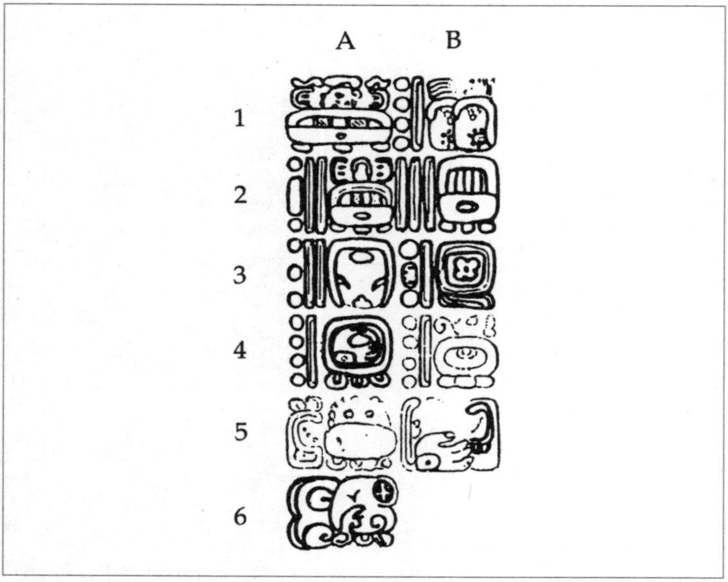


*Abb. A56: Zur Leserichtung bei den Maya-Datierungen; nähere Einzelheiten im Text.*

| Kalender-runden | Tage | Zyklen | Kalender-runden | Tage | Zyklen |
|---|---|---|---|---|---|
| 1 | 18 980 | 2. 12. 13. 0 | 41 | 778 180 | 5. 8. 1. 11. 0 |
| 2 | 37 960 | 5. 5. 8. 0 | 42 | 797 160 | 5. 10.14. 6. 0 |
| 3 | 56 940 | 7. 18. 3. 0 | 43 | 816 140 | 5. 13. 7. 1. 0 |
| 4 | 75 920 | 10. 10. 16. 0 | 44 | 835 120 | 5. 15. 19. 14.0 |
| 5 | 94 900 | 13. 3. 11. 0 | 45 | 854 100 | 5. 18. 12. 9. 0 |
| 6 | 113 880 | 15. 16. 6. 0 | 46 | 873 080 | 6. 1. 5. 4. 0 |
| 7 | 132 860 | 18. 9. 1. 0 | 47 | 892 060 | 6. 3. 17. 17. 0 |
| 8 | 151 840 | 1. 1. 1. 14. 0. | 48 | 911 040 | 6. 6. 10. 12. 0 |
| 9 | 170 820 | 1. 3. 14. 9. 0 | 49 | 930 020 | 6. 9. 3. 7. 0 |
| 10 | 189 800 | 1. 6. 7. 4. 0 | 50 | 949 000 | 6. 11. 16. 2. 0 |
| 11 | 208 780 | 1. 8. 19. 17. 0 | 51 | 967 980 | 6. 14. 8. 15. 0 |
| 12 | 227 760 | 1. 11. 12. 12. 0 | 52 | 986 960 | 6. 17. 1. 10. 0 |
| 13 | 246 740 | 1. 14. 5. 7. 0 | 53 | 1 005 940 | 6. 19. 14. 5. 0 |
| 14 | 265 720 | 1. 16. 18. 2. 0 | 54 | 1 024 920 | 7. 2. 7. 0. 0 |
| 15 | 284 700 | 1. 19. 10. 15. 0 | 55 | 1 043 900 | 7. 4. 19. 13. 0 |
| 16 | 303 680 | 2. 2. 3. 10. 0 | 56 | 1 062 880 | 7. 7. 12. 8. 0 |
| 17 | 322 660 | 2. 4. 16. 5. 0 | 57 | 1 081 860 | 7. 10. 5. 3. 0 |
| 18 | 341 640 | 2. 7. 9. 0. 0 | 58 | 1 100 840 | 7. 12. 17. 16.0 |
| 19 | 360 620 | 2. 10. 1. 13. 0 | 59 | 1 119 820 | 7. 15. 10. 11. 0 |
| 20 | 379 600 | 2. 12. 14. 8. 0 | 60 | 1 138 800 | 7. 18. 3. 6. 0 |
| 21 | 398 580 | 2. 15. 7. 3. 0 | 61 | 1 157 780 | 8. 0. 16. 1. 0 |
| 22 | 417 560 | 2. 17. 19. 16. 0 | 62 | 1 176 760 | 8. 3. 8. 14. 0 |
| 23 | 436 540 | 3. 0. 12. 11. 0 | 63 | 1 195 740 | 8. 6. 1. 9. 0 |
| 24 | 455 520 | 3. 3. 5. 6. 0 | 64 | 1 214 720 | 8. 8. 14. 4. 0 |
| 25 | 474 500 | 3. 5. 18. 1. 0 | 65 | 1 233 700 | 8. 11. 6. 17. 0 |
| 26 | 493 480 | 3. 8. 10. 14. 0 | 66 | 1 252 680 | 8. 13. 19. 12. 0 |
| 27 | 512 460 | 3. 11. 3. 9. 0 | 67 | 1 271 660 | 8. 16. 12. 7. 0 |
| 28 | 531 440 | 3. 13. 16. 4. 0 | 68 | 1 290 640 | 8. 19. 5. 2. 0 |
| 29 | 550 420 | 3. 16. 8. 17.0 | 69 | 1 309 620 | 9. 1. 17. 15. 0 |
| 30 | 569 400 | 3. 19. 1. 12. 0 | 70 | 1 328 600 | 9. 4. 10. 10. 0 |
| 31 | 588 380 | 4. 1. 14. 7. 0 | 71 | 1 347 580 | 9. 7. 3, 5. 0 |
| 32 | 607 360 | 4. 4. 7. 2. 0 | 72 | 1 366 560 | 9. 9. 16. 0. 0 |
| 33 | 626 340 | 4. 6. 19. 15. 0 | 73 | 1 385 540 | 9. 12. 8. 13.0 |
| 34 | 645 320 | 4. 9. 12. 10. 0 | 74 | 1 404 520 | 9. 15. 1. 8. 0 |
| 35 | 644 300 | 4. 12. 5. 5. 0 | 75 | 1.423 500 | 9. 17. 14. 3. 0 |
| 36 | 683 280 | 4. 14. 18. 0. 0 | 76 | 1 442 480 | 10. 0. 6. 16. 0 |
| 37 | 702 260 | 4. 17. 10. 13.0 | 77 | 1 461 460 | 10. 2. 19. 11. 0 |
| 38 | 721 240 | 5. 0. 3. 8. 0 | 78 | 1 480 440 | 10. 5. 12. 6. 0 |
| 39 | 740 220 | 5. 2. 16. 3. 0 | 79 | 1 499 420 | 10. 8. 5. 1. 0 |
| 40 | 759 200 | 5. 5. 8. 16. 0 | 80 | 1 518 400 | 10. 10. 17. 14. 0 |

*Abb. A57: Hier sind die kumulierten Dauern von 80 Maya-Kalenderrunden – in arabischen Ziffern sowie nach der Maya-Schreibweise angegeben. (Quelle: Bureau of American Ethnology)*

Viele Berechnungen ergaben, daß der Sonnenflecken-Zyklus 68 302 Tage lang ist, und daß sich nach 20 solcher Perioden, also nach 20 × 68 302 = 1 366 040 Tagen auf der Sonne die Magnetfeldrichtung des Neutralgebiets umkehrt. Das Erdmagnetfeld versucht, seine Achse nach dem Sonnenmagnetfeld auszurichten, und die Erdachse vollführt eine Taumelbewegung. Währenddessen ändern die Magnetpole der Erde ihre geographischen Positionen. Auf der Erde treten als Folge zuweilen katastrophale Zerstörungen ein: Erdbeben aufgrund tektonischer Aktivität, Vulkanausbrüche, Flutwellen und Wirbelstürme. Hinweise darauf sind auf der Grabplatte von Palenque zu finden. Die Maya mußten daher den Ablauf der 68 302-Tage-Perioden genau im Auge behalten, da nach jeweils 20 dieser Perioden große Katastrophen einsetzen. Nun ist aber eine Datierung (und Korrektur) bei solch langen Zeiträumen nur sehr schwer zu realisieren, wenn man keine astronomisch beobachtbare Größe zur »Eichung« hat, d. h. zur exakten Anpassung an die Kalenderperiode. Am geeignetsten ist hierfür der Planet Venus, dessen Umlaufdauer um die Sonne 584 Erdentage beträgt. 117 Durchgänge der Venus am Himmel vollziehen sich also in 117 × 584 Tagen = 68 328 Tagen. Das entspricht annähernd dem Sonnenflecken-Zyklus mit 68 302 Tagen. (Die Differenz von 26 Tagen gegenüber dem korrekten Wert muß natürlich berücksichtigt werden, wenn man die gesamte Rotationsperiode errechnen will. Diese dauert also 1 366 560 Tage anstatt 1 366 040 Tage.) Daher war es unabdingbar, die Venusbahn zu verfolgen.

Die Maya berechneten den Sonnenflecken-Zyklus also folgendermaßen: 68 302 + 26 (Venus-Korrektur) = 68 328 × 20 = 1 366 560 Tage. Die Dauer dieser Periode kann auf verschiedene Art, auch mit Hilfe eines Computers, berechnet werden:

a) Anhand der 260-Tage-Periode in Verbindung mit der Kalenderrunde von 18 980 Tagen.
b) Anhand der Maya-Zyklen Katun, Baktun, Uinal, Tun und Tonalamatl, unter Berücksichtigung der Venus-Umlaufdauer.

*Die Berechnung der Kataklysmen-Periode nach der Methode a)*

Die Sonne dreht sich an ihrem Äquator einmal in 26 Erdentagen um sich selbst; an ihren Polen dauert eine Umdrehung 37 Erdentage. Das können wir als »differentielle Rotation der polaren und äquatorialen Magnetfelder der Sonne« ansehen.

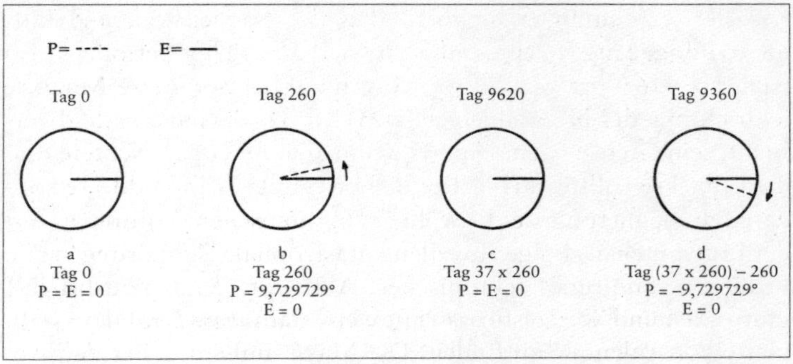


*Abb. A58: Zur Berechnung der Kataklysmen-Periode nach der Methode a); nähere Erläuterungen im Text.*

Das polare Sonnenmagnetfeld P dreht sich pro Tag um 360°/37 = 9,729729°.

Das äquatoriale Sonnenmagnetfeld E dreht sich pro Tag um 360°/26 = 13,84615°.

Nach 260 Tagen hat P 7,027027 Umdrehungen ausgeführt und hat sich um 9,729729° über die Anfangsposition hinausbewegt (s. Abb. A58b).

Nach 260 Tagen hat E insgesamt 10 Umdrehungen ausgeführt und befindet sich dann an der Anfangsposition (0°) (s. Abb. A 58b).

Der zweite 260-Tage-Zyklus beginnt daher damit, daß P um 9,729729729° vor E liegt.

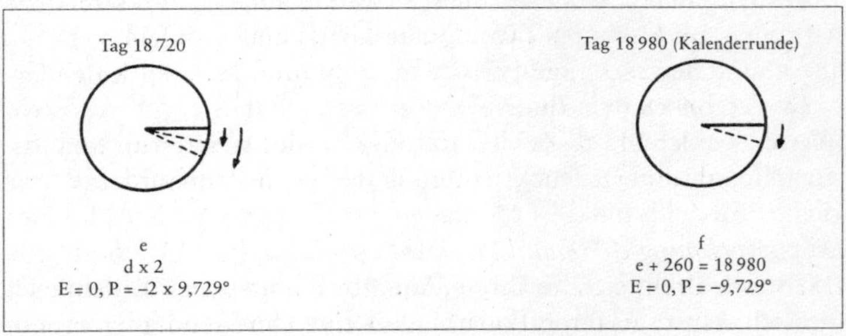


*Abb. A59: Zur Berechnung der Kataklysmen-Periode nach der Methode a), Fortsetzung.*

*Abb. A60: Zur Berechnung der Kataklysmen-Periode nach der Methode a), Fortsetzung.*

Wir verwenden im weiteren diesen Unterschied der Positionen von P und E.

Ein Winkel von 9,729729° entspricht 1/37 einer vollen Umdrehung (360°). Wenn 37 dieser Abweichungen zusammengekommen sind, ergeben sie eine ganze Umdrehung. Daher müssen sich nach 37 Perioden P und E wieder an derselben Position (bei 0°) befinden. Das bedeutet, es ist P = E = 0° nach 37 × 260 Tagen = 9620 Tagen (s. Abb. A58 c).

Davon subtrahieren wir 260 Tage, so daß sich eine Position um 9,729729° hinter E ergibt. In Abbildung A58 d sehen wir dann, daß nach 9620 – 260 = 9360 Tagen P um 9,729729° hinter E *zurückbleibt*, das sich zu diesem Zeitpunkt bei 0° befindet.

Diese Abweichung verdoppeln wir (siehe Abb. A59 e); dann liegt P um 2 × 9,729729° hinter E. Das ist der Fall nach 2 × 9360 Tagen = 18 720 Tagen. Jetzt ist E = 0° und P = –2 × 9,729729°.

Nun addieren wir zum neuen Wert 260 Tage und erhalten 18 720 + 26 = 18 980 Tage. Dann liegt E bei 0°, und P liegt nur um 1 = 9,729729° hinter E (s. Abb. A59 f).

Damit haben wir die Kalenderrunde mit Hilfe von nur zwei Werten berechnet; diese sind der Zyklus des polaren Sonnenmagnetfelds mit 37 Erdentagen und derjenige des äquatorialen Sonnenmagnetfelds mit 26 Erdentagen. Das Ergebnis ist in Abbildung A60 gezeigt.

Die eben vorgestellte Berechnung muß aber einen prinzipiellen Fehler von 520 Tagen enthalten. Dieser kann folgendermaßen veranschaulicht werden: P eilt E um 2 × 9,729729° voraus. Wir subtrahieren 2 × 260 = 520 Tage von 1 366 560 Tagen und erhalten

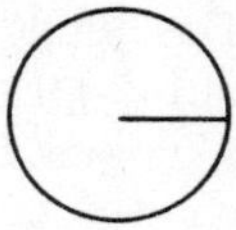


*Abb. A61: Zur Berechnung der Kataklysmen-Periode nach der Methode a), Fortsetzung.*

36 920 P-Zyklen bzw. 52 540 E-Zyklen. Das entspricht 3740 Zyklen des Erdmagnetfelds. (Wir erinnern uns daran, daß der »Überschuß« von 520 Tagen die Anwendung der Venus-Positionen zur Korrektur erleichtert.) Das Endergebnis geht aus Abbildung A61 hervor.

*Voraussetzungen zur Berechnung der Kataklysmen-Periode nach der Methode b)*

1a) 20 Sonnenflecken-Zyklen à 68 302 Tage ergeben einen Zerstörungs-Zyklus von 1 366 040 Tagen.

1b) 117 Venus-Umlaufdauern à 584 Tage ergeben 68 328 Tage, also 26 Tage zuviel.

Daher müssen die Venus-Positionen über 117 × 20 Perioden à 584 Tage berücksichtigt werden, wobei 520 Tage abzuziehen sind; somit wird die Zerstörung innerhalb des letzten Umlaufs der Venus in dieser Reihe erfolgen.

2a) Beim Ermitteln der Venus-Korrektur müssen wir sicherstellen, daß die Zahl 117 als Faktor in jedem der vorliegenden Zählsysteme auftritt.

2b) Um die Synchronizität mit den solaren Variablen herzustellen, müssen wir die Zahl 260 in jedem Zählsystem berücksichtigen. (260 Tage ist die Dauer des astronomisch wichtigsten gemeinsamen Zyklus der Sonnenmagnetfelder.)

2c) Um den Zeitpunkt der Zerstörung zu ermitteln, müssen wir während 20 Sonnenflecken-Zyklen zählen.

3) Um die Erfordernisse der Punkte 2a) und 2b) zu erfüllen, müs-

sen wir die Zahl 117 (Anzahl der Venus-Durchgänge) mit 2,22222 multiplizieren. Das ergibt 260, die Anzahl der Venus-Durchgänge im Tonalamatl-Zyklus.

4) Um die Erfordernisse des Punktes 2c) zu erfüllen und gleichzeitig Punkt 3) zu berücksichtigen, müssen wir nicht mit 20 multiplizieren (um 20 Perioden zu erhalten), sondern nur mit 20/2,22222 = 9.

| | Baktun | Katun | Tun | Tonalamatl | Uinal | Kin |
|---|---|---|---|---|---|---|
| Tage | 144 000 | 7200 | 360 | 260 | 20 | 1 |

*Abb. A62: Die Dauern der bei den Maya gebräuchlichen Zeitperioden.*

Die in den Mayainschriften vermerkten Daten beziehen sich auf die Zyklen Baktun, Katun, Tun und Uinal sowie Kin. (Der wichtigste Zyklus Tonalamatl wurde absichtlich weggelassen.)

Also müssen wir die Daten über eine Periode von 1 366 560 Tagen erfassen. Dazu ist ein Zählsystem nötig, mit dem das möglichst einfach zu bewerkstelligen ist.

Die Maya wählten ein 360er-System, dessen Basis also mit der Anzahl der Winkelgrade des Vollkreises übereinstimmt. Damit sind die Werte der Umdrehungsvariablen besonders einfach zu handhaben. Wir schreiben, wie zuvor, P für das polare und E für das äquatoriale Sonnenmagnetfeld sowie W für die Position der Erde. Die vierte Größe ist die Position der Venus.

Wir erhalten:

(68 328 / 360) × 360 = 68 328
(68 328 / 360) × 360 × 20 = 1 366 560 (Zerstörung)
189,8 × 360 × 20 = 1 366 560

Das bedeutet, wir multiplizieren den Kalenderrunden-Faktor (189,8) mit der Periode Tun (360) und der Basis des Zahlensystems (2,22222 × 9). Es folgt:

189,8 × 2,22222 = 421,77

und daraus

421,77 × 360 × 9 = 1 366 560

Mit anderen Worten: 421,77 Zyklen zu je 360 Tagen machen 1/9 der geforderten Zahl aus, die die Länge des Zerstörungszyklus angibt (s. Abb. A63).

| | Baktun | Katun | Tun | Tonalamatl | Uinal | | Tage |
|---|---|---|---|---|---|---|---|
| | (400 x 360) | (20 x 360) | (1 x 360) | (0,777777 x 360) | 421,777 x 360 | | |
| = | 144 000 | 7200 | 360 | 280 | | | |
| | Baktun | Katun | Tun | Tonalamatl | Uinal | | |
| = | 144 000 | 7200 | 360 | 260 | 20 | | Tage |
| | 1 | 1 | 1 | 1 | 1 | = | 151 840 |
| | 2 | 2 | 2 | 2 | 2 | = | 303 680 |
| | 3 | 3 | 3 | 3 | 3 | = | 455 520 |
| | 4 | 4 | 4 | 4 | 4 | = | 607 360 |
| | 5 | 5 | 5 | 5 | 5 | = | 759 200 |
| | 6 | 6 | 6 | 6 | 6 | = | 911 040 |
| | 7 | 7 | 7 | 7 | 7 | = | 1 062 880 |
| | 8 | 8 | 8 | 8 | 8 | = | 1 214 720 |
| | 9 | 9 | 9 | 9 | 9 | = | **1 366 560 = 9** |
| = | 400 x 360 x 9 | 20 x 360 x 9 | 360 x 9 | 0,7222 x 360 x 9 | 0,0555 x 360 x 9 | | |
| = | 360 x (400) | (20) | (1) | (0,7777) x (9) | | = | 1 366 560 |
| = | 360 x | 421,77777777 | | x 9 | | = | 1 366 560 |

*Abb. A63: Die Berechnung der Zyklusdauer von 1 366 560 Tagen.*

Wir überprüfen das Ergebnis:
1 366 560 – 520 = 1 366 040.
Das entspricht:
52 540 Umdrehungen (1 Zyklus) von E (äquatoriales Sonnenmagnetfeld)
36 920 Umdrehungen (1 Zyklus) von P (polares Sonnenmagnetfeld)
3740 Umdrehungen (1 Zyklus) von W (Erde bzw. Welt).

Hier wird der Grund dafür erkennbar, daß die Zahl 9 für die Maya heilig war. Auf den Grabplatten des Tempels der Inschriften sind neun »Götter der Nacht« dargestellt, und neun Codes erkennen wir auf jeder Seite der Grabplatte von Palenque. Warum aber tritt auf den Inschriften nirgends die 260tägige Periode auf? Es ist klar, daß die Tabelle in Abbildung A63 diesen Zeitraum enthalten muß, damit die erwähnten Mayazyklen einen Sinn ergeben.

An der Grabplatte von Palenque fällt uns auf (s. Anhang 8), daß zwei der Ecken fehlen. Ohne deren Kenntnis können wir die Informationen nicht entschlüsseln.

Auf den datierten Bauwerken fehlt die wichtigste Mayazykluszahl 260. Außerdem fehlt die Länge der Kalenderrunde (vgl. Abb. A57). Weiterhin bemerken wir, daß das Zahlensystem ohne die 260-Tage-Periode keinen Sinn ergibt.

Wer dies bei der Analyse der Mayazyklen nicht beachtete,

konnte die intellektuellen Leistungen der Maya nicht richtig würdigen. Wegen solcher Mißverständnisse hielten wir die Maya lange Zeit für weniger weit entwickelt als uns selbst. Dabei können wir ihren Entwicklungsstand nur beurteilen, wenn wir wenigstens annähernd ihren Kenntnisstand haben.

## Der Long Count

Es konnte ein Long Count entziffert werden, der sich über 136 656 000 Tage erstreckte (das entspricht mehr als 374 000 Jahren). Nun müssen wir uns fragen, wie die Maya bestimmte Daten innerhalb dieses Zeitraums angeben konnten.

Ich habe noch nicht darauf hingewiesen, daß die Maya noch längere Zyklen als Baktun und Katun verwendeten. Beispiele sind das Calabtun mit 57 600 000 Tagen und das Kinchilitun mit 1 152 000 000 Tagen. Damit stellt sich die Frage: Warum verwendeten die Maya Perioden, die länger als die Zeitspanne bis zur Zerstörung waren? Oder: Welche Bedeutung hätten diese Zyklen, wenn die Welt vorher unterginge?

Hierin erkennen wir einen weiteren Aspekt der Intelligenz der Maya und stoßen gleichzeitig auf ein anderes Rätsel: Wir stellen fest, daß das 360er-Zahlensystem nicht mit Zyklusdauern zusammenpaßt, die länger als 144 000 Tage waren – und dennoch gab es Zyklen wie Calabtun und Kinchilitun.

Wir erwarten diese Gesamtstruktur:

| Kinchilitun | Calabtun | Pictun | Baktun | Katun | Tun | Tonalam | Uinal |
|---|---|---|---|---|---|---|---|
| 1 152 000 000 | 57 600 000 | 2 880 000 | 144 000 | 7200 | 360 | 260 | 20 |

Hier kommen wir also mit dem Zahlensystem ins Stocken. Nach 1 366 560 scheint es nicht weiterzugehen. Bevor wir jedoch das Problem lösen können, müssen wir uns ein wenig mit den Eigenschaften der Zahl 9 befassen.

Konnten die Maya sozusagen ein auf der Zahl 9 basierendes System verwendet haben, das halb so komplex wäre wie unser (auf 10 basierendes) Dezimalsystem? Diese Fragen wollen wir nun untersuchen. Zuvor prüfen wir noch, was geschieht, wenn wir das Zahlensystem der Maya auf Zahlen anwenden, die größer als 1 366 560 sind. Wenn wir unsere Zyklusdauer von 144 000 um

| | | | | | | |
|---|---|---|---|---|---|---|
| 1/9 | = | 0,111111111111 | und | 10/9 | = | 1,111111111111 |
| 2/9 | = | 0,222222222222 | und | 20/9 | = | 2,222222222222 |
| 3/9 | = | 0,333333333333 | und | 30/9 | = | 3,333333333333 |
| 4/9 | = | 0,444444444444 | und | 40/9 | = | 4,444444444444 |
| 5/9 | = | 0,555555555555 | und | 50/9 | = | 5,555555555555 |
| 6/9 | = | 0,666666666666 | und | 60/9 | = | 6,666666666666 |
| 7/9 | = | 0,777777777777 | und | 70/9 | = | 7,777777777777 |
| 8/8 | = | 0,888888888888 | und | 80/8 | = | 8,888888888888 |
| 9/9 | = | 0,999999999999 | und | 90/9 | = | 9,999999999999 |

*Abb. A64: Die einfachen Dezimalbrüche mit dem Nenner 9. Beachten Sie, daß die Dezimalzahl 9,999999999999 nur eine einzige Ziffer aufweist, während die Dezimalzahl 10 doppelt so viele verschiedene Ziffern hat, nämlich 1 und 0.*

20 erhöhen, so bricht unser System zusammen, wie Abbildung A65 zeigt.

Dieses Verfahren kann also keinesfalls zum Long Count mit 100 Perioden der Zerstörung führen, was 136 656 000 Tagen entspräche. Was müssen wir also tun, um durch Erweiterung des Systems auf den Long Count zu kommen, wenn wir nur Zyklen von höchstens 144 000 Tagen zulassen? (Zyklen längerer Dauer kann man verwenden, um eine gewisse »Ansammlung« von Tagen zu bezeichnen, aber nicht, um die Zeitperioden zu erweitern.)

In den Spalten von Abbildung A66 gehen wir direkt von 9, 10 nach 20, 30. Damit überspringen wir die 11, indem wir ein 9er-System aufrechterhalten. Dasselbe geschieht später von 90, 100 nach 200, 300, wobei die 110 übersprungen wird. Dadurch bleibt vertikal eine 9er-Sequenz bestehen. Aber das Zahlensystem erstreckt sich, wenn nötig, bis zum Long Count oder auch darüber hinaus.

| 2 888 000 | 144 000 | 7200 | 360 | 260 | 20 | | | |
|---|---|---|---|---|---|---|---|---|
| 1 | 1 | 1 | 1 | 1 | 1 | 1 | = | 3 031 840 |
| . | . | . | . | . | . | . | | |
| . | . | . | . | . | . | . | | |
| 9 | 9 | 9 | 9 | 9 | 9 | 9 | = | 27 286 560 |

*Abb. A65: Das Zahlensystem der Maya funktioniert nicht bei Zahlen über 144 000.*

| | | | | | | |
|---|---|---|---|---|---|---|
| 144 000 | 7200 | 360 | 260 | 20 | = | 151 840 |
| 1 | 1 | 1 | 1 | 1 | = | 303 680 |
| 2 | 2 | 2 | 2 | 2 | | . |
| 3 | 3 | 3 | 3 | 3 | | . |
| 4 | 4 | 4 | 4 | 4 | | . |
| 5 | 5 | 5 | 5 | 5 | | . |
| 6 | 6 | 6 | 6 | 6 | | . |
| 7 | 7 | 7 | 7 | 7 | | . |
| 8 | 8 | 8 | 8 | 8 | | . |
| 9 | 9 | 9 | 9 | 9 | = | 1 366 560 |
| 10 | 10 | 10 | 10 | 10 | = | 1 518 400 |
| 20 | 20 | 20 | 20 | 20 | = | 3 036 800 |
| 30 | 30 | 30 | 30 | 30 | = | . |
| 40 | 40 | 40 | 40 | 40 | = | . |
| 50 | 50 | 50 | 50 | 50 | | . |
| 60 | 60 | 60 | 60 | 60 | | . |
| 70 | 70 | 70 | 70 | 70 | | . |
| 80 | 80 | 80 | 80 | 80 | | |
| 90 | 90 | 90 | 90 | 90 | = | 13 665 600 |
| 100 | 100 | 100 | 100 | 100 | = | 15 184 000 |
| 200 | 200 | 200 | 200 | 200 | = | 30 368 000 |
| 300 | 300 | 300 | 300 | 300 | | . |
| . | . | . | . | . | | . |
| . | . | . | . | . | | . |
| 900 | 900 | 900 | 900 | 900 | = | 136 656 000 |

*Abb. A66: Die Erweiterung des Zahlensystems.*

Nur durch Einführung dieser Methode des »Auslassens und Überspringens« kann das Zahlensystem auch oberhalb von 1 366 560 angewandt werden. Die Maya verwendeten aber nicht die Dezimalzahlen 10 oder 100. Wie können wir angesichts dessen ihre Inschriften deuten?

Wir ersetzen in Abbildung A66:

10 durch 9,999999
20 durch 2 × 9,999999
30 durch 3 × 9,999999;

Analog dazu ersetzen wir:

| | | |
|---|---|---|
| 100 durch | | 99,999999 |
| 200 durch | 2 × | 99,999999 |
| 300 durch | 3 × | 99,999999. |

Durch diese Maßnahmen vermeiden wir die Zahlen 10 bzw. 100. Wir sehen aber, *daß sich das Dezimalkomma entlang der 9er-Reihe nach links verschiebt*. Beziehen wir nun Zyklen ein, die *länger* sind als die benötigten, dann erkennen wir eine Botschaft, die uns die Maya hinterlassen haben: *Die Maya verwendeten das Dezimalkomma!*

In welcher anderen Weise kann man einer anderen Zivilisation erklären, daß man tatsächlich das Dezimalkomma verwendet? Denn nur wenn man weiß, was ein Dezimalkomma wirklich ist, kann man die Definition verstehen. Somit waren die Maya das erste Volk, das eine Arithmetik mit Dezimalkomma verwendete *und uns dies auch mitteilte*. Aber sie gaben sich große Mühe, das Dezimalkomma auf ihren Monumenten *nicht* zu verwenden – für den Fall, daß unsere Intelligenz nicht ausreichte, dies zu verstehen. Jedoch war die Botschaft der Maya zu wichtig, um unverstanden zu bleiben. Dies ist der Grund für einen eigentlich nicht nötigen Long Count, der 100 Perioden der Zerstörung umfaßt.

## Zusammenfassung des Maya-Zahlensystems

Die Maya versuchten, späteren Kulturen folgende Botschaften zu übermitteln:

1) Der Sonnenflecken-Zyklus dauert 68 302 Tage und kann anhand des 260-Tage-Zyklus berechnet werden, der seinerseits abgeleitet wird aus Zyklen der solaren Rotationsvariablen P (polares Sonnenmagnetfeld, 37 Tage) und E (äquatoriales Sonnenmagnetfeld, 26 Tage).
2) Dieser Zyklus kann mit Hilfe der Venus-Positionen angepaßt werden: 117 Durchgänge der Venus nach jeweils 584 Tagen ergeben insgesamt 68 328 Tage.
3) Nach Ablauf von 20 dieser Perioden kippt das Magnetfeld der Sonne im Neutralgebiet. Das Magnetfeld der Erde bemüht sich, sich der neuen Orientierung anzupassen. Katastrophale Zerstörungen suchen die Erde häufig heim.
4) Die Maya waren intellektuell hoch entwickelt.

5) Die Maya konnten aus diesem Grund ein Dezimalsystem anwenden.
6) Ein »Zählsystem«, das angeblich irrational und unlogisch ist, kann dazu dienen, folgende Fakten mitzuteilen:
   a) Das Zählsystem sollte »zyklisch« sein und damit einen Bezug erlauben zur Periodizität der oben erwähnten Variablen (Venus-Position sowie Richtungen der Magnetfelder von Erde und Sonne, bei dieser polares und äquatoriales). Daher muß das Zählsystem auf der Zahl 360 basieren.
   b) Das System sollte die Anzahl (117) der Venus-Durchgänge enthalten.
   c) Das System sollte den 260-Tage-Zyklus enthalten.
   d) Das System *muß* zusammenbrechen, wenn die bedeutungsvolle Anzahl (1 366 560) von Tagen erreicht ist. (Damit ist die Wichtigkeit dieser Periode herausgestellt.)
   e) Versuche, das Zählsystem oberhalb von 1 366 560 weiterzuführen, müssen auf Zyklen zurückgreifen, die eigentlich nicht erforderlich sind (Pictun, Calabtun, Kinchilitun usw.); ebenso müssen sie sich auf Dauern (Long Count mit 136 656 000 Tagen) beziehen, die irrelevant sind, denn jede Zeitspanne nach der Zerstörung ist bedeutungslos.
   f) Solch ein Widerspruch, wie er in e) begründet wurde, erforderte eine intellektuelle Anstrengung, bei der ein Dezimalsystem eingesetzt werden mußte. Das bedeutet, die Maya kannten ein solches Dezimalsystem.

Aus den hier angeführten Aspekten resultierten die oben erwähnten Zahlensysteme sowie die Dauern der Zyklen, die die Maya wählten: 144 000, 7200, 360, 260 bzw. 20 Tage.

Wir erkennen, daß die Mitteilung von Zahlen nicht von der Sprache abhängt.

### Winkelmessung bei den Maya

Teilten die Maya den Kreis in 360 Winkelgrade ein, wie wir es heute tun? Wie wir gesehen haben, beruht das Zählsystem der Maya auf 421,77 solcher Kreise. Sobald wir noch andere Hinweise darauf finden, können wir bestätigen, daß die Maya die 360°-Teilung kannten.

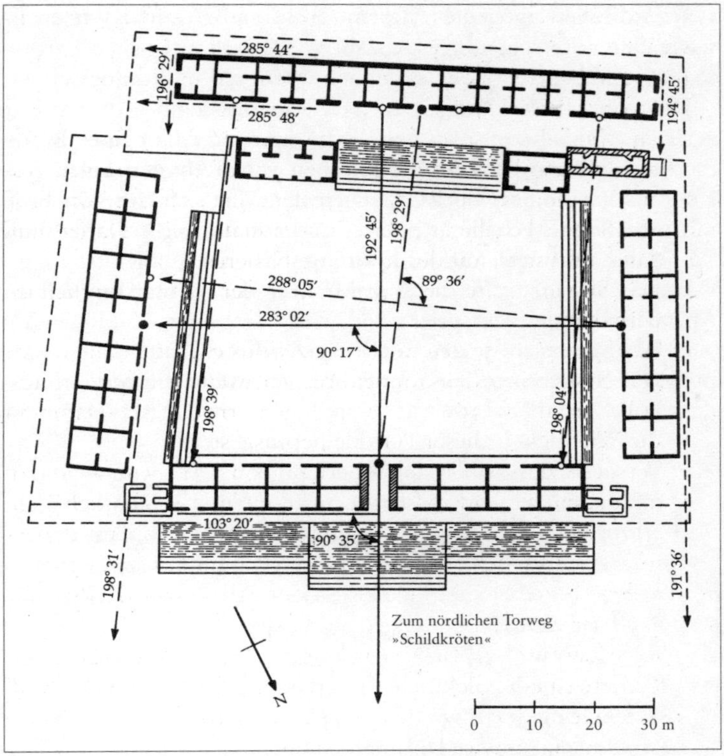


*Abb. 67: Von Horst Hartung erstellter Plan des Nonnenvierecks von Uxmal. Beachten Sie die geometrischen Beziehungen zwischen den Gebäuden (Einzelheiten siehe Text).*

*Das Nonnenviereck von Uxmal*

Im Jahre 1980 führten Archäologen von der *Colgate University* unter der Leitung des Astronomen Anthony Aveni und des Architekten Horst Hartung archäologische Untersuchungen im nördlichen Yucatán durch.

Der Komplex, den sie erforschten, wird als Nonnenviereck bezeichnet, weil die vier Einzelbauwerke auf einen gemeinsamen Innenhof gerichtet sind (ähnlich wie bei einem spanischen Nonnenkloster). Die Bauwerke bilden eine verblüffende Anordnung. Jedes von ihnen befindet sich auf einer anderen Ebene und steht auf einer eigenen Plattform. Die vier Bauwerke weisen jeweils eine unterschiedliche Anzahl von Türen auf (siehe Farbfotos A1 und A2).

Die von Horst Hartung erstellte Übersicht über die Anlage zeigt eine beinahe »unlogische« Anordnung der Gebäude. Er bemerkte, daß die Verbindungslinien zwischen einigen Eingängen einen doppelten Satz von Achsen ergeben, die sich nahe der Hofmitte fast senkrecht schneiden. Ferner stellte er fest, daß die Wand des Ostflügels ein kompliziertes Muster aus Kreuzen aufweist. Bei der ersten Zählung dieser Kreuze kam Hartung auf die Anzahl 584. Diese entspricht der Dauer des Venus-Zyklus in Tagen. Aber abgesehen von solchen gelehrten Betrachtungen sind bis heute nur geringe Fortschritte bei der Interpretation der aus-

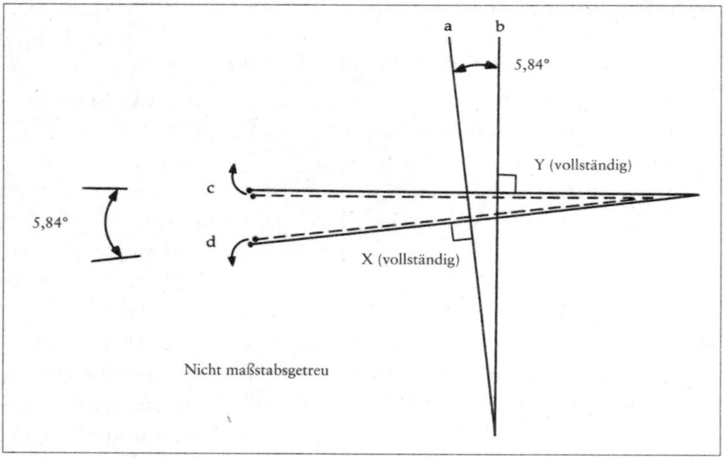


*Abb. A68: Aus Hartungs Übersicht über das Nonnenviereck von Uxmal entnehmen wir: Die Linien a und b schließen einen Winkel von 5,84° ein. Dagegen beträgt der Winkel zwischen c und d nur 5,03°. Beachten Sie aber, daß die zwei Achsenkreuze keinen exakten rechten Winkel bilden. Sollen die Winkel X und Y beide genau 90° betragen, so ergibt sich, daß die Differenz der Messungen von c und d gerade die gewünschten 5,84° ausmacht, was dem Winkel zwischen a und b entspricht. Damit die Maya dies realisieren konnten, mußten sie das 360°-System angewandt haben. Darauf beruhte auch ihr Zählsystem, wobei 421,77777 Zyklen zu je 360 die Zerstörungsperiode von 1 366 560 Tagen ergab. Zudem sahen die Maya die Zahl 9 als heilige Zahl an.*

geklügelten architektonischen Beziehungen in dieser Anlage zu verzeichnen.

Bislang haben unsere Untersuchungen über die Maya das Motto zutage gefördert: »Vervollständige, was noch nicht vollständig ist«. So waren zum Beispiel die Ecken der Grabplatten von Palenque »nicht vollständig« (siehe Anhang 8). Das eben erwähnte Motto kann man daher auch noch anders formulieren: »Finde die fehlenden Ecken«. Bei der Suche nach diesen können wir die auf der Grabplatte vorhandenen Informationen entschlüsseln. Analog dazu »fehlt« die 260-Tage-Periode bei den Daten, die auf den Monumenten vermerkt sind. Wieder müssen wir das »Vollständige« herausfinden. Durch Einfügen des 260-Tage-Zyklus in das Zählsystem können wir klären, warum die Maya gerade die Zyklen wählten, die wir hier besprechen.

Auch bei der Architektur des Nonnenvierecks von Uxmal stoßen wir auf erstaunliche Fakten. Wie Horst Hartung bemerkte, bilden die Linien zwischen bestimmten Türen zwei Koordinatensysteme, die jeweils *beinahe vollständige* rechte Winkel einschließen.

Zuerst müssen wir anhand von Abbildung A67 die Angaben in Winkelgrad und Winkelminuten als *Dezimal*-Werte »interpretieren«. Dann erhalten wir aus der Differenz der Meßwerte 192,45° und 198,29° den Wert 5,84°. Dieser entspricht auf zwei Dezimalstellen genau den 584 Kreuzen an der Mauer (vgl. Abb. A67) und stellt damit eine Beziehung zum Venus-Zyklus her. Aber die Achsen der beiden Koordinatensysteme bilden nicht absolut genaue rechte Winkel. Um das Fehlende zu vervollständigen, müssen wir den gemessenen Winkel von 283,02° um 0,17° nach unten kippen. Dadurch entsteht ein exakter rechter Winkel (X in Abb. A68).

Dann müssen wir den gemessenen Winkel von 288,05° um 0,64° nach oben kippen. Dies ergibt ebenfalls einen rechten Winkel (Y in Abb. A68). Wir erhalten damit folgende Werte: 288,05° + 0,64° = 288,69° und 283,02° – 0,17° = 282,85°. Daraus resultiert 288,69° – 282,85° = 5,84°. So werden die rechten Winkel der beiden Achsenkreuze an den Gebäuden perfekt. Daraus folgern wir erstens, daß die Zahl 584 bedeutungsvoll ist, zweitens, daß die Maya das Dezimalsystem kannten, und drittens, daß sie den Vollkreis in 360 Winkelgrade einteilten.

Jetzt erkennen wir, daß sowohl die Architektur der Maya als

auch ihr Zahlensystem (vgl. den Sonnenflecken-Zyklus von 117 Venus-Zyklen zu je 584 Tagen, also von 68 328 Tagen) sowie ihre Bildhauerei (vgl. die Grabplatte von Palenque) alle dieselbe Botschaft enthalten. Und dies ist eine eindeutige Bestätigung der Informationen, die wir beim Decodieren gewonnen hatten.

## Der Zyklus von 1 872 000 Tagen

Der Baktun hat 144 000 Tage. Dreizehn dieser Zyklen ergeben 1 872 000 Tage, nach deren Ablauf den Weissagungen der Mayapriester zufolge die Erde in einer gewaltigen Katastrophe zerstört würde. Daher sollten wir uns fragen, wie eine solche Katastrophe eintreten kann, und welche Bedeutung der 1 872 000-Tage-Zyklus hat. Diesen müssen wir in Beziehung setzen zum Sonnenflecken-Zyklus sowie zu den ihn begleitenden Magnetfeld-Zyklen von Sonne und Erde. In Anhang 6 wurden frühere Katastrophentheorien der Mythologie der Maya und anderer Kulturen gegenübergestellt. Hier geht es nun darum, ob eine Richtungsänderung des Sonnenmagnetfelds irgendwie die Richtung oder die Stärke des Erdmagnetfelds beeinflußt. Und wenn ja, ob dann der 1 872 000-Tage-Zyklus von irgendwelcher Bedeutung für Katastrophen ist.

Unser in Anhang 4 vorgestelltes Modell der Sonnenflecken-Aktivität besagt, daß das Sonnenmagnetfeld nach jeweils 1 366 040 Tagen seine Richtung gegenüber derjenigen im vorigen, gleichlangen Zyklus ändert. Wir hatten festgestellt, daß dieser Zeitraum 20 Zyklen à 68 302 Tagen entspricht, also 20 Sonnenflecken-Zyklen.

Bei der Betrachtung der Mayazahlen bemerkten wir, daß Zyklen von 68 328 Tagen (und nicht von 68 302 Tagen) angesetzt wurden. Das entspricht 117 Venus-Durchgängen nach jeweils 584 Tagen (es ist 117 × 584 = 68 328). Und 20 dieser Zyklen ergeben die Maya-»Superzahl« 1 366 560 (anstelle von 1 366 040). Schließlich wissen wir, daß der Mayakalender im Jahre 3113 v. Chr. begann, und daß die Verschiebung um das Jahr 627 n. Chr. auftreten sollte, mit einer Abweichung von plus oder minus 187 Jahren (s. Anhang 4).

In Abbildung A69 erkennen wir, daß die zeitlichen Veränderungen des Erdmagnetfelds (a) mit den Änderungen des Sonnenmagnetfelds im Einklang sind, und daß die Stärke des Erdmagnetfelds direkt vom Magnetfeld (b) im Neutralgebiet auf der Sonnenoberfläche beeinflußt wird.

Berechnungen, die sich über die letzten 3740 Jahre erstrecken, zeigen folgendes: Das Magnetfeld im Neutralgebiet hat sich zwischen 3113 v. Chr. und 627 n. Chr. umgekehrt, wobei beide Jahreszahlen mit einer Unsicherheit von plus/minus 187 Jahren behaftet sind. (Der »Zeitnullpunkt« liegt hier bei dem Jahr 1952.)

Der von Cox und auch von Bucha (s. u.) ermittelte 8000-Jahre-Zyklus der Stärke des Erdmagnetfelds bedeutet, daß im oben genannten Zeitraum zwei Umkehrungen stattfanden. Dem steht die theoretisch berechnete zweimalige Umkehrung gegenüber, die

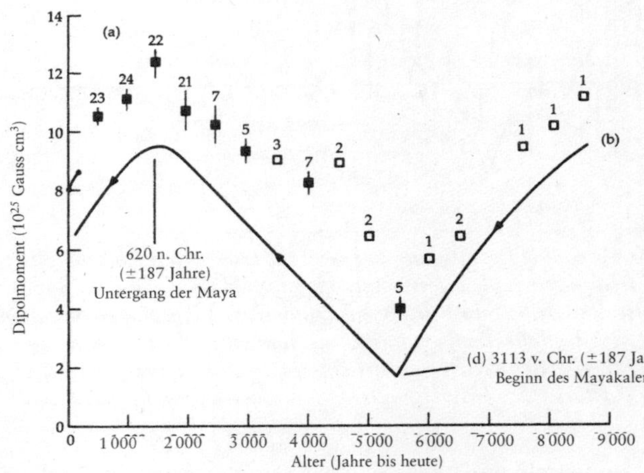


*Abb. A69: (a) Die Änderungen des Erdmagnetfelds bzw. des geomagnetischen Dipolmoments. Die gemessenen Variationen in den letzten 130 Jahren sind durch das schräge Kurvenstück links symbolisiert. Die anderen Werte sind paläomagnetisch ermittelt. Über jedem Datenpunkt ist die Anzahl der jeweiligen Meßwerte angegeben, deren Mittelwert hier aufgetragen ist, wobei der Balken die Standardabweichung angibt.*
*(b) Die Richtungsänderung des Magnetfelds im Neutralgebiet auf der Sonnenoberfläche zeigt einen deutlichen Bezug zur Stärke des Erdmagnetfelds, das also durch die Richtung des Sonnenmagnetfelds beeinflußt wird.*
*(Quelle: Pearson, nach Cox: »Climate and Evolution«)*

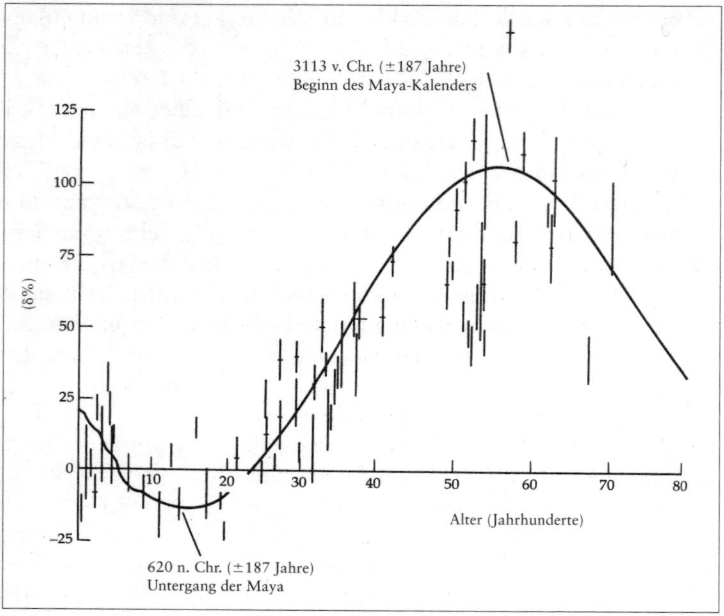


*Abb. A70: Die Bestätigung der im Text erwähnten Abhängigkeit des Erdmagnetfelds vom Sonnenmagnetfeld (nach Bucha, 1970). Es ist die Größe δ in Prozent gegen die Zeit aufgetragen, die anhand der Jahresringe von Baumstämmen ermittelt wurde. Die theoretische Kurve entspricht einem sinusförmigen Verlauf der Feldstärke des Erdmagnetfelds mit einer 8000jährigen Periode.*

das Magnetfeld im Neutralgebiet auf der Sonnenoberfläche erfuhr. Die Zyklusdauer dieser Umkehrung beträgt 2 × (3740 +/– 187) Jahre, also maximal 7854 Jahre. Geomagnetische Messungen und Datierungen nach der Kohlenstoff-14-Methode bestätigen diese Zeitspannen. Damit ist die Abhängigkeit des Erdmagnetfelds vom Sonnenmagnetfeld für historisch erfaßbare Zeiträume belegt.

*Die Bedeutung der 1 872 000-tägigen Periode*

Von der Periodendauer 1 872 000 Tage subtrahieren wir die Periodendauer (1 366 560 Tage) der Magnetfeld-Umkehrung und erhalten 505 440 Tage. Dieses Ergebnis dividieren wir durch die

Dauer des Sonnenflecken-Zyklus (68 302 Tage) und erhalten den Wert 7,40. Also entspricht die Differenz von 505 440 Tagen 7,4 Sonnenflecken-Zyklen.

Das deutet unmittelbar darauf hin, daß 1 872 000 Tage ein Teil eines noch längeren Zyklus ist, denn es ergibt sich ja keine ganze Zahl von Sonnenflecken-Zyklen.

Um die bei der Division erhaltene Dezimalzahl 7,4 ganzzahlig zu machen, müssen wir mit 5 multiplizieren. Das ergibt 37 Sonnenflecken-Zyklen.

Nun ist 37 eine Primzahl – sozusagen eine solare Primzahl, denn der Zyklus des polaren Sonnenmagnetfelds dauert 37 Erdentage.

Das Multiplizieren mit dem Faktor 5 (wie oben zum Vermeiden des Bruches) ergibt

5 × 1 872 000 Tage = 9 360 000 Tage.

Ist auch das eine Zyklusdauer? Eine nähere Überprüfung zeigt, daß nach Ablauf dieser Anzahl von Tagen P = −9,729729° ist, während E = 0 ist. Die Position der Erde stimmt mit diesen beiden Werten nicht überein. Aufgrund unserer Kenntnis des *Zahlensystems* der Maya wissen wir, daß die Addition von 260 Tagen der Addition von 9,729729° entspricht, und das bei jeder beliebigen Anzahl von Tagen.

Damit folgt 9 360 000 + 260 = 9 360 260
sowie

$$P = 0,$$
$$E = 0,$$
$$W = 0.$$

Die Zeitspanne von 9 360 260 Tagen bzw. 25 627 Jahren ist ein anderer, längerer Zyklus der Sonnenaktivität.

*Die 9 360 260-tägige Präzessionsperiode*

Diese Zeitspanne entspricht der Dauer von 137,0 Sonnenflecken-Zyklen. Beim Vergleich mit dem Diagramm in Abbildung A71 erkennen wir:

Während des ersten 68 302-tägigen (bzw. 187jährigen) Zyklus werden die zusätzlichen Zeitabschnitte erzeugt und tragen von da an zur Zyklusdauer bei. 20 Verschiebungen der zusätzlichen Zeitabschnitte entsprechen 20 × 68 302 Tagen = 1 366 040 Tagen und erfolgen durch das Aufeinandertreffen der Zeitabschnitte sowie die Verschiebung des Sonnenmagnetfelds. Wie oben sind

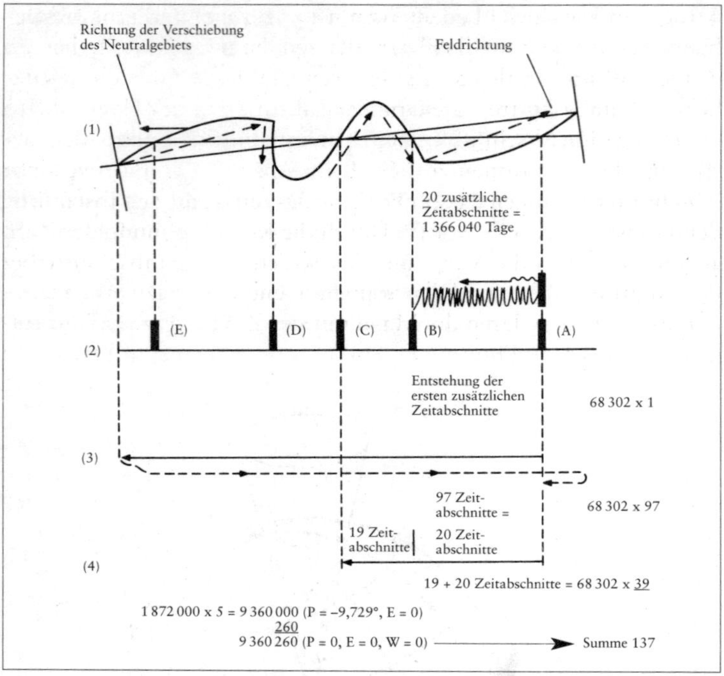


*Abb. A71: Die Richtungsänderungen des Sonnenmagnetfelds in den Neutralgebieten. 20 zusätzliche Zeitabschnitte entsprechen 1 366 040 Tagen (B). (1) zeigt die Richtungen von Neutralgebieten und Sonnenmagnetfeldern sowie deren Änderungen. (2) zeigt die Positionen der zusätzlichen Zeitabschnitte, hervorgerufen durch die Wechselwirkung der Neutralgebiete mit den fundamentalen Zyklen. Die Abfolge der zusätzlichen Zeitabschnitte wird während der ersten 68 302 Tage erzeugt. Bei der Verschiebung des Zeitabschnitts (A) zum Abschnitt (B) vergehen 20 Zeitabschnitte. Zu dieser Zeit verschiebt sich das Feld relativ zu der Richtung, die es 1 366 040 Tage zuvor hatte. (3) zeigt folgendes: Es dauert 97 Zeitabschnitte, bis der Zeitabschnitt (A) die Abschnitte (B), (C), (D) und (E) passiert und seine ursprüngliche Position (A) wieder erreicht hat. Wenn sich (A) weiter verschiebt (4), so dauert es 20 Zeitabschnitte, damit er auf (C) trifft. Das ergibt insgesamt 137 Zeitabschnitte, nämlich 1 (der ursprüngliche) + 97 + 37. Dies entspricht 9 360 260 Tagen (gleich 5 × 1 872 000 Tage + 260 Tage). Nach Ablauf dieser Zeit (25 627 Jahre) ist P = E = W = 0°. Ein großer Zyklus ist also gleichbedeutend mit dem Präzessionszyklus.*

9 360 260 Tage gleichbedeutend mit 137,0 Zyklen. Davon subtrahieren wir die Maximalzahl (97) der Zyklen, und es verbleiben 40 Zyklen. Wenn wir also 20 Zyklen weiterzählen, treffen die zusätzlichen Zeitabschnitte aufeinander. Zählen wir 97 Zyklen ab, so vollenden die Abschnitte einen Umlauf und kehren zu den ursprünglichen Positionen zurück. Beim Abzählen von 40 weiteren Abschnitten gelangen wir zur Position des zentralen Zeitabschnitts; denn es ist 1 + 97 + 39 = 137. Durch die Kennzeichnung der Zahl 1 366 560 gaben die Maya uns das Wesen der Zeitabschnitte bei den Neutralgebieten und den Sonnenmagnetfeldern zu erkennen.

Entsprechend wiesen die Maya mit der Zahl 1 872 000 auf folgende Sachverhalte hin:

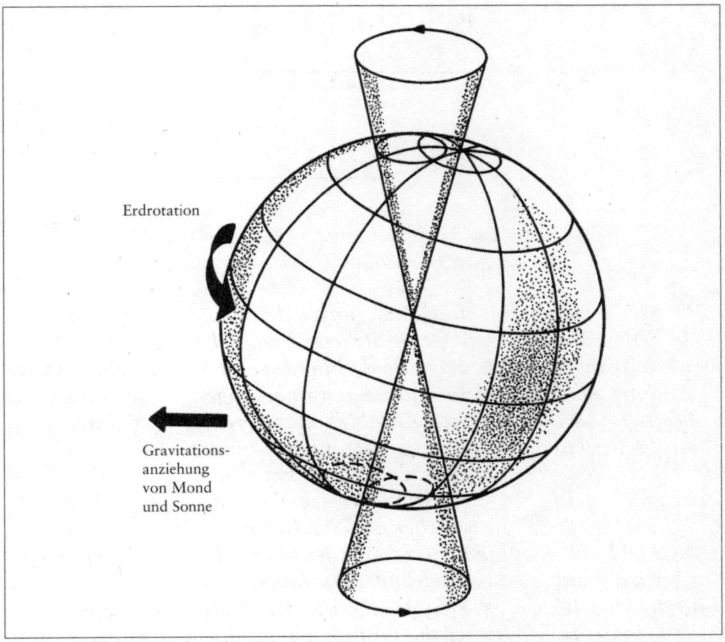


*Abb. A72: Die Präzession der Erdachse. Die Erdachse steht nicht senkrecht auf der Ebene, die die Bahn der Erde um die Sonne beschreibt; vielmehr ist sie um 23,5° gegen die Senkrechte geneigt. Die Gravitationsanziehung von Sonne und Mond bewirkt eine seitliche Kraft auf die Erdachse, so daß diese sozusagen »eiert«. Innerhalb von rund 26 000 Jahren vollenden die Pole jeweils einen Kreis.*

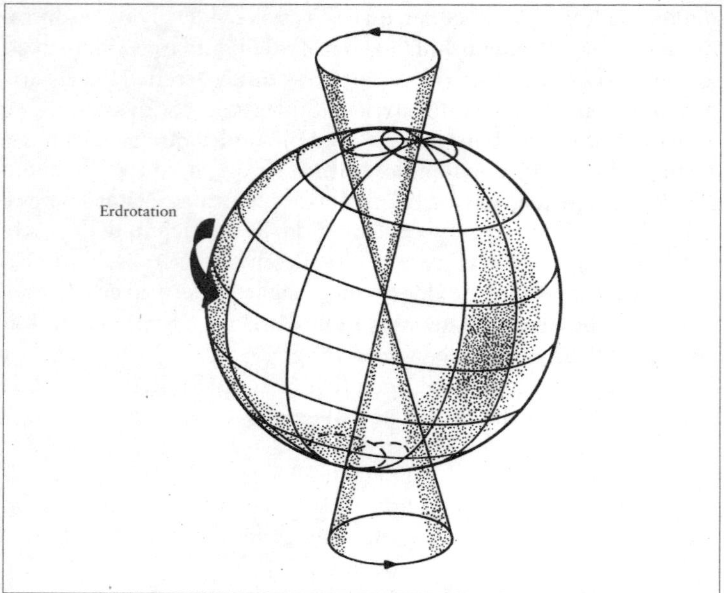


*Abb. A73: Die Verschiebung der Pole aufgrund der Präzession der Erdachse*

a) Es existiert ein Präzessionszyklus.
b) Der Augenblick, in dem ein Zyklus nach 7 Aufeinandertreffen beginnt (5 während 97 Verschiebungen, gefolgt von 2 während der nächsten 39 Verschiebungen), ist im Hinblick auf die Kollisionen in gewisser Weise bedeutungsvoll.

*Die Präzession der Tagundnachtgleichen (Äquinoktien)*
Bei ihren Umrundungen der Sonne dreht sich die Erde gleichzeitig um ihre eigene Achse. Dabei beschreiben die Pole einen Bogen relativ zu den Fixsternen; dieser Bogen schließt sich einmal in je 26 000 Jahren zu einem Kreis. Diese Bewegung nennt man Präzession der Erdachse. Die genaue Zyklusdauer der Präzession ist schwierig zu bestimmen, weil die Bewegung gleichzeitig verschiedenen Einflüssen unterliegt. Dabei wirkt sich die Gravitation von Sonne und Mond am stärksten aus. Man nimmt eine Zyklusdauer zwischen 25 800 und 26 000 Jahren an. Im *Atlas of Solar Sy-*

*stem*, herausgegeben von der *Royal Astronomic Society*, wird die Zyklusdauer nicht erwähnt, und in anderen Quellen finden wir folgende Angaben:

| | |
|---|---|
| *Astronomy in Colour*, Lancaster | 25 800 Jahre |
| *Guiness Book of Astronomy* | 25 920 Jahre |
| *The Earth's Changing Climate*, Milne | 25 780 Jahre |
| *The Book of Time*, Wilson (Hrsg.) | ca. 26 000 Jahre |

## Ein Rätsel der Maya

Könnten die Maya – angesichts ihrer Vorhersage der großen Katastrophe – gemeint haben, daß das 7. Aufeinandertreffen der Zyklen nach 25 627 Jahren irgendwie bedeutungsvoller sei als die anderen? Oder ist die Botschaft viel einfacher zu verstehen?

Beim Betrachten des Zahlensystems der Maya bemerkten wir, daß das System selbst viele Fragen aufwirft. Bei deren Beantwortung stellen wir schließlich fest, daß die einzige Möglichkeit, das Rätsel zu lösen, die Verwendung einer Art Dezimalkommasystem ist. Beim Beantworten der von uns selbst aufgeworfenen Fragen wird uns klar, daß es keine Methode gibt, jemandem das Dezimalkomma zu beschreiben, *der nicht weiß, was ein Dezimalkomma ist*. Wie wir bereits wissen, lautet die Schlußfolgerung also, daß die Maya ein Dezimalkommasystem verwendeten.

Ebenso wäre es schwierig, das Prinzip der Polverschiebung zu erklären. Wir müssen uns daran erinnern, daß die etablierte Wissenschaft in Europa erst im 16. Jahrhundert akzeptierte, daß sich die Erde um ihre Achse dreht. So liegt die Bedeutung des 1 872 000tägigen Zyklus vermutlich darin mitzuteilen, daß sich die Pole verschieben bzw. daß *die Erdachse taumelt*.

Könnten die anderen Aufeinandertreffen der Zyklen einfach mit den Veränderungen des Erdmagnetfelds zu tun haben? Veränderungen, durch die Unfruchtbarkeits- und Mutationszyklen entstanden, während das Aufeinandertreffen nach 25 627 Jahren zur Polverschiebung führt, gekennzeichnet durch eine gleichzeitige »Umkehr« des Neutralgebiets? Oder lautete die Botschaft: Der nächste 1 366 040tägige Zyklus wird von einer Polverschiebung gefolgt werden? Und wenn ja, wann?

Nehmen wir an, der *Codex Vatico Latin* und der aztekische Sonnenkalender (sowie andere) enthalten 5 Perioden, die zusammen 23 000 bis 25 000 Jahre ergeben. Könnte dann das Ende des 25 627jährigen Zyklus gerade auf das Jahr 627 n. Chr. gefallen sein? Wenn das der Fall war, wird dann der geschmolzene Erdkern jetzt langsam remagnetisiert, wobei eine neue Richtung der Neutralgebiete auf der Sonnenoberfläche vorliegt? Und können wir in der Folge davon für das Jahr 2012 eine Polverschiebung erwarten?

*Der 1 872 000-Tage-Zyklus und das Zahlensystem der Maya*

Wir haben weiter oben bemerkt, daß der 1 872 000-Tage-Zyklus fünf Batun-Zyklen à 144 000 Tage enthält. Die Zahl 1 872 000 kann auch geschrieben werden als 360 × 260 × 20. Das steht im Einklang mit dem Zahlensystem der Maya und mit den oben erwähnten anderen Zyklen. Der Präzessionszyklus entspricht, wie erwähnt, 5 Zyklen à 1 872 000 Tage, also 360 × 260 × 100 = 9 360 000 Tagen. Der Zeitraum von 260 Tagen, multipliziert mit der Anzahl von Winkelgraden in 100 Vollkreisen, *muß* daher *einen kompletten Großzyklus* ergeben, was auch der Fall ist. Beachten Sie dabei die jeweilige Winkelabweichung von plus/minus 9,729729°.

Nach Ablauf von 9 360 000 Tagen hat P die Position 252972,9729729°. In dieser Zeitspanne hat die Polarregion der Sonne 252,972 Umdrehungen vollführt sowie 0,9729729 Umdrehung. Sie befindet sich dann bei 350,27027027° (bzw. bei −9,729729°), wie vorausgesagt. Rechnen wir 260 Tage weiter, dann schreitet P um 9,729729° voran. Das bedeutet, in 9 360 000 Tagen vollführt P genau 252,980 Umdrehungen. Entsprechend führt E 360,010 Umdrehungen aus, und bei W, der Erde, sind es 25 626,995 (genau: 25 627) Umdrehungen. Das ist die beste Übereinstimmung der drei Variablen mit dem fundamentalen Sonnenflecken-Zyklus von 68 302 Tagen. In die oben genannte Zeitspanne fallen 137,0 Sonnenflecken-Zyklen. Daher ist alle 25 627 Jahre P = W = E, in Übereinstimmung mit dem Neutralgebiet. Das ist der Große Zeitzyklus der Maya. Beim Zurückrechnen kann man dies anhand der Basis ihres Zahlensystems errechnen.

360 × 260 × 100 = 360 × 26 000 = 9 360 000

9 360 000 + 260 = 9 360 260

Der obigen Berechnung entnehmen wir:

P: 252 980 × 37 = 9 360 260

E: 360 010 × 26 = 9 360 260

W: 25 626,995 × 365,25 = 9 360 260

Wir dividieren durch die Basis 360 des Maya-Zahlensystems:
P: (252 980 × 37) / 360 = 26 000
E: (360 010 × 26) / 360 = 26 000
P: (25 627 × 365,25) / 360 = 26 000
Daraus folgt:
Basis des Maya-Zahlensystems: 360
Anzahl der Jahre: 260
Zahlensystem: 360 × 260 × 20
Berechnung des Präzessionszyklus: 360 × 260 × 20 × 5

*Der 1 359 540-Tage-Zyklus der Maya*
Das Errichtungsjahr des Kreuztempels von Palenque ist in den Inschriften mit 1 359 540 angegeben. Was bedeutet diese Zahl?

| | |
|---|---|
| Mayasuperzahl: | 1 366 560 |
| Zahl im Kreuztempel: | 1 359 540 |
| Differenz: | 7 020 |

Diese Zahl bedeutet für sich allein wenig; daher müssen wir sie mit der Zahl 260 verknüpfen, der wichtigen Mayazahl:
27 × 260 Tage = 7020 Tage

Ferner wissen wir, daß nach 260 Tagen gilt:
P = 9,729729°.

Ein Umrechnen der Tage in Grad ergibt:
27 × 9,729° = 262,7°.

Diese Zahl bedeutet für sich allein immer noch wenig; daher müssen wir auch sie mit der Zahl 260 verknüpfen. Durch Umrechnen von Grad in Tage erhalten wir: 262,7 × 260 = 68 302 Tage.

Dies entspricht einem wahren Sonnenflecken-Zyklus.

Das erklärt die Tatsache, daß die Superzahl 1 366 560 (die Mayazahl, die dem Aufeinandertreffen der solaren Magnetfelder entspricht) sich auf 20 Maya-Sonnenflecken-Zyklen von 68 328 Tagen beläuft. Dabei ist die Zahl 68 328 mit Hilfe der Venus-Korrektur abgeleitet. Die Zahl 1 359 540 *korrigiert* dies, damit die richtige, berechnete Anzahl von 68 302 Tagen resultiert. Nach 20 dieser Zyklen, also nach 1 366 040 Tagen, treffen die solaren Magnetfelder aufeinander.

Die Zahl 1 359 540 legt uns auch nahe, die Tage in Grad umzurechnen und umgekehrt. Damit haben wir eigentlich nichts Besonderes getan, sondern nur hin und wieder zurück umgerechnet – und doch erkennen wir, daß wir dadurch die Lösung erhalten. Auch das Entschlüsseln der Grabplatte von Palenque wurde nur möglich, als man die noch vorhandenen Ecken betrachtete.

## Die Mayazahlen im Überblick

9: magische Zahl der Maya. Alle wichtigen Zahlen (außer der besonderen Zahl 260) enthalten die Zahl 9.

260: Differential-Operator der solaren Magnetpole (polarer und äquatorialer); ferner Mayajahr. Nach 260 Tagen ist P = 9,729° und E = 0°.

360: Basis des Maya-Zahlensystems.

14 000, 7200, 360, 260, 20: Mayazyklen, die den Hauptzahlen des Mayazahlensystems entsprechen.

68 302: Sonnenflecken-Zyklus, wie er von den Maya angesetzt und anhand der Venus-Positionen korrigiert wurde.

1 366 040 = 20 Sonnenflecken-Zyklen, entsprechend einem Zyklus des Aufeinandertreffens der solaren Magnetfelder; mit Hilfe des Computers berechnet.

1 366 560 = 20 Maya-Sonnenflecken-Zyklen, entsprechend einem Zyklus des Aufeinandertreffens der solaren Magnetfelder. Dieser Wert resultiert, wenn man jede Hauptzahl des Zahlensystems mit 9 multipliziert. Diese Zahl ist die »Superzahl« des *Codex Dresden.*

1 359 540: eingraviert am Kreuztempel von Palenque. Diese Zahl vereinbart die anhand der Venus-Positionen korrigierten Periodendauern von 68 328 bzw. von 1 366 560 Tagen mit den entsprechenden Periodendauern (68 302 bzw. 1 366 040), die mit dem Computer ermittelt wurden.

1 152 000 und 57 600 000: Diese beiden Zahlen werden verwendet, um das Zahlensystem zu erweitern und zu »durchbrechen«.

136 656 000 = 100 Zyklen des Aufeinandertreffens der Sonnenflecken- bzw. der Katastrophen-Perioden. Diese Zahl modifiziert und erweitert das Maya-Zahlensystem, so daß mit ihm auch größere Zahlen (wie eben 136 656 000) darzustellen sind. Die Systemgrenzen werden dabei sozusagen überwunden, wenn Zyklusdauern größer als 144 000 vorliegen. Dazu muß auf ein modifi-

ziertes Zahlensystem zurückgegriffen werden, das auf der Zahl 9 basiert und das Dezimalkomma einschließt. Das ist ein Hinweis darauf, daß die Maya das Dezimalkommasystem anwandten.

1 872 000 = 360 × 260 × 20.

Ferner ist:

1 872 000 – 1 366 560 (Superzahl) = 505 440. Das entspricht 7,4 Sonnenflecken-Zyklen und deutet darauf hin, daß 1 872 000 nur ein Fünftel einer längeren Zeitperiode ist.

9 360 000 = 5 × 1 872 000 = 9,729729°, d. h. ein Teil eines Großen Mayazyklus.

9 360 000 = P = E = W, übereinstimmend mit der Position des Neutralgebiets; diese Zahl entspricht einem Großen Mayazyklus bzw. einem Präzessionszyklus. Die Präzession besteht in der »Taumelbewegung« der Erdachse, durch die sich die Pole relativ zu den Fixsternen verschieben.

# Anhang 8: Die rätselhafte Grabplatte von Palenque

Obwohl ich ein Buch eigens über den Sarkophagdeckel von Palenque und die Bedeutung seiner Bilder veröffentlicht habe (s. Bibliographie im Anhang), ist es wichtig, zu verstehen, wie diese Entschlüsselung überhaupt bewerkstelligt wurde. Deren Prinzip, das sich auch in sämtlichen Glaubensvorstellungen der Maya wiederfindet, hat immerhin zu allen weiteren Entdeckungen über die Maya geführt.

Das erste, was einem an dieser Platte auffällt, ist die Komplexität und Schönheit der aus dem Stein gehauenen Bilder. Das zweite ist die Fülle unbekannter und verwirrender Symbole und Formen, die sich um die leichter zu erkennenden Muster und Motive ranken. Seit Entdeckung der Platte hat es viele Versuche gegeben, den Inhalt dieser Bilder zu deuten, die allesamt nicht befriedigend verliefen. So drängt sich die Vermutung auf, im Bildwerk dieser Platten seien mehr Informationen verborgen als bisher erkannt worden ist. Tatsächlich ließen sich mit der von mir angewandten Methode Szenen entschlüsseln, die nicht nur eine Sonnenflecken-Tätigkeit darstellten, sondern auch zeigten, in welcher Weise sich diese auf die menschliche Fruchtbarkeit auswirken konnte.

Die Analyse auf einer ersten Ebene ergab eine völlig andere Deutung der Bilder auf der Grabplatte als alle bisher vorgelegten Interpretationsversuche.

## Interpretation auf einer ersten Ebene

In einem ersten Schritt der Analyse werden die Bilder und Muster der Grabplatte gedeutet, ohne daß bereits eine Entschlüsselung erfolgt.

*Interpretation:* Die Bilder lassen sich so verstehen, daß sie von den bisherigen »vier« Zeitaltern der Schöpfung erzählen, ähnlich wie der aztekische Sonnenstein und andere mesoamerikanische Texte. Dabei stellt sich allerdings das Problem, daß über das »fünfte« Zeitalter des Jaguars auf der Grabplatte anscheinend nichts ausgesagt wird (siehe Haupttext).

Ich beschloß, diesen Punkt vorerst zurückzustellen und zur »offiziellen« Deutung zurückzukehren, derzufolge die zentrale, in Rückenlage dargestellte Figur auf der Platte der tote Fürst Pacal ist, der in die »Unterwelt« hinabfällt. Doch für diese Auslegung gibt es keine konkreten Anhaltspunkte. Desgleichen heißt es in der »offiziellen« Version, die fallende Gestalt sitze auf einem »Erdungeheuer«. Doch was haben wir uns darunter vorzustellen?

Mit einer einzigen Ausnahme schloß ich der Reihe nach alle orthodoxen Deutungen aus. Am Fuß der zentralen Figur sind nach Meinung der Archäologen einige »Maiskörner« abgebildet. Tatsächlich sind an der angegebenen Stelle zweifellos einige »Zeichen« zu erkennen, so daß die Deutung als Samenkörner der Maispflanze möglicherweise zutreffend ist.

Während meiner Beschäftigung mit der Mayamythologie hatte ich gelesen, die Heimat des »Mais« sei der Aufenthaltsort der Frauen, die im Kindbett gestorben waren; es war das als »Cincal-

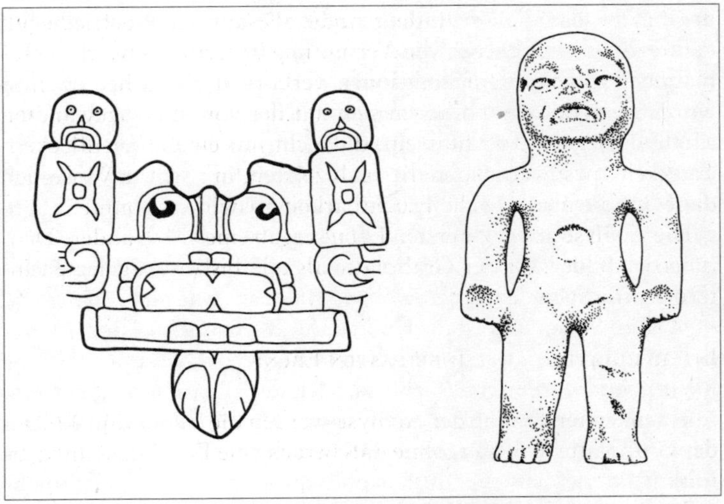

*Abb. A74 (links): Tonatiuh auf der Grabplatte zwischen zwei Sonnenbabys*
*Abb. A74 (rechts): Skulptur eines Sonnenbabys, Teotihuacán, ca. 80 n. Chr.*

co« bezeichnete Paradies, das im Westen lag. Der Umstand, daß die Maiskörner zu Füßen der zentralen Figur und zu ihrer linken Hand (Westen) lagen, bewog mich zu der Frage, ob die Figur nicht in Wirklichkeit eine Frau in Gebärhaltung darstellte?

Insgesamt waren vier weitere mythologische Paradiese der Maya bekannt. Tonatiuhcan lag im Osten und war der Ort des Sonnengottes Tonatiuh, gleichzeitig die Heimstatt derer, die im Kampf gefallen oder den Opfertod gestorben waren. Tonatiuh war bereits in der Deutung, die Bilder der Platte stellten die vier Zeitalter dar, identifiziert worden. Spielte er möglicherweise auch eine Rolle als Hinweis auf das Paradies Tonatiuhcan?

Als ich das Bildnis Tonatiuhs auf der Grabplatte genauer untersuchte, fiel mir auf, daß links und rechts von ihm zwei »Sonnenbabys« mit herabgezogenen Mundwinkeln und dem Sonnensymbol auf dem Bauch dargestellt waren. Eine bekannte Skulptur solcher Sonnenbabys, die in Teotihuacán ausgegraben wurde, stützte diese Auslegung.

Außerdem war die Existenz eines Mayaparadieses bekannt, in das alle Kinder gelangten, die tot zur Welt kamen. Es war das »Tomoancan«, das die Vermutung stützt, die auf der Platte abgebildete Figur sei möglicherweise eine Frau in Gebärhaltung. In Tomoancan wuchs der »Säugebaum«, der nach der Legende 400 000 Saugwarzen hatte, an denen die toten Kinder saugten und auf diese Weise genügend Kraft in sich aufnahmen, um auf der Erde wiedergeboren zu werden. In diesem Kontext läßt sich das Kreuz in der Mitte der Platte, das die Markierungspflöcke trägt, als der Säugebaum mit den Saugwarzen auffassen.

Jetzt mußte ich nur noch zwei weitere Paradiese auf der Platte finden. Die Suche nach dem ersten, Tlalocan, war nicht schwierig; es liegt im Süden und ist die Heimat des Regengotts Tlaloc. Er war bereits zusammen mit Tonatiuh in den »vier früheren Zeitaltern« identifiziert worden. Hier lebte er nach der Überlieferung gemeinsam mit seiner Gemahlin, der Wassergöttin Chalchiuhtlicue. Das letzte noch fehlende Paradies war anscheinend »Omeocan«, die Wohnstatt des ersten göttlichen Paars Ometeotl (das göttliche Äquivalent zu Adam und Eva in der Bibel), von dem alle anderen Götter der Maya abstammten. Gab es also möglicherweise eine dritte Deutung für die zentrale Figur auf der Platte – war hier die Frau des göttlichen Paars dargestellt?

Doch auch diese Deutung hatte den Pferdefuß, daß zu Eva ein Adam gehört, und der fehlt auf dem Bild.

Ich stellte diese Interpretation der vier Paradiese neben die von den »vier Zeitaltern« und suchte weiter nach einer überzeugenden Deutung für das Bild auf der Platte.

Dazu verglich ich meine jüngste Deutung, bei der Fruchtbarkeit und Geburt im Vordergrund standen, mit meiner eigenen Forschung über den Einfluß der Sonnenflecken-Tätigkeit auf die menschliche Fruchtbarkeit und gelangte so zu einer weiteren möglichen und rationalen Deutung. Symbolisiert das Kreuz in der Mitte vielleicht die Sonne mit ihren vier Magnetfeldern? Tatsächlich scheint es so, als sei die Sonne von »Schleifen« und Pflöcken eingerahmt. Repräsentieren diese »Schleifen« vielleicht Sonnenflecken, während die Pflöcke etwas über deren Anzahl aussagen, da jeder Pflock an eine halbe Schleife grenzt?

Das Kreuz ist ein Symbol der Sonne. Die »Schleifen« stehen für magnetische Schleifen von Sonnenflecken (schwarze Flecken, die auf der Oberfläche der Sonne zu beobachten sind). Die »Pflöcke« und halben Schleifen stehen für die neun vollen und zwei halbe Sonnenfleckenzyklen, aus denen die Hälfte eines großen Sonnenflecken-Zyklus besteht. Ein voller Zyklus dauert 1 366 560 Tage.

*Geschichte der Zerstörung nach dem Mayaglauben*

Nach 1 366 560 Tagen ist ein Sonnenflecken-Zyklus beendet. Die menschliche Fruchtbarkeit geht zurück. Die Zahl der Totgeburten nimmt zu. Die Änderungen im Magnetfeld der Sonne verursachen Änderungen im irdischen Magnetfeld. Es kommt zu globalen Katastrophen in Form von Erdbeben, Überschwemmungen, Feuersbrünsten und Orkanen.

Auf der Grabplatte sehen wir eine Frau in einer Wanne mit warmem Wasser, die ihre gespreizten Beine der Sonne entgegenstreckt, um ihre Fruchtbarkeit zu erhöhen (s. Farbfoto A3). Man sieht ferner die toten Kinder, die ins Tomoancan hinabsteigen. Der Sonnengott Tonatiuh frißt die Menschen. Er hat kaum noch Zähne im Mund, ein Zeichen dafür, daß er »genug Menschen gegessen hat«. Es ist das Ende seines Zeitalters. Jetzt wird ein neues Zeitalter anfangen.

Oberflächlich betrachtet konnte diese Geschichte der »kosmogonischen Vernichtung« als plausible Interpretation erscheinen. Es gab da jedoch ein Problem – nach meinen Forschungen schlug nach 20 Sonnenflecken-Zyklen das Magnetfeld der Sonne um, was einen Rückgang der Fruchtbarkeit und möglicherweise eine Umkehrung der irdischen Magnetpole zur Folge hatte. Doch hier konnte ich nur zehn Markierungspflöcke (neun ganze und zwei halbe) zählen. Die Hälfte der Pflöcke fehlte.

Offenbar zeigte sich immer dann, wenn ich eine rationale Deutung erarbeitet hatte, aufgrund »fehlender Information« eine Schwachstelle.

## Zusammenfassung der Interpretation auf einer ersten Ebene

Nach diesem Versuch einer Interpretation auf einer ersten Ebene blieben folgende Fragen offen:

Wir benötigten weitere Informationen im Hinblick auf

1. das fehlende fünfte Zeitalter der Schöpfung,
2. die fehlende Hälfte des Urgötterpaars Ometeotl und
3. das Fehlen eines Indikators zur quantitativen Bestimmung der Sonnenflecken-Tätigkeit.

Ohne diese Informationen war die »Interpretation« nicht stichhaltig und stützte sich auf bloße Spekulationen oder Vermutungen. Daraus folgte für mich, daß in den Bildern auf der Grabplatte weitere Informationen »versteckt« sein mußten. Doch trotz genauester Untersuchung der Platte ergaben sich in diesem Stadium der Analyse keine weiteren Hinweise. Bislang hatte allerdings noch niemand daran gedacht, die Muster und Motive, die um die zentralen Symbole und die Figur in der Mitte gruppiert waren, genauer in Augenschein zu nehmen. Zu ihnen gehört auch ein Muster aus »Codes«, die entlang dem Außenrand der Platte verlaufen.

## Entschlüsselung auf einer zweiten Ebene

Es ist erstaunlich, daß sich zuvor noch niemand der Beschädigung der Grabplatte von Palenque gewidmet hatte. Warum fehlten die beiden Ecken? Warum sollten sich die Bildhauer die Mühe gemacht haben, ein solches Meisterwerk aus Stein zu hauen, und dann die Ecken einfach abbrechen? Schließlich kann man sich

*Abb. A75: Das Auffälligste an der Grabplatte: zwei fehlende Ecken.*

kaum vorstellen, daß die Maya damals den Aufwand getrieben haben, eine Tempelpyramide über dem Grab eines zu Lebzeiten verehrten Priesterfürsten zu errichten, ohne sich darum zu kümmern, daß an dem Deckel auf dem Sarkophag zwei Ecken fehlten. Andererseits konnten die Ecken auch nicht aus Versehen abgeschlagen worden sein, denn dafür waren die Beschädigungen zu regelmäßig – fast symmetrisch.

Daraus läßt sich nur der Schluß ziehen, daß die Bildhauer, die die Grabplatte bearbeiteten, die Ecken absichtlich abgeschlagen hatten und dies aus einem ganz wichtigen Grund. Wenn es mir gelingen sollte, diesen Grund herauszufinden, so hoffte ich, dann würde mich dies vielleicht zu einer »Entschlüsselungsregel« führen, mit deren Hilfe ich die fehlenden Stücke in mein Puzzle einsetzen konnte.

1) Als erstes mußten die fehlenden Stücke »gefunden« und die kostbare Grabplatte wiederhergestellt werden. Um den nächsten Schritt zu verstehen, müssen wir uns in das Denken der Maya hineinversetzen. Die Maya glaubten, jeder Teil des Mikrokosmos sei nur ein Teil des größeren makrokosmischen Universums. Desgleichen war jeder einzelne ein und derselbe Teil der Schöpfung. Diese Interpretation erstreckte sich auch auf das Selbst, und auf diese Weise wurde jedes Individuum als winziges Stück einer Einheit aufgefaßt, und daraus ergab sich wiederum die Vorstellung »ich

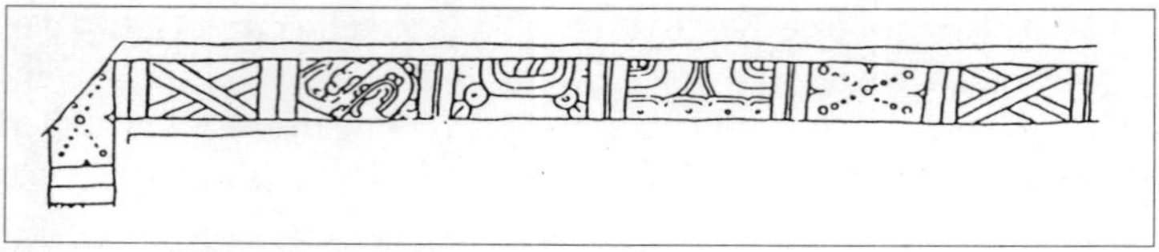

*Abb. A76: Randfries mit dem unvollständigen Code.*

bin du« und »du bist ich«. Das wurde außerdem durch ihre Götter zum Ausdruck gebracht, welche die entgegengesetzten Kräfte der Natur symbolisierten; sowohl die Natur der physikalischen Erde als auch die des Menschen, die ihrerseits dem Prinzip der Dualität entgegengesetzter Kräfte wie Nacht und Tag, Geburt und Tod folgte. Die Nacht würde ebenso sicher zum Tag werden, wie dieser wieder zur Nacht wurde. Der anfänglich gute Gott würde nach einiger Zeit böse werden (durch Maßlosigkeit), so wie aus dem Schlechten wieder das Gute wurde (aus Abneigung gegen Schmerz und Leiden).

Diese Einsicht in die Psyche der Maya bot mir den nächsten Anhaltspunkt bei meinen Entschlüsselungsversuchen. Wenn ich du bin und du ich und wenn aus Tag Nacht und aus Nacht Tag wird, dann fehlten die Ecken in Wirklichkeit vielleicht gar nicht. Und wenn sie nicht fehlten, mußten sie natürlich noch irgendwo sein.

2) Auf den »fehlenden Ecken« hatte sich ein Teil des Musters auf dem Randfries befunden. Eines der beiden Muster ließ sich mühelos rekonstruieren. Es bestand aus einer Art »Lebkuchenmuster«, das sich dank seiner doppelten Symmetrie sofort ergänzen ließ; außerdem enthielt ein anderes Feld des Frieses dasselbe – und diesmal vollständige – Muster.

Ein kreuzförmiges Muster ähnlich dem in dem »abgebrochenen« Eckfeld der Platte läßt sich beispielsweise dadurch vervollständigen, daß man es an einer seiner beiden Symmetrieachsen spiegelt. In diesem Fall konnte der Spiegel jedoch nicht nahe genug an die beschädigten Punkte gehalten werden, um das Muster zu komplettieren. Also fertigte ich zwei Transparentkopien von der Zeichnung auf der Platte an und legte die eine spiegelverkehrt auf die andere. Damit war das Muster wiederhergestellt, die »beschädigte« Ecke ausgebessert. Meine Untersuchung hatte mich zu einer Transparentkopie der Bilder und Motive auf der Platte geführt. Außerdem hatte sich gezeigt, daß die fehlende Ecke in der Weise wieder eingesetzt werden konnte, daß man die spiegelverkehrte Kopie durch die Originalkopie *überlagerte*. Dies war der zweite Schritt im Prozeß der Entschlüsselung.

## Dritte Ebene der Entschlüsselung

Dasselbe Verfahren wurde nun auch auf die andere fehlende Ecke angewandt und somit das zweite Muster wiederhergestellt. Bei dem Verfahren mußten die Konturen der Randleisten genau übereinanderliegen. Dabei ergaben sich plötzlich sinnvolle Bilder der Randleisten, die auf dem Farbfoto A5 wiedergegeben sind.

Nunmehr begann ich systematisch, nach weiteren »versteckten« Bildern der Randleiste zu suchen, die sich aus einer solchen Überlagerung ergaben, und fand auf dem gesamten umlaufenden Fries insgesamt 26 davon. Eine Auswahl ist auf dem Farbfoto 22a wiedergegeben.

Wie ich herausfinden sollte, sagen uns diese »Geschichtenanzeiger«, daß jedem von ihnen auf dem Innenfeld der Platte eine Geschichte zugeordnet ist, die man findet, wenn man auch hier die Entschlüsselungsregel anwendet. Es ist zwar dieselbe Geschichte wie auf der Randleiste, doch ist sie anders dargestellt.

## Vierte Ebene der Entschlüsselung

Es wurde immer deutlicher, daß die Grabplatte von Palenque noch weitere verborgene Informationen enthalten mußte, denn die Pro-

*Abb. A77: Rekonstruktion des beschädigten Eckmusters.*

*Abb. A78: Kopf mit »Bananennase« im Randfries.*

bleme, die sich auf der ersten Stufe ergeben hatten, waren immer noch nicht gelöst. Erneut suchte ich in Zeichnungen auf dem Randfries weitere mögliche »Beschädigungen«, die nach einer Wiederherstellung verlangten.

Dabei fiel mir eine Anomalie an der Nase eines der auf dem Randfries abgebildeten Köpfe auf, die zweifellos nicht hierhergehörte – es sah aus, als hätte man die Nase mit einer »Banane« versehen. Natürlich hätte ich den Mangel durch einfaches Retuschieren der Zeichnung beheben können, doch das wäre gegen die Regeln gewesen, soweit sie sich mir bisher erschlossen hatten. Das Verfahren der Spiegelung mit Hilfe der Klarsichtkopien hatte sich dagegen bewährt. Also verschob ich die seitenverkehrte Kopie wiederum so lange auf dem Original, bis sich die beiden Nasen zu einem Teil überlagerten – und die Anomalie verschwand. Das gespiegelte Bild zeigte auf einmal nur noch zwei Köpfe, die sich an der Stirn und der Nasenspitze berührten.

Wieder war ein Mangel behoben, eine Anomalie beseitigt worden. Trotzdem brachte mich das noch keinen Schritt weiter. Als ich mir jedoch das Gesicht der Figur in der Mitte der Platte noch einmal genauer ansah, entdeckte ich auf ihrer Nase dieselbe Anomalie. Also mußte ich auch hier Spiegelbild und Original so aufeinanderlegen, daß die Anomalie verschwand.

## Die Bilder und Motive innerhalb des Randfrieses

Nachdem ich die beiden Transparentkopien auf die beschriebene Weise übereinandergelegt hatte, konnte ich im oberen Teil des Bildes deutlich eine Fledermaus sehen, bei den Maya der Gott des Todes. Hier war sie im Flug von vorn dargestellt; im unteren Teil ließ sich eine weitere Fledermaus im Flug von hinten erkennen (s. Farbfoto 23).

Die Fledermaus symbolisierte bereits bei den Olmeken und vielen anderen Kulturen den Tod. Der in Abbildung A82 wiedergegebene Kopf aus 25 Jadestücken wurde zum Beispiel in einem Grab in Monte Albán gefunden und datiert aus der Zeit um 700 n. Chr.

*Abb. A79*

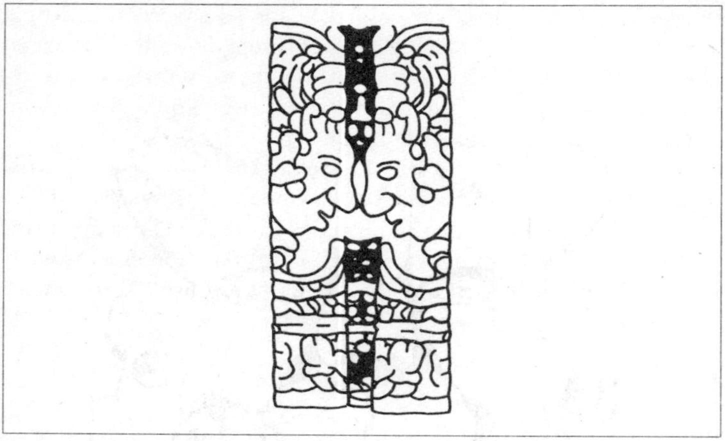

*Abb. A80*

FÜNFTE EBENE DER ENTSCHLÜSSELUNG

Nun hatte ich bereits auf der zweiten Ebene der Entschlüsselung in den überlagerten Mustern der Randleiste eine Fledermaus entdeckt, und es wurde offensichtlich, daß dieser zusammengesetzte Randcode eine Aufzählung der verborgenen Bilder enthielt, die auch im Innenfeld der Platte versteckt dargestellt waren. Insgesamt hatte ich 26 solcher Randcodes erkannt. Einer davon war die

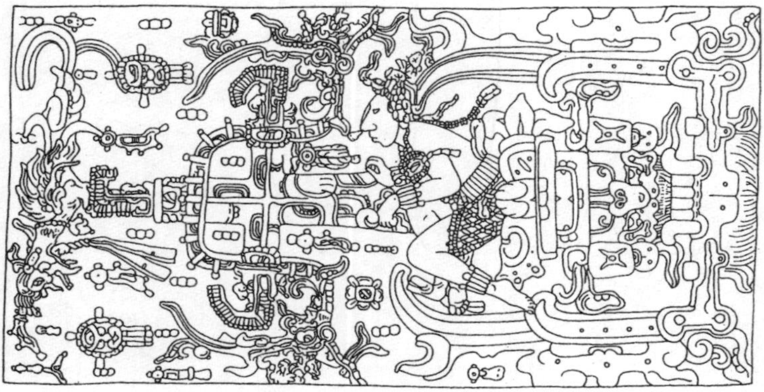

*Abb. A81*

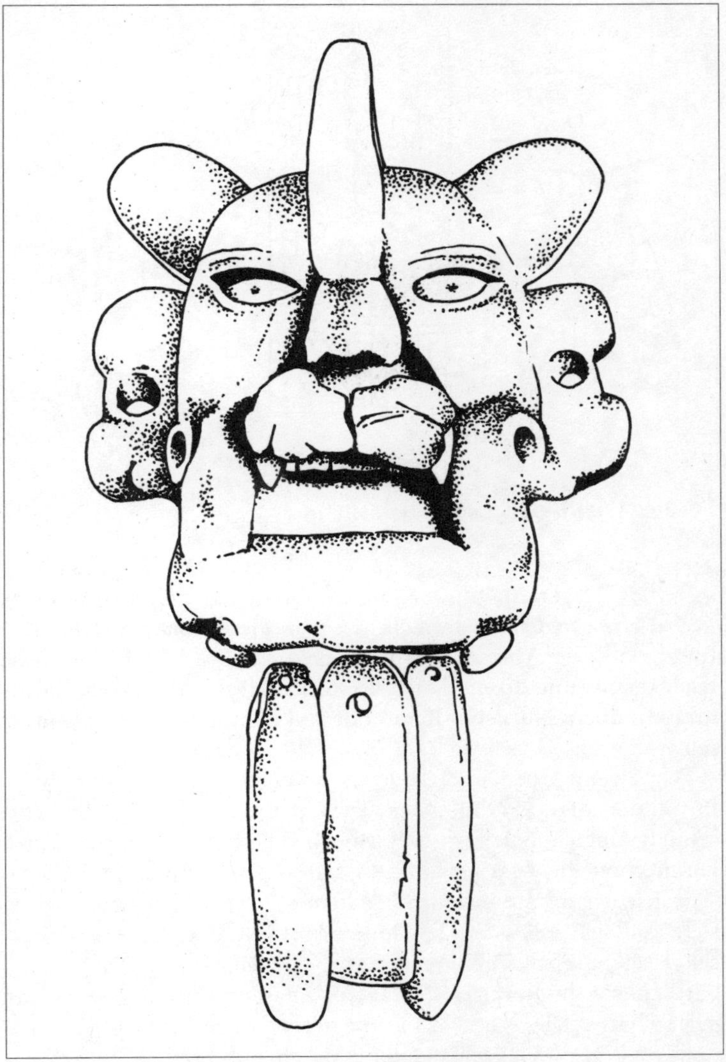

*Abb. A82: Der Fledermausgott*

*Abb. A83: Der junge Pacal mit flacher Frisur und nur einem Ohr.*

*Abb. A84: Pacal mit einer Hochfrisur und zwei Ohren.*

Fledermaus, und zu ihr hatte ich jetzt das Gegenstück im Innenfeld gefunden. Nunmehr kam es darauf an, auch zu den 25 anderen Codes das Gegenstück im Innenfeld aufzufinden.

Der zweite Code im Randfries bestand aus zwei Köpfen im Profil, die einander anblickten. Die entsprechende Regel zur Entschlüsselung lautete also, verschiebe die seitenverkehrte Transparentkopie auf dem Original so, daß die beiden Hauptpersonen sich gegenseitig anblicken. Nachdem ich das getan hatte, zeigte sich, daß ich eines der fehlenden Puzzlestücke der ersten Entschlüsselungsebene gefunden hatte, die eine Hälfte des ersten göttlichen Schöpferpaares Ometeotl, das im Paradies Omeocan gelebt hatte. Die Ausrichtung meiner seitenverkehrten Transparentkopie zur Wiederherstellung des Schöpferpaars führte zur Identifizierung von drei Szenen der Schöpfungsgeschichte der Maya und somit zu der Entdeckung, daß man die Transparentkopie nicht nur horizontal und vertikal verschieben, sondern auch drehen konnte, so daß sich außer dem statischen zusammengesetzten Bild des Fledermausgottes auch bewegte Bilder erzeugen ließen.

Innerhalb kurzer Zeit fand ich auf diese Weise weitere 23 zusammengesetzte Bildergeschichten im Innenfeld der Grabplatte als Entsprechungen zu den einzelnen Codes im Randfries. Eines der interessantesten und komplexesten von ihnen ist das des sterbenden Fürsten Pacal.

*Die anfliegende Fledermaus*

Bei der Suche nach zusammengesetzten Bildern im inneren Bildteil der Sargplatte wurde eine Serie von drei Bildern einer »anfliegenden Fledermaus« entdeckt (s. Farbfotos A 6 und A 7).

Trotz deren Identifizierung war es mir bislang nicht geglückt, zwei weitere, ihnen zugeordnete Codes auf dem Randfries auszumachen. Dies warf die Frage auf, ob die Bilder möglicherweise nur Teile einer umfassenderen, bislang noch unentdeckten Geschichte waren. Überhaupt blieb eine Reihe von Codes auf dem Randfries übrig, die den Bildern im Innenteil nicht zugeordnet werden konnten; sie sind auf Tafel A8 abgebildet.

An dieser Stelle möchte ich einen kleinen Einschub machen und auf zwei Stuckköpfe zu sprechen kommen, die unter dem Sarkophag des Fürsten Pacal gefunden wurden und bestimmte Unterschiede aufweisen. Abbildung A83 zeigt Pacal als jungen Mann mit flacher Frisur und nur einem Ohr. Abbildung A84 zeigt Pacal mit hochgesteckten Haaren und zwei Ohren. Das waren für mich zusätzliche Hinweise zur Rekonstruktion der Geschichte vom sterbenden Fürsten Pacal, und daraus ergab sich für mich folgende Deutung (vgl. Farbfoto A8):

| | |
|---|---|
| B (I) – B (III): | Bildnis des Mannes im Grab (der Tote) |
| B (IV): | Er trägt einen Vogel auf seinem Kopf |
| B (V): | Der Vogel ist der Sonnengott (Tonatiuh oder Quetzalcóatl) |
| B (VI) und die Stuckköpfe: | Zuerst die Ohren im Code des Frieses (auf beiden Seiten des Kopfes) in die richtige Lage bringen und die Kopie so lange drehen, bis auf dem Kopf ein Vogel sichtbar wird. |

Anhand dieser Instruktionen wurden die Transparentkopien des inneren Bildes der Grabplatte an jener Stelle mit einer Nadel fixiert, an der sich die Ohren der Figur befinden mußten. Sodann

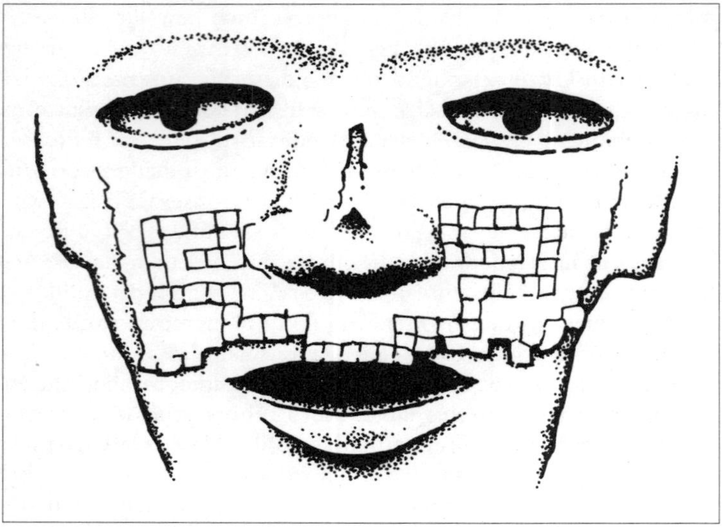

*Abb. A85: Mit Türkisen eingelegter Totenschädel mit dem Fledermauszeichen des Todes: Teotihuacán.*

wurde die obere Folie langsam gedreht, bis sich in der oberen Mitte des zusammengesetzten Bildes ein kleiner Vogel zeigte und man eine ähnliche Frisur erkennen konnte, wie sie der Kopf in Abbildung A84 trägt. In seinem Schnabel hält der Vogel eine Kette. An der Kette hängt die Schneckenmuschel – das Zeichen Quetzalcóatls, der gefiederten Schlange. Quetzalcóatl war der höchste Gott der Maya.

Wenn wir den Bereich unter dem Vogel sorgfältig kolorieren, tritt uns nach und nach das Gesicht des Toten im Grab, des Fürsten Pacal, entgegen. Sein Mund wird von einer Fledermaus bedeckt, die wir schon von den Bildern der »anfliegenden Fledermaus« kennen. Sie verdeckt den unteren Teil von Pacals Gesicht.

Dieses komplexe überlagerte Bild ist demnach so zu verstehen: Der Gott des Todes (die Fledermaus) ließ sich auf dem Fürsten Pacal nieder und raubte ihm den Atem. Er wurde als kleiner Quetzalvogel wiedergeboren. Er begann ein neues Leben als Quetzalcóatl, als höchster der Götter (s. Farbfoto A9).

*Der Jaguar*
In einem weiteren zusammengesetzten Bild war ein Jaguar zu erkennen. Dieser repräsentierte das fünfte Schöpfungszeitalter (s. Farbfoto 24). Nachdem ich das mittlere Feld des Randfrieses (mit dem »Lebkuchenmuster«) in seinem Spiegelbild überlagert hatte, wurde das zusammengesetzte Bild des »Jaguars« sichtbar, der die »fünfte Sonne« oder das fünfte Zeitalter symbolisierte. Damit war eine weitere Lücke aus meiner Interpretation auf der ersten Ebene geschlossen. Der Jaguar war die fünfte und gegenwärtige Sonne der Schöpfung.

Ein weiteres zusammengesetztes Bild des Innenfelds zeigte, daß ein Zeitalter auf der Erde eine Dauer von »20 Sonnen« (20 ×68328 = 1 366 560 Tage) hatte, so daß nunmehr alle Lücken aus der Interpretation auf der ersten Ebene geschlossen waren. Außerdem bedeutete dies abermals, daß die Maya klare Vorstellungen von den Sonnenflecken-Zyklen hatten.

Bei meiner Entschlüsselung war nur noch eine einzige Frage offengeblieben: Für nahezu alle 26 Codes im Randfries hatte ich eine Entsprechung im inneren Feld der Platte gefunden – nur für einen nicht. Ich überlagerte also noch einmal die Originalzeichnung mit einer seitenverkehrten Kopie, wählte denselben Rotationspunkt wie bisher und begann die obere Kopie langsam zu drehen. Doch diesmal behielt ich nicht das innere Feld, sondern den Randfries im Auge. Und dabei zeigten sich neue Entsprechungen zwischen den Codes im Randfries.

Jedesmal, wenn sich bei einer Drehung der Kopie eine Entsprechung zwischen zwei Randcodes ergab, erschien auch im inneren Feld eine »Geschichte«. Ich hatte somit noch eine weitere »Schicht« von Randcodes entdeckt – die jeweils die Entschlüsselung einer entsprechenden Geschichte im Innenfeld erforderten –, doch diesmal war es schwieriger. Bei jeder Korrespondenzstelle der Randcodes erschienen mindestens zwei Bildergeschichten, die zum Teil erst dann erkennbar waren, wenn beide Kopien zusammen langsam um 180 Grad gedreht wurden.

Außer 22 Bildern, die ich mit Hilfe dieser Methode entdeckte, identifizierte ich auch eine Szene, die dem bislang fehlenden (26.) Randcode der vierten Ebene zugeordnet werden konnte, so daß auch diese Lücke geschlossen wurde. Es zeigte sich, daß die Maya diesen »vagabundierenden« Code als Hinweis auf die Existenz einer zweiten Schicht innerhalb des Entschlüsselungsprozesses benutzt hatten.

Nach und nach brachte ich eine Ordnung in diese neuentdeckten Bildergeschichten und veröffentlichte sie unter dem Titel *The Amazing Lid of Palenque*, Band 2. Dieses Buch enthält die »spirituelle« Botschaft der Maya. Es erzählt von der Bedeutung des Lebens und »Nachlebens«, von einem Fegefeuer und den Zyklen von Aufbau und Zerstörung auf der Erde, von den großen Zeitaltern der Maya.

Am Anfang hatte ich die Muster der Randleiste der Grabplatte zu entschlüsseln versucht, doch sie waren lediglich eine Art Register oder Inhaltsverzeichnis zu einem »Buch«. Anschließend war es mir gelungen, das Buch selbst zu entschlüsseln. Doch dann erwies sich dieses lediglich als eine Art »Programm«, in dem nur die handelnden Personen und der Gang der Handlung aufgeführt sind. Ich mußte erkennen, daß mein erster Band über die Grabplatte von Palenque nichts anderes enthielt als eine Liste der im zweiten Band auftretenden Personen. Im zweiten Band hatten dann die Maya ihren »Auftritt« – eine unglaubliche Reise in die Vorstellungswelt des Menschen. Und da im Verlauf des Entschlüsselungsprozesses mehrere Schichten freigelegt wurden, erscheint jeder der Mitwirkenden bis zu sechsmal in den unterschiedlichsten Kostümen und bekräftigt auf diese Weise die Gültigkeit der Entschlüsselung. Bei einer solchen Fülle von entschlüsselten Bildern kann kein Zweifel mehr daran bestehen, daß die Maya der Nachwelt mit der Grabplatte von Palenque ganz bestimmte Informationen übermitteln wollten.

Seit ich das Flachrelief auf dieser Platte entschlüsseln konnte, habe ich mit demselben Verfahren noch weitere Bilder der Maya entschlüsselt. Zu ihnen gehören die Mosaikmaske von Palenque, das Wandbild von Bonampak (Tempel der Fresken, Raum 1) sowie die Oberschwellen 25 und 53 von Yaxchillan (British Museum, London). Die genannten Artefakte enthalten weitaus mehr Informationen als sie auf den ersten Blick preisgeben.

Ohne die Entschlüsselung der Bilder und Muster auf der Grabplatte von Palenque wären die enormen Fortschritte und Entdeckungen in verwandten Gebieten nicht möglich gewesen. Die Entzifferung der Mayazahlen beispielsweise wäre niemals gelungen, wenn nicht zuerst die »fehlende« Schlüsselzahl der Maya gefunden worden wäre, die in ihre Zyklenabfolge eingefügt werden mußte (s. den Abschnitt über das Zahlensystem der Maya). Die »Schlüsselecken« der Platte wurden bewußt abgeschlagen, damit der Inhalt der Bilder auf der Platte eines Tages enträtselt würde, und aus demselben Grund wurde die »Schlüsselzahl« 260 aus den Datumsinschriften weggelassen. Ohne dieses Bindeglied ließen sich weder der Code auf der Grabplatte noch das Zahlensystem entschlüsseln. Und wir hätten bis heute keinen Beweis dafür, daß die Maya die Dauer der Sonnenflecken-Zyklen ebenso kannten wie den Zusammenhang zwischen der Sonnenstrahlung und der Fruchtbarkeit oder die langen Zyklen weltweiter Katastrophen.

*Das Popol Vuh*

»Das Popol Vuh ward unsichtbar ... Noch gibt es das Erste Buch, wie es einst geschrieben, aber verborgen ist es dem Suchenden, dem Forschenden ...«

Mit diesen Worten beginnt das *Buch des Rates*, das lange verschollene »heilige Buch« oder die »Bibel« der Quiché-Maya aus Guatemala, zweifellos das geehrteste und herausragendste Beispiel der eingeborenen amerikanischen Kultur, das die Jahrhunderte überlebt hat.

Es ist nicht bekannt, wer die als »verschollen« geltende ursprüngliche Version verfaßt oder kompiliert hat. Eine Inhaltsangabe des Originals wurde anscheinend zuerst um die Mitte des 16. Jahrhunderts von einem Quiché-Maya, der bei den spanischen Priestern in die Schule gegangen war, in lateinischer Schrift niedergeschrieben.

Die Handschrift, die eine Darstellung der Kosmogonie, Mythologie, der Überlieferungen und der Geschichte der Quiché-Maya enthält, wurde 1645 von Pater Francisco Ximénez in einer Kirche aufgefunden. Er war ein Gemeindepriester im Dorf Santo Tomas Chichicastenango in den Bergen von Guatemala (etwa 300 Kilometer flußaufwärts von der Ruinenstadt Palenque) und übertrug das Dokument aus der Quichésprache ins Spanische.

In der Einleitung zur englischen Übersetzung von Goetz und Morley erklären die Herausgeber, »es muß zweifelhaft erscheinen, daß das alte Quiché-Buch ein Dokument mit einer vorgegebenen Form und literarischen Komposition gewesen ist«. Pater Ximénez schrieb: »in Wahrheit ist ein solches Buch (von dem die Übersetzung in der Quichésprache angefertigt wurde) nie aufgetaucht oder gesehen worden, und so wissen wir nicht, ob die Aufzeichnung durch Bilder erfolgt ist wie bei den Bewohnern Mexikos, oder durch Knotenschnüre wie bei den Peruanern … oder auf eine noch andere Weise.«

Doch das *Popol Vuh* war das Buch der Prophezeiungen und das Orakel der Könige und Fürsten, und darin heißt es auch: »… Die [Herrscher] wußten Kriege voraus, offenbart wurde es ihnen, alles wußten sie. Ob Krieg, Hunger, Zerwürfnis bevorstand – sie wußten es gewiß.« Demnach war das *Buch des Rates* das Buch der Vergangenheit, Gegenwart und Zukunft.

Ebenso wie das ursprüngliche *Popol Vuh* lag auch die Grabplatte dem Forschenden verborgen – unter dem Tempel der Inschriften. Und als sie gefunden wurde, konnte sie nicht gleich verstanden, sondern mußte erst entschlüsselt werden. Und ebenso wie das *Buch des Rates* enthält sie Prophezeiungen, die beispielsweise von der Wanderung der Mexica in das Tal von Mexiko berichten (unter anderem die Geschichte von Quilatzli, dem grünen Reiher), sowie von den Kriegsgöttern, die nach einer bestimmten Zeit zu den Azteken kommen würden. Diese Schilderungen, Weissagungen und Prophezeiungen waren möglich, weil diejenigen, die den Sarkophagdeckel von Palenque »geschrieben« hatten, »Götter« waren, die ersten der Schöpfung. Auch das wird im *Popol Vuh* gesagt: »… Sie schauten und sogleich sahen sie in die Ferne; sie vermochten, alles zu sehen, alles zu kennen, was es in der Welt gibt. Wenn sie schauten, sahen sie sogleich alles im Umkreis und ringsherum sahen sie die Kuppel des Himmels und das Innere der Erde. Alle fernverborgenen Dinge sahen sie, ohne sich zu bewegen. Sofort sahen sie die ganze Welt. Groß war ihre Weisheit.«

## Die intellektuelle Leistung der Maya

Doch auf welche Weise die Maya ihren hohen Kenntnisstand oder ihr hochentwickeltes räumliches Vorstellungsvermögen erreichten, ist bislang unbekannt. Daß sie über ein besonderes Wissen verfügt haben müssen, läßt sich an ihren Leistungen in der Astronomie, ihren Kalendern, ihrer Architektur und Bildhauerkunst ablesen. Genauer gesagt, wir wissen nichts darüber, ob diese überragenden Kenntnisse allen Maya der Klassik oder nur einigen wenigen Prie-

*Abb. A86*

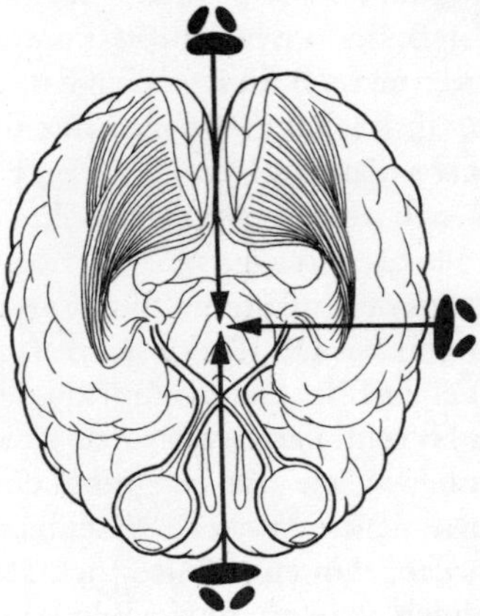

*Abb. A87*

sterfürsten zu Gebote standen. Viele Forscher haben behauptet, es gebe Hinweise auf einen hierarchischen Aufbau der Mayagesellschaft und es seien tatsächlich nur einige wenige Priestergelehrte gewesen, die in die esoterischen Lehren eingeweiht gewesen waren.

Doch auch bei den Priestergelehrten stellt sich die Frage, auf welche Weise sie das unglaubliche räumliche Vorstellungsvermögen entwickeln konnten, das für die Schaffung der verschlüsselten Bilder der Grabplatte von Palenque erforderlich war. Wir verfügen heute nicht über diese Fähigkeit und sind auf Transparentkopien angewiesen, um zeigen zu können, daß in diesen Bildern eine geheime Botschaft verborgen ist. Im Hauptteil dieses Buchs haben wir beschrieben, daß es bei den vornehmen Maya Brauch war, die Stirn von Säuglingen abzuflachen. Die herkömmliche Anthropologie hat vermutet, das habe rein ästhetische Gründe gehabt, doch möglicherweise wurde ja dadurch die Leistungsfähigkeit des Gehirns gesteigert.

Im Anhang 3 über Sonnenstrahlung und die Hormonproduktion haben wir dargelegt, daß Veränderungen des solaren und damit auch des irdischen Magnetfelds das endokrine System beeinflussen und damit den Biorhythmus und die Fruchtbarkeit des Menschen beeinträchtigen können.

Wenn wir noch einmal zum Stuckkopf des Fürsten Pacal zurückkehren, der unter dem Sarkophag von Palenque gefunden wurde, so können wir an ihm einige ungewöhnliche »Objekte« beobachten, die wie dreiblättrige Blüten aussehen und oben auf dem Kopf angebracht sind. Von der »Blume« an der Stirn gehen strömende Linien aus, die an magnetische Feldlinien erinnern und über Stirn und Schläfen fallen.

Wenn wir alle drei »Blumen« (auf dem dreidimensionalen Kopfmodell) zusammen ins Auge fassen, dann fällt auf, daß alle drei auf einer Ebene liegen und zwar so, daß sie auf die zentrale Region des Hypothalamus des Gehirns einwirken, was vermuten läßt, daß diese Objekte eine magnetische Wirkung hatten. Ist es denkbar, daß auf diese Weise die Fähigkeiten des Gehirns so sehr gesteigert wurden, daß ein Mensch wie Pacal nicht auf Transparentkopien angewiesen war, um die Bilder auf der Grabplatte von Palenque zu konzipieren? War es möglich, daß dieses konzentrierte Feld die Speicherung von Informationen in der einen Gehirnhälfte deren Spiegelbild in der anderen Hälfte in einer ähnlichen Weise ermöglichte, wie ein Computer Informationen in verschiedenen Sektoren speichern und separat verarbeiten kann? Und wie zum Beispiel konnten die Maya Steinquader von der Stelle bewegen, die bis zu 30 Tonnen schwer waren, ohne Lasttiere einzusetzen und ohne das Rad zu kennen?

Um diese Fragen zu beantworten, müssen wir das Wesen des technischen Fortschritts verstehen, denn jede neue Welle technischer Erfindungen »löscht« die vorhergehende. Die Logarithmustafel »löschte« den Abakus, die ihrerseits von dem Rechenschieber gelöscht wurde, und der mußte schließlich dem elektronischen Taschenrechner weichen. In absehbarer Zeit werden beispielsweise die Telefonmasten und -leitungen durch geostationäre Satelliten im Weltraum vollständig »gelöscht« sein.

Wenn es in nächster Zeit auf der Erde wieder zu einer Katastrophe in der Größenordnung einer Sintflut kommen sollte, könnten nachfolgende Generationen zu dem Schluß gelangen, daß wir technisch sehr wenig entwickelt waren, weil wir »nicht einmal das Telefon kannten«. Das wäre natürlich ein Irrtum. Und aus diesem Grund müssen wir uns davor hüten, im Hinblick auf die Maya in einen ähnlichen Fehler zu verfallen. Wenn sie »nicht einmal das Rad kannten«, dann deutet das eher darauf hin, daß sie weiter und nicht etwa weniger weit entwickelt waren als wir heute und daß sie auf ihrer Entwicklungsstufe auf das Rad nicht mehr angewiesen waren. Es ist etwa so, als stellten wir uns vor, die Mannschaft eines Raumschiffs würde zur Erkundung der Oberfläche des Mondes Fahrräder benutzen.

Deshalb ist es nicht verwunderlich, daß die moderne etablierte Archäologie, die sich auf 99 Prozent der Mayabevölkerung konzentriert, darin ein Volk von Primitiven sieht, während gleichzeitig unorthodoxe Forscher das restliche Prozent im Auge haben und im Hinblick auf den Entwicklungsstand der Maya zu einem völlig anderen Ergebnis kommen. Auf ihre Weise hat jede Seite recht.

Immer wenn wir bei einem Volk der Vergangenheit auf ein Rätsel stoßen, das wir nicht lösen können, sollten wir davon ausgehen, daß dieses Volk im Zweifel wesentlich weiter entwickelt war als wir zunächst anzunehmen geneigt sind.

# Glossar

Acotzintli: (aztekisch) wilde Frucht, von der sich die Menschen während des Zweiten Zeitalters ernährt haben.
Ahau Can: (Mayasprache) Große Fürstliche Schlange.
Apachiohualiztli: (aztekisch) die Sintflut.
Azteken: letzter herrschender Stamm in Mexiko vor der Ankunft der Spanier.
Baktun: (Mayasprache) Periode von 144 000 Tagen.
Cabrillas: (spanisch) wörtlich »kleine Zicklein«; Sternbild der Plejaden.
Camazotz: (Mayasprache) Fledermaus, die im *Popol Vuh* den Kopf von Hunahpu abreißt.
Canamayte: (Mischwort) Rechteckmuster auf dem Rücken der Klapperschlange *Crotalus durissus durissus.*
Caracol: (spanisch) wörtlich »Schnecke«; als Observatorium gedeuteter Rundbau in Chichén Itzá.
Ceibabaum: (Mayasprache) hochwüchsiger Baum, der den Lebensbaum und die Milchstraße symbolisiert.
Chaac: (Mayasprache) Regengott.
Chac Cel: (Mayasprache) antike Wassergöttin.
Chacmool (oder Chac-Mool): mysteriöser Statuentyp, der in Yucatán gefunden wurde.
Chalchiuhtlicue: (aztekisch) Wassergöttin.
Chan Bahlum: (Mayasprache) Schlangenjaguar, Sohn Pacals von Palenque.
Chanes: (Mayasprache) Name für einen Priester, der in den Schlangenkult initiiert ist.
Chilam Balam: Mayaweiser, der angeblich die Ankunft der Spanier prophezeite.
Coatlicue: (aztekisch) Erdgottheit von scheußlicher Gestalt.
Codex: (lateinisch) alte Handschrift, in Mesoamerika auf Rindenbast oder frühspanisches Pergament geschrieben.
Cortesianus: (lateinisch) Teil des *Codex Madrid.*
Coyolxauhqui: aztekische Göttin, die möglicherweise die Milchstraße symbolisierte.

*Crotalus durissus durissus*: in den Mayagebieten heimische Klapperschlangenart.

Cu: Statue eines Gottes oder Schreins, möglicherweise dasselbe wie ein Chacmool.

Ehecatl: (aztekisch) Windgott, Aspekt von Quetzalcóatl, Zweites Zeitalter im *Codex Vatico Latinus*.

Gavilla: (spanisch) »Garbe«, Periode aus 52 Jahren, die ein aztekisches »Jahrhundert« ausmachen.

Hunahpu: (Mayasprache) einer der Heldenzwillinge im *Popol Vuh*.

Itzamna (Zamna): oberster Gott im Mayapantheon, Überbringer der Kultur.

Itzá: (Mayasprache) spätes Maya-Fürstengeschlecht, das Chichén Itzá seinen Namen gab.

Katun: (Mayasprache) Periode aus 7200 Tagen.

Kin: (Mayasprache) Tag.

Kukulcan (Cuculcan): (Mayasprache) »gefiederte Schlange«, entspricht dem Quetzalcóatl.

Matlactili: (aztekisch) erste Sonne (Erstes Zeitalter) nach dem *Codex Vatico Latinus*.

Mixteken: Stamm, der das Oaxacatal bewohnte.

Nachan-Can: (Mayasprache) der ursprüngliche Name von Palenque.

Nahui Atl: (aztekisch) viertes Zeitalter nach dem *Codex Chimalpopoca*.

Nahui Ehecatl: (aztekisch) zweites Zeitalter nach dem *Codex Chimalpopoca*.

Nahui Ocelotl: (aztekisch) erstes Zeitalter nach dem *Codex Chimalpopoca*.

Nahui Ollin: (aztekisch) fünftes Zeitalter nach dem *Codex Chimalpopoca*.

Nahui Quihahuitl: (aztekisch) drittes Zeitalter nach dem *Codex Chimalpopoca*.

Nanahuatzin: (aztekisch) alter Gott, der sich aufopferte, um zur gegenwärtigen Sonne (Zeitalter) zu werden.

Olmeken: (aztekisch) wörtlich »Leute des Kautschuklandes«, Proto-Maya aus der Küstenregion des Golfs von Mexiko.

Pacal: »Hand-Schild«, Priesterfürst aus Palenque, der unter der Pyramide der Inschriften begraben wurde.

Polcan: (Mayasprache) »Schlangenkopf«.

*Popol Vuh*: wörtlich »Buch des Rates«, Schöpfungsmythos der Quiché-Maya.

Quetzalcóatl: (aztekisch) »gefiederte Schlange«, Überbringer der Kultur, Herrschertitel.

Quiché: im Hochland lebender Zweig des Mayavolks.

Tecuciztecatl: (aztekisch) ein Gott, der zum Mond wurde.

Tenoch: Aztekenkönig, der sein Volk aus dem Norden zum Texcocosee führte.

Teotihuacán: legendäre Pyramidenstadt 40 Kilometer nördlich der Stadt Mexiko.

Tezcatlipoca: (aztekisch) »Rauchender Spiegel«, kriegerischer Rivale von Quetzalcóatl.

Tlaloc: (aztekisch) Regengott, entspricht dem Chaac.

Tleyquiyahuillo: (aztekisch) drittes Zeitalter nach dem *Codex Vatico Latinus*.

Tolteken: kriegerisches Volk, das vor den Azteken einen Großteil Mexikos beherrschte.

Tonalamatl: (aztekisch) Periode von 260 Tagen.

Tonatiuh: (aztekisch) Sonnengott.

*Troano:* (lateinisch) Teil des *Codex Madrid*.

Tun: (Mayasprache) Periode von 360 Tagen.

Tzabcan: (Mayasprache) »Klapperschlange«.

Tzincoacoc: (aztekisch) Frucht, von der sich die Menschen des Dritten Zeitalters ernährt haben.

Tzolkin: (Mayasprache) Periode von 260 Tagen, entspricht dem aztekischen Tonalamatl.

Tzonchichiltic: (aztekisch) »Rotes Haar«, Bezeichnung des dritten Zeitalters im *Codex Vatico Latinus*.

Tzontlilac: (aztekisch) »Schwarzes Haar«, Bezeichnung des vierten Zeitalters im *Codex Vatico Latinus*.

Uinal: (Mayasprache) Periode von 20 Tagen.

Votan: legendärer Überbringer der Kultur.

Xbalanque: (Mayasprache) einer der Heldenzwillinge im *Popol Vuh*.

Xiuhmolpilli: (aztekisch) Feuerfest am Ende einer Periode von 52 Jahren.

Zamna (Zamana): höchster Mayagott, Überbringer der Kultur.

Zapoteken: Stamm aus dem Oaxacatal, der Monte Albán von den Olmeken übernahm.

# Bibliographie


Adamson, D., *The Ruins of Time*, 1975.

Annequin, G. et al., *Discovering of Famous Archaeological Sites*, 1978.

Baudez, C. und S. Picasso, *Lost Cities of the Maya*, 1992.

Benson-Gyles, A. und C. Sayer, *Of Gods and Men*, TV-Dokumentarfilm der BBC 1980.

Bernal, I., *Official Guide, Oaxaca Valley*, 1985.

Bolio, J. D., *The Rattlesnake School*, o. J.

–, *Why the Rattlesnake in Mayan Civilisation*, 1988.

–, *The Geometry of the Maya*, 1987.

Calleja, R., H. S. Signoret und A. T. Ahumada, *Official Guide, Palenque*, 1990.

Cayce, E. E., *Edgar Cayces Offenbarung. Das Atlantisgeheimnis*, München 1990.

Childress, D. H., *Lost Cities of North & Central America*, 1992.

Clark, B. F. C., *The Genetic Code*, 1977.

Coe, M. D., *Die Maya. Aufstieg, Glanz und Untergang einer indianischen Kultur*, 1968.

–, *Das Geheimnis der Maya-Schrift. Ein Code wird entschlüsselt*, 1995.

Cotterell, M. M., *Astrogenetics*, 1988.

–, *The Amazing Lid of Palenque*, 2 Bde., 1994.

–, *The Mosaic Mask of Palenque*, 1995.

–, *The Mural of Bonampak*, 1995.

Darlington, C. D., *Genetics and Man*, 1966.

Donnelly, I., *Atlantis, die vorsintflutliche Welt*, Eßlingen 1911.

Evans, J., *Body and Electromagnetism*, 1986.

Eysenck, H. J. und D. K. Nias, *Astrology, Science and Superstition* o. J.

Fell, B., *America BC*, 1976.

Fernandez, A., *Pre-Hispanic Gods of Mexico*, 1987.

Fullard, H. (Hg.), *Universal Atlas*, 1976.

Gates, W., *An Outline Dictionary of Maya Glyphs*, 1978.

Gendrop, P., *A Guide to Architecture in Ancient Mexico*, 1991.

Hadingham, E., *Early Man and the Cosmos*, 1983.
Hapgood, C., *Earth's Shifting Crust*, 1958.
Harrison, B., *Mysterious Regions*, 1979.
Heck, C., *Auf den Spuren der Maya*, 1996.
Heyerdahl, T., *Die Ra-Expeditionen*, 1971.
Hitching, F., *Die letzten Rätsel unserer Welt. Das große Buch der Phänomene*, 4. Aufl. 1995.
Ivanoff, P., *Monuments of Civilisation Maya*, 1978.
Kemp, R., *Cell Division and Heredity*, 1970.
Lamb, H. H., *Climate, Past Present and Future*, 1977.
Lancaster Brown, P., *Astronomy in Colour*, 1979.
Landa de, D., *Bericht aus Yucatán*, Leipzig 1993.
Lawrence, C., *Cellular Radiobiology*, 1971.
Mayo, J., *Astrology*, 1995.
McElhinny, M. W., *Palaeomagnetism and Plate Tectonics*, Cambridge 1973.
Mitton, S. (Hg.), *Cambridge Encyclopaedia of Astronomy*, 1977.
Moore, P. et al., *The Atlas of the Solar System*, 1984.
Moore, P., *The Guinness Book of Astronomy*, 1979.
Morley, S. G., *An Introduction to Maya Hieroglyphs*, 1975.
Muck, O., *Alles über Atlantis*, Düsseldorf 1976.
Munoz, J., *The Valley of Oaxaca*, 1992.
Nicolson, I., *Gravity, Black Holes and the Universe*, 1980.
–, *The Sun*, 1981.
Pearson, R., *Climate and Evolution*, 1978.
Platon, *Dialoge. Timaios und Kritias*, Leipzig 1922.
*Popol Vuh. Das Buch des Rates*, Übers. Wolfgang Cordan, 1962.
Price, R. H., M. Glickstein und R. H. Bailey, *Principles of Psychology*, 1982.
Repetto, Tio B. et al., *Official Guide North of Yucatan*, 1988.
Riese, B., *Die Maya. Geschichte, Kultur, Religion*, 1997.
Rubio, A. B., *Official Guide, Uxmal*, 1985.
Santillana, G. de und H. v. Dechend, *Die Mühle des Hamlet. Ein Essay über Mythos und das Gerüst der Zeit*, 1994.
Schele, L. und Freidel, D., *Die unbekannte Welt der Maya. Das Geheimnis ihrer Kultur entschlüsselt*, 1994.
Sten, M., *Codices of Mexico*, 1987.
Stephens, J. L., *Incidents of Travel in Yucatan*, 2 Bde., Dover 1963.

Taube, K., *Aztekische und Maya-Mythen*, 1994.
Tompkins, P., *Mysteries of the Mexican Pyramids*, 1976.
Vevlikovsky, I., *Erde im Aufruhr. Das kosmische Drama der Evolution*, 1994.
–, *Welten im Zusammenstoß. Kosmische Katastrophen schufen unsere Zivilisation*, 1994.
Vincke, K., *Tod und Jenseits in der Vorstellungswelt der präkolumbischen Maya*, 1997.
Ward, R., *The Living Clocks*, 1972.
Westwood, J. (Hg.), *Sagen, Mythen, Menschheitsrätsel. Ein Atlas der geheimen Orte, geheimnisvollen Kultstätten und versunkenen Kulturen*, 9. Aufl. 1996.
White, J., *Pole Shift*, 1993.
Wilson, C. (Hg.), *The Book of Time*, 1980.

# Danksagung

Mein Dank geht an Michael Mann vom Verlag Element Books, der den Vorschlag gemacht hat, wir sollten dieses Buch gemeinsam schreiben; an John Baldock, der seinen wesentlichen Inhalt sogleich erfaßt und das Manuskript zu einem Text aus einem Guß gemacht hat, und an alle anderen Mitarbeiter bei Element, ohne deren Mitwirkung das Buch nicht in den Druck gegangen wäre. Nicht zuletzt danke ich meiner Frau Dee Gilbert, die mir viel Kraft und Unterstützung gegeben hat und von der zahlreiche Fotografien in diesem Buch stammen.

*Adrian G. Gilbert*

An dieser Stelle möchte ich allen Menschen danken, die zur Entstehung dieser bemerkenswerten Geschichte beigetragen haben, unter anderen Jeff Mayo und Dr. Hans Eysenck für ihre frühe Arbeit über die Verteilung astrologischer Merkmale und persönlicher Eigenschaften; James Van Allen und seinen Mitarbeitern in der NASA, die 1962 mit Hilfe des Raumschiffs *Mariner II* die sektorale Struktur des Sonnenwinds entdeckten; dem Astronomen Iain Nicolson für seine Beobachtungen der Interaktionen zwischen Sonnenwind und Erde; Dr. A. R. Lieboff von der Universität Oakland für seine Arbeit über Magnetfelder und Mutationen in Zellen und Dr. Ross Adey, medizinischer Berater im Weißen Haus, für seine aufwendige Arbeit über die Auswirkungen von Magnetfeldern auf lebende Organismen. Mein ganz besonderer Dank zum Schluß gilt meiner Frau Ann Cotterell für ihren Einsatz, für die Ermutigung und Hilfe, die sie mir gewährt hat.

*Maurice M. Cotterell*

# Register